국제법이론총서 No. 10

해수면 상승과 국제법

Sea Level Rise and International Law

김 민 수

삼우사

추천사

고려대학교 법학전문대학원 교수
유엔 국제법위원회 위원(2012-2021)
박 기갑

해수면 상승(sea level rise)은 지구생태계, 특히 인류와 국가에 어떤 의미로 다가오고 있는가? 일반적으로 해수면 상승은 지구 온난화에 기인한다고 알려져 있다. 2001년에 기후변화에 관한 정부간 패널 보고서는 19세기 이후 온실효과가 엄청나게 증가했다고 발표한 적이 있다. 이산화탄소 배출로 1860~2000년 사이 지구의 평균기온은 0.8°C 상승하였고 이러한 추세는 계속될 것이라는 전망이 우세하다. 이산화탄소의 배출 증가로 말미암은 지구의 평균기온 상승은 극지방의 온난화, 해양생물의 중요한 생활환경인 산호초의 절멸, 강수량의 변화 그리고 바닷물의 팽창으로 인한 해수면 상승 등 자연생태계를 교란시키고 있으며, 인간은 이러한 부정적 효과를 만들어 낸 주범이면서 동시에 피해자로 전락하였다. 국가들은 2005년 교토의정서 발효와 2015년 파리협정 채택 등 나름대로의 노력을 기울이고 있지만 지구온난화를 효과적으로 저지시킬 수 있을지는 의문이다.

이번에 도서출판 三宇社의 도움을 받아 '국제법이론총서' 시리즈로 출판되는 『해수면 상승과 국제법』은 저자 김민수 박사가 "기후변화로 인한 해수면 상승과 국제법 쟁점 연구: 소도서국가와 해양경계획정을 중심으로"라는 제목으로 고려대학교 일반대학원에서 취득한 법학박사학위논문이 바탕이 되었다. 김민수 박사는 고려대학교 정치외교학과 졸업 후, 동 대학원 법학과에 진학하여 추천인의 지도하에 석사와 박사과정을 수료하였다. 김 박사는 석사과정 수료 후 한국해양수산개발원(KMI)에 입사하여 해양·수산분야의 법률전문가로 성장하였으며 현재 전문연구원으로 재직 중이다. 그는 보다 깊은 전문지식을 쌓기 위해 미국 워싱턴대학교와 중국 상하이 해사대학교에서 각각 방문학자의 신분으로 연구한 바 있다.

김 박사의 논문심사 당시 심사위원들은 현재 해수면 상승 현상이 일어나고 있는 건 사실이지만 그로 인한 구체적인 분쟁이나 결과가 전혀 발생하지 아니한 현 시점에서 논문을 작성하는 것이 적절한 지 여부 및 '현재 존재하는 법'(*lex lata*)과 '향후 있으면 바람직한 법'(*lex ferenda*) 양자간 관계에 대해 논쟁을 벌였다. 그 논의 결과 이 주제를 미래지향적 관점에서 다루되 신중한 접근이 필요하다는 데 의견일치를 보았다. 또한 해수면 상승으로 인한 예견 가능한 심각한 사안들 중에서 기존의 해양경계획정의 변경 가능성과 국가성(statehood) 소멸 가능성 이 두 가지 문제를 구별하여 다룰 것을 권고하였고 그에 따라 집필되었다. 이와 유사한 방향 제시는 국제법협회(International Law Association: ILA)가 2012년 창설한 '국제법과 해수면 상승위원회'에서도 찾아볼 수 있다. 동 위원회는 해양법 문제와 이민과 인권 문제를 첫 번째 단계에서 다루고 국가성 문제와 관련된 국제안보 문제를 두 번째 단계에서 다루고 있다.

박사학위논문을 비롯한 모든 법학논문은 최대한 국가의 관련 실행에 기반을 두고 문제되는 사항을 분석해야 함은 지극히 당연하다. 하지만 국제법의 새로운 발전에 속하는 주제, 특히 국제공동체 전체가 절박한 우려(pressing concern)를 표명하는 주제 역시 검토되어야 한다. 미크로네시아, 통가 등 태평양의 작은 섬나라 대표는 유엔등 국제회의장에서 기후변화가 작은 섬나라들에게 해양주권, 해양자원관리권, 해양경계선, 이민 등에 대해 심각한 문제를 야기하고 있다는 현실을 환기시키면서, 조약 체결까지는 아니더라도 당장 눈앞에 닥친 문제와 관련된 적절한 권고 또는 가이드라인 제정을 서둘러야 한다고 주장하고 있다. 이러한 요청에 부응이라도 하듯 유엔국제법위원회(International Law Commission: ILC)는 현재 작업이 진행 중인 '대기의 보호' 주제의 전문(preamble) 속에 "해수면 상승으로 인한 저지대 해안지역과 개발도상 소도서국가들의 특별한 상황을 인식하면서"라는 구절을 삽입하였다. 더 나아가 일부 ILC 위원들은 가칭 '해수면 상승으로 인한 국제법'이라는 주제를 가까운 미래에 ILC의 장기작업주제로 제안할 움직임을 보이고 있다.

따라서 현재 벌어지고 있는 국제사회의 움직임을 놓고 볼 때 김민수 박사의 이번 단행본 출판은 시기적으로 매우 적절하다고 할 것이다. 김 박사는 날카로운 분석력으로 해수면 상승이 태평양과 인도양에 산재한 개발도상 소도서국가들에 미치는 영향에 대해 형평 개념을 근거로 한 특별대우방안, 국가성과 거주민 보호, 사라지는 해양관할권의 존부 문제 등을 심도 있게 다루고 있고, 해수면 상승이 해양경계에 미치는 영향에서는 섬의 효과와 기존의 해양경계획정협정의 효력 및 제3자의 권리·의무관계에 대해서도 검토하였다. 또한 김 박사는 1982년에 제정된 유엔해양법협약이 이 분야에 있어서만큼은 법의 흠결 내지 결여가 있다고 주장하며 그로 인한 해양법질서가 불안정해지는 것을 막기 위한 나름대로의 개정방안과 이른바 '해수면 상승과 해양경계이행협정' 체결 방안 등을 제안함으로써 번뜩이는 재능을 유감 없이 발산하였다.

독자는 기후변화로 인한 해수면 상승으로 인해 발생되는 국가간 갈등요인들이 시간이 지날수록 표면화되며, 해양법뿐만 아니라 환경, 인권, 난민, 국제법주체 등 다양한 국제법 분야에 영향을 미칠 가능성이 높기 때문에 최대한 빨리 관련 논의를 진행시켜야 한다는 김 박사의 통찰력에 충분히 공감할 것으로 믿는다. 더불어 이 지구상의 모든 미래세대를 위한 형평스러운 해결책을 모색하기 위해 동참해 줄 것을 부탁한다. 김민수 박사가 앞으로도 학문과 실무분야에서 좋은 성과를 낼 것을 기대하며, 국제법 전문서적 출판사업에 늘 아낌없이 지원해 주시는 도서출판 삼우사 조병철 사장님께도 다시 한 번 감사의 말씀 드린다.

2017년 12월

박기갑

서 문

2017년 6월의 시작과 더불어 미 트럼프 행정부가 파리협정 탈퇴를 선언했다는 암울한 소식이 들려왔다. 세계 제1의 경제대국이자 온실가스 배출 2위국인 미국의 탈퇴는 1992년 이후 기후변화에 대응하기 위해 노력해온 국제사회의 컨센서스를 무력화시키기에 충분해 보였다. 그래서 많은 이들은 이를 시대적 대의를 거스르는 착오적 결정이라고 보았다. 그러나 실제로 25년 이상의 경험 공유와 협력의 견고함은 쉽게 무너지지 않았다. 뒤이은 6월 유엔해양법 당사국회의와 7월 G20 정상회담에 참석한 회원국과 대표단은 여전히 기후변화에 대응하기 위한 파리협정에 열렬한 지지를 보냈다. 국가별 단계적 이행도 차질 없이 추진할 것이라고 밝혔다. 유럽투자은행 또한 6월 유엔해양회의에서 기후변화 대응을 위한 소도서국가의 지원에 아낌없는 투자를 할 것이라고 밝혔다. 이처럼 기후변화에 대응하기 위한 노력은 패권국을 자처하는 한두 국가의 반대로 뒤집힐 의제가 아니다. 국제사회가 공동으로 대응해야 할 하나의 패러다임이며, 미래세대를 고려하여 현 세대가 책임과 의무감을 가지고 접근해야 할 세대간 문제이다.

그러나 기후변화의 영향에 대해서는 아직 확실성보다는 불확실성이 더욱 크다. 이에 따라 현재 이루어지고 있는 기후변화에 대한 국제사회의 컨센서스는 기본원칙에 대한 합의 수준에 머물고 있다. 논의되고 있는 분야도 포괄적인 아젠다를 담지 못하고, 환경 분야에 초점이 맞춰진 형국이다. 그럼에도 불구하고 본질적으로 기후변화의 문제를 국제법적 측면에서 접근하는 시각과 방식은 유연해야 한다. 현재의 현상에 국한되지 않고, 미래의 영향도 예측하여 이를 반영해야 한다. 환경 분야에서 더 나아가 국가안보, 경제, 사회·문화적 측면까지도 고려해야 한다.

이 글은 기후변화가 가져오는 여러 영향 가운데 '해수면 상승'에 주목하였다. 해수면 상승이라는 주제가 국제법에서 가지는 의미는 크게 4가지로 생각된다. 첫째, 기후변화라는 시대적 패러다임의 연장선상에서 논의되는 전 지구적인 문제라는 점이다. 특히 해안선의 변화와 기점의 소멸로 인한 해양경계와 해양관할권의 변화, 소도서국가의 수몰로 인한 국제법주체로서의 국가의 소멸, 초국경간 이주민의 발생 등이 예상되고, 이러한 문제는 국제사회의 갈등과 분쟁의 씨앗이 될 수 있다. 둘째, 해수면 상승의 영향이 후대에 갈수록 더욱 커진다는 측면에서 범 세대적 문제라는 점이다. 미래세대를 위해서 현세대에서 해수면 상승에 대한 국제법적 문제에 대해 논의하고, 현세대에서부터 하나씩 해결의 실마리를 풀어갈 필요가 있다. 셋째, 이러한 측면에서 현재 '있는 법'(*lex lata*)과 앞으로 '있으면 바람직한 법'(*lex ferenda*)의 균형적 시각에서 보아야 할 주제라는 점이다. 특히, 해수면 상승은 국제질서와 국제법의 근간인 국가간 '경계'와 '공간'에 있어 새로운 변화를 야기한다. 그럼에도 불구하고 유엔해양법협약으로 대표되는 국제해양법 체제는 '해수면 상승'을 예견하거나 문제점을 해결할 수 있는 방안을 온전히 제시해 주지 못하고 있다. 현재의 해양법체제를 지지하고 있는 유엔해양법협약을 토대로 포스트 유엔해양법협약(Post−UNCLOS)에 대한 진지한 논의가 필요한 시점이다. 마지막으로 국제해양법 체제를 중심으로 국제환경법, 국제인권법과의 학제간 논의와 이슈를 포괄하고 있는 주제라는 점이다. 특히 소도서국가와 관련하여 해수면 상승에 따른 환경적 취약성 감소, 수몰 위기에 처한 소도서국가의 주민의 보호와 해양관할권의 유지 등의 문제가 대표적 사례이다.

"법은 기득권의 안정과 보호를 목적으로 하지만, 점진적인 변화를 수용하는 유연성을 가져야 한다. 그렇지 않으면 급변하는 환경에서 스스로를 보호하지 못한다"["Stability and the protection of acquired rights are essential function of any legal system, but no legal system can protect itself against revolution except by providing adequate scope for evolutionary change"(Jenks, *The Common Law of Mankind*, 1958)]. 그렇다면 현재의 국제법이 해수면 상승이라는 점진적 변화에 유연하게 잘 대응하고 있는가? 이러한 본질적인 물음에 대해 현재의 국제법이 있는 법(*lex lata*)과 있어야 할 법(*lex ferenda*)의 간극을 줄여 나가면서 해수면 상승으로 인한 점진적 변화를 유연하게 담아 내어 점진적으로 발전해 주길 바라는 마음이 이 글을 쓰게 한 계기였다. 이를 위해 부족하지만, 국제법 학도에게는 기후변화와 해수면 상승의 현상을 국제법적 틀로 살펴보는 하나의 사례를 보여주고, 일반인들에게는 기후변화와 해수면 상승에 관심을 갖게 하게 하고픈 마음에서 필자의 박사학위 논문을 다듬었다. 아직은 부족함이 많지만, 해수면 상승이 소도서국가와 해양경계에 미치는 영향을 국제법적 시각에서 분석하고, 예상되는 쟁점을 해결하기 위한 방안을 제시함으로써 국제법 이슈로서는 낯선 '해수면 상승' 문제에 대한 이해도를 높이는 첫 단추를 끼우는 작업이 될 수 있을 것이라고 믿는다.

현재 연구원으로서의 직업을 병행하고 있다. 국제법 학도로서 항상 많이 부족함을 깨닫는다. 그럼에도 불구하고 앞으로 나아갈 수 있었던 것은 옆에서 격려해 주시고, 학문적 성과를 낼 수 있도록 응원해 주시는 많은 분들 덕분이다. 우선 이 자리를 빌려 학문의 스승이시자 인생의 멘토이신 박기갑 교수님께 큰 감사의 말씀을 드린다. 알아온 시간보다 더 긴 시간을 감사하는 마음으로 배우고 모실 수 있길 진심으로 바란다. 또한 가르침과 격려로 이끌어 주신 김석현 교수님, 이재형 교수님, 강병근 교수님께 깊은 감사를 드리고, 동문수학을 인연으로 마지막까지 힘을 복돋워 주신 정경수 교수님, 김현정 교수께도 고마움을 전한다. 그리고 바쁜 업무에서도 학문의 끈을 놓지 않도록 도와주신 연구원 내 멘토 최재선 박사님께도 심심한 감사의 말씀 전한다. 그리고 어려운 출판환경에서도 책의 발간을 위해 물심양면 조력을 아끼지 않으신 도서출판 삼우사 조병철 사장님께도 특별한 감사를 드린다. 이 외 감사해야 할 사람들이 참 많다. 감사함을 다 표현하지 못하는 것이 죄송스러울 따름이다.

가족은 감사함의 시작이다. 아빠와 많은 시간을 함께 하지 못하지만 밝고 건강하게 자라고 있는 지훈이에게 고마움을 전한다. 마지막으로 아무 조건 없이 믿고 응원해 준 사랑하는 혜진과 부모님에게 이 책을 바친다.

2017년 12월

김 민 수

차 례

제1장 해수면 상승, 국제법의 새로운 화두

제2장 해수면 상승과 소도서국가

제 3 장 해양경계 및 섬에 미치는 효과

제4장 해수면 상승과 해양경계협정

제5장 해양경계협정과 제3국 권리 침해 및 구제

제6장 해수면 상승과 법적 쟁점 해결방안

약어표

AIS	Artificial islands, Installations and Structures(인공섬, 시설 및 구조물)
AOSIS	Alliance of Small Island States(소도서국가연합)
CBDR	Common but Differenciated Responsibility(공통의 그러나 차별화된 책임)
CEDAW	Convention on the Elimination of All forms of Discrimination against Women(여성차별철폐협약)
GGC	Gulf of Guinea Commission(기니아만 위원회)
CPMR	Conference of Peripheral Maritime Regions(변방해양지역회의)
DOALOS	The Division for Ocean Affairs and the Law of the Sea(유엔해양법국)
EEZ	Excusive Economic Zone(배타적 경제수역)
EPA	Environmental Protection Agency(미국 환경보호청)
FFA	Forum Fisheries Agency(남태평양어업회의기구)
ICCPR	International Covenant on Civil and Political Rights(시민적·정치적 권리에 관한 국제협약)
ICES	International Council for the Exploration of the Sea(국제해양탐사이사회)
ICESCR	International Covenant on Economic, Social and Cultural Rights(경제적·사회적 및 문화적 권리에 관한 국제협약)
ICJ	International Court of Justice(국제사법재판소)
ICRC	International Convention on the Rights of the Child(아동의 권리에 관한 협약)
ICSID	International Centre for Settlement of Investment Disputes(국제투자분쟁해결기구)
IHO	International Hydrographic Organization(국제수로기구)
ILA	International Law Association(국제법협회)
ILC	International Law Commission(국제법위원회)
IMO	International Maritime Organization(국제해사기구)
IMSP	Integrated Marine Spatial Planning(통합해양공간계획)
IPCC	Intergovernmental Panel on Climate Change(기후변화에 관한 정부간 패널)
ISA	International Seabed Authority(국제심해저기구)

ITLOS	International Tribunal for the Law of the Sea(국제해양법재판소)
LAT	lowest astronomical tide(최저천문조위)
LME	Large Marine Ecosystem(광역해양생태계)
MEOW	Marine Ecoregions of the World(세계해양생태지역)
MPA	Marine Protection Area(해양보호구역)
MSFD	Marine Strategy Framework Directive(해양전략기본지침)
MSP	Marine Spatial Planning(해양공간계획)
NIEO	New International Economic Order(신국제경제질서)
OHCHR	Office of the United Nations High Commissioner for Human Rights(유엔인권고등판무관실)
OSPAR	Commission for the Protection of the Marine Environment of the North-East Atlantic(북동대서양 해양환경보호위원회)
PCIJ	Permanent Court of International Justice(국제상설사법재판소)
PSSA	Particularly Sensitive Sea Area(IMO 특별민감해역)
RAC	Regional Advisory Council(지역자문이사회)
SIDS	Small Island Developing State(소도서개발국)
SOPAC	South Pacific Applied Geosciences Commission(남태평양 지구과학위원회)
SPC	South Pacific Community(남태평양연합)
SPF	South Pacific Forum(남태평양포럼)
SPREP	South Pacific Regional Environment Program(남태평양지역환경사업)
UDHR	Universal Declaration of Human Rights(세계인권선언)
UNCED	United Nations Conference on Environment and Development(유엔환경개발회의)
UNCTAD	United Nations Conference on Trade and Development(유엔무역개발회의)
UNFCCC	UN Framework Convention on Climate Change(유엔기후변화골격협약)
UNHCR	United Nations High Commissioner for Refugees(유엔난민고등판무관실)
UNHRC	UN Human Rights Council(유엔인권이사회)
USP	University of the South Pacific(남태평양대학)
WFD	Water Framework Directive(물관리기본지침)
WTO	World Trade Organization(세계무역기구)

CHAPTER

01 해수면 상승, 국제법의 새로운 화두

제 1 장 해수면 상승, 국제법의 새로운 화두

제 1 절 기후변화와 해수면 상승

기후변화(climate change)는 21세기를 이끄는 여러 담론 중 가장 영향력 있는 담론으로 우리에게 매우 익숙한 단어가 되었다. 기후변화란 무엇인가? 유엔기후변화협약 제1조에서는 기후변화를 "지구 대기 구성을 변경시키는 인류활동의 직·간접적인 활동으로 야기되거나 상당한 기간에 걸쳐 관찰된 자연적 기후변동성에 기인한 기후의 변화"라고 정의하고 있다.[1] 이처럼 협약에서는 기후변화의 원인을 자연적 요인과 함께 인간의 행위 등으로 명확히 구분하고 있다. 그리고 인간활동과 자연적 요인은 상호 연계되어 작동되어 기후시스템에 영향을 주고, 이렇게 영향을 받은 기후시스템은 또 다시 인간과 자연에 영향을 주고 있다.[2] 그리고 실제적으로 기후변화

---

1 유엔기후변화협약 제1조: "Climate change means a change of climate which is attributed directly or indirectly to human activity that alters the composition of the global atmosphere and which is in addition to natural climate variability observed over comparable time periods". 그리고 제1조는 또한 '기후시스템'(Climate system)을 "대기(atmosphere), 수권(hydrosphere), 생물권(biosphere), 지권(geosphere)의 총체와 그들의 상호작용"으로 정의하고 있다. http://unfccc.int/files/essential_background/background_publications_htmlpdf/application/pdf/conveng.pdf(2017. 8. 3. 검색).

2 IPCC, Working Group II Contribution to the IPCC fifth Assessment Report(AR5), Climate Change 2014 Impacts, Adaptation and Vulnerability, 2014, p.3.

의 영향은 자연적·물리적인 측면뿐만 아니라 환경적, 산업적, 사회적, 법 분야 등 거의 모든 분야에 직·간접적인 영향을 미칠 뿐만 아니라, 지역적인 특성에 따라 정도의 차이는 있다 하더라도 국가, 지역, 국제사회 등 범세계적 차원으로 지역적 특성에 따라 다양한 영향을 미치고 있다.

국제사회는 기후변화에 대한 영향에 적응하면서, 부정적 영향을 최소화하기 위해 지속적으로 노력하고 있다. 그리고 2016년 11월 4일 역사적인 파리 기후변화 협정[3]을 발효시킴으로써 기후변화 문제에 대한 전 지구적 대응을 위한 신호탄을 쏘아 올렸다. 파리협정을 포함하여 기후변화에 대응하기 위한 국제사회의 공평한 결과를 달성하기 위한 국가간 책임분담이라는 컨센서스에 기반하고 있다. 일례로 유엔기후변화골격협약(UN Framework Convention on Climate Change: UNFCCC)의 보고서에 따르면 기후변화협약이 발효된 1994년을 기준으로 소도서국가의 온실가스 배기량은 2억 5,850만톤인데 반해, 기후변화협약 당사국 가운데 산업화국가의 온실가스 배출량은 167억톤에 달하였다.[4] 이러한 점을 고려해 유엔기후변화골격협약은 '공동의 그러나 차별화된 책임' 원칙을 도입하면서 선진국과 개발도상국에 서로 다른 온실가스 감축의무를 부여했다.[5] 이는 기후변화와 지구온난화를 초래한 온실가스의 배출책임이 75% 이상 선진국에 있음을 인정하여 선진국들이 우선적으로 온실가스 배출 감축조치를 취하도록 규정한 것이다.[6]

그러나 지구온난화를 야기한 책임에 기반한 차별적인 온실가스 배출 감축조치로는 국제사회에서 형평한 결과를 도출하였다고 볼 수 없다. 왜냐하면 선진국보다는 소도서국가 및 저지대 연안국 등 개발도상국에 기후변화의 부정적 영향이 더 크게 미치고 있기 때문이다. 이들 국가는 해수면 상승, 해일, 홍수, 해양자원 감소 등을 통해 직접적 영향을 받을 뿐만 아니라 기후변화 대응에 필요한 경제적 능력

3 파리협정(Paris Agreement)은 전 세계 온실가스 감축을 위해 2015년 12월 12일 체결되었으며, 총 195개국이 서명하였다. 파리협정에 대한 상세한 내용은 http://unfccc.int/files/essential_background/convention/application/pdf/english_paris_agreement.pdf 참조(2017. 8. 3. 검색).

4 UNFCCC, "Climate Change: small island developing States", 2005. 1, p.14.

5 2011년 3월에 발표된 칸쿤 기후변화골격협약(Cancun Framework Convention on Climate Change) 제14조를 보면 다음과 같다. "Invites all Parties to enhance action on adaptation under the Cancun Adaptation Framework, taking into account their common but differentiated responsibilities and respective capabilities, and specific national and regional development priorities, objectives and circumstances, by undertaking, inter alia, the following …"

6 양해림, "기후변화와 책임의 윤리", 제1차 기후변화 윤리포럼 발표자료, 2009. 6. 19, 155~156쪽.

이 부족하여 그 피해를 고스란히 떠안을 여지가 커지고 있다. 특히 영국 왕실국제정치연구소의 클레오 파스칼(Cleo Paskal)은 기후변화로 인한 해수면 상승으로 해양경계획정을 위한 국가간 갈등을 증대시키고, 특히 소도서국가들의 국가존립을 위태롭게 함으로써 국제사회의 안보를 위협하는 요인이 될 수 있다고 전망한 바 있다.[7] 소도서국가 역시 국가존립의 위태로움을 국제사회에 전파하고 있다.[8]

이처럼 기후변화에서 한 발 더 나아가 해수면 상승의 문제가 소도서국가와 저지대 연안국을 중심으로 새로운 위협이자 생존의 문제가 되고 있다. 정부간 기후변화패널(Intergovernmental Panel on Climate Change: IPCC)은 기후변화에 대한 연구를 수행하면서 2013년 9월말 제5차 보고서를 내놓았다. 이 보고서에 따르면 2100년이면 해수면이 최고 98cm까지 상승할 것으로 보았는데, 이는 2007년에 최종 제출된 제4차 보고서의 최대 예상치인 59cm보다 대폭 상향된 전망치이다.[9] 또한 보고서에 따르면, 2100년까지 해수면이 평균 63cm 상승할 경우 뉴욕·상하이 등 주요 연안도시 일부가 물에 잠기게 된다. 지구 해수면이 1m 상승시에는 투발루의 섬은 완전히 가라앉게 되고, 몰디브를 구성하는 1,200여개의 섬의 75%가 물에 잠기게 되고, 바

7 Cleo Paskal, "How climate change is pushing the boundaries of security and foreign policy", *EEDP Chatham House*, 2007. 6.

8 소도서국가들은 국제사회에 이러한 해수면 상승에 대한 심각성을 국제사회에 알리고자 노력하고 있다. 일례로 2009년 10월 17일, 몰디브공화국 대통령은 해저에서 잠수복을 입고 내각회의를 개최하는 퍼포먼스를 통해 기후변화가 해수면 상승에, 그리고 국가존립을 위협할 수 있다는 사실을 알리고자 했다. 이러한 퍼포먼스를 통해 2009년 12월 코펜하겐에서 개최되는 유엔 기후변화회의를 앞두고 기후변화로 인한 해수면 상승이 몰디브를 영원히 수면 아래로 사라지게 할 수도 있다는 강렬한 메시지를 전달하고자 했다. MBC뉴스, "수몰 위기 몰디브의 처절한 수중회의", 2009. 10. 19. http://imnews.imbc.com/replay/2009/nwdesk/article/2471727_18873.html(2017. 8. 7. 검색).

9 IPCC, 'Working Group Ⅰ Contribution to the IPCC Fifth Assessment Report Climate Change 2013: *The Physical Science Basis Summary for Policymaker.*', 2013. 9. 27, p.18. IPCC의 2,100년 동안의 해수면 상승에 대한 예측은 1990년부터 이루어져 왔다. 1990년 제1차 보고서는 최저 31cm, 최대 110cm, 1996년 제2차 보고서는 최저 13cm, 최대 88cm, 2001년 제3차 보고서는 최저 9cm, 최대 88cm, 제4차 보고서는 최저 18cm, 최고 59cm 상승할 것이라고 예측하고 있다. 이러한 수치의 변화는 해수면 상승폭에 대한 불완전한 예측을 보여주는 것이다. 그럼에도 불구하고 IPCC는 세 가지 사실에 대해서는 확신을 하고 있다. 첫째, 해수면 상승은 필수적으로 발생할 것이며, 둘째, 20세기 말과 21세기 초는 다른 시기보다 해수면 상승폭이 크고 빠르며, 셋째, 그린란드 및 남극의 해빙을 고려할 경우 미래 해수면 상승폭은 더욱 커질 것이라는 점이다. ILA, "International Law and Sea Level Rise", *Interim Report in Johannesburg Conference*, 2016. 6, pp.3~7. 그리고 현재 IPCC는 제6차보고서를 준비하고 있다. 2017년 9월 제45차 회기에서 제6차보고서 초안 검토 작업이 이뤄질 예정이다.

누아투섬의 75%, 마샬군도의 40%가 소실된다.[10] 또한 미국 환경보호청(Environmental Protection Agency: EPA)은 일찍이 기후변화로 인한 연안의 피해를 막기 위해 2100년까지 약 1,110억 달러가 들 것이며, 매사추세츠 주 크기의 육지영역의 소실을 가져오게 될 것으로 의회에 보고한 바 있다.[11] 또한 미국의 4개 주요 연안에서 2030년까지 해수면 상승으로 인해 약 1,200만명이 이주할 것이고, 전 세계적으로는 별다른 조치가 없다고 전제하고 약 50cm의 해수면 상승이 있을 경우 2100년까지 약 87만 7,000㎢의 육지가 사라지면서 약 7,200만명의 이주민이 발생할 것으로 예상하고 있다.[12] 나아가 극단적으로 2m의 해수면 상승이 발생할 경우 약 179만㎢의 육지가 사라지고, 아시아 국가를 중심으로 1억 8,700만명의 이주민이 발생할 것으로 예상된다.[13]

기후변화와 해수면 상승의 문제에 있어 우리나라도 예외는 아니다. 2015년 12월 해양수산부 국립해양조사원은 우리나라 해수면이 지난 40년간 약 10cm 상승한 것으로 보도했다. 2015년 한 해에만 평균 해수면 상승폭이 2.48mm로 조사되었다. 그리고 보도 자료를 통해 해수면 관측 자료를 정밀하게 분석하고 미래 해수면 상승에 대한 예측 연구를 수행할 것이며, 이는 기후변화에 대한 선제적 대응을 위한 것이라고 밝혔다.[14] 또 다른 보고서는 우리나라 해수면이 1m 상승하게 되면 부산지역 7개 해수욕장 모두가 물에 잠기고, 주요 항만과 산업공단도 침수될 것으로 예상하고 있다.[15]

---

10 Charles Di Leva, Sachiko Morita, "Maritime Rights of Coastal States and Climate Change: Should States Adapt to Submerged Boundaries?", *Law & Development Working Paper No. 5, World Bank*, 2007. 8, pp.18~19. 그리고 태평양도서포럼을 구성하는 14개 태평양 소도서국가(피지, 키리바시, 쿡제도, 마이크로네시아연방, 마샬군도, 나우루, 팔라우, 파퓨아뉴기니, 사모아, 솔로몬제도, 통가, 투발루, 바누아투 등의 총 EEZ 면적은 1,900만㎢에 달한다. Ocean Policy Research Foundation, Proposal for Rio+20, appendix Ⅰ, For the Better Conservation and Management of Islands and Their surrounding Ocean Areas, 2005. 9, p.11.

11 EPA, "the Potential Effects of Global Climate Change on the United States−Report to Congress", 1989.

12 IDMC, Global Estimates 2015: People displaced by disaster, 2015. 7, p.15.

13 *Ibid.*, p.15.

14 해양수산부, "우리나라 해수면 지난 40년간 약 10cm 상승", 보도자료, 2015. 12. 16. http://www.mof.go.kr/article/view.do?menuKey=376&boardKey=10&articleKey=10316(2017. 8. 10. 검색).

15 데일리안, "해수면 상승 위기, 2100년 부산 해수욕장 사라진다", 2015. 9. 20. http://www.dailian.co.kr/news/view/528409/?sc=naver(2017. 7. 20. 인터넷 검색).

제 2 절 해수면 상승의 국제법적 접근

앞서 살펴본 바와 같이 기후변화로 인한 해수면 상승이 직접적으로는 소도서 국가와 저지대 연안국에 영향을 미치고 있다. 자연적·물리적 환경에서부터 사회적·경제적·정치적 분야 등 국제사회의 거의 모든 분야에 영향을 줄 것이 명확해지는 상황에서 국제사회의 법규범 역시 이러한 영향에서 자유로울 수 없다. 일례로 2012년 11월 국제법협회(ILA) 집행이사회의 승인을 통해 설립된 국제법과 해수면상승위원회(ILA Committee on International Law and Sea Level Rise)는 해수면 상승이 국제법에 미치는 영향에 대해 분석하고, 이러한 분석에 기반해 국제법의 발전방안을 제시할 것이라는 설립취지를 밝힘으로써 해수면 상승이 국제법에 미치는 영향에 주목하였다.[16] 특히 2008년 ILA에 의해 설립된 기선위원회(Baseline Committee)는 기선의 변화 및 해양관할수역의 상실, 소도서국가의 수몰로 인한 탈영토화(deterritorialization) 등이 해수면 상승으로 야기될 수 있는 주요한 국제법 문제라고 밝혔다.[17] 그리고 실질적인 영토의 상실은 유엔해양법협약(UNCLOS)의 문제를 넘어 전통적 국가성의 문제, 소도서국가 및 저지대 연안국의 보호를 위해 난민의 지위를 부여해야 하는지의 문제 등을 포함해 보다 포괄적으로 국제법 이슈와 연관되어 있다고 보았다.[18] 그러나 실제로 기후변화와 해수면 상승이 국제해양법을 포함한 국제법에 미치는 영향에 대해선 유엔기후변화협약 제정을 위한 협상이 진행되던 1990년대 초반부터 논의되기 시작했음[19]을 고려하면, 20년이 훨씬 지난 지금에도 규범화하는 작업은

16 ILA, *supra* note 9, p.1. 한편 국제법학자들 중심으로 이루어진 국제법협회(ILA) 내에서의 논의는 국제적 공감대를 형성해 국가 차원의 논의를 이끌 수 있다는 점에서 의의가 있다. 비록 논의를 통해 나온 보고서 등이 구속력을 가지거나, 국가의 의사결정에 바로 영향을 줄 수는 없지만, 국가 차원, 또는 유엔을 중심으로 한 국제사회 차원에서의 논의로 이어지는 좋은 계기가 될 수 있기 때문이다. 특히 현재의 관련 국제법을 살펴보고 국제법의 점진적 발전이라는 측면에서 있으면 바람직한 법(*lex ferenda*) 차원에서의 논의를 확대시킨다는 점도 고무적이라고 볼 수 있다.

17 David Freestone 외 2인, "International Law and Sea Level Rise: The New ILA Committee", *ILSA Journal of International Law*, 2015. 3, p.401.

18 *Ibid.*, pp.401~402. 2012년 ILA에서 채택된 결의(Resolution No.1/2012)에서도 "해수면 상승으로 야기된 실질적인 영토의 상실은 해양법과 기선의 문제에서 더 나아간다. 이는 국제법하에서의 국가구성 요소, 인권, 난민법, 자원에 대한 접근과 국제평화와 안전의 문제 등을 포함한다"고 적시하고 있다.

19 *Ibid.*, p.398.

상대적으로 미비하다고 볼 수 있다.[20] 물론 규범화 작업 자체가 시간이 걸리는 작업이긴 해도 기후변화와 해수면 상승이 국제법에 미치는 영향에 대한 논의가 학계에서 꾸준히 이루어지고 있었음을 고려하면 부족한 측면이 있다.

규범화의 논의가 상대적으로 미비한 이유로는 첫째, 기후변화와 해수면 상승이 아직은 먼 미래의 일이라는 인식이 지배적이기 때문이다. 인식공동체로서의 공감대를 이루기 이전에 해수면 상승이라는 주제에 대해 느끼는 국가간 온도차가 여전히 존재한다고 볼 수 있다. 특히 규범이 현실에서의 정치·사회적 변화를 안정적으로 유지하기 위한 장치라고 본다면, 해수면 상승처럼 불확실한 미래의 일을 미리 상정해 현재에서 국가간 공감대를 이끌고, 이를 규범화까지 이어지게 하는 것이 쉽지 않다. 이러한 측면에서 '있으면 바람직한 법'(*lex ferenda*)적 시각이 다른 국제법 분야에서보다 더 필요하다. '있는 법'(*lex lata*) 차원을 넘어 보다 장기적인 안목에서 해수면 상승을 통해 예상되는 법적 쟁점을 바라보고, 이에 대한 규범화 방안을 도출하는 것이 상대적으로 더 중요하게 됨을 의미한다. 일례로 데이비드 프리스톤(David Freestone) 교수는 현재의 국제법이 기후변화와 해수면 상승이라는 거대한 도전을 해결할 수 있는지에 의문을 가지면서, 기존의 조약과 국제관습법이 이러한 도전을 해결해 줄 수 있을 만큼 유연한지에 대해 물음표를 던진 바 있다.[21] 2014년 4월에 개최된 국제법협회(ILA) 해수면상승위원회 워싱턴회의에서 순스(Soons) 교수는 "위원회가 중점적으로 다루어야 할 분야는 이미 다루어진 이슈들에 대한 것보다 '앞으로 있으면 바람직한 법' 측면"이라는 점을 분명히 했다.[22] 같은 회의에서 마리 제이콥슨(Marie Jacobsson) 스웨덴 대사는 "위원회는 현재 해수면 상승과 관련된 법적 공백을 찾아내는데 보다 많은 노력을 해야 한다"고 밝혔다.[23] 이러한 시각들과 우려는 해수면 상승이 국제법에 미치는 영향을 분석하고 대응책을 내놓기 위

---

20 기후변화와 해수면 상승이 기점 및 해양경계에 미치는 영향에 대해서는 이미 A.H.A. Soons 교수와 David Caron 교수를 중심으로 1990년대 초부터 논의가 시작되어 오늘에 이르고 있다. 최근 해수면 상승에 따른 해양경계 논쟁의 시발점인 기선의 문제에 대한 국제법협회(ILA)의 보고서가 2012년 8월에 제출되는 등 성과도 나오고 있으나, 국제법의 점진적 발전이라는 측면에서 현실에서 발생되는 법적 문제해결을 위한 실질적 해결책을 제시하는 데까지는 이르지 못하고 있는 것으로 생각된다.

21 David Freestone 외 2인, *supra* note 17, p.404.

22 Minutes of the Closed Session, Washington Conference, *ILA Committee on International Law and Sea Level Rise*, 2014. 4. 9, p.5.

23 *Ibid.*, p.6.

해선 현재의 국제법제도로선 부족하고, 향후 있어야 할 법규범과 함께 해결할 수 있음을 명확히 보여 주는 것으로 볼 수 있다.

둘째, 기후변화에 따른 해수면 상승이 장차 국가간 갈등과 분쟁의 원인이 될 수 있다는데 대해 아직 국제사회의 공감대가 형성되어 있지 않다는 점이다. 현재 기후변화가 국제사회 공동의 문제이며, 공동으로 대처해야 할 문제라는 데는 국제사회가 인식을 같이하고 있다. 그러나 해수면 상승으로 야기된 국가간 해양경계의 변화가 해양관할권을 통해 획정된 기존의 국가간 권리와 이익에 영향을 미침으로써 국가간 갈등과 분쟁으로 이어질 수 있다는 데까지는 아직 미치지 않고 있다. 2007년 영국과 북아일랜드가 유엔 안보리 의장에게 보낸 서한(S/2007/186)은 기후변화와 해수면 상승이 국제사회의 평화와 안보에 어떠한 영향을 미치는지 잘 보여준다.[24] 기후변화로 야기된 해빙과 해수면 상승은 해양경계 변화의 문제를 야기하며, 소도서국가의 소멸, 그리고 이민의 문제, 연안의 급격한 후퇴로 인한 해양관할수역과 기타 영유권 분쟁을 야기할 수 있다고 보았다. 이러한 주장은 특히 2017년 8월말 기준으로 유엔해양법협약 당사국은 168개국이라는 점, 협약상 해양경계 획정 원칙 등은 비당사국에도 구속력을 가지는 국제관습법의 지위까지 오르고 있어 기선제도의 변화는 모든 국가에 영향을 미칠 수 있다는 점을 고려할 때 더욱 명확해진다. 그리고 과학기술의 발달로 인해 국가의 해양관할수역과 국가관할권 이원에서의 해양자원 확보가 국가들 간 경쟁을 유발하는 민감한 사안이 되고 있어 협약과 국제관습법상 국가들의 해양에 대한 권리 행사의 기준이 되는 해양경계와 관련 해양관할수역의 변화는 국가들 간 권리와 이익 확보를 위한 경쟁과 갈등으로 이어질 가능성이 높다. 또한, 해수면 상승으로 인해 지구상의 상당 부분이 거주할 수 없는 지역이 되어 국내 및 국경간 이주 압력이 크게 증가할 것이고, 이러한 이주의 문제는 국제질서의 불안정성과 잠재적 갈등을 높이는 원인이 될 수 있다.

그렇다면 기후변화와 해수면 상승이 국제법에 미치는 영향, 특히 소도서국가와 해양경계에 미치는 영향을 지금 논의해야 할 이유는 무엇인가? 우선 앞서 살펴본 바와 같이 소도서국가 수몰과 해양경계의 변화 가능성이 국제사회의 안정을 저해하고 국가간 갈등으로 이어질 수 있다는 사실이 가장 중요하게 고려될 것이다. 이와 더불어 추가적으로 살펴 보아야 할 이유는 다음과 같다.

---

24 유엔 안전보장이사회 서한 S/2007/186. http://www.securitycouncilreport.org/atf/cf/%7B65BFCF9B-6D27-4E9C-8CD3-CF6E4FF96FF9%7D/CC%20S2007%20186.pdf(2017. 8. 16. 검색).

첫째, 해수면 상승이 국제법 분야에서 '경계'와 '공간'의 측면에서 새로운 이슈를 제기하고 있다. '국가주권'의 울타리인 국가간 경계의 파괴 또는 경계간 모호성이 증가하고, 경계로 구분지어진 국가관할영역의 변화를 촉발하고 있다. 기후난민의 문제, 소도서국가의 영토상실에 따른 국가성의 유지의 문제를 비롯해 특히 해수면 상승이 기존의 국가간 해양경계 획정의 출발점인 기점과 기선에 영향을 미침으로써 해양경계에 영향을 미칠 가능성이 높다. 그리고 해수면 상승에 따라 해양경계에 변화가 생긴다면 기존의 국가관할권이 미치는 수역과 국제공역 간 이분적 공간의 배분 역시 변화가 예상되고, 이에 따라 연안국과 비연안국 간 해양에서의 권리간에도 영향을 미치게 된다. 특히 형평의 측면에서 소도서국가의 해양관할권 유지의 문제와도 연결된다.

둘째, 기후변화와 해수면 상승이 국제법에 미치는 영향이 '범 세대적'이다. 지금 이러한 영향에 대해 분석하고 대비하지 않으면 결국 다음 세대에 그러한 부담이 고스란히 이어질 것이기 때문이다. 따라서 이 책에서 다루고자 하는 주제는 현세대뿐만 아니라 다음 세대를 위해서 해결해야 할 세대간 과제이며, 지금 시점에서의 논의가 중요한 이유는 다음 세대가 누릴 혜택을 훼손하지 않고, 현세대의 책임을 다음 세대에 전가하지 않기 위해서이다. 현세대가 기후변화와 해수면 상승의 부정적 영향을 현재 시점에서 최소화하기 위해 노력해야 하는 것을 하나의 의무처럼 받아들일 필요가 있다.

셋째, 해수면 상승으로 인해 발생하는 문제 역시 국제사회 이해당사국간 '형평'(equity)의 시각에서 접근해야 하기 때문이다. 현재 국제환경법적 시각에서는 기후변화의 주범을 산업화 과정에서 야기된 온실가스로 보고 '공통된 그러나 차별적인 책임' 원칙하에 개발도상국과 선진국 간 차별적인 온실가스배출 감소 의무를 부과하고 있다. 그러나 기후변화로 야기된 해수면 상승의 피해가 특히 소도서국가, 저지대 연안국가 등에 더 큰 영향을 미친다는 점을 고려하고, 국제인권법적 측면에서 이들 주민들의 보호에 대해서도 '형평'의 관점에서 바라볼 필요가 있다. 만약 현재의 상황에서 국제사회의 관심과 특별한 대우가 동반되지 않는다면 기후변화라는 현상으로 인해 불비례적 결과가 야기될 수도 있다는 점을 인식할 필요가 있다. 이러한 측면에서 소도서국가를 포함한 모든 이해당사국이 공감하고 형평한 결과에 이를 수 있는 규범이 마련될 필요가 있다.

넷째, 기후변화로 인한 해수면 상승으로 인해 발생되는 국가간 갈등요인들이 시간이 지날수록 표면화될 수 있기 때문이다. 일례로 소도서국가에서 해수면 상승으로 인한 이주민이 늘어나고 타국으로의 유입이 늘어날 경우, 유럽내 난민의 문제와 유사한 국가간 갈등이 나타날 수 있다. 또한 해수면 상승이 해양경계 획정을 위한 기선에 변화를 미치게 될 경우 해양경계 변화 여부에 따라 해수면 상승으로 인한 해양관할권 축소를 원하지 않는 연안국(또는 해양경계협정 당사국)과 해수면 상승과 함께 지속적으로 확대될 공해에서의 권리를 옹호하는 비연안국(또는 해양경계협정 비당사국) 간 갈등이 표면화될 수 있다. 특히 해양자원의 관리와 이용이 국가들의 주요 관심사로 대두되면서 이러한 해양자원 배분의 법적 근거가 되는 해양경계의 획정과 변화 가능성은 앞으로 국가간 이해관계를 보다 복잡하게 할 수 있다. 또한 해수면 상승이 야기하는 해양경계 변화는 이미 체결된 해양경계협정과 함께 앞으로 체결될 해양경계협정 모두에 영향을 미칠 수 있어 해양경계획정을 통해 형성된 해양질서의 안정성에 영향을 미칠 수 있다.

따라서 이 글은 기후변화와 해수면 상승이 소도서국가와 해양경계에 미치는 영향에 대해 살펴보고, 특히 국제법적 쟁점을 이론적·실제적으로 살펴봄으로써 현재와 이후의 법·정책적 방안 마련을 위한 제도적 논의를 활성화하는 데 기여하고자 한다. 특히 기후변화에 따른 해수면 상승이 기선과 해양경계 변화로 이어질 수 있음에도 바다의 헌장이라고 불리는 유엔해양법협약이 이러한 문제 해결에 대해 예견하지 못하고 있음[25]을 논의의 출발점으로 하여, 예측 가능한 법적 쟁점을 분석하고 이에 대한 대응방안을 제시하고자 하며, 또한 해수면 상승에 대응하기 위한 학문적 접근과 정책적 실현의 조화를 통해 향후 국내·외적 공감대 형성을 위한 국가간 인식의 온도차를 줄이기 위한 방안을 제시하고자 한다.

다만 이 글에서는 국제환경법 측면에서의 기후변화와 관련된 국제법 쟁점과 관련해서는 별도로 다루지 않는다. 기후변화로 야기되는 해수면 상승이 초래하는 영향과 국제법적 쟁점에 초점을 둔다. 그리고 기후변화와 해수면 상승으로 인한 국제법적 쟁점 가운데, 특히 소도서국가와 해양경계획정과 관련된 내용을 주로 다룬

25 일부 학자는 현재의 유엔해양법협약이 국제해양법뿐만 아니라 국제환경법, 기존의 국가 지위(statehood)를 규율하는 국제법 규칙 등 어느 것도 해수면 상승으로 야기되는 국제법 문제에 대해 법률적 지침(normative guidance)을 제공해 주지 못한다고 주장하고 있다. Tony George Puthucherril, "Rising Seas, Receeding Coastlines, and Vanishing Maritime Estates and Territories: Possible Solutions and Reassessing the Role of International Law", *International Community Law Review* 16, 2014, p.41.

다. 해수면 상승의 부정적 영향에 가장 취약한 소도서국가의 문제를 다룸에 있어서는 연안침식 방지, 해양생태계 보호 등 현재의 기후변화 대응조치와 관련된 쟁점은 가능한 배제하고, 해수면 상승이 소도서국가의 수몰을 포함해 국가 자체의 존립을 위협할 수 있는 가능성, 소도서 주민의 실효적 보호장치의 부재 가능성 등을 염두에 두고 국제법적 함의를 가질 수 있는 쟁점을 주로 다룬다. 또한 해양경계획정의 경우 해수면 상승이 해양경계의 출발점인 기선에 가장 직접적으로 영향을 미치고, 연쇄적으로 이러한 영향이 국가의 외측한계와 국가 해양경계획정에 영향을 미칠 수 있다는 점을 논의의 출발점으로 한다. 특히 유엔해양법협약의 기선제도에 기반한 국가간 해양경계획정이 해수면 상승으로 인해 변할 수 있다는 점은 현재의 해양경계획정을 통해 안정적으로 유지되고 있는 해양에서의 국가 권리와 의무 간 균형에 영향을 미칠 수 있음을 고려한다. 이러한 점이 어떠한 국제법 쟁점으로 연결될 수 있으며, 또한 이러한 쟁점 해결을 위한 정책적 방안이 무엇인지에 대한 문제로 논의의 폭을 점차 확대하고자 한다. 물론 논의의 근거가 되는 국제법적 이론이 상이한 소도서국가와 해양경계획정의 문제를 함께 다룰 경우, 논리적 전개가 일관되지 못할 수 있다는 점을 십분 유념하면서도 해수면 상승이라는 외부적 환경으로 발생하는 영향에 있어 양 분야를 분리해서 다루기가 어렵다는 점에 더 큰 방점을 두어 소도서국가와 해양경계획정의 문제를 함께 살펴본다.

마지막으로 이 글에서의 쟁점 분석을 위해 현재 '있는 법'(*lex lata*)과 앞으로 '있으면 바람직한 법'(*lex ferenda*) 차원 모두를 고려한다. 쟁점의 현황과 문제점 분석을 위한 이론적 논의에서는 현 국제법체제를 이루고 있는 양자 및 다자협정, 국제관습법, 국제선언 및 결의, 국제판례의 판결 등을 '있는 법'(*lex lata*) 차원에서 검토한다. 그리고 이후 분석을 통해 나타난 문제점들을 고려해 제시하고자 하는 제안들은 현재의 국제법 체제 내에서 해결 가능한 부분을 우선 모색한 후, 법의 흠결 또는 공백으로 인해 현재의 국제법하에서는 해결이 어려운 부분이 있는 경우, '있으면 바람직한 법'(*lex ferenda*) 차원에서 대응방안을 제시하고자 한다.

HAPTER 02

해수면 상승과 소도서국가

제 2 장 해수면 상승과 소도서국가

기후변화로 인한 해수면 상승은 두 가지 측면에서 '국제법의 발전' 과정에 기여한다. 하나는 '법의 불충분성'을 드러내 주고, 다른 하나는 '법의 부재'에 대해 고민하게 함으로써 국제법을 보완해야 할 과제를 제시해 주기 때문이다. 이 장에서 논의될 쟁점들을 예를 들면 해수면 상승 등과 관련하여 인공섬의 기능을 확대하고 이에 맞는 법적 지위를 부여하는 문제, 난민·실향민 등 기존의 국제인권법 틀 내의 개념과 비교하여 소도서국가 이주민 보호를 위해 새로운 개념과 보호방안을 도입하는 문제, 기존의 형평 개념을 고찰하면서 소도서국가에 적용할 수 있는 새로운 형평 개념을 모색하는 것 등은 '법의 불충분성'(insufficiency)을 해결하기 위한 논의로 볼 수 있다. 이는 관련되거나 유사한 협약 규정이 있지만, 소도서국가의 특수성을 고려한 법적 보완이 예외적으로 필요한 경우이기 때문이다. 이에 반해 해수면 상승으로 인한 소도서국가의 소멸이 전통적 국가성립 요건을 결여함에도 불구하고 지속적으로 국가 지위를 인정받을 수 있도록 인정하거나, 인공섬을 건설해 주권적 표시 또는 영토로 인정해 주는 방안에 대해 논의하는 것은 관련되거나 유사 적용할 수 있는 법적 근거가 현재로선 없으며, '앞으로 있어야 할 법' 차원에서 다뤄져야 하는 문제라는 점에서 '법의 부재'(legal gap)의 문제로 볼 수 있다. 이처럼 해수면 상승으로 소도서국가의 존립과 해양관할권 문제 및 이주민 보호 문제와 관련해 드러난 법의 불충분성과 법의 부재는 충분히 국제사회의 논의를 이끌어 내고 규범화로 이어질 수 있는 함의를 제공해 줄 것이다.

제 1 절 소도서국가의 개념 및 분류

유엔에 따르면 소도서국가(SIDS)는 총 57개국이며, 이 중 유엔 회원국은 37개국이다.[1] 이 가운데 한 개의 섬으로 구성된 소도서국가는 14개국이며, 다수의 섬으로 구성된 소도서국가는 43개국이다.[2] 한편 소도서국가 및 저지대 연안국을 포함하고 있는 소도서국가연합(Alliance of Small Island States: AOSIS) 회원국은 총 44개국이다.[3] 해수면 5m 기준으로 보았을 때, 소도서국가 육지의 26%가 이 기준보다 낮으며, 특히 몰디브와 투발루는 전체 도서의 해수면이 이 기준에 미치지 못하고 있다. 소도서국가 인구 전체의 30%가 5m 이하의 저지대에서 거주하고 있다.[4]

그러나 소도서국가의 특별한 대우와 국제사회의 역할을 담은 선언문과 유엔총회 결의 등 공식문서는 많으나, 어느 공식문서에서도 이러한 소도서국가에 대한 개념 또는 범위를 명확하게 규정하지 않고 있다. 필리페 하인(Philliphe Hein)에 따르면 세계은행이 내놓은 'Small states'의 기준은 인구 150만명, 세계무역기구(WTO)의 'small economies' 기준은 세계무역 비중이 0.02% 미만인 경우를 말하는데, 소도서국가의 개념과 관련해서 'small'의 개념은 이를 영토가 작은지, 인구가 적은지, 경제규모가 작은지에 대해 명확하지 않다.[5] 또한 소도서국가연합(AOSIS)도 소도서국가만으로 구성되어 있지 않은데, 2017년 8월 기준으로 총 44개 국가와 옵서버로 구성되어 있고, 이 가운데 벨리즈(Belize), 기니비사우(Guineau-Bissau), 가이아나(Guyana), 수리남(Suriname)은 저조선 연안국이다.[6]

다만 유엔무역개발회의(UNCTAD)가 분석을 위한 목적으로 비공식적으로 제시하고 있는 소도서국가의 분류기준을 살펴보면 특별한 대우가 필요한 소도서국가는 29개 국가이며, 이들 국가를 선택한 기준은 인구가 500만명이 넘지 않는 독립된(자

1 https://sustainabledevelopment.un.org/topics/sids/list(2017. 8. 23. 검색). 단일섬으로 구성된 소도서국가는 Guinea-Bissau, Barbados, Belize, Dominica, Guyana, Jamaica, Surinam, Nauru, Aruba, Curacao, Martique, Montserrat, Niue, Sint Maarten, Dominican Republic 등임.

2 유엔 분류 소도서국가 57개국을 개별 국가별로 구글 등 검색엔진 통해 검색(2017. 8. 23).

3 소도서국가연합 공식홈페이지, http://aosis.org/about/(2017. 8. 23. 검색).

4 UN－OHRLLS, "Small Island Developing State In Numbers", 2013, pp.9~10.

5 Philippe Hein, "Small island developing States: origin of the category and definition issues", *UN Conference on Trade and Development*, 2004, pp.18~19.

6 http://aosis.org/about/(2017. 8. 23. 검색).

치의) 섬나라 개발도상국가을 말한다.[7] 앙콩트르(Encontre)는 소도서국가 분류체계가 공식적으로 부재한 이유는 이러한 분류에 속하기 때문에 특별한 대우를 받아야 한다고 국가들이 주장할 수 없도록 하는데 있다고 보았다.[8] 그리고 소도서국가 분류기준의 확립을 위해 유엔은 국제적으로 인정되는 합의된 소도서국가 분류기준을 확립해야 하고, 특별한 대우를 위한 실용적인 방안도 포함될 수 있도록 해야 한다고 주장했다.[9]

이처럼 소도서국가의 개념 및 분류를 위한 명확한 기준이 있다고 보기 어렵지만, 국제법 차원에서는 하나의 소도서국가가 섬의 크기 또는 경제규모에 상관없이 모두 국가평등을 기초로 하는 국제사회에서 국제기구에서의 표결권, 협약체결권 등 모든 국가에 동일하게 주어진 권리를 행사할 수 있는 국제법주체이다. 그러나 해수면 상승으로 인해 소도서국가가 수몰될 수 있는 상황이 전개될 수 있고, 이는 국제법주체로서의 국가성 소멸을 의미할 수 있다. 국가성 소멸은 해수면 상승이 소도서국가에 미치는 영향과 이로 인해 발생하는 법적 쟁점 논의의 출발점이다. 그리고 논의는 소도서 거주민의 보호 문제, 기존에 누려 왔던 해양관할권 유지 가능성 여부, 그리고 해수면 상승 대응조치로서의 인공섬의 법적 지위 문제 등으로 확대된다. 그리고 이러한 쟁점 논의를 위해 우선 살펴봐야 할 내용이 국제법상 '형평' 개념의 도입 가능성이다. 이는 현재 52개국에 달하는 소도서국가들이 해수면 상승에 가장 영향을 미치지 않은 당사자들임에도 불구하고, 수몰 여부와 상관없이 해수면 상승에 따른 영향을 가장 직접적으로 받고 있기 때문이다.

---

7 Pierre Encontre, "SIDS as a category: adopting criteria would enhance credibility", *UN Conference on Trade and Development*, 2004, p.100, 29개 회원국 수는 UNCTAD 홈페이지, http://unctad.org/en/Pages/ALDC/Small%20Island%20Developing%20States/SIDS-map.aspx(2017. 8. 23. 검색).

8 *Ibid.*, p.92.

9 *Ibid.*, pp.101~102.

제 2 절 소도서국가 특별대우를 위한 '형평'

기후변화의 주요 원인인 지구온난화가 해수면 상승을 촉진하였음에 대한 국제사회의 공감대는 이미 형성되어 있다고 볼 수 있다.[10] 기후변화의 영향에 취약한 저지대 연안국가와 국가상실의 위기에 놓인 소도서국가를 바라보는 국제사회의 인식도 같은 맥락에서 이루어지고 있다. 유엔인권이사회 결의는 이러한 인식을 잘 반영하고 있다. 유엔인권이사회는 2014년 7월 결의를 통해 "최저빈곤국, 소도서개발도상국, 아프리카 국가들은 지구온난화에 기여한 부분이 가장 적음에도 불구하고 인권, 개발권에 기후변화가 미치는 부정적 영향에 가장 취약하다. 기후변화의 부정적 영향에 대응하고 완화시키는데 필요한 비용 마련을 위해 예측 가능하고 지속가능하며, 적절한 지원이 필요하다"고 밝힌 바 있다.[11]

그러나 현실적으로 이러한 국제사회의 인식이 실제로 소도서국가에 대한 특별한 대우로 이어지기 위해선 이를 뒷받침할 수 있는 이론적, 법적 근거가 필요하다. 이 글에서는 이러한 근거를 '형평' 원칙의 도입으로 설명하고자 한다. 이를 위해 우선 형평 원칙에 대해 이론적으로 살펴보고, 이를 도입할 경우 어떠한 내용으로 형평을 바라볼 수 있는지에 대해 살펴보고자 한다.

Ⅰ. 국제법상 '형평' 개념의 고찰

형평(equity)은 반드시 평등(equality)을 의미하지는 않는다. 이는 고려해야 할

---

10 지구온난화는 지구 표면의 평균온도의 상승을 일컫는데, 대부분 대기 중의 온실가스의 증가로 야기된다. 지구온난화는 기후패턴의 변화를 일으키지만, 지구온난화 그 자체로는 기후변화의 하나의 특성을 대변하는 것으로 이해된다[미국 환경보호청(EPA) 홈페이지, https://www.epa.gov/climatechange/climate-change-basic-information(2017. 7. 21. 검색)].

11 UN, A/HRC/RES/26/27, 2014. 7, p.3. 관련 부분은 다음과 같다. "Reaffirming that people in developing countries, particularly in least developed countries, small island developing States and African countries, that have contributed the least to global greenhouse gas emissions, are among the most vulnerable to the adverse effects of climate change on the full and effective enjoyment of all human rights, including the right to development, and should be provided with predictable, sustainable and adequate support to meet the costs of adaptation to and mitigation of those adverse effects."

특별한 사정이 있는 경우엔 비평등한 상황이 오히려 형평에 더 가까울 수 있다는 점을 의미한다.[12] 이러한 점은 국가평등에 기반한 전통국제법에 적지 않은 함의를 가진다. 국가평등 원칙에 따르면 경제규모, 인구의 수, 영토의 크기, 외교능력 등의 차이에 관계없이 국가는 모두 국제법상 평등한 권리를 향유하고, 의무를 분담한다. 이는 모든 국가가 법적으로 독립되어 있고 대외관계에 있어 차별함이 없이 대우받는다는 것을 의미한다. 그러나 인류가 공동으로 대응해 나가야 할 문제, 특히 기후변화와 같은 문제에 있어서는 공동체이익을 위해 국가주권의 양보를 합의하는 방식으로 국제법이 형성되고 있다.[13] 그리고 국제문제의 해결을 위해선 개별 국가의 주권에 앞서 국제사회의 이익을 우선해야 하며, 상호의존성에 의해 국가간 차별적인 의무를 부담할 수 있도록 합의를 도출해 내는 것이 형평의 주된 목적으로 볼 수 있다.[14]

형평의 입장에서는 이러한 평등한 대우가 비형평적 결과를 가져오게 될 경우, 오히려 차별적인 대우를 통해 형평적 결과에 다다를 수 있어야 한다. 이러한 맥락에서 기후변화라는 현상 앞에서 법적인 주권평등에도 불구하고, 국가가 서로 다른 상황에 놓여 있음을 전제로 할 수 있다.[15] 특히 선진국과 개발도상국 간 기후변화와 해수면 상승의 원인 제공자와 피해자 간 책임의 차이, 기후변화에 대응하기 위한 능력과 재정적 여력의 차이 등이 다르기 때문에 이를 고려하여 불평등한 대우를 하는 것이, 그렇지 않다면 야기할 수 있는 비형평적 결과를 교정하는 방안이 될 수 있다. 이러한 주장은 즉 국가주권 평등원칙을 형식적 평등으로 볼 수 있으며, '차별적 대우'는 실질적 평등을 통한 정의의 달성을 의미하는 것으로 볼 수 있다.

그렇다면 실제 관행에서 형평은 어떻게 나타나고 있는가? 1982년 튀니지-리비아 대륙붕 사건에서는 형평의 개념을 잘 드러내 주고 있다. 이 사건에서 국제사법재판소(ICJ)는 "법 개념으로서의 형평은 정의적 사고의 직접적인 발현"(Equity as a legal concept is a direct emanation of the idea of justice)이라고 정의하면서 형평의

12 *North Sea Continental Case, Germany vs Denmark,Netherlands,* ICJ, 1969, p.49, para. 91. *Case concerning the Frontier Dispute,* ICJ, Judgement, 1986, p.633, para. 149.

13 서원상, "국제환경법상 형평의 적용과 이행", 『경성법학』, 제18권 제1호, 2009, 256쪽.

14 위의 논문, 256쪽.

15 유희진, "국제환경법상 형평원칙과 기후변화체제의 협상", 『국제법평론』, 통권 제38호, 2013, 39~40쪽.

개념을 함축적으로 보여주고 있으며, 형평의 원칙(equitable principles)을 ICJ 규정 제38조 제2항의 '형평과 선'(*ex aequo et bono*)과 구별하고 있다.[16]

> 형평은 법체계의 역사 속에서 다양한 법 개념을 규정하기 위해 사용되어 왔으며, 실증법 규칙의 엄격함을 완화시키면서 정의를 달성해 왔다. 형평 개념은 직접 적용할 수 있는 일반적 법원칙이다. 또한 실정법을 적용함에 있어서 재판소는 사안의 사정에 비춰 여러 가지 법의 해석들 가운데 정의의 요건에 가장 근접하게 보이는 하나를 선택할 수 있다. 형평원칙의 적용은 형평과 선(*ex aequo et bono*)과 구별된다. 후자의 경우, 재판소는 ICJ 규정 제38조 제2항[17]에 따라 당사국이 동의한 경우에만 판결을 낼 수 있고, 적절한 해결에 이르기 위한 법 규칙의 엄격한 적용으로부터 자유로워진다.

그러나 형평의 법원성에 대해서는 학자들 사이에 논쟁이 있다. 이안 브라운리(Ian Brownlie) 교수는 형평을 공정성(fairness), 합리성(reasonableness)을 의미하기도 하지만, 기존의 법 원칙을 적용하기에는 민감한 사안에 필요한 정책(policy)으로 보기도 한다.[18] 엄격히 말해 형평은 법의 원천이 될 수는 없지만, 재판과정에 있어서

---

16 *Case concerning the Continental Shelf, Tunisia vs. Libyan Arab Jamahiriya,* ICJ, Judgement, 1982, p.60, para. 71.
원문은 다음과 같다. "Equity as a legal concept is a direct emanation of the idea of justice. The Court whose task is by definition to administer justice is bound to apply it. In the course of the history of legal system the term "equity" has been used to define various legal concepts. It was often contrasted with the rigid rules of positive law, the severity of which had to be mitigated in order to do justice. in general, this contrast has no parallel in the development of international law; the legal concept of equity is a general principle directly applicable as law; Moreover, when applying positive international law, a court may choose among several possible interpretations of the law the one which appears, in the light of the circumstances of the case, to be closest to the requirements of justice. Application of equitable principles is to be distinguished from a decision ex aequo et bono. The Court can take such a decision only on condition that the Parties agree (Art. 38, para. 2, of the Statute), and the Court is then freed from the strict application of legal rules in order to bring about an appropriate settlement."

17 ICJ 규정 제38조는 다음과 같다.
1. 재판소는 재판소에 회부된 분쟁을 국제법에 따라 재판하는 것을 임무로 하며, 다음을 적용한다.
가. 분쟁국에 의하여 명백히 인정된 규칙을 확립하고 있는 일반적인 또는 특별한 국제협약
나. 법으로 수락된 일반관행의 증거로서의 국제관습
다. 문명국에 의하여 인정된 법의 일반원칙
라. 법칙 결정의 보조수단으로서의 사법판결 및 여러 국가의 가장 우수한 국제법학자의 학설. 다만, 제59조의 규정에 따를 것을 조건으로 한다.
2. 이 규정은 당사자가 합의하는 경우에 재판소가 형평과 선에 따라 재판하는 권한을 해하지 아니한다.

18 Ian Brownlie, *Principle of Public International Law*, 2008, p.25.

중요한 요소가 될 수는 있다고 보았다.[19] 이에 山本草二 교수는 우선 앞선 판례에서 본 바와 같이 국제법원이 국제관계에 적용 가능한 원칙을 선택하고 원용하는 권한을 행사하는 것으로 법의 일반원칙이 조약과 국제관습법이 규율하지 못하고 있는 분야를 보완하는 독자적인 법원(法源)으로 인정될 수 있다고 보았다.[20] 그리고 좀더 구체적으로 국제법상 형평을 크게 법 안의 형평 개념인 'equity infta legem', 법 바깥의 형평 개념인 'equity praeter legem', 법에 반하는 형평 개념인 'equity contra legem'으로 구분하고 있다.[21] 이러한 형평과 법원(法源)의 관계에 대해 앞선 두 가지 형평에 대해서는 법원성을 인정하였지만, 법에 반하는 형평에 대해선 실정국제법에 위반하여 선(善) 또는 정의(正義)에 관한 주관적 감정에 기초하여 원용하는 것으로 국제법의 법원에 해당하지 않는다고 보았다.[22] 이처럼 형평의 법원성에 대한 논쟁에도 불구하고, 실정법 내에서 정의를 달성할 수 있는 경우, 또한 실정법 내에서 정의를 달성하지 못하더라도 형평을 통해 실정법의 흠결 또는 공백을 보완함으로써 정의를 달성할 수 있다는 데에는 이견이 없어 보인다.

한편 국제재판소는 형평의 원칙을 국제법의 일부분으로 오랫동안 간주해 왔으며, 각 사안에 적용해 왔다. 그러나 이러한 형평은 추상적인 정의의 원칙을 사안에 적용하는 것이라기보다는 적용 가능한 법률로부터 형평한 원칙과 해결방안을 도출하는 것으로 이해된다.[23] 그리고 이러한 형평은 비형평적 상황을 완화시키는 방법으로 적용되며, 법 원칙의 침해를 야기하는 새로운 방식으로 적용되는 것은 아니다.[24] 이러한 형평은 교정적 정의로서의 형평으로 인식된다. 교정적 정의로서의 형평은 법관이 실체법을 해석하고 적용함에 있어 원용하는 것으로 법관은 이를 통해 실체법을 수정하게 된다.[25] 이러한 교정적 정의는 나아가 사법적 관점에서 법의 엄격한 적용으로부터 발생될 수 있는 불공평을 완화시키는 역할을 한다는 측면에서 '정의의 개별화'(individualization of justice)로도 볼 수 있다.[26]

---

19 *Ibid.*

20 山本草二, 『新版 國際法』, 1999, 90쪽.

21 위의 책, 103~104쪽.

22 *Ibid.,* 다만 山本草二 교수는 법 바깥의 형평 개념인 'equity praeter legem'에 대해선 구체적 사안에 대해 실정법이 흠결되어 있거나 불충분하게만 규율하고 있는 경우에 이를 논리적으로 보완하는 것으로 보조수단으로서의 법원으로 보았다.

23 Malcolm N. Shaw, *International law, Fifth Edition*, Cambridge University Press, 2003, pp.100~102.

24 *Ibid.*

25 유희진, 앞의 논문, 42~43쪽.

26 서원상, 앞의 논문, 259쪽.

이와 비교해 살펴보고자 하는 것은 배분적 정의이다. 배분적 정의는 아리스토텔레스의 개념으로부터 출발한다.[27] 아리스토텔레스의 형평은 배분적 정의에 초점을 맞추고, '실정법 적용의 결과에 대한 교정'과 그 교정을 통해 '더 나은 정의의 실현'의 두 가지 기능을 실현하는 것으로 보인다.[28] 여기서 주목해서 볼 점은 앞선 판례의 견해에서도 나타났듯이 배분적 정의를 기반으로 하는 형평은 교정적 정의로서의 형평과는 다른 법적 지위를 가지고 있으며, 다른 방식으로 작동한다는 점이다.[29] 본로우(Voughon Lowe)는 형평이 특정 권리나 의무로 확정되지 않은 이해(interests)가 경합관계에 있는 경우, 특히 법이 고도로 발전하지 않은 영역에서 적용될 수 있는 것으로 보았다. 그리고 세대간 형평, 국제환경법에서의 형평의 원칙 등이 이에 해당하는 주요한 사례로 보았다.[30] 그리고 형평이 과거에 수립된 법적 권리와 의무의 엄격한 입증을 통해서 해결책을 찾기보다는 다가올 미래에서 해결책을 찾을 수 있는 공유된 자원에 대한 접근 등의 분야에, 그리고 당사국간 지속적인 관계를 맺는 보다 유연하고 탄력적인 법체제를 구축하는데 보다 유용하다고 보았다.[31] Lowe가 바라보는 이러한 형평의 개념은 교정적 정의라기보다는 배분적 정의로서의 형평으로 이해할 수 있다.[32] 토마스 프랭크(Thomas M. Frank)는 형평을 교정적 형평(corrective equity), 광의의 형평(broadly perceived equity), 공동유산형평(common heritage equity)로 나누고 있는데, 특히 공동유산형평은 국제공역 또는 지구공유물과 같이 한 국가의 소유권을 인정할 수 없는 자원의 공평한 배분과 권리를 위해 도출된 개념이다. 이러한 측면에서 광의의 형평은 교정적 형평에 비해 분

---

27 Anastasios Gourgourinis, "Delineating the Normative of Equity in International Law", *International Community Law Review,* Vol. 11, 2009, p.330. 이 논문에 따르면 아리스토텔레스의 정의 가운데 개별적 정의(particular justice)는 분배적 형평과 교정적 형평으로 구분된다.

28 이기범, "국제법상 '형평(equity)' 개념에 대한 '실증주의적' 고찰", 『국제법학회논총』, 제59권 제1호, 2014, 113~114쪽. 한편 아리스토텔레스의 관점에서 형평과 정의의 관계를 살펴보면, 정의는 '이상형'이고, 정의의 내용은 '비례적 균등'이며, 형평은 정의라는 이상형에 의거하여 비례적 균등을 실현하게 하는 기능이라고 보는 견해도 있다(남궁술, "형평에 대하여: 그 역사적 조명과 아리스토텔레스적 정리", 『법철학연구』, 제8권 제2호, 2005, 163~164쪽).

29 유희진, 앞의 논문, 44쪽.

30 Vaughan Lowe, "The Role of Equity in International Law", *Australian Year Book of International Law,* Vol. 12, No. 54, 1989, p.73. http://www.austlii.edu.au/au/journals/AUYrBkIntLaw/1989/4.pdf (2017. 8. 19. 검색).

31 *Ibid.*

32 유희진, 앞의 논문, 44쪽.

배적 정의를 실현하는데 있어 국제법원이 더 큰 재량권을 발휘할 수 있다는 개념이라는 측면에서 Lowe의 형평 개념과 매우 유사하다고 볼 수 있다.[33]

Ⅱ. '소도서국가'와 형평 개념

그렇다면 소도서국가에 적용할 수 있는 형평 개념은 어떻게 볼 수 있을까? 이를 위해 기후변화와 관련해 살펴볼 수 있는 형평 개념이 적용된 사례에 대해 우선 살펴본다. 특히 기후변화와 관련되어 1994년에 발효(1992년 채택)된 기후변화에 관한 국제연합 기본협약(기후변화협약)과 2016년 11월 4일에 발효(2015년 채택)된 기후변화협약에 대한 파리협정에서 나타난 세대간 형평과 공통된 그러나 차별화된 책임의 원칙에 주목한다. 그리고 이러한 논의를 확장하여 소도서국가에 적용될 수 있는 형평의 개념과 내용을 모색하도록 한다.

1. 국제법상 형평 개념 적용

국제법 분야에서 형평의 개념은 여러 분야에서 다양하게 적용되고 있다. 우선 '국제하천의 비항행적 사용에 관한 협약(1997)' 제5조~제6조에서는 형평하고 합리적인 이용에 대해 규정하고 있다.[34] 이러한 형평한 이용 개념은 크게 두 가지 의미로 받아들여지고 있다.[35] 하나는 제한된 영토주권이라는 개념에서 출발하여 특히 상류국의 주권의 제한을 정당화하는 근거이고, 다른 하나는 해양경계획정에 있어서의 '형평한 해결' 개념과 마찬가지로 개별 사건에서의 목적달성을 규범화하기 위한 것이다.

유엔해양법협약에서는 형평의 개념이 보다 포괄적으로 쓰이고 있다. 서문에서는 자원의 형평하고 효율적인 이용, 인류의 이익을 고려한 '공정하고 형평한'(just and equitable) 국제경제질서의 실현을 규정하고 있다. 구체적으로는 제69조(내륙국의 권리), 제70조(지리적 불리국의 권리)에서 내륙국과 지리적 불리국이 형평에 입각하여 배타적 경제수역의 생물자원 잉여량의 적절한 개발에 참여할 권리를 규정하고 있다. 제74조, 제83조에서는 인접국과 대향국의 배타적 경제수역과 대륙붕 경계

---

33 서원상, 앞의 논문, 260쪽.

34 협약명은 Convention on the Law of the Non-Navigational Uses of International Watercourses.

35 이기범, 앞의 논문, 104~105쪽.

획정은 형평한 해결을 달성하도록 규정하고 있다. 제140조, 155조 제2항, 제160조 제2항, 제173조 제2항에서는 심해저에서의 활동으로부터 야기된 재정적·경제적 이익의 형평한 배분을 규정하고 있다. 특히 심해저와 같이 인류의 공동유산으로 인정되는 공역은 국제공동체의 상호 의존과 결속을 기초로 하여 탐사와 개발을 엄격히 규율하고 활동의 이익을 배분함에 있어서 '형평'의 기준을 적용하는 것으로 받아들여진다.[36]

국제경제법 분야에서 형평 개념은 법규형성 및 개발도상국과 선진국 간의 경제적 충돌을 조정하는 기능을 주로 해 왔다.[37] 1970년대에 유엔은 개발도상국을 신국제경제체제로 편입하기 위한 방안으로 정의의 재분배를 의미하는 형평의 원칙을 신국제경제질서(NIEO)를 형성하는 여러 연성법 규범에 도입해 왔다. 이러한 초기의 도입 의도는 1974년에 채택된 유엔총회 결의 제3281호[38]에 잘 나타나 있다. 그리고 프란치오니(Francioni)는 국제투자분쟁해결기구(ICSID) 및 외국자산의 수용 등을 통한 외국경제자산에 있어서 공정하고 형평한 대우 기준은 국제관습법의 일부를 형성하였고, 전통적인 비차별 원칙과 함께 해외투자자들을 보호하는 본질적인 역할을 수행하고 있다고 보았다.[39]

2. 기후변화 관련 형평 개념

기후변화와 관련된 형평의 개념에 대해서는 기후변화 제3조 제1항이 이를 포괄적으로 보여 주고 있다. 동조 제1항은 형평에 입각하고(on the basis of equity), 공통적이면서도 그 정도에 차이가 나는 책임과 개별 능력(common but differentiated responsibilities and respective capabilities)에 따라 현재 및 미래 세대의 이익(benefit of present and future generations of humankind)을 위해 기후변화체제를 보호해야 한다고 규정하고 있다.[40] 조약 문언에 기반해 살펴보면 기후변화체제를 보호하기

---

36 김대순, 『국제법론(제11판)』, 2006, 733쪽.

37 Francesco Francioni, "Equity in International Law", *Oxford Public International Law*, 2013, p.9

38 A/RES/3281. 서문에서는 "주권평등과 모든 국가 이익의 밀접한 상호관계와 상호 형평한 이익(mutual and equitable benefit)에 따라 국제경제질서를 개발"할 필요에 대해 밝히고 있다.

39 Francesco Francioni, *supra* note 37, pp.9~10.

40 제3조 제1항의 번역본 및 원문은 다음과 같다. "당사자는 형평에 입각하고 공통적이면서도 그 정도에 차이가 나는 책임과 각각의 능력에 따라 인류의 현재 및 미래 세대의 이익을 위하여 기후체계를 보호해야 한다. 따라서 선진국인 당사자는 기후변화 및 그 부정적 효과에 대처하는 데 있어 선도적 역할을 해야 한다"(The Parties should protect the climate system for the

위해서 '형평', '공통된 그러나 차별된 책임' 원칙, '세대간 형평'의 개념을 모두 반영하고 있다. 우선 이 부분은 해석에 따라 형평과 공동의 그러나 차별적인 책임의 개념을 혼용하거나 또는 공동의 차별적인 책임이라는 용어에 형평이라는 의미가 포함되도록 쓰고 있는 것으로 보는 관점이 있다.[41] 그러나 하나의 조문 안에서 이러한 개념이 구분되어 반영되어 있다는 점에 비추어 이 세 개념의 유사성에도 불구하고, 개념간 차이가 있다는 점을 보여 주고 있다. 그리고 개념의 구분은 파리협정에서 더욱 명확히 드러난다. 파리협정에서는 서문에서 '형평'원칙과 '공동의 그러나 차별화된 책임과 개별 능력'(common but differentiated responsibilities and respective capabilities) 원칙, 그리고 세대간 형평(intergenerational equity)을 명시적으로 구분하고 있다.[42] 이처럼 1992년에 채택된 기후변화협약과 비교해 2015년에 채택된 파리협정은 기후변화와 관련한 형평 개념의 도입에 보다 적극적인 입장을 보이고 있다. 이러한 협정상 형평 개념의 구체화는 기후변화가 비형평적 결과를 야기할 수 있다는 데 대한 인식과 형평 개념의 도입을 통해 이러한 상황에 대응하고자 하는 국제사회의 공감대가 확산되고 있음을 방증하고 있는 것으로 보인다.

그러나 기후변화체제 또는 이후에 논의할 해수면 상승과 관련한 소도서국가에 적용되는 형평의 개념은 확정된 것이라기보다 국제사회의 합의와 공감대에 따라 다양한 원칙으로 발현될 수 있다는 점에서 유연하고, 포괄적인 개념으로 볼 수 있다. 이러한 면은 기후변화협약과 파리협정을 통해 명시된 원칙을 통해서도 살펴볼 수 있다. 우선 '공동의 그러나 차별화된 책임과 개별 능력' 원칙은 기존의 '공동의 그러나 차별화된 책임'(Common but Differenciated Responsibility: CBDR) 원칙에서 '개별 능력'(respective capabilities)이 명시적으로 추가되어 확대된 개념으로 볼 수 있다. CBDR 개념은 1992년 브라질에서 개최된 유엔환경개발회의(UNCED)에서 최초로 도입되었다. 이 회의에서 채택된 '리우선언' 제7조는 '공동의 그러나 차별적

benefit of present and future generations of humankind, on the basis of equity and in accordance with their common but differentiated responsibilities and respective capabilities. Accordingly, the developed country Parties should take the lead in combating climate change and the adverse effects thereof).

41 유희진, 앞의 논문, 40쪽.

42 관련 파리협정의 원문은 다음과 같다. "*In pursuit* of the objective of the Convention, and being guided by its principles, including the principle of equity and common but differentiated responsibilities and respective capabilities, in the light of different national circumstances."

책임' 원칙에 대해 최초로 밝히고 있다.[43] 이러한 원칙은 두 가지 개념을 내포하고 있는데, 하나는 '공동의 책임'으로 모든 당사국이 지구환경을 악화시킨 것에 대해 공통된 책임을 져야 하며, 또 하나는 '차별적 책임'으로 각 국가에 부담되는 책임이 일률적으로 동일한 것이 아니라, 각 국가의 사회, 경제, 생태환경 등의 상황에 따라 서로 다른 책임을 져야 한다는 것이다.[44] 이는 환경보호라는 공통된 가치를 위해 개별 국가가 아닌 국제사회가 함께 노력해야 한다는 인식이 반영된 것인데, 1960~70년대 국제환경법 문서에는 이러한 CBDR 개념이 반영되지 않았고, 다만 '공동책임'에 대한 규정을 두고 있었다.[45] 따라서 시간이 흐름에 따라 초기의 공동책임 개념은 1990년대에 들어서 CBDR 개념으로, 기후변화협정과 파리협정에서는 CBDR 개념에 '개별 능력'이 추가된 개념으로 확대되어 왔음을 알 수 있다. 이러한 '개별 능력'(respective capabilities)은 차별적 책임과 비교해볼 수 있는데, '차별적 책임'은 협약상 의무의 부담과 관련해서 국가간 상이한 의무 '부담'(온실가스 감축의무 등)과 관련된 것이라면 '개별 능력'의 고려는 의무 '이행'과 관련된 것으로 볼 수 있다. 그리고 차별적 책임은 개별 국가를 중심으로 의무의 부담과 이행을 촉구하고 있는 한편, '개별 능력'의 추가적 고려는 국제사회의 역할을 보다 강조하고 있는 것으로 생각된다. 즉, 후자의 경우 개별 능력의 측면에서 볼 때 현재의 상황에서는 온실가스 배출을 위한 구체적 이행이 힘든 최빈개발도상국, 소도서국가라 할지라도 국제사회의 지원에 기반한 '능력 제고'(capacity-building)를 통해 점차 온실가스 배출을 위한 공동의 의무를 이행할 수 있도록 하는 보다 적극적 차원의 의미를 담고 있다고 볼 수 있다.

한편 이러한 CBDR 개념은 또한 세대내 형평(intrageneration equity)과도 밀접한 연관성을 가지고 있다. 세대내 평등은 현재 세대의 인류 구성원간 국내 및 글로벌

---

43 리우선언(Rio Declaration on Environment and Development) 제7조: "States shall cooperate in a spirit of global partnership to conserve, protect and restore the health and integrity of the Earth's ecosystem. In view of the different contributions to global environmental degradation, States have common but differentiated responsibilities. The developed countries acknowledge the responsibility that they bear in the international pursuit to sustainable development in view of the pressures their societies place on the global environment and of the technologies and financial resources they command."

44 윤성혜, "국제환경법상 "공동의 그러나 차별적 책임"(CBRD) 원칙의 형평성 문제에 대한 소고", 『과학기술법연구』, 2013, 165~166쪽.

45 위의 논문, 167쪽.

자원 사용에 있어서의 공정성(fairness)을 의미한다. 이는 부유한 국가들이 빈국을 대상으로 자원에 대한 지속 가능한 접근과 이용을 보장하고, 이를 통해 경제적 이득을 얻을 수 있게 하는 것을 골자로 한다.[46] 리우선언 제6조는 세대간 형평을 도입한 것으로 알려져 있는데, 조문에서는 "개발도상국, 특히 최빈개발도상국과 환경적으로 취약한 개발도상국의 특별한 상황과 필요를 특별히 우선적으로 고려해야 한다"고 명시적으로 밝히고 있다.[47] 즉 세대내 형평은 선진국과 후진국 사이의 환경을 둘러싼 형평의 문제로 볼 수 있다.

이에 비해 세대간 형평(intergenerational equity)은 현세대와 다음 세대 사이의, 일차적으로는 경제개발에 필요한 자연자원의 분배, 나아가 생존과도 맞물리는 차원의 분배가 이루어져야 한다는 개념이다.[48] 세대간 형평과 관련해 티나 헌터(Tina Hunter)는 세대간 형평의 3가지 원칙을 첫째, 미래세대가 가질 수 있는 자원의 다양성을 훼손시키지 않고 보전해 주는 것, 둘째, 각 세대는 이전 세대로부터 받은 자원의 질적 조건을 악화시키지 않고 다음 세대에 넘겨주는 것, 셋째, 각 세대는 이전 세대의 유산에 접근하는 형평한 권리를 가질 뿐만 아니라, 미래세대를 위해 유산에 대한 접근권리를 보전해 주는 것이라고 제시했다.[49] 이러한 세대간 형평과 세대내 형평은 세계인권선언(Universal Declaration of Human Rights, 1948), 유엔인간환경회의선언(Declaration of the United Nations Conference on the Human Environment) 제2 및 제11원칙,[50]

---

46 Tina Hunter, "Equity for the earth－The role of Intergenerational Equity and Customary law", *The national Legal Eagle,* Vol. 17, Issue 1, Article 6, 2011, p.19.

47 리우선언 제6조: Principle 6. The special situation and needs of developing countries, particularly the least developed and those most environmentally vulnerable, shall be given special priority. International actions in the field of environment and development should also address the interests and needs of all countries.

48 소병천, "기후변화 대응 국제논의의 쟁점 및 국제법적 함의", 『서울국제법연구』, 제16권 제2호, 2009, 17~18쪽.

49 Tina Hunter, *supra* note 46, p.19. Weiss 교수는 위 3가지 원칙을 각각 'comparable options', 'comparable quality', 'comparable access'로 보았다. Edith Brown Weiss, "Climate Change, Intergenerational Equity, And International Law", *Vermont Journal of Environmental Law,* Vol. 9, 2008, pp.616~617.

50 제2원칙은 다음과 같다. "The natural resources of the earth, including the air, water, land, flora and fauna and especially representative samples of natural ecosystems, must be safeguarded for the benefit of present and future generations through careful planning or management, as appropriate." 제11원칙은 다음과 같다. "The environmental policies of all States should enhance and not adversely affect the present or future development potential of developing countries, nor should they hamper the attainment of better living conditions for all, and

리우선언 제3[51] 및 제6원칙 등을 통해 주로 구속력 없는 연성법에 반영되어 발전해 왔다. 그러나 이후 '지속 가능한 개발' 개념에 반영되어 ICJ의 핵무기 위협 또는 사용의 합법성 관련 권고적 의견,[52] ICJ의 가브치코보－나기마로스 사건[53]과 *Pulp Mills* 사건[54]을 통해 점차 국제관습법의 일부로 발전해 왔다.[55]

결론적으로 기후변화와 관련한 평등의 개념은 특히 국제환경법에서 국제사회의 인식의 확대에 따라 발전해 왔다. 이러한 점은 소도서국가에 적용 가능한 개념을 모색하는 데에도 의미를 가진다. 왜냐하면 현재의 국제환경법적 측면 이외의 기후변화가 영향을 미칠 수 있는 분야에서도 '형평'이라는 개념이 다양한 여러 원칙을 통해 발현되거나, 조문을 통해 도입됨으로써 그 분야의 성격에 맞게 발생할 수 있는 비형평적, 비정의적 상황을 바로잡을 수 있는 법적 장치가 될 수 있기 때문이다.

3. 소도서국가에 적용 가능한 형평 개념

(1) 형평 개념의 도입 가능성

국제법상 형평 개념은 국가간 이해관계의 균형을 도모하고 실정법의 엄격한 적용, 법률의 공백 등으로 야기될 수 있는 비형평적 상황을 바로잡고, 이를 통해 정의로운 결과를 도출하기 위해서이다. 기후변화와 해수면 상승으로 야기되는 국

---

appropriate steps should be taken by States and international organizations with a view to reaching agreement on meeting the possible national and international economic consequences resulting from the application of environmental measures."

51 제3원칙은 다음과 같다. "The right to development must be fulfilled so as to equitably meet developmental and environmental needs of present and future generations."

52 *Legality of the Threat or Use of Nuclear Weapons,* Advisory Opinion, ICJ, 1996, paras. 29, 34, 36.

53 *Case Concerning Gabčíkovo－Nagymaros Project, Judgement,* ICJ, 1997, p.78, para. 140. 원문은 다음과 같다. "Throughout the ages, mankind has, for economic and other reasons, constantly interfered with nature. In the past, this was often done without consideration of the effects upon the environment. Owing to new scieritific insights and to a growing awareness of the risks for mankind－for present and future generations－of pursuit of such interventions at an unconsidered and unabated pace, new norms and standards have been developed, set forth in a great number of instruments during the last two decades. Such new norms have to be taken into consideration, and such new standards given proper weight, not only when States contemplate new activities but also when continuing with activities begun in the past. This need to reconcile economic development with protection of the environment is aptly expressed in the concept of sustainable development."

54 *Case Concerning Pulp Mills on the River Uruguay,* Judgement, ICJ, 2010, para. 177.

55 Tina Hunter, *supra* note 46, pp.20~21.

가간 문제 해결에 접근하는 방식도 동일한 맥락에서 고려될 수 있을 것이다. 특히 해수면 상승에 상대적으로 취약한 저지대 국가, 몰디브·세이셸·투발루 등 소도서 국가를 대상으로 특별한 대우가 가능한지, 그리고 이러한 대우를 위해 형평의 개념이 어떻게, 어떠한 내용으로 도입되어 실질적이고 형평한 결과로 이어지게 할 수 있는지를 검토하는 것이 핵심이다.[56]

실증주의적 입장에 따른다면 세대한 형평, 공정성, 정의 등과 같은 개념은 법적 구속력을 지닌 법으로 볼 수 없고, 존재하는 법이 아니라 '있어야 할 법'에 불과하다.[57] 그럼에도 불구하고 이러한 개념이 지속적으로 조약에 반영되고, 판례를 통해 인정되고, 유엔을 중심으로 국제사회의 문서에서 발견할 수 있다는 점은 국제사회의 합의를 반영한 것이며, 이후 법적 구속력을 지닌 규범으로의 발전 가능성을 보여주고 있는 것으로 볼 수 있다. 이러한 측면은 실정법적 공백을 메우고, 분배적 정의를 실현하기 위해 형평 개념을 도입할 수 있는 근거가 될 수 있다. 그리고 형평에서의 '공정성'(fairness)은 법이 역동적임을 증명하는 것이며, 이러한 측면에서 형평은 정의(justice)의 동시대적인 개념에 따라 국제법이 작동하도록 기여하고 있다.[58 59] 즉 현재 요구되는 정의의 내용에 맞게 형평의 기능과 역할은 변할 수 있으며, 또한 '있으면 바람직한 법'에 불과하다는 실증주의적 입장을 따르더라도 국제법은 항상 점진적 발전과정을 겪고 있다는 측면에서 '있으면 바람직한 법'이 '있는 법'으로 진화할 가능성은 항상 열려 있다.

그러나 이러한 형평의 개념은 단순히 추상적인 정의를 도입하거나 정책적 선언에 머물러서는 안되며, 국제법 테두리 안으로 끌고 들어올 수 있어야 한다. 그러

56 2013년에 발표된 기후변화보고서에서는 해수면 상승폭에 대해선 여전히 불확실한 면이 있지만 해수면 상승이 지역적으로 그 영향이 다르게 나타날 것이며, 어떤 지역에서는 세계 평균적 해수면 상승률보다 훨씬 높은 수치를 보일 수 있다고 언급하고 있다. 결국 이러한 일부 지역 역시 연안국 또는 섬나라 국가가 해당될 것이므로, 일부 연안국 또는 섬나라 국가는 기후변화에 따른 해수면 상승의 영향을 심각하게 받을 가능성이 높다고 해석된다. ILA, International Law and Sea Level Rise, Interim Report in Johanesberg Cofenhagen, 2016. 6, p.6.

57 이기범, 앞의 논문, 102쪽.

58 S.K. Chattopadhyay, "Equity in International Law: Its Growth and Development", *GA. J. INT'L & COMP. L.,* Vol. 5, 1975, p.398.

59 현재 국제해양법 측면에서는 국가관할권과 국가관할권 이원에서의 해양자원의 개발과 관련해 국제법상 형평의 원칙을 어떻게 적용해야 하느냐가 자원의 효율적 이용과 관련해 적극적으로 논의되고 있는데, 이는 형평이 시대적 요구를 반영하고 있는 사례로 볼 수 있다. L.F.E. Goldie, "Equity and the International Management of Transboundary Resources", *Natural Resources Journal,* Vol. 25.

나 현재의 국제규범으로는 향후 예상되는 기후변화와 해수면 상승에 가장 취약한 연안국 또는 소도서국가가 부담해야 할 '불평등한 결과' 또는 '비정의적 상황'을 해결하기는 어려워 보인다. 왜냐하면 실정법적 관점에서 이러한 불평등한 결과를 해결하기에 충분한 조약 또는 국제관습법 등 법적 기반이 마련 또는 형성되어 있지 않기 때문이다. 이러한 측면에서 기후변화와 관련해 국제환경법에서 도입하고 있는 '공동의 그러나 차별화된 책임과 개별 능력' 원칙과 '세대간 형평' 개념은 소도서국가에 대한 형평에 있어서도 여전히 의미가 있다. 특히 2015년 11월에 발표된 유엔인권고등판무관실(OHCHR)의 보고서는 기후변화와 인권과 관련해 이러한 형평 개념의 도입에 보다 적극적이다. 보고서는 형평에 기반하고, '공동의 그러나 차별화된 책임' 원칙에 근거하여 미래세대를 보호하고 기후변화에 대응하도록 각 국가에 요구하고 있다.[60] 형평과 관련해서 기후변화가 모든 이들에게 영향을 미치지만 특히 온실가스 배출에 가장 적게 기여함에도 불구하고 그 영향을 가장 많이 받는 지역에 주목하여 소도서국가, 저지대 연안, 극지 등이 이러한 기후변화에 가장 취약한 지역에 속한다고 보았다.[61] 이러한 지역의 사람 또는 집단에 대한 비형평적 기후변화의 영향이 기후 정의(climate justice), 공정성(fairness), 형평(equity)의 문제를 야기한다고 밝히면서 기후변화의 대응 문제를 형평, 공정성, 나아가 정의 차원으로 확산시키고 있다.[62]

(2) 적용할 수 있는 형평의 내용

기후변화와 관련되어 도입되고 있는 형평의 개념과 마찬가지로 해수면 상승에 따른 소도서국가에 적용할 수 있는 형평 개념의 도입은 가능하며, 또한 필요하다. 현재 기후변화와 이에 따른 해수면 상승으로 인해 가장 직접적인 피해자로 볼 수 있는 소도서국가에 대해선 일반 국가와는 다른 특별한 대우가 필요하다는 데는 국제사회의 합의가 이루어지고 있다. 다만 이러한 합의를 통해 어떠한 노력이 이루어져야 하는지가 앞으로의 과제이며, 이러한 과제 해결을 위한 출발점은 Lowe와 Francioni가 제안한 형평 개념을 도입하고자 한다.

Lowe의 형평 개념은 분배적 정의로서의 형평이며, 법이 고도로 발전하기 이전, 경합하는 권리와 의무가 구체화되지 않은 상황에서, 특히 지속적으로 관계를

60 OHCHR, Understanding Human Rights and Climate Change, 2015. 11, pp.3~4.

61 *Ibid.,* pp.2~3.

62 *Ibid.*, p.8.

설정하여 당사국간 권리와 의무를 형성해 나가는 상황에서 중요하다. 이러한 형평은 이미 확립된 실정법의 적용에 있어서의 비형평적 상황을 교정하는 교정적 정의로서의 형평과는 거리가 있다. 현재 해수면 상승에 따른 소도서국가의 수몰 위기와 관련해 현 국제해양법체제에서는 이들 국가의 상황을 인정하여 예외적으로 적용할 수 있는 법규가 마련되어 있지 않다. 또한 이후의 논의를 통해 이들 소도서국가에 대해 예외적으로 적용을 인정하고자 하는 여러 방안들, 즉 소도서국가 수몰에도 불구하고 예외적으로 국가지위를 인정하거나, 해양관할권을 유지할 수 있는 방안을 인정하는 경우 등은 현 국제법체제에서는 아직 인정되지 않고 있다. 그럼에도 불구하고 이들 소도서국가에게 적용될 수 있는 형평의 개념이 보편적으로 받아들여질 경우 앞서 언급한 예외적 방안들이 인정될 가능성은 커질 것이다. 나아가 Francioni는 법에 반하는 형평(equity contra legem)의 경우 새로운 법규 창출 또는 국제관습법의 변형 과정에서 법규의 변화와 현대화(modernization)를 뒷받침하는 촉매제가 될 수 있다고 보고 있다.[63] 이러한 측면에서 소도서국가에 적용할 수 있는 형평의 개념은 분배적 정의로서의 형평이자, 법에 반하는 형평(equity contra legem), 국제법의 발전과정에서 '있으면 바람직한 법' 차원에서 고려될 수 있는 형평으로 개념의 틀을 잡을 수 있을 것이다.

그렇다면 해수면 상승과 소도서국가에 적용할 수 있는 형평의 내용은 무엇인가? 우선 소도서국가들 둘러싼 특수한 상황들을 고려하여 이를 형평의 내용에 반영할 필요가 있다. 즉 국제환경법에서의 '차별화된 그러나 공동의 책임' 원칙과 '세대간 형평' 등이 국제환경법 분야에서의 형평 개념이 발현된 사례라면, 해수면 상승에 따라 소도서국가가 겪어야 될 특수한 상황을 고려하여 앞선 개념들을 차용할 것인지, 아니면 보다 새로운 내용의 형평 개념이 도입되어야 할지를 검토할 필요가 있다. 세대간 형평의 개념을 예를 들면, 기후변화와 해수면 상승은 현재뿐만 아니라 미래세대까지 그 영향이 이어지고, 오히려 강화된다는 측면에서 세대간 문제로 볼 수 있고, 이는 소도서국가의 형평의 개념에 세대간 형평 개념이 차용될 수 있음을 의미한다. Weiss는 세대간 형평의 원칙이 기후변화에 대응하기 위해 중요하며, 이러한 세대간 형평은 소도서국가를 포함해 국가들이 입게 되는 기후변화의 직접적 피해를 줄이고, 기후변화에 대응하기 위해 필요한 자원 이전과 국제적, 지역적,

63 Francesco Francioni, *supra* note 37, p.11.

국내적 규범화 마련에 기여할 수 있는 것으로 보았다.[64] 그러나 이러한 유사점에도 불구하고, 기존의 세대간 형평 개념이 환경법적 측면에서 태동된 것으로 볼 때, 해수면 상승으로 비롯된 형평은 또 다른 내용과 접근방식이 필요하다. 그렇다면 소도서국가를 대상으로 고려되어야 할 정의 또는 형평의 내용은 무엇인가? 이러한 관점에서 소도서국가에 적용되어야 할 형평의 내용은 크게 다음의 네 가지로 제안해 볼 수 있을 것이다.

첫째, 세대간 일체성(intergenerational integrity)의 유지이다. 소도서국가는 현재와 미래의 각 세대간 영토적, 문화적 일체성을 유지해야 한다. 이를 위해서는 형평 개념 도입을 위해 소도서국가의 국가성을 유지할 수 있는 방안을 마련할 수 있어야 한다. 특히 소도서국가는 다른 저지대 연안국, 최빈개발도상국과 환경적·경제적으로 유사한 상황에 놓여 있지만, 해수면 상승과 관련해선 소도서국가 상당수가 영토 일부가 물에 잠기거나, 주민이 살 수 없을 정도로 본토가 물에 잠기는 상황이 발생할 수 있다는 점에서 상대적으로 회복 불가능한 비형평적 상황이 초래될 수 있다. 따라서 세대간 일체성의 유지는 다른 형평의 개념과는 차별되면서도 소도서국가의 대우를 위한 형평의 내용에서 가장 중요한 부분으로 볼 수 있다. 이러한 세대간 일체성은 이후 살펴볼 제3절의 전통적 국가 개념 변화 가능성 및 소도서 거주민 보호 논의와 밀접한 연관성이 있다.

둘째, 자원에 대한 합리적이고 지속적인 접근성(rational and continuous access to marine resources)의 유지이다. 소도서국가가 지속적으로 해양관할권을 확보함으로써 어업, 관광 등의 주요 산업을 유지할 수 있도록 해양자원에의 합리적이고 지속적인 접근성을 보장할 수 있도록 해야 한다. 특히 소도서국가의 경제적 자립도를 유지하기 위해 해양자원이 차지하는 비중이 다른 연안국, 내륙국과 비교해 높음을 고려할 때 해양관할권 확보와 해양자원에의 합리적이고 지속적인 접근성 유지는 매우 중요하다. 이러한 내용은 또한 영토의 존속을 통한 국가성의 유지를 전제로 한다는 점에서 세대간 일체성 유지와 관련성이 높으며, 이후 제4절에서 논의할 해양관할권 지속 가능성 및 방안 논의와 밀접한 관계가 있다.

셋째, 공정한 대우(fair treatment)의 보장이다. 소도서국가를 위한 무역 및 관련 규범의 적용에 있어 혜택을 부여하는 반면, 국제사회의 책임분담에 있어서는 최소

64 Edith Brown Weiss, *supra* note 49, p.627.

한의 분담을 최소화해 주는 것이 핵심이다. 이러한 공정한 대우는 형평이 지향하는 공정성(fairness)을 확보하는 방안이 될 수 있다. 이와 관련해서 파리협정 제11조에서는 기후변화 적응 및 완화를 위해 소도서국가의 역량 제고에 노력할 것을, 제13조에서는 소도서국가의 특수한 여건을 고려해 이행과정에서 지나친 부담을 지우지 않도록 명문화하고 있다. 특히 기후변화협약 제3조 제5항에서는 기후변화에 대처하기 위하여 취한 조치는 국제무역에 대한 자의적 또는 정당화할 수 없는 차별수단이나 위장된 제한수단이 되어서는 안된다고 규정하고 있다. 또한 협약 서문에서는 소도서국가 등 개발도상국 등이 화석연료에 대한 의존도가 높다는 점을 인식하며, 온실가스 배출을 제한하기 위해 취한 조치로 인해 겪을 어려움을 특별히 고려하도록 규정하고 있다.

셋째, 형평한 이익의 배분(equitable distribution)의 보장이다. 기후변화를 가속화시킨 산업화로 인해 현재에 누리는 국제사회의 경제적 이익을 형평하게 배분해야 한다. 이를 위해서는 국제사회가 기후변화와 해수면 상승에 대응할 수 있도록 소도서국가의 재정적 기반 확립을 위한 국제기금 등의 지원방안을 제도화할 필요가 있다. 이와 관련해 파리협정 제9조 제4항, 제9항에서는 선진국을 중심으로 한 국제사회의 지원 및 재원 제공에 있어 최빈개발도상국과 소도서국가를 특히 고려하도록 명문화하고 있다. 또한 기후변화협약은 제4조 제8항에서 소도서국가에 재원 제공, 보험, 기술이전과 관련된 조치 등을 취하는 것으로 충분히 고려하도록 규정하고 있다.

결론적으로 해수면 상승에 따른 소도서국가에 적용될 수 있는 형평은 세대간 일체성, 자원에의 지속적 접근성을 유지하며, 공정한 대우, 형평한 이익의 배분을 통해 분배적 정의를 달성하는 개념으로 볼 수 있다.

제 3 절 국가지위 유지와 거주민 보호

해수면 상승으로 인한 소도서국가의 수몰은 소도서국가의 소멸을 의미하는 것으로 볼 수 있다. 그러나 소도서국가의 소멸을 국가지위(statehood)와 관련해 다음의 세 가지 측면에서의 논의를 촉발시킨다. 첫째, 국가성립 요소의 결핍은 그 자체로 국가지위를 상실하고 국제법주체로서의 법적 지위의 상실로 이어지는가? 둘째, 국가성립 요소의 결핍에도 불구하고 국가로서의 법적 지위가 유지될 경우, 이는 전통적인 국가의 동일성·계속성과 관련해 어떠한 함의를 갖는가? 셋째, 국가성립 요소의 결핍이 국가의 법적 지위에 영향을 미치는 것과 관련하여 전통적 국가승인이 소도서국가의 수몰과 관련해 어떠한 의미를 가지는가? 이 외 국가의 지위에서 누렸던 해양관할권을 지속적으로 누릴 수 있는지의 문제도 추가적으로 고려해 볼 수 있으나, 이 부분은 제4절에서 논의하고, 아래에서는 앞서 언급한 세 가지 논의에 대해 살펴 보고자 한다.

Ⅰ. 해수면 상승과 소도서국가의 국가지위

1. 국가성립 요건과 국가지위

해수면 상승으로 인해 예상할 수 있는 영향 가운데 가장 우려되는 상황은 소도서국가의 수몰이다. 이러한 현상은 소도서국가가 사라지면 '국가지위'(statehood)도 당연히 함께 사라지는가에 대한 본질적 의문을 던진다. 1933년 국가의 권리와 의무에 관한 몬테비데오협약(Convention on Rights and Duties of States) 제1조에 따르면 국가는 '상주인구'(permanent population), '확정된 영토'(defined territory), '정부'(government) 및 '외교능력'(capacity to enter into relations with other nations)을 가져야 한다. 몬테비데오협약의 경우 미주 국가간 체결된 지역협정이었지만 현재는 국가성립 요소와 관련해서는 국제관습법적 지위에 올랐다고 볼 수 있다.

이러한 국가성립 요건에 따르면 해수면 상승으로 인한 소도서국가의 소멸[65]

65 소도서국가의 소멸은 1개 섬으로 이뤄진 국가, 복수의 섬으로 이뤄진 국가에 따라 다르게 볼 필요가 있으며, 전자에 비해 후자의 경우 본토 섬이 수몰되는 경우와 그렇지 않는 경우로 나눠 살펴볼 수 있을 것이다. 다만 이 글에서는 여러 경우를 세분화하여 다루지는 않고, 1개 섬

또는 상주인구의 부재는 곧 국가의 소멸을 의미한다. 특히 섬의 소멸로 인해 국가가 소멸되는 것보다 이주로 인한 상주민의 부재로 인해 국가의 성립요건이 충족되지 못하는 상황이 발생할 수 있다. 예를 들어 한 개의 섬으로 구성된 소도서국가가 수몰할 경우는 영토요건이 불충족하는 경우이고, 다수의 섬으로 구성된 소도서국가에서 일부의 섬이 수몰되고, 일부의 섬이 남는 경우라도 거주민이 거주할 수 없는 지역이 되어 타 국가로 이주하는 경우는 상주인구의 요건 불충족으로 볼 수 있다. 따라서 해수면 상승과 관련해 고려해야 할 국가성립 요건은 상주민과 확정된 영토 개념 등 두 가지로 볼 수 있다.

이 가운데 주목해서 볼 부분은 '확정된 영토'(defined territory)가 반드시 국가를 이루는 본질적인 요소이지 않다는 학설과 판례의 입장이다. 크로포드(Crawford) 교수는 "영토, 인구, 정부 등의 요건의 소멸 또는 이러한 요소간 결합에 있어서의 실질적 변화로 인해 국가가 반드시 소멸하는 것은 아니다"라고 밝힌 바 있다.[66] 주민이 조직하는 정치적 공동체가 실효적이고도 계속적으로 지배권을 행사하고 있는 일정한 지역이 있으면 충분하다고 보는 학설도 있다.[67] 이스라엘이 유엔가입 승인을 받은 사례가 이러한 견해를 뒷받침하고 있다. 또한 ICJ도 1969년 북해대륙붕 사건에서는 국가의 육지경계가 완전히 획정되거나 확정되어야 한다는 규칙은 없다고 밝히고 있다.[68] 즉 확정된 영토의 요건과 관련하여 국제법에서 경계가 획정되거나 고정될 필요가 없다. 경계획정과 관련해 주변국과 여전히 갈등 또는 분쟁에 있는 국가도 일정한 영역을 통제할 수 있는 한 이 요소를 충족하는 것으로 볼 수 있다.[69] 그리고 확정된 영토가 반드시 국가를 이루는 본질적 요소가 아니라는 주장을 뒷받침하기 위해 최근 영토 없는 국가 개념(deterritorialized state)이 논의되고 있다.[70] 즉

으로 이뤄진 소도서국가와 복수의 섬으로 이뤄진 국가의 본토 섬이 소멸하는 경우가 이에 해당한다고 보고 논의를 전개하도록 한다.

66 James Crawford, *The Creation of States in International Law*, 2nd ed., Oxford University Press, 2006, pp.700~701.

67 山本草二, 앞의 책, 154쪽.

68 "There is for instance no rule that the land frontiers of a State must be fully delimited and defined, and often in various places and for long periods they are not, as is shown by the case.", *North Sea Continental Shelf Cases,* Judgement, ICJ, 1969, p.32, para. 46.

69 Malcolm N. Shaw, *International law*, 5th edition, Cambridge University Press, 2003, p.179

70 자세한 내용은 R. Rayfuse, "Wither Tuvalu? International Law and Disappearing States", *University of New South Wales Faculty of LAw Research Series No. 9*, The Berkeley Electronic Press, 2009 참조.

영토가 없어도 기능적 또는 비영토적 주권(functional or non-territorial sovereignty)을 행사하는 국가 개념을 인정하려는 논의이다. 이러한 영토 없는 국가 개념은 망명정부(government-in-exile)의 형태 또는 타국과의 신탁협정(trustee agreement)을 통해 기존 국민들을 보호하고 문화·사회적 정체성을 유지할 수 있는 정부형태를 통해 일정한 영토 없이도 기존의 국가 지위를 계속 유지할 수 있음을 핵심 내용으로 한다. 실제로 몰디브가 '주권국부펀드'(sovereign wealth fund)를 조성해 35만명 인구를 호주로 이주시키는 계획을 진행시키고 있는 이유도 이러한 맥락에서 파악할 수 있다.[71] 실제로 무력으로 인한 타국의 영토 획득이 국제적으로 금지되어 있고, 현재 인간이 거주할 수 있는 무주지(*terrae nullius*)를 찾는 것이 거의 불가능하다고 보면 소도서국가가 새로운 영토를 획득해서 기존의 국가성을 유지하는 것은 어렵기 때문에 이러한 주장은 의미가 있다. 레이퓨즈(Rayfuse) 교수의 경우 국제법인격을 유지하기 위해 영토 없는 국가를 인정하는 제도 마련도 해수면 상승에 대응해 소도서국가의 국가성을 인정하는 하나의 방법이 될 수 있다고 보고 있다.[72] 나아가 맥아담(McAdam)은 정부의 부재가 조약의 본질적 상황변화 또는 조약 이행 불가능성으로 인해 종료되는 사유가 될 수 있을지언정, 자동적으로 조약이 종료 또는 정지되지는 않는다고 보았으며, 망명정부는 조약체결권, 외교관계 유지, 면제 및 특권을 향유하고 자국민이 무국적자가 되지 않기 위한 외교적 보호권 등의 조치를 행사할 수 있다고 보았다.[73] 이러한 해석에 따르면 망명정부는 기후변화와 해수면 상승으로 인한 국경간 이주민으로서의 자국민을 보호할 수 있는 권리를 가질 수 있다. 다만 일반적인 망명정부의 경우, 원래 거주하던 영토가 그대로 유지되고 있는 반면 해수면 상승으로 인한 소도서국가의 사례는 영토가 대부분 또는 전부 소멸하고, 거주민도 타국으로 옮겨진 상황에서 이뤄진 망명정부이라는 점이 차이가 있다. 즉, 후자의 경우, 소도서국가의 주민들은 원 국가에서의 속인주의, 거주하고 있는 타국에서의 속지주의에 모두 적용을 받게 되므로, 별도의 영토를 할양해 주는 경우를 제외하고 망명정부는 타국의 주권에서 제약을 받게 되어 역할도 그만큼 줄어들

71 Treehugger, "To Escape Rising Seas, Maldives President May Move His Entire Island Nation to Australia", 2012. 1. 6, https://www.treehugger.com/climate-change/sea-levels-rise-maldives-president-may-move-his-entire-island-nation-australia.html(2017. 7. 26. 검색).

72 R. Rayfuse, *supra* note 70, pp.10-12.

73 Jane McAdam, "Disappearing States, Statelessness and rhe Boundaries of International Law", *UNSW Law Research Paper No. 2010-2*, 2010, p.11.

게 된다. 따라서 소도서국가의 영토가 소멸됨에도 여전히 국가의 지위를 인정할 수 있다는 전제하에서 볼 때 실제적인 방안으로는 망명정부보다 거주민들이 실제 거주하는 국가와의 양자 또는 다자협정을 체결하여 권리와 의무관계를 보다 명확히 할 필요가 있다. 일례로 협정을 통해 소도서국가의 거주민들을 자국의 국민과 동일하게 대우해 주는 조건으로 소도서국가가 해양관할수역에 대해 누리고 있던 어업권, 자원개발권 등의 권리를 이양받는 상호협정을 체결하는 것이 실질적인 방안이 될 수 있을 것이다.

또 다른 방안으로 유엔의 신탁통치체제(trustee system)를 통해 유엔 안보리, 유엔총회를 통해 소도서국가가 현지 외 국가(nation ex-situ)를 수립하고 유지할 수 있도록 도와주는 것도 고려해 볼 수 있다. 유엔헌장은 제12장에서 국제신탁통치제도(international trusteeship system), 제13장에서 신탁통치이사회(trusteeship councul) 규정을 두고 있다. 그러나 기존의 신탁통치제도가 제2차 세계대전 전후의 신생국의 자치 또는 독립을 위해 일시적인 위임을 목적으로 한다는 점, 일정 영토을 기반으로 한다는 점 등에서 여기서의 논의와는 차이가 있다. 즉 여기서는 국제사회의 일원으로 주권을 행사하고 있는 소도서국가를 대상으로 하고, 영토의 소멸을 전제로 한다는 점에서 유엔헌장상의 신탁통치제도를 바로 적용할 수 있는지에 대한 해석·적용의 문제가 새롭게 제기될 수 있다.

한편 국가성립 요건 중 상주인구 요건과 관련해 해수면 상승에 따라 소도서국가의 주민의 이탈이 이루어질 경우, 상주민과 관련해서 어느 정도의 주민이 상주하고 있어야 국가를 이루는 요건을 충족할 것인가가 문제가 될 수 있다. 유엔총회 결의에 따르면 인구가 50여명에 불과한 핏케언(Pitcairn)섬이 주권국가로서 자결권을 행사할 권리를 가진다고 보았다.[74] 현재의 국제법하에서 국가를 구성하는 주민의 숫자에 대한 기준을 정하고 있지는 않다. 다만 국가를 구성하는 주민들은 국가라는 공동체를 구성할 의지를 가지고 있어야 하며, 대내적인 생계 확보와 대외적인 외교능력을 발휘할 수 있는 대표체(정부)를 구성하여야 한다는 조건만 제시되고 있다.[75] 추가적으로 소도서국가 또는 소도서국가를 형성하는 도서들의 일부에서 주민들의

---

74 UNGA Res. 2869, 1971.

75 Jenny Grote Stoutenburg, "When Do States Disappear?: Thresholds of effective Statehood and the Continued Recognition of 'Deterritorializes' Island States", in *Threatened Island Nations: Legal Implications of Rising Seas and a Changing Climate,* Cambridge University Press, 2013, pp.63~64.

수와 상관없이 생계와 공동체를 유지할 수 있는 기반시설이 있다면 여전히 영토에 기반한 국가로서의 지위를 가진다고 볼 수 있다. 반면 주민들의 거주가 공동체 유지 가능성보다는 유엔해양법협약 제121조 제1항의 섬의 법적 지위를 유지하기 위한 단순한 거주일 경우는 국가지위 유지를 위한 상주주민의 요건을 갖추고 있다고 말하기 어려울 것이다.

이러한 점들을 살펴볼 때 해수면 상승으로 인한 소도서국가의 소멸 또는 거주민의 부재가 곧바로 국가 자체의 소멸로 이어진다는 결론을 내기는 어렵다. 특히 국제법상 주권국가의 법적 지위는 단순한 사실의 문제가 아닌 법적 사실(legal fact)의 문제이다. 따라서 단순한 사실요소의 부재로 인해, 이미 성립하여 국제법상 법인격을 향유하고, 그에 따라 법적 질서를 창출한 '주권국가'는 소멸하지는 않는다고 봄이 타당하다.[76] 추가적으로 국가의 성립요건 중 하나가 부재하거나 실효성을 상실한 경우라는 측면에서 이를 국가실패로 볼 수도 있으나, 국가실패의 경우 국가성립 요소 중 하나인 정부의 실효성 상실이 핵심이라는 점에서 차이가 있다.[77] 즉 국가성립 요소의 결핍이라는 측면에서는 유사하나, 그 요건이 실효적 정부라는 측면에서 영토 또는 주민의 결핍 또는 부재와 관련되어 있는 소도서국가의 논의와는 다른 논의선상에 있다. 특히 정부가 국가운영이라는 목적을 달성하기 위해 인위적으로 조직된 정치적 체제인 반면, 영토는 그 자체로 자연적·물리적으로 형성된 요소라는 측면에서 국가를 구성하는 같은 요소라 하더라도 요소의 성격에 따라 국가의 법적 지위에 미치는 영향을 다르게 보아야 한다.[78]

2. 소도서국가의 동일성과 계속성

국가성립 요소는 항상 점진적이고 사소한 변화를 겪게 되는데, 이러한 경우는 국가가 법적으로 동일한 것으로 의제되고 있으며, 국제법은 이러한 전제를 받아들이고 있다.[79] 그러나 국가성립 요소의 중대한 변화의 경우 국가 동일성(identity) 및

---

76 임예준, "'국가실패'에 따른 법적 공백에 관한 고찰", 『국제법학회논총』, 59(4), 2014, 234쪽.

77 위의 논문, 234쪽.

78 한편 국가실패와 관련해서 국가성립 요소의 결핍의 요인이 아닌 인종, 사회적·경제적 요인으로 인해 남태평양 소도서국가인 피지, 솔로몬제도, 바투아투 등을 국가실패로 바라보는 견해가 있다. Benjamin Reilly, "State functioning and state failure in the South Pacific", *Australian Journal of International Affairs*, Vol. 58, No. 4, 2004.

79 James Crawford, *supra* note 66, p.667. Matthew Craven, *The Declonization of International*

계속성(continuity) 측면에서 어떻게 볼 것인가가 문제가 될 수 있다. 즉 국가 구성 요소의 중대한 변경이 기존의 국가를 소멸시키는 것으로 간주 또는 평가될 경우 국가의 동일성이 유지되지 못하며, 이런 의미에서 국가의 동일성의 문제는 국가 존재 또는 소멸의 문제로 볼 수 있다.[80] 제임스 크로포드(James Crawford)는 머렉(Marek)의 견해를 인용하면서 국가의 동일성과 계속성의 문제에 대한 대립적 견해를 밝히고 있다. Marek은 국가의 동일성은 '국제적 권리와 의무의 동일성'으로 보고 있으며, 또한 국가의 계속성은 국가 동일성의 동적인 서술(predicate)에 불과하며, 국가의 소멸은 국가의 동일성과 계속성에 종지부를 찍는 것이 된다고 보았다.[81] 그러나 Crawford는 이러한 Marek의 주장에 대해 계속성 없는 동일한 국가로서의 법적 지위를 가진 국가의 부활은 가능하다고 보아 국가의 동일성과 계속성의 개념을 구분하고 있다.[82]

한편 영토라는 국가성립 요소에 국한하여 영토의 가변성이 국가의 동일성과 계속성에 영향을 미치는지에 대해서도 견해의 대립이 있으나,[83] 결국 국가성립 요소의 중대한 변화에 한해서만 국가의 동일성과 계속성에 영향을 미칠 수 있다는 전제가 이 경우에도 똑같이 적용될 수 있다. 즉 영토의 일반적인 변화 또는 일부의 소실로는 국가의 동일성과 계속성에 영향을 미칠 수 없지만, 영토의 중대한 변화에 대해선 영향을 미칠 수 있을 것이다. 이 경우에도 얼마만큼의 영토의 중대한 변화여야 하는지에 대한 명확한 기준이 없지만, 소도서국가가 완전히 물에 잠기는 경우는 국가 자체의 소멸로 이어지는 것은 명확해 보인다. 이렇듯 국가의 동일성과 계속성에 관해서는 엄격한 개념구분이 이루어지지 않고 있으며, 국가의 동일성과 계속성을 측정하기 위한 지표 또한 불명확하다. 그러므로 국가의 동일성과 계속성과 관련해서는 개별 사례를 통한 구체적인 고찰을 통해서 유지 여부를 판단할 수 있을 것이다.[84]

Law: State Succession and the Law of Treaties, Oxford University Press, 2007, pp.52~53.

80 박배근, "국제법상 국가의 동일성과 계속성", 『저스티스』, 통권 제90호, 2006, 252~253쪽.

81 James Crawford, *supra* note 66, p.669.

82 James Crawford, *supra* note 66, pp.690~692. Crawford 교수는 이러한 사례로 시리아, 남아프리카공화국의 사례를 들었다. 이에 대해 박배근 교수는 국제법의 관점에서 보아 국가의 계속성 없는 동일성이 존재할 수 있는지의 여부, 다시 말해 국가의 '부활'이라는 것이 있을 수 있는지의 여부는 논리학적 타당성의 문제가 아니라 국제법의 현실에서 검증되어야 할 문제이기 때문으로 보았다. 박배근, 앞의 논문, 254쪽.

83 박배근, 앞의 논문, 258~259쪽.

84 위의 논문, 262쪽.

그렇다면 소도서국가의 사례에서 영토의 소실 또는 주민의 대량이주로 인한 국가성립 요건의 변화가 소도서국가의 동일성과 계속성에 어떠한 영향을 미칠 것인가? 앞선 논의에 따르면 어느 정도의 영토의 소실과 얼마만큼의 주민이 해외로 이주를 해야 국가의 동일성과 계속성에 영향을 미칠지는 명확하지는 않다. 이처럼 해수면 상승으로 인한 소도서국가의 국가성립 요소의 변화는 국가의 동일성과 계속성과 관련해서의 논의의 실익 역시 크지 않아 보인다. 왜냐하면 국제적으로 부여받은 권리와 부담해야 할 의무를 누가 가지는지를 명확히 함으로써 국가간 법적 관계의 안정성을 유지하기 위해서 국가의 동일성과 계속성 논의가 이루어짐을 고려해 볼 때, 소도서국가의 경우는 국가의 합병, 병합 또는 할양과 같은 권리와 의무의 이전 사례와는 별개의 문제이기 때문이다. 그럼에도 불구하고 예외적으로 영토가 완전히 물에 잠겼거나 주민이 모두 영토를 떠난 경우에도 불구하고 이러한 사실로 국가가 소멸되지 않는 것으로 간주되는 경우, 이는 소도서국가를 이전부터 누려 왔던 국제법주체로서의 지위를 계속 인정하는 것이기 때문에 소도서국가의 동일성과 계속성이 계속 유지되고 있는 것으로 간주되어야 할 것이다.

3. 국가지위 유지와 국가승인의 역할

일반적으로 소도서국가의 경우 완전한 영토의 소멸과 주민이 모두 영토를 떠나 국가성립 요소 중 일부가 부재하는 상황의 경우 국가의 소멸로 귀결되는 것으로 이해될 수 있다. 그러나 앞선 논의와의 연계선상에서 국가의 동일성·계속성과 관련하여 국가가 소멸되지 않고 국제법주체로 인정을 받기 위해선 추가로 승인의 요건을 검토할 필요가 있다. 왜냐하면 이론적 논의에도 불구하고 실제로 국가들이 국가의 동일성과 계속성을 가질 수 있도록 하는 명확한 근거를 제공해 주는 것은 바로 국제사회의 승인이기 때문이다. 즉 이러한 예외적 상황은 국가를 이루는 요소를 결핍하였음은 주체로서의 국가가 아니거나 또는 불완전한 국가를 의미함에도 불구하고, 국제사회의 일원으로서 법주체성을 국제사회에 의해 부여받는 형태를 취하게 된다.

우선 이론적 측면에서, 국가승인과 관련해서는 창설적(constitute) 이론과 선언적(declaratory) 이론이 제시되고 있다. 창설적 이론에서 신국가의 성립은 타국의 승인을 필요로 하는 반면, 선언적 이론에서는 국가는 국가성립의 요소만 갖추면 되고, 별도의 국가승인을 필요로 하지 않는다. 즉 국가요소가 성립되었다고 하더라도 법주체로서 바로 인정할 수 없고, 승인을 통해서 비로소 법주체가 될 수 있다는 것이 전자의 입장이라면, 후자는 국가요소 성립 자체가 국가의 성립이자, 법주체로서 성립된 것으로 별도의 승인이 필요 없다는 것이다. 현재 승인을 통해 국가법인격을 창설하는 효과는 일반적으로 부인되고 있으며, 1933년 몬테비데오협약 제3조[85]에서도 선언적 효과설을 지지하고 있다. 다만 신국가가 무력사용금지 원칙이나 민족자결 원칙 등의 강행규범을 위반하여 수립되는 경우, 그에 대해서는 승인을 부여하지 않을 일반적 의무가 확립되고 있다.[86]

그렇다면 일반적 승인이론을 소도서국가에 도입해서 살펴 볼 경우, 국가승인은 어떠한 의미를 갖는가? 우선 전통적 국가승인의 적용을 통해, 특히 전통적 국가승인의 이분법적 구조로 소도서국가의 국가지위 유지를 설명하긴 어렵다. 이는 전통적 국가승인이 논의되는 배경이 다르기 때문이다. 전통적 국가승인은 새로운 국가가 성립한 경우에 기존 국가에 의해 국제법의 주체로서 인정되는 것을 의미하며, 이는 사실상 존재하고 있는 정치적 통일체가 국제법상 국가자격을 취득하였음을 선언하거나 혹은 인정하는 일방적 행위이다.[87] 즉 일정한 정치적 조직이 국가의 성립요건을 갖춰서 새로운 국가를 설립한 경우를 전제로 하고 있다. 그러나 논의에서의 소도서국가의 경우 원래 국가로 인정받았는데 이후 국가성립 요건을 결여한 국가를 전제로 하고 있다. 따라서 국가성립 요건을 사후에 결여한 국가에 대해서는 신국가의 성립을 전제로 하는 전통적 국가승인의 문제는 발생하지 않는다고 보는 것이 타당하다.

그럼에도 불구하고 여기서 국가승인을 살펴보는 중요한 이유는 국가간 합의를 바탕으로 하는 국제사회의 집단적 승인이 이 경우 의의를 가질 수 있기 때문이다. 특히 유엔을 중심으로 국가간 국제기구 시스템이 잘 운영되고 있는 현대적 관점에서 국제사회를 대표하는 국제조직의 집합적 승인 방식은 의미가 있다.[88] 즉 소도서

85 동 협약 제3조 원문은 다음과 같다. 'The Political existence of the state is independent of recognition by the other state, Even before recognition the state has the right to defend its integrity and independence.'

86 김대순, 앞의 책, 227쪽.

87 유형석, "국가승인 이론의 재검토", 『법학연구』, 제33호, 2009, 408쪽.

88 이러한 집합적 승인에 의한 승인 메커니즘의 구축은 오늘날 국가승인 이론의 사고에 커다란 영향을 미치고 있다. 사실 유엔을 중심으로 한 국제사회 진전에 따라 집합적 승인만이 유일, 가능하며 현실적 메커니즘이라고 해석하는 학설도 나타나고 있다. 유형석, 위의 논문, 415쪽

국가의 국가성립 요소의 상실로써 야기되는 국가지위 문제에 대해 국제사회가 국가성립 요소를 결여하였음에도 불구하고 소도서국가를 여전히 국제법주체로 인정하기로 합의한다면, 이는 국제사회가 소도서국가의 지위를 지속할 수 있도록 승인하는 것과 같은 효력을 가지게 된다. 따라서 소도서국가와 관련된 사안에서는 기존의 국가승인제도가 의미를 가지기보다는 오히려 국제법상 권리와 의무 관계의 안정성을 유지하고, 국제사회의 합의를 통해 국가요소를 갖춘 정치체제를 국제법주체로서 받아들이는 행위로서의 국제사회의 승인이 중요한 함의를 가지게 된다.

Ⅱ. 소도서국가 거주민의 보호

전통적 국가 개념에 따른 소도서국가의 수몰은 국가 자체의 소멸이기도 하지만, 주민을 보호하는 책임주체가 없어지는 상황을 의미한다. 이는 국가를 기반으로 한 국민의 생존권 및 인권과 직결되는 문제이다. 나아가 수몰하는 소도서국가의 경우 해수면 상승으로 인해 이주민의 국내적 이동뿐만 아니라 국경간 이동을 야기할 수 있으며, 이는 기존의 난민의 문제를 심화시키면서 국제질서의 안정을 위협하는 요인이 될 수도 있다. 실제로 자연재해로 피난을 떠난 인구수는 2014년 기준 1,930만명이었으며, 이러한 이동은 매년 증가하고 있다.[89] 환경정의재단(Environmental Justice Foundation)에 따르면 2050년까지 약 1억 5,000만명의 환경난민이 발생될 것으로 예상되고 있다.[90] 특히 해수면 상승으로 인한 소도서국가의 국제적 이동은 시간이 갈수록 피할 수 없는 현상이 될 것이라는 예측도 나오고 있다.[91]

이처럼 해수면 상승에 따른 소도서국가의 수몰 예상에 따라 거주민의 보호 문제가 새로운 법적 문제로 대두될 가능성이 높다. 이 글에서는 기존 국제법상 이주민(migrant), 실향민(displaced person), 난민(refugee)의 개념에 대해 살펴보고, 소도서주민의 보호와 관련해 해수면 상승의 외부적 요인으로 인한 주민의 이동이 이러한 개념 중 어느 유형에 속하는지를 살펴보고자 한다. 왜냐하면 소도서국가 수몰에 따른 거주민의 이주가 어떤 개념의 범주에 속하는지에 따라 법적 지위 부여가 달

89 IDMC, Global Estimates 2015: People displaced by disaster, 2015. 7, p.15.

90 인터넷 자료, https://www.theguardian.com/environment/2009/nov/03/global-warming-climate-refugees(2017. 7. 21. 검색).

91 영국과학청(Government Office for Science), Migration and global environmental change: future challenges and opportunities, 2011. 10, p.37.

라질 수 있고, 이에 따라 보호주체, 보호범위 등이 달라질 수 있기 때문이다. 또한 추가적으로 자국민을 보호하는 제1차 책임을 가진 국적국인 소도서국가가 실효적인 보호를 할 수 없는 상황이라는 점을 고려하여 위 개념의 적합성과 더불어 새로운 개념의 도입이 필요한지로 논의를 확대하고자 한다.

1. 국제법상 관련 개념 및 도입 가능성

(1) 난 민

현재 국제법상 난민(refugee)으로 인정되는 경우는 1951년 난민지위협약 제1조 A항 (2)호와 1967년 의정서 제1조 제2항 및 제3항에서의 난민을 의미하며, 이를 '협약난민'이라고 한다. 협약에 따르면 난민은 "인종, 종교, 국적, 특정 사회집단의 구성원 신분, 그리고 정치적 의견을 이유로 박해를 받을 충분한 근거가 있는 공포로 인해 국적국의 밖에 있는 자로서 국적국의 보호를 받을 수 없거나 혹은 그러한 공포로 인해 국적국의 보호를 받기를 원하지 않는 자"를 의미한다. 이러한 개념으로부터 협약난민으로 인정받기 위한 요건을 도출하면 박해를 받을 충분한 근거 있는 공포의 존재, 인종·종교·국적·특정 사회집단 구성원의 신분 및 정치적 의견을 이유로 한 박해의 상정, 국적국 밖의 체류, 국적국에 의한 보호의 불능 혹은 거부라는 네 가지로 나누어 볼 수 있다.

소도서국가 주민의 이주와 관련해서는 국적국 밖의 체류, 국적국에 의한 보호의 불능이라는 요건은 충족하나. 박해를 받을 충분한 근거 있는 공포가 존재하기는 어렵고, 또한 그러한 박해의 사유가 '정치적 이유'여야 한다는 요건은 더욱더 충족하기가 어렵다. 이러한 요건의 불충족은 해수면 상승에 따른 소도서국가 주민을 난민의 지위를 부여함으로써 효율적으로 보호하기는 어렵다는 것을 의미한다. 이러한 인식은 국내·외적 실행으로 확인될 수 있다. 일례로 미국은 이민법(Immigration and Nationality Act)을 통해 난민협약에 근거한 요건을 충족한 정치적 난민에게만 난민의 지위를 부여하고 있으며, 경제적·환경난민[92]에게까지 난민지위를 확대하여

---

92 환경난민(environmental refugee) 개념은 국가간 수준에서 논의되기보다는 학술적, 실무적 차원에서 제시되고 있는데, 1985년 체르노빌 사건 이후 유엔환경프로그램(UNEP)의 Essam El-Hinnawi가 제안한 개념이 가장 많이 인용되고 있다. 그에 따르면 환경난민은 "생존을 위협하고, 삶의 질에 심각하게 영향을 미치는 현저한 환경파괴(자연적이든 인위적이든)로 인해 일시적으로든, 영구적으로든 원래의 거주지를 떠나도록 강제되는 사람들"("those people who have been forced to leave their traditional habitat, temporarily or permanently, because of a marked

부여하고 있지 않다. 다만 자연재해로 인해 본국을 떠나 미국으로 들어온 실향민(displaced person)에게 잠정적 보호지위를 부여하고 있을 뿐이다.[93] 몰디브와 방글라데시는 2006년 '기후난민'을 인정하는 난민협약의 개정을 요청했으나, 유엔난민고등판무관(United Nations High Commissioner for Refugees: UNHCR)은 환경난민이나 기후난민을 포함한 개정은 현재 난민협약의 명확성을 잠재적으로 해칠 수 있다는 우려를 표시함으로써 난민협약의 개정이 실질적으로 어렵다고 밝혔다.[94] 유엔난민기구 역시 '기후변화의 결과로 국경을 넘은 실향민'의 대부분이 난민의 정의를 충족하지 못한다고 밝힌 바 있다.[95] 이처럼 UNHCR의 입장을 포함한 국내·외적 실행 역시 난민협약의 개념에 기후난민 또는 환경난민 등을 포함하지 않고 있어 해수면 상승으로 인한 소도서국가 이주민을 난민 개념을 통해 보호하기는 어렵다.

(2) 실향민

실향민(displaced person)의 개념은 2001년 유엔인권고등판무관실(OHCHR)에서 내놓은 「국내실향에 대한 지도원칙」(Guiding Principles on Internal Displacement)에 가장 잘 나타나 있다. 서문에 따르면 실향민은 "특히 무력충돌, 일반화된 폭력상황, 인권침해, 자연적 또는 인위적 재해의 영향을 피하기 위해서 또는 이러한 요인들의 결과로서 거주지 또는 거주지역으로부터 탈출하거나 떠날 수밖에 없도록 강제된 사람들 또는 집단"을 의미한다.[96]

---

environmental disruption (natural and/or triggered by people) that jeopardised their existence and/or seriously affected the quality of their life")을 일컫는다. Camillo Boano 외 2인, "Environmentally displaced people", *Understanding the linkages between environmental change, livelihoods and forced migration*, Refugee Studies Centre, Oxford Department of International Development, 2008, p.7. 또한 N. Myers와 J. Kent는 환경난민을 "가뭄, 사막화, 삼림파괴, 토양 침식, 물 부족, 기후변화 등과 같은 비정상적인 환경요인과 태풍, 폭풍 및 홍수와 같은 자연재해 등으로 인해 원래 살던 고향에서 더 이상 안정적인 생계를 유지할 수 없는 사람들이며, 이러한 환경의 위협에 대해 사람들은 자국내 또는 해외에서든, 준영구적 또는 영구적으로든 지속적인 생계를 유지할 수 있는 곳을 찾으려 하는 사람들"로 정의하고 있다. Norman Myers & Jennifer Kent, *Environmental exodus: an emergent crisis in the global arena,* Washington, DC: The Climate Institute, 1995. p.18.

93 Robert Meltz, "Climate Change and Existing Law: A Survey of Legal Issues Past, Present and Future", *CRS*, 2013. 3. 25., p.37.

94 Jermy Kelley, "Climate Change and small island States: A Drift in a Raising Sea of Legal Uncertainty", *Sustainable Development Law & Policy*, Vol. 11, Issue 2, 2011.

95 UNHCR 홈페이지, http://www.unhcr.org/climate-change-and-disasters.html(2017. 7. 21. 검색).

96 원문은 다음과 같다. "persons or groups of persons who have been forced or obliged to flee

유엔인권고등판무관실(OHCHR)은 이러한 국내 실향민을 난민과 비교하여 첫째, 국경을 벗어나지 않는 국내로의 이동이며, 둘째, 국내로의 이동은 자발적이 아니라 강제된 것이며, 셋째, 국제법으로 보호를 받지 못하고, 권리를 향유하지 못하고 있다고 밝힘으로써 그 성격을 명확히 하고 있다.97 유럽의회는 보고서를 통해 환경실향민의 개념을 "부정적인 환경 과정과 사건의 결과로써 삶, 생계, 복지 등이 심각한 위험에 놓여 있기 때문에 일상적인 거주지를 떠나도록 강요를 받은 사람들"로 정의하고 있다.98 이러한 실향민의 개념은 소도서국가의 이주에 적용할 수 있는 여지는 크다. 실향민의 개념에서 드러나 있듯이 자연적 재해의 영향을 피하기 위해 거주지역을 떠날 수밖에 없는 상황적 측면에 있어 더욱 그러하다. 다만 아직 실향민의 개념이 난민의 개념과 비교해 볼 때 국내실향민에 보다 초점이 맞춰져 있어 국제적 보호를 받을 수 있는 명확한 근거와 범위가 제시되지 못하고 있고, 강제성의 요건은 자발적으로 국내 또는 국경으로 이동하는 소도서주민의 경우에 바로 적용하기는 어려울 것이다. 다만 국제적 실향민 논의가 이론적으로 보다 활발히 이루어질 경우, 실향민 개념도 소도서국가 주민 보호를 위해 적지 않은 함의를 가질 수 있을 것으로 생각된다.

(3) 이주민

유엔국제이주기구(International Organization for Immigration: IOI)는 이주(migration)와 이주민(migrant)을 다음과 같이 정의하고 있다. 이주는 기간, 구성 및 원인에 관계없이 국경간 또는 국내에서의 개인 또는 집단의 이동을 의미하며, 난민(refugee), 실향민(displaced person) 등을 포함하는 포괄적 개념이다.99 이주민은 법적 지위가

---

or to leave their homes or places of habitual residence, in particular as a result of or in order to avoid the effects of armed conflict, situations of generalized violence, violations of human rights or natural or human-made disasters, and who have not crossed an internationally recognized border."

97 유엔인권고등판무관실 홈페이지, http://www.ohchr.org/EN/Issues/IDPersons/Pages/Issues.aspx (2017. 7. 21. 검색).

98 Kraler Albert 외 2인, "'Climate Change'－Legal and policy responses to environmentally induced migration", *Directorate General for Internal Policies, European Parliament*, 2011, p.28. 원문은 다음과 같다. "people who are forced to leave their usual place of residence, because their lives, livelihoods and welfare have been placed at serious risk as a result of adverse environmental processes and events (natural and/or triggered by people."

99 원문은 다음과 같다. "The movement of a person or a group of persons, either across an international border, or within a State. It is a population movement, encompassing any kind of

어떻게 되든지, 자발적이든 강제적이든, 이주의 원인이 무엇이든, 거주의 기간이 얼마인지 등과 무관하게 상주지로부터 국내 또는 국경간 이동을 하였거나, 이동을 하는 사람을 말한다.[100] 그리고 환경이주민(environmental migrant)은 삶과 생계조건에 부정적인 영향을 미치는 환경의 점진적 또는 갑작스런 변화를 이유로 상주지를 일시적으로 또는 영구적으로, 국내의 다른 지역 또는 다른 나라로 떠날 수밖에 없었거나, 떠나기로 결정한 사람들을 말한다.[101]

이처럼 국제기구가 내놓은 이주민의 개념은 포괄적인데, 특히 환경이주민의 개념과 관련해서는 여기서 다루고자 하는 소도서국가의 주민의 이주에 적용할 수 있는 여지는 크다. 그러나 이러한 개념은 난민 또는 실향민 개념에 비해 아직 덜 성숙되었고, 국제적 합의에 이르렀다고 보기 어렵다. 유엔국제이주기구 역시 환경이주민에 대한 개념을 내놓으면서 이러한 개념은 국제적으로 합의되지 않았으며, 논의를 위한 실무적 차원에서 제시하는 개념에 불과한 것으로 밝히고 있다.[102] Michael Klein Solomon과 Koko Warner 역시 정책적으로나 이론적으로도 이러한 개념은 정립되지 않았다고 전제한 후, 그 이유로 다음의 4가지를 들고 있다.[103] 첫째, 경제·사회 등의 요인과 구분하여 기후변화를 포함한 환경적 원인과 이주 간 직접적인 연관성을 확인하기가 어렵고, 둘째, 기후변화 관련된 이주의 문제는 개발,

---

movement of people, whatever its length, composition and causes; it includes migration of refugees, displaced persons, economic migrants, and persons moving for other purposes, including family reunification." 유엔국제이주기구 홈페이지, http://www.iom.int/key－migration－terms#Migrant(2017. 7. 21. 검색).

100 원문은 다음과 같다. "any person who is moving or has moved across an international border or within a State away from his/her habitual place of residence, regardless of (1) the person's legal status; (2) whether the movement is voluntary or involuntary (3) what the causes for the movement are; or (4) what the length of the stay is". 유엔국제이주기구 홈페이지, http://www.iom.int/key－migration－ terms#Migrant(2017. 7. 21. 검색)

101 원문은 다음과 같다. "Environmental migrants are persons or groups of persons who, predominantly for reasons of sudden or progressive change in the environment that adversely affects their lives or living conditions, are obliged to leave their habitual homes, or choose to do so, either temporarily or permanently, and who move either within their country or abroad." 유엔국제이주기구 홈페이지, http://www.environmentalmigration.iom.int/environmental－migration(2017. 7. 21. 검색).

102 유엔국제이주기구 홈페이지, http://www.environmentalmigration.iom.int/environmental－migration (2017. 7. 21. 검색).

103 Michael Klein Solomon and Koko Warner, "Protection of persons Displaced as a result of Climate Change", in *Threatened Island Nations: Legal Implications of Rising Seas and a Changing Climate,* Cambridge University Press, 2013, pp.249~252.

환경, 인도적 지원 등의 정책적 영역에 걸쳐 있어 이러한 영역과의 효율적 연계가 필요하며, 셋째, 정책결정자들이 기후변화로 야기되는 이주민의 문제를 기후변화 대응방안의 맥락에서 접근하기보다는 국가안보에 대한 위협에 초점을 맞춤으로서 적극적인 방안을 수립하기보다는 예방에 초점을 둔 소극적 방안 마련에 노력하고 있으며, 넷째, 실제로 기후변화로 인한 환경이주민이 얼마나 많이 발생할 것인가에 대한 예측이 불확실하다는 점 등이다. 즉 개념상으로는 국제기구가 제시하고 있는 환경이주민의 개념이 소도서국가의 주민을 포함할 수 있는 포괄적 개념으로 보이나, 아직 국제적 합의가 이루어지지 않고 있으며, 여러 학자들이 지적한 것처럼 개념의 성숙에 이르기까지는 해결되어야 할 문제점이 있다.

(4) '해수면 상승' 요인과 '환경이주민'의 적용 가능성

앞서 살펴본 개념들을 소도서국가 이주민의 보호에 적용할 수 있을지에 대해 살펴보는데 있어 추가적으로 고려해야 할 점이 있다. 첫째, 해수면 상승 요인이다. 해수면 상승은 환경의 변화이며, 홍수와 지진 등 다른 자연재해와 비교하여 급변적이기보다는 지속적으로 이루어진다. 둘째, 소도서국가 주민들의 거주는 해수면 상승에 따른 소도서국가의 수몰과 깊이 관련되어 있어 초기에는 국내적 이동이, 그리고 시간이 갈수록 국경간 이동이 많아질 것이다. 셋째, 소도서국가 주민들의 이주기간 또한 일시적이기보다는 거주지를 아예 떠나는 영구적 이주가 될 가능성이 높다. 넷째, 소도서국가 주민 보호책임에 대한 국제사회의 공감대 형성을 전제로 시간이 지날수록 주민들의 보호책임이 소도서국가에서 점차 제3국 또는 국제사회로 확대될 가능성이 높다.

이러한 측면을 고려해 앞선 개념들을 살펴 보도록 한다. 우선 난민의 경우, 협약난민으로 인정받기 위한 조건에서 환경적 요인은 배제되기 때문에 환경난민 또는 기후난민에 대한 별도의 협약이 채택되지 않는 한 현재의 국제법체제에서의 난민 개념을 이 사안에 도입하는 것은 어렵다. 또한 현재 논의되고 있는 환경난민의 개념이 국가간 합의를 통해 인정된다 하더라도 기존의 자연적인 환경의 변화요인에 더해 해수면 상승과 같은 인간활동으로 야기된 자연환경의 변화로 인한 경우에도 환경난민으로 인정할 수 있는지에 대해서 상반된 논쟁이 있다.[104] 실향민의 경

104 Richard Black, "Envoronmental refugees: myth or reality?", *Working Paper No. 34,* University of Sussex, 2001, p.7

우도 개념상으로 이주기간, 환경요인의 성격(잠정적 또는 급변적) 등에 대한 명시적 합의가 없고, 국내실행에 초점이 맞춰져 있는 등 해수면 상승을 고려해야 하는 소도서국가 주민들의 문제에 바로 적용하기는 어려울 것이다. 이에 비해 앞서 살펴본 환경이주민 개념은 첫째, 이주의 원인이 되는 기후변화 등의 환경변화가 점진적인지, 급격한 변화인지를 구별하지 않으며, 둘째, 이민의 기간이 일시적인지, 영구적인지 구별하지 않는다. 셋째, 이러한 이주는 강제적이든 또는 자발적이든 상관없고, 넷째, 이주지역 역시 국내 또는 국경간 이동을 구분하지 않는다는 점을 고려할 때, 해수면 상승에 따른 소도서국가 주민 보호를 위한 개념으로 도입·적용할 수 있는 가능성은 매우 높다. 특히 소도서국가의 수몰 이전이라도 해수면 상승으로 야기되는 상황으로 인해 거주하기 힘든 상황이 될 경우에 발생할 수 있는 자발적인 이주의 상황에 대해서도 환경이주민의 개념이 적용될 수 있다. 환경이주민의 개념이 성숙되어 있지 않다는 점 또한 지금의 논의보다는 '있으면 바람직한 법'(*lex ferenda*) 차원에서 소도서국가 주민의 보호 문제까지 포함해 논의를 확대시킬 수 있다는 점에서 유의미하다.

다만, 앞선 검토에도 불구하고, 이러한 개념의 적용은 해수면 상승으로 인한 환경의 변화가 소도서국가 주민들의 자발적·강제적 이주를 야기함으로써 이들의 인권보호가 문제가 될 수 있는 상황에서 이들을 보호할 실효적 협약 또는 다른 법적 근거가 미비한 현재의 법적 공백을 메우기 위해 국제인권법에서 논의되는 개념을 차용하여 살펴보았다는 점에서, 또한 앞서 살펴본 개념들의 차이를 명확하게 보여 주는 국제적 합의나 공식적인 문서가 없다는 점 등을 고려해 볼 때 어떠한 특정 개념들을 소도서국가에 바로 적용할 수 있는 개념으로 결론내리는 것은 어려울 것이다. 특히 다수의 논문 또는 공식문서들이 기후난민을 환경난민과 혼용하여 쓰고 있으면서, 개념과의 구분을 명확하게 하고 있지 않다.[105] 그러나 해수면 상승으로 인한 이주민을 드물게 개념화시켜 놓은 사례가 있어 향후 개념적 논의에 있어 하나의 가이드라인 역할을 할 수 있을 것으로 보인다. 유럽의회는 보고서를 통해 환경난민의 개념이 학술적으로, 정치적으로 여전히 논쟁거리가 되고 있다고 전제한 후, 기후변화라는 환경적 요인과 연관하여 '환경적 요인에 기인한 이주'(Environmentally induced migration)와 '환경적 요인에 기인한 실향'(Environmentally induced displacement)

105 Richard Black, *Ibid.,* p.1. António Guterres, "Climate change, natural disasters and human displacement: a UNHCR perspective", *UNHCR Report*, 2008, p.8.

〈표 2-1〉 환경적 요인에 따른 이주민과 실향민의 유형

유형	이주 원인	이주의 성격	보호 공백의 문제
환경적 요인에 기인한 일시적 실향 (Environmentally induced temporary displacement	급격한 자연재해 점진적 자연재해	국경내 잠정적으로 강제된 실향 국경간 잠정적으로 강제된 실향	• 국경간 실향: 잠정적·인도적 보호 문제 • 국경내 실향: 제한된 국내보호
환경적 요인에 기인한 영구적 실향 (Environmentally induced permanent displacement)	• 급격한 자연재해(영향을 받는 지역의 회복이 느리거나 비효율적이어서 다시 돌아올 수 없는 경우) • 점진적 사건(대체 생계수단이 불가능해 새로운 거주지를 찾는 경우) • 해수면 상승(원래의 거주지가 더 이상 존재하지 않을 경우)	국경내 영구적으로 강제된 실향 국경간 영구적으로 강제된 실향	• 국경간 실향: 영구적 보호의 문제, 지속적인 해결책(재정착, 지역통합) • 국경내 실향: 제한된 국내보호
환경적 요인에 기인한 이주 (Environmentally induced migration)	점진적 자연재해 급격한 자연재해	국경내 또는 국경간 잠정적 또는 영구적인 자발적 이주(상황이 악화되거나 삶의 질이 악화될 것을 예상)	국제적, 국내적 수준에서의 약한 이민자 보호기제

출처: Kraler Albert 외 2인, "'Climate Change' Legal and policy responses to environmentally induced migration", *Directorate General for Internal Policies, European Parliament*, 2011, p.35.

으로 분류하고, 후자의 경우 실향의 기간을 고려해 일시적 실향과 영구적 실향으로 구분하고 있다. 이러한 개념 분류 가운데 해수면 상승으로 야기된 이주민의 이동은 '환경적 요인에 기인한 영구적 실향'(Environmentally induced permanent displacement)에 포함되어 있다.[106]

2. 실효적 개념 도입 가능성 및 한계

현재 해수면 상승과 관련하여 소도서국가의 주민 보호를 위한 제도적 장치는 미비하다. 아직은 보호 주체, 기준, 범위를 확정하기 위해 어떠한 개념을 도입하여

106 Kraler Albert 외 2인, *supra* note 98, pp.28~35.

이들을 보호할 것인지에 대해 명확한 해답을 제시하기는 어렵다. 다만 앞에서는 해수면 상승에 따른 소도서국가 주민과 이들의 보호라는 특수한 상황을 감안했을 때 주로 국제인권법에서 논의되고 있는 환경난민, 환경실향민, 환경이주민 등의 개념과의 간접비교를 통해 환경이주민의 개념 범주에 포함시킬 수 있는 것이 현재의 법체제하에 유의미하다고 보았다. 특히 실행 차원에서는 유럽의회 보고서에서 제시한 바와 같이 해수면 상승의 요인으로 인한 이주의 경우 '환경적 요인에 기인한 영구적 실향'(Environmentally induced permanent displacement)의 범주에 넣고 있으며, 이러한 범주는 이후의 개념 정립을 위한 가이드라인이 될 수 있다는 점을 살펴보았다.

그러나 '환경적 요인에 기인한 영구적 실향'이라는 개념이 현재로서 소도서국가의 주민 보호를 위해 도입할 수 있는 가장 유의미한 개념으로 본다고 하더라도 해수면 상승이라는 특수한 성격을 고려했을 때 동일한 개념 범주에 포함된 다른 환경적 요인과 구분지어 살펴볼 필요가 있다. 이러한 점은 보고서를 통해 해수면 상승을 '환경적 요인에 기인한 영구적 실향'에 포함시킨 Kraler Albert도 인지를 하고 있다. 그는 개념상 이주 또는 실향이 자발적인지 강제적인지, 이주기간이 잠정적인지 영구적인지, 국내적·국제적 보호에 있어 그 수준이 어떻게 달라야 하는지 등의 문제로 인해 어떠한 법체제로 환경적 요인에 기인한 주민들을 보호할지에 대해서는 여전히 불명확하다고 보고 있다.[107] 또한 해수면 상승으로 인한 주민들의 이주의 경우, 초기 자발적인 이민(migration)으로 시작하였지만, 나중에는 강제적 실향(forced displacement)으로 그 성격이 변할 수 있고, 주민의 이동이 국내적, 국경간 모두에서 발생될 수 있다고 보았다. 따라서 서로 다른 보호방안이 필요한데, 이러한 점들을 고려해 볼 때 어떠한 제도로 보호할 수 있는지는 의문이라고 보았다.[108]

그리고 소도서국가의 보호를 위한 개념의 도입에 있어 추가로 고려해야 할 중요한 점은 보호주체인 국가가 사라질 수도 있다는 점이다. 제2절에서 해수면 상승에 따라 소도서국가가 수몰되는 상황에서도 국가지위를 유지할 수 있다고 보았지만, 이 점에 대해선 국가실행적 차원에서 아직 합의가 이루어지지 않고 있다. 만약 국가지위를 유지할 수 있다면 비록 영토가 부재한 상황에서도 국가간 권리와 의무

107 *Ibid.,* pp.37~39.

108 *Ibid.,* p.38.

관계는 지속될 것이므로, 기존의 국내법절차, 타국과 체결한 협정, 국제사회의 지원 등을 통해 이주민을 보호할 수 있을 것이다. 국가지위를 유지할 수 없다 하더라도 소도서국가의 주민은 1954년 무국적자 지위에 관한 협약(1954 Convention relating to the Status of Stateless Persons)과 1961년 무국적자 감소에 관한 협약(1961 Convention on the Reduction of Statelessness)에 근거하여 무국적자(stateless person)의 신분으로서 보호받을 수 있을 것이다.[109] 그러나 이러한 경우에도 실효적 보호를 위해선 국제사회의 기여 및 지원이 중요하다.

결론적으로 현재의 국제법체제에서는 소도서국가의 주민 보호를 위한 개념 정립이 필요하며, 국제인권법 측면에서 논의되는 개념을 차용하더라도 해수면 상승이라는 특수한 환경적 요인을 고려하여 다른 환경적 요인과 구분될 필요가 있다. 물론, 현재의 법적 공백이 실제적으로 실효적 보호의 공백으로 바로 이어질 것으로 보이진 않는다. 이는 현재의 해수면 상승과 관련된 소도서국가의 이주가 국내적으로 이루어지고 있어 여전히 여타 국가와 마찬가지로 소도서국가의 보호 아래에 있으며, 국경간 이주 또는 효율적인 국가의 보호가 불가능해지는 상황은 현재의 문제이기보다 보다 미래에 발생 가능한 문제이기 때문이다. 그럼에도 불구하고 이러한 소도서국가 이주민들의 보호장치 마련에 대한 논의가 구체화될 가능성이 높다는 점에서 실효적 개념을 도입하고 정립하는 작업이 국제사회의 틀 속에서 이루어질 필요가 있다. 그리고 이러한 개념정립 논의와 함께 소도서국가의 주민을 실효적으로 보호할 수 있는 방안 마련도 함께 모색될 필요가 있다.

---

109 2017년 9월 6일 기준으로 무국적자 지위에 관한 협약 당사국은 89개국이며, 무국적자 감소에 관한 협약 당사국은 69개국이다. http://www.unhcr.org/un-conventions-on-statelessness.html (2017. 9. 6. 검색).

제 4 절 소도서국가와 해양관할권

Ⅰ. 해수면 상승과 해양관할권 지속 가능성

유엔해양법협약이 발효되어 연안국이 일정한 해양관할수역을 확보할 수 있게 된 이후, 해양관할권의 확보는 연안국에는 국가존립을 위해 필수적 요건으로 받아들여져 왔다. 소도서국가 역시 예외적이지 않으며, 육지영역에서의 불리함을 넓은 해양관할수역 확보를 통해 보상받고 있어 더욱 중요하게 여겨진다. 배타적 경제수역(EEZ)에서의 어업 등 해양자원은 국가경제를 유지하는 중요한 원천이 되고 있다. 문제는 해수면 상승으로 인해 시간이 지날수록 소도서국가의 육지가 서서히 물에 잠길 경우, 이는 해양관할수역의 축소 또는 소멸로 이어질 수 있다는 점이다. 해양관할수역은 현 유엔해양법협약상 기선제도를 통해 확보되므로, 연안과 육지의 축소는 해양관할수역의 축소로 이어지는 것이 논리적으로 타당하다.[110] 그렇다면 소도서국가의 경우 육지의 소멸에도 불구하고 기존의 해양관할수역과 해양관할권을 계속 유지할 수 있는가? 만약 유지할 수 있다면 어떠한 조건에서 가능한지가 논의의 핵심이다.

본격적 논의에 앞서 소도서국가에 있어 해양관할권 확보는 어떠한 의미를 가지는지에 대해 살펴본다. 일반적으로 소도서국가의 육지면적은 내륙국에 비해 상대적으로 매우 좁다. 육지면적으로 따지면 소도서 52개 국가 중 열 번째로 큰 뉴칼레도니아의 면적은 2만㎢로 미국의 뉴저지주 정도의 크기에 해당한다.[111] 그러나 내륙국이 해양관할수역을 가지지 못하는 데 비해, 소도서국가는 일반적으로 육지영역보다 더 큰 해양관할수역을 가지게 된다. 예를 들어, 남태평양 소도서국가의 경우 해양관할수역은 육지영역에 비해 몇십 배에서 많게는 몇만 배까지 더 넓다.[112] EEZ만 국한해서 보더라도 키리바시(Kribati)의 경우, EEZ 면적은 344만㎢에

110 여기서 해양관할수역과 관련된 기선제도에 대해선 별도로 설명하지 않고, 해양경계 관련 논의가 시작되는 제3장 제1절에서 자세히 다루도록 한다.

111 UN–OHRLLS, *supra* note 4, pp.12~13.

112 James Crawford, "Islands as Sovereign Nations", *The International and Comparative Law Quarterly,* Vol. 38, No. 2, 1989, p.294.

해당하고, 투발루의 경우 EEZ의 면적은 75만㎢로 육지면적의 3만 배에 해당한다.[113] 이처럼 육지면적보다 넓은 배타적 경제수역에서 소도서국가는 어업 등 해양자원 이용 등을 통해 경제적 이익을 향유하고 있다. 소도서국가의 경우 어업과 관광업이 차지하는 비중이 높다. 태평양 소도서국가의 경우 어업이 GDP의 평균 10% 이상, 캐리비안 소도서국가의 경우 GDP의 평균 14%를 차지하고 있다. 특히 마샬군도의 경우 GDP의 62%, 키리바시 58%, 바누아투 38%, 몰디브 27% 등 GDP에서 어업이 차지하고 있는 비중이 상대적으로 높다. 또한 관광업의 경우 앤티가바부다(Antigua and Barbuda)와 쿡제도의 경우 GDP의 75% 이상, 세이셀 63%, 바누아투 51%, 팔라우 50%, 몰디브·바하마·카보베르데는 40% 이상, 피지·바베이도스·산타루치아는 30% 후반의 비중을 차지하고 있다.[114]

〈표 2-2〉 주요 소도서국가의 육지와 해양관할수역의 비교

소도서국가	육지영역(㎢)	해양관할수역(㎢)	비율(육지 : 해양)
Western Samoa	2,935	120,000	1:41
Solomon Islands	27,556	1,340,000	1:49
Vanuatu	11,880	680,000	1:58
Fiji	18,272	1,290,000	1:71
Tonga	699	700,000	1:1,001
Niue	259	390,000	1:1,506
Kiribati	690	3,550,000	1:5,145
Cook Island	240	1,830,000	1:7,625
Nauru	21	320,000	1:15,238
Tokelau	10	290,000	1:29,000
Tuvalu	26	900,000	1:34,616

주: 비율 부분은 육지영역과 해양관할수역의 기존 자료를 토대로 저자 추가 작성.
출처: James Crawford, "Islands as Sovereign Nations", *The International and Comparative Law Quarterly*, Vol. 38, No. 2, 1989.

113 UN-OHRLLS, *supra* note 4, p.12.

114 *Ibid.,* pp.12~15

그러나 해수면 상승으로 인한 해양관할권 축소는 이들 소도서국가가 경제적으로 향유할 수 있는 경제적 이익의 상실로 이어진다. 일반적으로 EEZ나 대륙붕을 가지는 섬의 경우 영해를 포함한 총 해양관할수역은 43만 1,014㎢이며, EEZ나 대륙붕을 가지지 못하는 협약 제121조 제3항의 암석(rocks)의 경우는 1,550㎢의 해양관할수역을 가지게 되어, 기점이 섬 또는 암석이냐의 구분에 따라 해양관할수역은 큰 차이를 보이게 된다.115 예를 들어, 마이크로네시아의 남쪽 제일 끝 섬인 'Kapingamarangi'는 약 500명이 거주하고 있는 1.1㎢의 섬인데, 해수면 상승으로 인해 섬에서 EEZ를 갖지 못하는 암석으로 될 경우, 약 7만 7,700㎢의 EEZ를 잃어버리게 된다.116 또한 유엔해양법협약 제13조에 근거해 간출지가 영해의 폭을 넘지 않는 거리에 위치하는 경우, 간출지의 저조선을 영해기점으로 사용할 수 있다. 또한 협약 제6조에서는 환초상에 위치한 섬 또는 가장자리에 암초를 가진 섬의 경우, 그러한 바다 쪽 저조선을 영해기선으로 삼을 수 있도록 규정하고 있으며, 군도국가의 경우, 협약 제47조에 따라 군도의 가장 바깥 점과 드러난 암초의 가장 바깥 점을 연결한 직선군도기선으로 긋고, 이를 통해 해양관할수역을 획정할 수 있다. 해수면 상승의 경우 이러한 영해내 간출지, 외측 섬 또는 암초가 물에 잠길 경우 해양관할권의 축소를 야기할 수 있다.

한편 소도서국가가 수몰되면 수몰 이전에 가졌던 해양관할권과 해양관할권 행사를 통해 이들 섬이 누렸던 경제적 이익이 반드시 동반하여 사라지는가에 대해서는 이견이 있다. 특히 소도서국가의 소멸에 따라 해양관할권도 사라지는 동반적 소멸을 인정하지 않고 소도서국가가 소멸하더라도 주권적 표시(sovereignty marker)를 통해 영해뿐만 아니라 EEZ 및 대륙붕을 지속적으로 유지할 수 있도록 해야 한다는 주장이 제기되고 있다.117 또한 인공섬을 '한정된 영토'(defined territory)로 인정하여 소도서국가의 국가성과 해양관할권을 유지할 수 있도록 해야 한다는 주장도 제시되고 있다.118

115 Clive H. Schofield, "Against a rising tide: ambulatory baseline and shifting maritime limits in the face of sea level rise", *Proceedings of International Symposium on Islands and Oceans,* 2009. 1, p.75.

116 R. Rayfuse, "Sea Level Rise and Maritime Zone: Preserving the Maritime Entitlements of 'Disappearing' States", in *Threatened Island Nations: Legal Implications of Rising Seas and a Changing Climate,* Cambridge University Press, 2013, pp.174~175.

117 Lilian Yamamoto, Miguel Esteban, "Vanishing Island States and Sovereignty", *Ocean & Coastal Management* 53, 2010.

118 Michael Gagain, "Climate Change, Sea Level Rise, and Artificial Islands: Saving the Maldives's Statehood and Maritime Claims Through the 'Constitution of the Oceans'", *Colo. J. Int'l Envtl.*

이 경우 인공섬을 해양관할권을 가질 수 있는 섬으로 인정하지 않고 있는 유엔해양법협약과의 충돌 문제가 발생한다. 특히 인공섬을 통한 해양관할수역 확보가 가능하다는 입장은 현 국제해양법체제와 양립하기 어려운 측면이 있으며, 유엔해양법협약의 개정 또는 국제관습법 형성 문제와 연계되어 있다. 그럼에도 불구하고 주권적 표시와 인공섬 도입 논의는 공정성과 형평의 시각에서 소도서국가의 소멸이라는 문제에 대응하기 위한 방안으로 논의될 필요성이 있다. 이는 소도서국가의 영토적 기반이 사라지고, 인구가 직접 거주할 수 있는 상황은 안 되는 경우라 하더라도, 여전히 국가지위 인정을 통해 소도서국가가 가졌던 권리를 지속적으로 인정받고, 해양관할권 확보를 통해 해양경제적 기반을 유지함으로써 국제사회에서 국제법주체로서의 권리와 의무를 중단 없이 행사할 수 있도록 국제사회가 용인하기 위한 이론적 근거를 제시할 수 있기 때문이다. 해수면 상승과 소도서국가라는 두 특수한 상황의 조합으로 야기되는 해양관할수역 유지 가능성 논의와 관련해 인공섬의 법적 지위에 대한 재조명을 통해, 인공섬 건설이 실제로 해양관할권을 유지하기 위한 방안으로 유효할 수 있는지에 대해 특히 '있으면 바람직한 법'(*lex ferenda*)적 측면에서 살펴본다.

Ⅱ. 인공섬의 법적 지위 고찰

과학기술의 발달로 인해 항만 및 활주로 등 인프라, 해양관광, 해양자원 개발을 목적으로 한 인공섬 건설이 증가하고 있다.[119] 20세기 초는 해저 석유 및 가스 개발 목적에 집중되었으나, 오늘날에는 해양자원 탐사 및 개발, 해양에너지 생산, 해양과학 조사, 해양환경 보호, 항만 및 공항에서부터 주거·군사기지 등으로 다양화되고 있다. 해수면 상승과 관련해서도 인공섬을 활용하고자 하는 사례가 늘고 있다. 일례로 몰디브는 'Hulhumalé'라는 인공섬 건설을 통해 주민을 위한 주택, 산업 및 상업적 목적으로 활용할 계획을 세우고 있다.[120] 나아가 장기적으로 주권적 표

L & Pol'y, Vol. 23.1, pp.82~83; Jenny Grote Stoutenburg, *supra* note 78, p.63.

119 Iván Cáceres Rabionet 외 2인, "Indicators for Evaluating the Impact of Artificial Islands on the Barcelona Coast", *Coastal Management*, 2008, p.255. 이러한 인공섬은 공항 및 항만으로 주로 사용되나, 예를 들어 일본의 'Odaiba'와 아랍에미리트의 'Palm Island'(6.5㎢)와 'World Island'(4.8㎢) 등은 관광 및 상업의 목적으로 건설되었다.

120 뉴사이언스트, "On front line of of climate change as maldives fights rising seas", 2017. 3. 20.

시로서의 활용을 통한 국가지위 유지, 해양관할권 유지를 위해 도입할 수 있는 효율적인 방안 중 하나로 고려하고 있다.[121] 그러나 현실적인 방안으로의 유용성 논의에도 불구하고, 유엔해양법협약 체제하에서 인공섬은 해양관할수역을 갖을 수 있는 섬으로서 인정받지 못하고 있다. 인공섬을 통한 해양관할수역 확보는 바로 국제법 위반으로 이어질 수 있다. 따라서 인공섬에 대한 논의는 '있는 법' 차원에서의 검토를 토대로 '있으면 바람직한 법' 차원으로 확대해 살펴볼 필요가 있다.

1. '있는 법'(*lex lata*)적 검토

(1) 개 념

유엔해양법협약은 제11조,[122] 제56조,[123] 제60조, 제79조,[124] 제80조, 제87조,[125] 제208조,[126] 제214조,[127] 제246조[128]를 통해 인공섬과 관련한 규정을 두고 있다. 그러나 협약 자체에서는 인공섬에 대한 명확한 개념 정의를 내리고 있지 않다. 다만 인공섬, 시설 및 구조물(Artificial Islands, Installations and Structures: AIS)[129]이 관련

2017. 7. 20. 검색.

121 Grigoris Tsaltas 외 2인, "Artificial islands and structures as a means of safeguarding state sovereignty against sea level rise: a law of the sea perspective", *Proceeding of 6th ABLOS Conference "Contentious Issues in UNCLOS－Surely Not?"*, 2010. 1, p.6.

122 제11조는 두 번째 문단에서 "근해시설과 인공섬은 영구적인 항만시설로 보지 않는다"고 규정하고 있다.

123 제56조 제1(b)(ⅰ)항을 통해 배타적 경제수역에서 연안국은 인공섬, 시설 및 구조물의 설치와 사용에 대한 관할권을 가진다고 규정하고 있다.

124 제79조 제4항에서는 모든 국가의 대륙붕에서의 해저전선과 관선을 부설할 권리를 인정하면서 인공섬, 시설 및 구조물의 운용과 관련해 부설하거나 사용하는 전선과 관선에 대한 연안국의 관할권에 영향을 미치지 아니한다고 규정하고 있다.

125 제87조 제1(d)항에서는 공해의 자유로 연안국과 내륙국은 국제법상 허용되는 인공섬과 그 밖의 시설 건설의 자유를 가진다고 규정하고 있다.

126 제208조 제1항은 연안국의 국가관할권하의 해저활동에 의한 오염과 관련해 자국 관할권 내에 건설된 인공섬, 설비 및 구조물로부터 발생되는 해양환경의 오염을 방지, 경감 및 통제하기 위한 법령을 제정하도록 규정하고 있다.

127 제214조는 해저활동에 의한 오염 관련 법령집행과 관련해 각국은 자국의 관할권하에 설치한 인공섬, 설비 및 구조물로부터 발생하는 해양환경오염을 방지, 경감 및 통제하기 위해 필요한 법령을 제정하고 그 밖의 조치를 취하도록 규정하고 있다.

128 제246조 제5(c)항에서는 제60조, 제80조에 언급된 인공섬, 시설 및 구조물의 건조, 운용 또는 사용을 수반하는 경우에 연안국은 자국의 배타적 경제수역과 대륙붕에서 타국 또는 권한 있는 국제기구에 의한 해양과학 조사 사업에 대한 동의를 거부할 수 있는 재량권을 가진다.

129 인공구조물(AIS)은 인공섬과 인공시설물 모두를 일컫는 말로서, 일반적으로 연안국이 연안 또는 섬의 침식을 막는 방법으로 취하는 시설물 설치 등의 조치를 '격벽정책'(bulkhead

주요 조문에서 함께 논의되고 있는데, 이들 개념간 어떠한 차이가 있는지를 우선 살펴봄으로써 인공섬 개념에 접근하고자 한다.

AIS 개념은 협약 제60조와 제80조[130]에서 잘 나타나 있다. 특히 제60조 제1항은 연안국은 배타적 경제수역에서 인공섬, 시설과 구조물에 대해 건설·운용 및 사용을 허가하고 규제하는 배타적 권리를 가진다고 규정하고 있다. 그리고 인공섬에 대해서는 범위를 제한하고 있지 않지만, 시설과 구조물에 대해선 제56조에 규정된 목적과 그 밖의 경제적 목적을 위해 설립되는 것으로 제한하고 있다. 즉 연안국은 EEZ와 대륙붕에서 모든 인공섬에 대해 관할권을 가질 수 있음에 반해, 시설과 구조물에 대해선 경제적 목적, 해양과학 조사, 해양환경의 보호와 보전에 사용되는 시설 및 구조물에 대해서만 관할권을 행사할 수 있도록 하여 양 개념의 구분실익이 있다.[131] 한편 Soons 교수에 따르면 인공섬은 "인간이 심해저의 모래, 암석과 자갈 등의 자연적 재료를 사용해 매립을 통해 만든 것"이며, 인공시설물은 "파일(piles)과 튜브(tubes) 등의 방법으로 해저에 고정된 건설물"로 개념을 구분하고 있다.[132] 이에 대해 "인공섬과 인공시설물의 용도가 다르고 현대기술도 급속히 변하고 있기 때문에 양 개념을 구분하여 구체적인 정의를 내리는 것이 어렵다"는 견해도 있다.[133] 따라서 협약 조문을 통해 양 개념의 구분실익이 있다는 사실은 확인할 수 있지만, 협약상 구분실익과 별개로 실제 관행으로 명확한 개념 구분은 이루어지

---

policy)이라고 부르기도 한다. Clive Schofield & David Freestone, "Options to protect coastlines and secure maritime jurisdictional claims in the face of global sea level rise", in *M.B. Gerrard and G.E. Wannier, Threatened Island Nations Legal Implications of Rising Seas and a Changing Climate,* 2013, p.151.

130 제80조는 대륙붕에서의 인공섬, 시설 및 구조물에 대해선 제60조의 규정을 준용하도록 규정하고 있다.

131 이용희, "국제해양법상 인공섬, 시설 및 구조물 제도의 쟁점과 우리나라의 입법태도에 관한 고찰: 배타적 경제수역 및 대륙붕을 중심으로", 『Ocean and Polar Research』, 제36권 제4호, 357~358쪽. 또한 이용희 교수는 이 논문을 통해 이 양 개념 간 공통점으로 첫째, 자연적으로 형성된 것이 아니라 인공적으로 형성된 것이며, 둘째, 육지와 연결되어 있지 않아야 하며, 셋째, 인공섬뿐만 아니라 시설과 구조물 모두 섬의 지위를 갖지 아니하며, 넷째, 인공섬 등에 모두 동일한 조건으로 안전수역을 설치할 수 있으며, 다섯째, 선박이 아니어야 한다는 점을 제시하고 있다.

132 Soons, A.H.A., "Artificial Islands and Installations in Internatioanal law", *Occasional paper No. 22,* Law of the Sea Institute, University of Rhodes Island, 1973, p.3.

133 Honein, S.E., "The International law relating to offshore Installations and artificial Islands", *An Industry Report,* Lloyd's of London Press LTD, London, 1991, p.1.

지 않고 있다고 볼 수 있다.

따라서 이 글에서는 협약 제121조에서 규정하고 있는 섬의 개념과 비교하여 인공섬의 개념에 접근하고자 한다. 협약 제121조의 조건 중 '자연적으로 형성된'의 조건을 제외하고는 인공섬의 개념정의에도 동일하게 도입될 수 있는 것으로 생각된다. 이러한 조건 외에 협약의 조문과 학자의 논의 등을 통해 인공섬의 개념 정립을 위한 추가적 요건을 찾아보면, 협약을 통해 연안국은 자국 관할수역 내에, 그리고 모든 국가는 공해에 인공섬을 건설할 수 있다. 그리고 인공섬을 광의로 해석하여 고정되어 있든지(fixed), 부유식이든지(floating)를 구분하지 않는다.[134] 이러한 점들을 종합해 보면, 인공섬은 '고정 및 부유 여부에 상관없이 인간이 자연적, 인공적 재료를 이용해 연안국의 관할수역 및 공해에 건설한 구조물로 바닷물로 둘러싸여 있으며, 밀물일 때에도 수면 위에 있는 시설물'이라고 개념정의해 볼 수 있다.

(2) 법적 지위

그렇다면 인공섬은 어떠한 법적 지위를 갖는가? 이에 대해 유엔해양법협약에서는 인공섬의 개념 규정에 비해 보다 명확한 규정을 가지고 있다. 유엔해양법협약은 인공섬의 법적 지위에 대해 별도의 조문으로 독립적으로 규정하고 있지 않고, 다만 여러 조문을 통해 간접적으로 규정하고 있다.[135] 이는 해역별, 기능별로 인공섬의 용도를 다르게 규정하기 위함이다. 협약 제121조 제1항에서 인정되는 섬은 '자연적으로 형성되어야' 하므로 '인공적'(man-made)으로 만들어진 섬은 유엔해양법협약상 해양관할권을 확보할 수 있는 섬으로서의 법적 지위를 향유하지 못한다. 협약 제60조 제8항과 제80조에 근거할 경우 인공섬(artificial island), 설치물(installations), 구조물(structures)은 섬으로서의 지위를 갖지 못한다.

---

134 Zou Keyuan, "The Impact of Artificial Islands on Territorial Disputes Over The Sparatly Islands", Home Conferences & Seminars Second International Workshop, 2010, p.3. 인공섬 공사의 유형을 보면 더욱 명확해진다. 인공섬 공사는 첫째, 매립형으로 토사를 부어서 토지로 만드는 방법, 둘째, 건설형으로 콘크리트를 이용하여 거대한 콘크리트 덩어리로 만드는 방법, 셋째, 부유형으로 플랫폼 형식의 구조물을 가져다가 고정하여 해상기지 형태로 만드는 방식 등으로 나눠진다(박명섭·한낙현, 『섬의 이해, 「해양시대의 보고: 섬」』, 한국해양수산개발원, 2016, 19쪽).

135 제1조(platforms or other man-made structures), 제11조(offshore installation), 제56조(artificial islands, installation and structure), 제60조(Artificial islands, installations and structures in the exclusive economic zone), 제79조와 제80조(artificial islands, installation and structure), 제246조(scientific research installations) 등이 있음.

그러나 섬의 요건 가운데 '자연적으로 형성된'의 조건이 처음부터 요건으로 인정받은 것은 아니다. 해양법 법전화 논의가 시작되었던 1930년 헤이그 성문법전회의에서는 당초 섬의 정의에서 인공섬을 배제하지 않았고, 인공섬이 영해를 가질 수 있는 것으로 보았다.[136] 그러나 이 회의에서는 영해협약을 채택하지 못하였고, 영해를 가질 수 있는 섬의 개념에 인공섬을 넣는데 실패했다. 이후 국제법위원회(ILC)는 1956년 제8차 회기를 통해 이 문제를 재검토했으며, 총회에 제출한 협약 최종초안에서도 제10조에서 섬의 개념을 정의함에 있어서 '자연적으로 형성된' 요건은 반영되지 않았다.[137] 그러나 1958년 제1차 해양법회의에서는 해양관할권을 가질 수 있는 섬의 개념에서 '자연적으로 형성된' 조건을 처음으로 도입하면서 인공섬은 논의에서 배제시켰다. 이 결과 1958년 영해와 접속수역에 관한 협약 제10조 제1항의 섬의 요건에 '자연적으로 형성된' 조건이 명시되었고,[138] 1982년 협약 제121조 제1항에서 재확인되었다. 이로써 유엔해양법협약하에서 인공섬은 섬의 지위를 가지지 못하고, 영해뿐만 아니라 배타적 경제수역 또는 대륙붕의 경계획정에 영향을 미치지 못하게 되었다.[139] 다만 일반적으로 수락된 국제기구에 의하여 허용되거나 권한 있는 국제기구가 권고한 경우를 제외하고는 그 바깥 쪽 끝의 각 점으로부터 측정하여 주변해역 반경 500m 내에 '안전지대'(safety zone)만을 설치할 수 있을 뿐이다.[140]

(3) 국가실행과 판례

인공섬 건설은 국가의 일방적 행위이다. 다만, 국제법이 허용하는 범위 내에서 타국의 권리 또는 국제사회의 권리를 침해하지 않는 범위 내에서 인정된다. 따라서 해양관할수역을 갖지 못하는 암석 또는 간출지에 인공적인 시설 건설을 통해 새로운 해양관할수역을 확보할 수 있는 섬으로의 법적 지위 변경은 현재 국제법체제에서는 허용되지 않는다.

이와 관련하여 최근 남중국해 중재재판에서는 중국의 남중국해 내 암초에 대

---

136 Michael Gagain, *supra* note 118, p.103.

137 협약초안(Articles concerning the Law of the Sea) 제10조에서의 섬의 개념은 다음과 같다. "Every island has its own territorial sea. An island is an area of land, surrounded by water, which in normal circumstances is permanently above high-water mark."

138 1958년 영해와 접속수역에 관한 협약 제10조.

139 1982년 유엔해양법협약 제60조 제8항.

140 1982년 유엔해양법협약 제60조 제5항.

해 중국이 수행한 준설 및 시설 건축행위가 중국과 필리핀의 분쟁을 확대하고 악화시켰는지의 여부가 쟁점이 되었다. 우선 필리핀은 Mischief Reef, Cuarteron Reef, Fiery Cross Reef, Gaven Reef, Johnson Reef, Hughes Reef, Subi Reef에 진행하고 있는 준설(dredging), 인공섬 건설 등을 통해 중국 정부가 불법적으로 분쟁을 악화·확대시키고 있다고 주장했다.[141] 중국 정부는 외교부를 통해 지속적으로 남중국해 난사군도의 암초와 섬에 대해 개간 및 건설을 하는 행위는 주권의 범위 내에 속하는 합법적인 활동이라고 주장하였다.[142] 이에 대해 중재재판소는 중국의 준설 및 인공섬을 포함한 건설행위는 관련 암초에 대한 자연적 상태를 훼손하여 해양환경에 영향을 주며, 특히 Mischief Reef의 경우 필리핀 대륙붕 수역 내에 위치한 간출지로서 필리핀이 장래에 Mischief Reef에 대해 행사할 수 있는 주권적 권리에 영향을 주는 것으로 판단하였다.[143]

나아가 중재재판에서는 남중국해의 암초가 유엔해양법협약 제121조 (1)항 또는 (3)항의 요건을 충족하는 섬인지의 여부를 다루었다. 이에 대해 재판소는 Mischief Reef와 Second Thomas Shoal은 제121조 (1)항의 요건을 충족하지 못하는 간출지로 보았으며, Subi Reef, Gaven Reef(south), Hughes Reef도 마찬가지로 제121조 (1)항의 요건에 해당하지 않는 간출지이지만 영해 내에 위치한 섬이 영해를 가지기 위한 기점으로는 사용될 수 있다고 보았다.[144] 또한 Scarborough Shoal, Gaven Reef(North), McKennan Reef, Johnson Reef, Cuarteron Reef, Fiery Cross Reef의 경우는 자연적 상태에서 협약 제121조 (3)항의 요건을 충족하지 못하므로 배타적 경제수역과 대륙붕을 가지지 못하는 것으로 보았다. 중재재판에서는 중국이 진행하고 있는 준설, 인공섬을 포함한 시설의 설치 등을 통해 EEZ와 대륙붕을 설정

---

141 *The South China Sea Arbitration,* PCA, 2016. 7. 12, p.437, para. 1110. 원문은 다음과 같다. "Since the commencement of this arbitration in January 2013, China has unlawfully aggravated and extended the dispute by, among other things: (a) interfering with the Philippines' rights of navigation in the waters at, and adjacent to, Second Thomas Shoal; (b) preventing the rotation and resupply of Philippine personnel stationed at Second Thomas Shoal; (c) endangering the health and well-being of Philippine personnel stationed at Second Thomas Shoal; and (d) conducting dredging, artificial island-building and construction activities at Mischief Reef, Cuarteron Reef, Fiery Cross Reef, Gaven Reef, Johnson Reef, Hughes Reef and Subi Reef."

142 *Ibid.,* p.452, para. 1147.

143 *Ibid.,* pp.461~462, para. 1175.

144 *Ibid.,* p.474, para. 1203.

하려는 시도에 대해선 직접적으로 판단하지 않았다. 그러나 Gaven Reef, Johnson Reef, Cuarteron Reef, Johnson Reef, Fiery Cross Reef이 협약 제121조 (3)항의 요건을 충족하지 못하는 간출지임을 확인함으로써 이후 이 암초를 대상으로 중국이 EEZ나 대륙붕을 설정하려는 시도는 협약에 위배될 수 있음을 밝힌 것으로 볼 수 있다.

한편 일본은 오키노도리시마의 복원을 위해 1987년부터 3년간 285억엔을 들여 철근콘크리트 구조물을 설치했으며, 1998년부터 2년간 8억엔의 예산을 투입해 티타늄 방호시설을 설치했다. 오키노도리시마는 일본 도쿄에서 1,740㎞ 떨어진 태평양 해상에 위치한 산호초이며, 만조 때 수면 위 70cm 정도 드러나 파도가 조금만 쳐도 물속에 잠기는 '침대 크기'의 2개의 암초로 구성되어 있다.[145] 일본은 2008년 11월 12일, 오키노도리시마의 200해리 이원 대륙붕 확장 내용을 포함한 대륙붕 한계 확장 문서를 유엔에 제출했으나, 우리나라와 중국 등의 거센 반대에 부딪치고 있다.[146] 오키노도리시마와 같이 섬이라고 할 수 없는 암석 또는 간출지에 등대나 항만 등을 건설하고, 이를 통해 섬으로서의 지위를 확보해 EEZ 및 대륙붕을 설정하려고 하는 경우는 국제사회의 합의와 국제법에 위배되는 국가의 일방적 행위(unilateral act)로 볼 수 있으며, 타국에 대항력을 가지지 못한다. 비교해 살펴보면 원래 섬의 지위를 가지고 있었다가 해수면 상승 등의 요인으로 암석이 된 경우와 오키노도리시마와 같이 원래부터 암석인 경우는 법적 지위를 달리 보아야 하므로 인공적 구조물의 설치에 따른 효과 또한 달라질 수밖에 없다.[147] 또한 전자의 경우는 논의에 따라 EEZ와 대륙붕을 지속적으로 가질 수 있는 여지가 있지만, 후자의 경우는 EEZ와 대륙붕을 가질 수 없다고 봄이 타당하다.

그리고 협약 제60조 제8항에 따르면 인공섬 및 시설물은 섬의 지위를 가질 수 없으며, 해양경계 획정을 위한 기점으로서의 역할도 할 수 없다. 그러나 협약 제7조 제4항은 간출지 위에 건설된 등대나 유사한 시설의 경우 직선기선의 기점으로

---

145 김경신· 이주하, "일본의 도서관리 정책과 우리나라에 미치는 영향", 『월간 해양수산』, KMI, 통권 제288호, 2008. 9, 7~9쪽.

146 유엔 홈페이지, http://www.un.org/Depts/los/clcs_new/submissions_files/submission_jpn.htm (2017. 8. 10. 검색).

147 기존에 섬이었지만 해수면 상승으로 인해 수면 아래로 가라앉고 단 일부분의 암석(rock)만 존재하는 경우라도 협약 제121조 제1항의 섬으로 인정되어야 한다는 견해가 있다. Lilian Yamamoto, Miguel Esteban, *supra* note 117, pp.11~12.

사용될 수 있다고 규정하고 있다. ICJ의 흑해 사건에서는 제방(dyke)의 기능이 협약 제11조의 영구적 항만시설과 차이가 있다는 점을 확인하면서, 제방과 같은 인공적 시설을 기점으로 인정한 바 있다.[148] 단 이 경우에도 영해 이원에서 해양경계를 획정하는데 있어서의 효과는 제한하고 있어 국가가 제방의 재량적인 건설을 통해 영해 이원으로 해양경계를 확장시키는 것을 경계하고 있다.

결론적으로 현 국제법체제에서 연안국은 기존 섬 또는 암석에 대해선 인공시설물 설치를 통해 섬의 소실을 막고 기존의 해양관할수역을 유지할 수 있다. 예를 들어, 연안국이 영해기점으로 삼고 있는 섬이 해수면 상승으로 수몰이 예상될 경우 사전적 예방조치로써 인공시설물을 설치하여 수몰을 방지할 수 있다. 이처럼 기존의 섬 또는 암석의 지위를 유지하기 위한 조치들은 연안국의 주권의 행사로서 원칙적으로 국제법상 금지되지 않는다. 반면 암석 또는 간출지에 인공시설물을 설치해 새로운 해양관할수역을 확보하려는 시도는 허용될 수 없고, 인공섬을 건설하여 새로운 해양관할수역을 가지려는 시도 역시 현재의 국제법체제에서는 용인되지 않는다. 이 외에도 지형의 자연조건을 변화시킨 인공시설이 없었더라면 인간거주, 독자적 경제생활이 불가능했던 지형은 EEZ나 대륙붕을 갖는 섬이 될 수 없다. 즉 인공시설물 건설을 통해 암석에서 섬으로의 법적 지위를 변화시키려는 시도는 원칙적으로 인정될 수 없다.[149]

2. '있으면 바람직한 법'(*lex ferenda*)적 검토

(1) 논의의 방향

1958년 영해 및 접속수역에 관한 협약부터 1982년에 협약 채택에 이르기까지 이들 협약은 현재의 과학기술 발달로 인한 인공섬의 활용 가능성에 대해 예상하고 있었다고 보기 어렵다. 1930~1950년대 초에 이르기까지 섬의 개념에 인공섬을 포함하고자 하는 의견도 영해 확장을 위한 인공섬 건설 남용을 우려해 반영되지 못

148 *Maritime Delimitation in the Black Sea, Romania v. Ukraine*, ICJ, 2009, paras. 133~141. 본 사건에서 ICJ는 'harbour works'는 항만시스템의 통합적 부분을 형성하는 것으로 선박이 정박, 유지, 보수하거나 승객을 승·하선시키고 상품을 싣고 내리는 데 필요한 시설로 보았으나, 'dyke'는 연안을 보호하기 위한 시설로서 항만시설과는 다르며, 연안과의 관련성을 고려해 루마니아의 'Silina dyke'를 잠정적 선을 긋기 위한 기점으로 사용할 수 있다고 보았다.

149 김현정, "유엔해양법협약 제121조 3항 해석에 관한 소고: 필리핀-중국 남중국해 중재판정의 의의를 중심으로", 『법학논총』, 제40권 제3호, 2016, 249쪽.

했다. 이러한 상황에서 기후변화에 따른 해수면 상승이 소도서국가 및 저지대 연안국에 위협이 될 수 있으며, 이러한 해수면 상승에 대한 대응방안으로서의 소도서국가 주민의 거주지를 확보하고, 주권을 유지하기 위한 표시로서 활용될 수 있는 인공섬의 기능에 대해서는 더더욱 예상하지 못했을 것이다. 새로운 환경변화를 뒷받침할 규범이 부재하다는 인식이 규범 도입 논의의 출발점이 될 수 있다면, 해수면 상승에 따른 법적 쟁점 검토와 대응방안 마련에 있어 인공섬의 기능 확대와 법적 지위에 대한 논의가 이루어질 필요가 있다.

(2) 해수면 상승과 법적 쟁점

앞서 살펴본 바와 같이 모든 국가는 내수 또는 영해 내에서 인공구조물 또는 인공섬을 설치할 수 있는 권리를 가지며, 특히 공해에서는 유엔해양법협약 제87조에 근거해 모든 국가는 국제법에서 허용된 인공섬 또는 시설물을 설치할 자유를 누린다. 이 가운데 해양경계 변화에 대응하여 기선을 보호하거나 연안침식을 막고 이를 통해 해양관할권을 지속적으로 유지하기 위해 국가실행으로 추진되고 있는 것 중 대표적인 것이 인공섬의 건설이다. 인공섬은 현대에 오면서 점차 그 기능이 확대되고 있다. 특히 Grigoris Tsaltas 교수는 해수면 상승에 대비해 인공섬이 가질 수 있는 기능에 대해 첫째, 육지의 소실 방지, 둘째, 인간거주지로서의 역할, 셋째, 주권의 표시로서의 역할(sovereignty markers) 등을 제시하고 있다.[150] 이 외에 기점으로서의 역할이 더 추가될 수 있을 것으로 보인다.

해수면 상승과 연계해 인공섬의 기능을 확대하려는 시도 가운데 육지의 소실 방지 또는 인간거주지로서의 기능에 대해선 특별한 이견은 없어 보인다.[151] 그러나 해수면 상승에 따른 소도서국가의 수몰에도 불구하고, 기존 소도서국가를 대신하는 주권의 표시로서 기능하면서 기존의 해양관할수역을 계속 보유할 수 있도록 하는 시도에 대해서는 여전히 논란의 여지가 있다. 특히 과학시설의 발달에 따라 부유식 인공섬(floating artificial island)의 건설이 늘어날 것으로 전망되고 있으며, 키리바시의 경우 10만명이 거주할 수 있는 부유식 인공섬 도시를 건설할 계획을 내놓

150 Grigoris Tsaltas 외 2인, *supra* note 121, pp.3~6.

151 싱가포르의 경우, 과거 30년 가까이 개간을 통해 육지를 확장시켜 왔으며, 연안의 변화에 따라 통상기선의 상당한 변화를 가져왔다. 이러한 실행은 국가간 해양경계에 영향을 미칠 수 있다는 점에서 재량의 남용으로 간주될 수 있으며, 실제로 인도네시아와 싱가포르 간 갈등의 요인이 되었으며, 이후 이러한 싱가포르의 개간행위가 양국의 해양경계에 영향을 미치지 않을 것이라는 입장을 공유하기도 했다. *Ibid.,* p.14.

〈표 2-3〉 인공섬의 기능과 법적 쟁점

AIS 기능	국가실행 사례	법적 쟁점
육지 보호와 개간	홍콩, 싱가포르 몰디브, 일본(오키노도리시마), 중국(남중국해)	• AIS를 통해 암석을 협약 제121조 (3)항 요건을 충족시키는 섬으로의 변화 가능성 • 원래 섬이었는데 협약 제121조 (3)항을 충족하지 못하는 암석으로 될 경우 인공섬 건설을 통해 요건을 충족시킬 수 있는지 여부
인간 거주와 자원개발 (경제활동)	UAE 인공섬, 해양플랫폼	• 해양관할수역 확보 가능성 (주변 안전수역 500m 획정 포함)
주권적 표시	이론적 논의 (국가실행 없음)	• 기존의 해양관할수역 유지 가능성
한정된 영토	이론적 논의 (국가실행 없음)	• 기존의 국가지위 유지 가능성

출처: Grigoris Tsaltas 외 2인, *supra* note 121, p.6.

은 바 있다.[152] 이는 해수면 상승에 따른 대응방안의 하나로서 키리바시가 완전히 수몰된다 하더라도 부유식 인공섬 도시를 국가성립의 요소 가운데 하나인 한정된 영토로 인정해 국가의 동일성과 계속성을 유지하려는 시도로 볼 수 있다.

따라서 해수면 상승과 관련해 '주권적 표시'와 '한정된 영토'로서의 인공섬 건설 행위의 허용 여부와 허용시 어느 정도의 법적 지위를 부여하는지에 대한 논의는 앞으로의 인공섬 논의와 관련해 핵심이 될 가능성이 높다. 이는 해수면 상승으로 수몰 가능성이 높은 소도서국가의 국가지위를 유지하고, 나아가 원래 누렸던 해양관할권을 안정적으로 확보하기 위한 방법으로 논의되는 경우로 볼 수 있는데, 현재의 규범으로는 불법으로 볼 여지가 크지만, 바로 불법이라고 규율하기는 어렵고, 형평적 시각에서 이들 국가에 예외적으로 인공섬의 기능 확대를 인정해 줄 필요성이 크기 때문이다.

152 가디언지, 2011. 9. 8. 기사, https://www.theguardian.com/environment/blog/2011/sep/08/artificial-island-pacific-sea-levels(2017. 8. 11. 검색). 이 기사에 따르면 이러한 부유식 인공섬 건설의 모델은 키리바시뿐만 아니라 투발루, 통가, 몰디브, 쿡제도, 솔로몬제도 등 남태평양 국가에 있어 해수면 상승에 대응한 효율적 방안이 될 수 있다고 보았다.

(3) 규범화 필요성

해수면 상승과 인공섬의 법적 지위의 논의가 '주권적 표시'와 '한정된 영토'로서의 인공섬 건설 행위의 허용을 중심으로 소도서국가의 형평한 대우 차원에서 진행된다 하더라도 이러한 인공섬의 건설의 남용으로 인해 기존의 해양질서가 위협받지 않도록 남용방지를 위한 규범화 작업을 함께 논의할 필요가 있다.

이러한 규범화 작업은 첫째, 향후 인공섬의 법적 지위에 대한 논의가 확대되더라도 상당히 제한적이고 엄격한 요건하에서 예외적으로 인정되는 것을 원칙으로 하여야 한다. 구체적으로 영토의 상당부분이 해수면 상승으로 가라앉거나 최악의 경우 수몰되는 상황이 예상되며, 이러한 예상이 객관적인 과학적 근거에 기반할 수 있음이 명백하게 입증할 수 있으며, 이러한 상황에 대해서 권능을 부여받은 국제기구가 판단하고 승인하도록 하여야 한다.

둘째, 사전적으로 인공섬 건설과 관련한 지침을 마련하고, 피해 발생시 사후적으로 책임을 물을 수 있도록 하는 남용방지 기제를 규범화를 통해 마련해야 한다. 1950년대 ILC에서 인공섬을 섬의 개념에 포함시킬 것인지의 논의를 진행할 때에도 인공섬에 섬으로서의 지위를 부여하지 않아야 한다는 주장을 강력하게 뒷받침한 것은 연안국들이 인공섬 건설 남용을 통해 해양관할권을 확대할 수 있다는 논리였다. 1954년 ILC 논의과정에서 Lauterpacht 재판관은 "만약 영해 내에 건설된 인공섬이 또 다른 영해를 가지게 된다면 국가들은 소규모의 인공섬 건설을 통해 영해를 확대해 나가려 할 것이다"고 밝혔다.[153] 또한 분쟁수역에서 인공섬을 건설해 군대를 주둔시키는 경우 역시 분쟁당사국과의 갈등을 조장할 뿐만 아니라 국제법에 위배될 소지가 높다. 따라서 소도서국가가 섬의 수몰에 대응하기 위한 목적으로 인공섬을 건설할 경우 기존의 영해 수역을 벗어나지 않는 범위 내에서 건설행위가 이루어지도록 제한을 둘 필요가 있다. 그럼에도 불구하고 인공섬 건설로 인해 인근국가 및 국제사회의 이익이 침해받을 경우 유엔해양법협약 제15부의 강제적 분쟁해결절차를 통해 해결하되, 이 경우 일반적으로 허용되는 적용배제(exemption) 선언을 할 수 없도록 규정을 둘 수 있다. 그리고 인공섬 건설로 인해 발생하는 환경오염 문제에 사전적 주의조치를 취하여야 하며, 사후적으로 해양환경피해에 대한 국가책임을 물을 수 있을 것이다.

---

153 ILC, Summary record of the 260th Meeting, 1954. Vol. 1, p.94. para. 48.

CHAPTER

03 해양경계 및 섬에 미치는 효과

제 3 장 해양경계 및 섬에 미치는 효과

기후변화로 인한 해수면 상승은 기점의 변화로 이어져 필연적으로 연안국 또는 국가간 해양경계에 영향을 미치게 된다. 물론 이러한 변화가 기점을 변화시키는 여러 자연현상 중 하나이며, 기존에 체결된 해양경계협정에 영향을 미치지 못하므로 크게 주목할 필요가 없다는 주장도 제기되고 있다.[1] 그러나 해수면 상승의 효과는 화산활동 및 침식 등으로 인한 기점의 변화와는 차원이 다른 범세계적 현상이다. 즉 화산섬 및 불안정한 지각에 위치한 국가만의 문제가 아니라 직접적으로는 연안국 전체의 문제이며, 간접적으로는 공해와 심해저에서의 권리를 향유할 수 있는 내륙국을 포함한 전 국가의 문제이다. 나아가 해수면 상승이 기존의 해양경계를 변화시킬 수 있는 가능성이 커지게 되면, 기존의 해양경계지도의 변화로 이어져 해양경계로 배분된 국가권리의 균형에 영향을 미치게 되고, 이에 따라 국가간 갈등 또는 분쟁으로 이어질 가능성 또한 높아지게 된다. 즉 기존의 '경계'와 '공간'의 견고함에 균열이 생기고, 모호성이 증가하여 기존 국가관할수역에 근거한 현재의 국제해양질서가 변화될 가능성이 커진다.

이 장에서는 해수면 상승으로 인한 해양경계 변화 가능성을 중점적으로 다룬다. 모든 국가는 유엔해양법협약과 국제관습법에 근거해 기선으로부터 12해리를 넘지 않는 범위 내에서 영해를, 200해리 이내에서 EEZ를 설정할 권리를 가진다. 이

1 Chatham House, A summary of a meeting of the International Law Discussion Group on 14th February, 2006.

러한 권리를 행사하기 위한 출발점은 기선이다. 해수면 상승이 해양경계에 영향을 미칠 수 있는 이유는 해수면 상승이 국가가 처음 해양경계를 획정하기 위해 설정한 통상기선과 직선기선 모두에 영향을 주기 때문이다. 이러한 점이 우선 유엔해양법협약상 기선제도와 법적 성격에 대해 살펴보는 것으로부터 시작하는 이유이다. 그리고 기선획정과 해양경계 획정에 있어 주요한 고려요인인 섬이 해수면 상승으로 인해 암석, 간출지 그리고 수면 아래로의 완전수몰 등으로 그 성격이 변화할 때 각각의 경우에서 해양경계에 어떠한 영향을 미치는지에 대해 살펴본다.

한편 협약에 충실히 따를 경우, 해수면 상승은 기선의 변화로, 기선의 변화는 해양경계의 변화로 이어지게 되는데, 그럼에도 불구하고 해수면 상승으로 인해 해양경계가 변화하지 않아야 한다는 주장이 학자들 사이에서 설득력 있게 제기되고 있다. 이는 해수면 상승에 따른 해양경계 안정화 논쟁으로 이어지고 있으며, 이러한 논쟁에 대해서도 살펴보도록 한다. 그리고 기후변화와 해빙이 해수면 상승을 촉발하는 요인이라는 점, 기선 설정에 있어 얼음의 존재가 영향을 미칠 수 있는지 여부, 해빙으로 인해 새로운 섬이 등장해 해양경계획정에 영향을 줄 수도 있다는 점 등 여러 관련 쟁점들도 함께 살펴보도록 한다.

제1절 해양경계 및 기선제도

Ⅰ. 해양경계의 개념과 특수성

1. 해양경계의 개념: 일국의 '외측한계'와 국가간 '경계획정'

유엔해양법협약은 일국의 해양경계획정과 국가간 해양경계를 구분하고 있다. 우선 국가간 해양경계는 'maritime boundary' 또는 'maritime delimitation'으로 영문 표기되며, 'outer limits'는 일국의 영해 및 EEZ, 대륙붕의 외측한계를 나타내고 있다. 특히 마주보고 있거나 인접하고 있는 국가간 해양경계와 관련하여 협약은 주로 'delimitation'을 사용하고 있다. Lisztwan 교수는 이와 관련해 관할권 중첩이 없는 경우 국가는 일방적으로 해양관할권의 '외측한계'(outer limits)를 긋고, 인접국가간 관할권이 중첩되는 경우 협상 또는 제3자 분쟁해결기구를 통해 해양경계(maritime boundary/delimitation)를 획정할 수 있다고 함으로써 '외측한계'와 '경계획정'의 개념을 구분하고 있다.[2]

해양의 외측한계의 경우 연안국은 중첩되는 해양수역이 존재하지 않음에 따라 협약규정 또는 국제관습법에서 인정하고 있는 획정원칙에 따라 외측한계를 설정할 수 있다. 유엔해양법협약에서는 영해의 획정과 관련해서 전체적으로는 'outer limits'를 사용하고 있으나, 대향국 또는 인접국간 영해획정(제15조)의 경우 'delimitation 또는 delimit'를 쓰고 있어 둘 간의 차이를 드러내고 있다. 타국과 중첩되는 수역이 없는 영해경계획정에도 유엔해양법협약 제16조에 따라 연안국은 기선을 적시한 해도를 적절하게 공표해야 하며, 해도를 유엔사무총장에게 기탁해야 한다.

해양경계획정(delimitation)의 경우 관할권이 중첩되는 수역에 대해 관련 국가간 해양관할수역의 경계를 획정하기 위한 개념으로 1982년 유엔해양법협약과 판례를 통해 획정방식이 발전해 왔다. 협약은 제15조(영해), 제74조(EEZ) 및 제83조(대륙붕)와 관련해 'delimitation'의 용어를 써서 마주보는 국가 및 인접국가 간 해양경계에 대해 규정하고 있다. 특히 제75조와 제84조에서는 일국의 배타적 경제수역, 대

2 Julia Lisztwan, "Stability of Maritime Boundary Agreements", *The Yale Journal of International Law,* Vol. 37－1, 2012, pp.171~173.

륙붕의 외측한계(outer limits)와 국가간 해양경계(delimitation)를 명확히 구분하고 있다. 다만 예외적으로 제50조의 경우 군도수역 내에서의 내수 획정과 관련해서 'delimitation'을 쓰고 있다. 즉 군도수역에서의 예외적 사용은 기선(baseline) 아닌 폐쇄선(closing line)의 성격을 갖는데, 완전히 유엔해양법협약의 관할 밖에 있는 내수를 위한 경계선의 역할만 할 뿐, 영해를 포함한 군도수역을 긋기 위한 출발선으로서 기능하는 것은 아니기 때문이다.[3] 이러한 경우는 협약에서 처음으로 인정된 군도수역의 특수적 지위에 기인한 것으로 보인다. 즉 군도수역이라는 새로운 개념의 수역을 협약에 도입하면서 기존 수역을 이용하던 타 국가의 권리를 고려하고 있기 때문이다. 예를 들어, 군도기선에 의해 둘러싸인 군도수역에서 군도국가의 주권은 당연히 군도수역의 상공·해저와 하층토까지 미치지만 군도국가는 다른 국가와의 현행 협정을 존중하고 군도수역의 일정한 수역에 있어서는 인접국의 전통적 어업권을 인정해야 한다.[4] 이러한 측면에서 군도수역의 내수 경계획정은 'limit'보다는 'delimitation'의 개념에 더욱 적합한 것으로 볼 수 있다.

그러나 이러한 논의는 협약상 일국의 외측한계와 국가간 해양경계의 개념을 구분하고 있음을 살펴보기 위함이며, 이러한 협약상 개념의 구분에도 불구하고 이 글에서는 이 두 개념을 구분해야 하는 예외적인 경우를 제외하고는 '해양경계'라는 용어를 통일해서 사용한다. 왜냐하면 기후변화로 인한 해수면 상승의 영향은 이 두 개념이 구분되는 상황 모두에 적용되기 때문에 굳이 이를 구분해 논의할 실익이 크지 않기 때문이다.

2. 해양경계의 특수성

해양경계는 국제법 영역에서 새로운 규범의 창출이라는 측면에서 가장 역동적인 분야 중 하나이다. 왜냐하면 국가간 해양경계협정이나 국제재판소의 판결에 기반해 유엔해양법협약 체결과 해양법 규범 발전에 기여해 왔기 때문이다.[5] 특히 해양법에 관한 국가 및 국제사회의 권리·의무는 해양경계 획정을 전제로 발생되어 왔음을 고려해 볼 때 해양경계의 안정성 또는 변화 가능성 등은 향후 해양법 발전에 크게 영향을 줄 가능성이 높다.

---

3 김대순, 『국제법론(제11판)』, 2006, 794쪽.

4 위의 책, 794쪽.

5 Naohiko Nagasaka, "Visualising historic trends in global maritime boundary delimitations since the 1940s", *Marine Policy* 71, 2016, p.29.

해양경계는 육지와 마찬가지로 국가간 경계획정을 위해 해양에 그어진 개념적인 구분이다. 그러나 일반적으로 육지경계의 경우, 국가가 주권을 행사하는 영토적 한계를 명확히 하는 역할을 하고 있다. 즉 일국가가 주권을 행사하는 공간으로서의 타 국가와 (육지)국경을 획정하면 이러한 국경 내·외로의 이동은 국가의 허락 없이는 불가능하며, 국가의 육지의 활용은 오로지 국가의 주권적 재량에 달려 있다. 이에 비해, 해양경계의 경우는 유엔해양법협약 체결과 더불어 영해를 제외하고는 다분히 기능적인 측면에서 이루어지고 있다. 유엔해양법협약을 통해 확립되고 있는 해양관할수역은 크게 영해, 접속수역, EEZ와 대륙붕 등으로 나눠지고 있으며, 특히 배타적 경제수역은 국가관할수역과 공해의 이중적 지위를 함께 가지고 있는 특수한 수역으로 인정되고 있다. 이러한 수역에 대해서는 각각 주권(sovereignty), 주권적 권리(sovereign right) 및 관할권(jurisdiction)이라는 보다 구체화된 개념의 권리를 행사할 수 있다. 따라서 육지경계에 따라 획정된 영토와 영토 내에서 행사할 수 있는 주권이라는 개념을 해양에 적용해 보면 '영해'에서 누리는 권리의 개념과 가장 유사할 뿐이며, 나머지 해양관할수역의 경우는 한 국가의 육지영토에서 행사하는 주권과는 다르며, 수역의 특성에 맞는 기능적 관할권을 행사하는 것으로 이해된다. 즉 접속수역에서는 재정, 위생, 출입국, 관세의 기능에 맞춰, EEZ에서는 주로 어업 및 해양생물자원 개발, 대륙붕은 주로 해양광물자원 개발 등을 위해 연안국은 주권적 권리 또는 관할권을 행사할 수 있다. 이러한 기능적 측면은 연안국과 국제사회 이해관계의 산물로 국가의 존립과 영토의 불가분성에 기반한 육지경계에 비해 보다 유연하고 가변적이다. 이러한 유연성과 가변성은 지금의 해양경계도 언젠가는 변화할 수 있음을 내포하고 있다. 예를 들어, 해양과학기술의 발달로 인해 심해저 자원을 국가가 독자적으로 개발할 수 있는 가능성이 높아져 연안국의 독자적 개발 요구가 커지고, 이러한 요구가 국가간 컨센서스로 이어진다면, 현재의 심해저 수역에 대한 법적 지위가 변화할 가능성도 배제할 수 없다. 또한 해수면 상승 이전의 해양관할수역과 해수면 상승으로 이후의 해양관할수역을 함께 고려할 경우 변화된 수역을 둘러싸고 발생할 수 있는 국가간 갈등을 해결하기 위한 방안으로 새로운 성격의 해양관할수역을 도입하는 것도 현실적으로 불가능한 일만은 아닐 것이다.[6]

---

6 해수면 상승 이전의 해양관할수역과 해수면 상승으로 이후의 해양관할수역 간 변화된 수역에 대해 새로운 성격의 해양관할수역을 도입하는 방안에 대해서는 다음 제6장 제2절에서 별도로 논의한다.

한편 Victor Prescott 교수는 1945~1995년까지의 국제재판 사례를 분석하면서 육지 및 해양경계 분쟁과 관련하여 다음의 세 가지 이유로 해양경계 분쟁이 육지경계 분쟁과 차이가 난다고 보았다.[7] 첫째, 육지경계의 경우 대부분 이미 획정되어 있는 경계획정의 합법성에 대한 분쟁인 반면, 해양경계의 경우 중첩된 해양수역에서의 미획정 관할수역을 두고 발생하는 분쟁이다. 둘째, 유엔해양법협약의 채택 이후 해양경계와 관련된 국제재판소의 판결은 협약의 미비점을 보완하면서 협약의 관련 조항 해석에 중요한 영향을 미치고 있으며, 해양법의 발전에 크게 기여해 왔다. 셋째, 해양경계 관련 판결의 경우, 판결의 일부를 이루는 반대의견 역시 해양경계원칙에 대한 중요한 이슈들을 내포하고 있으며, 해양법의 발전에 기여하고 있다. 따라서 해양경계는 육지경계에서처럼 절대적이거나 주권과의 불가분성을 위한 경계획정과는 달리 가변적이다. 또한 국가간 합의 또는 국제사회의 컨센서스에 따라 새로운 성격을 갖는 수역을 창출할 수 있는 여지가 크다고 볼 수 있다. 또한 이는 향후 해양경계뿐만 아니라 해양질서를 규율하는 새로운 규범의 창설 가능성 측면에서 중요한 함의를 가진다.

Ⅱ. 국제해양법상 기선제도

1. 기선의 역사

기선(baseline)의 개념은 1839년 영국-프랑스 간 어업협정 체결과 함께 나오기 시작한 것으로,[8] 이 협정은 저조선(low-water line)을 통해 통상기선을 도입한 최초의 협정으로 알려져 있다. 그리고 기선에 대한 국가의 관행을 성문화하기 위한 노력은 1920년대부터 이루어졌다. 1930년 헤이그 성문화회의를 통해 논의가 본격화되었으나, 기선 문제에 대한 규범화에까지 이르지 못했다. 그러나 이러한 노력들은 이후 국제법위원회(ILC)의 규범화 작업으로 이어져 그 당시 기선에 대한 국가의 관행을 검토하고 국제적으로 승인된 관습에 대한 논의를 촉발시켰다.[9]

---

7 Victor Prescott, "Contributions of the United Nations to solving boundary and territorial disputes, 1945~1995", *Political Geography,* Vol. 15, No. 3/4, p.297.

8 Victor Prescott and Clive Schofield, *The Maritime Political Boundaries of the World,* 2nd edition, Martinus Nijhoff Publishers, 2005, p.93.

9 아래의 ILC의 주요 규범화 논의는 Reed, M.W., *Shore and Sea Boundaries: the development of international maritime boundary principles through United States practice*, Vol. 1, US

국제법위원회는 1949년 첫 번째 회기에서 공해와 영해제도를 의제로 상정했다. 공해제도는 1950년부터 본격적인 논의가 시작되었으며, 1956년 특별보고자와 정부의 코멘트를 바탕으로 작성된 6개 보고서를 토대로 하여 2개의 초안이 만들어졌다. 영해제도는 1952년부터 본격적으로 논의가 시작되었으며, 특히 기선과 만(bay)제도 문제를 중점적으로 다뤘다. 1956년 제8차 회기에서 위원회는 그간의 논의를 토대로 만들어진 초안과 이에 대한 각 정부의 검토의견을 바탕으로 영해와 공해제도에 대한 최종보고서를 작성했다. ILC의 최종보고서는 주석(commentary)을 통해 영해경계획정과 관련해 통상기선의 경우 저조선 원칙을 도입했다.[10] ILC는 국가관행상 저조선을 결정하는 통일된 기준은 없다고 보았으며, 대신 연안국에 의해 공식적으로 승인된 대축척에 표시된 '저조선'을 채택하는 것은 허용 가능한 것으로 보았다.[11]

그리고 ILC는 직선기선과 관련해서 1951년 어업관할권 사건에 주목하면서 특수한 연안, 즉 연안의 굴곡이 심하거나 주변에 섬들이 흩어져 있는 경우에는 직선기선 방법을 사용할 수 있다는 지지의사를 표명했다.[12] 섬과 관련해서는 본토와 마찬가지로 영해를 가질 수 있다고 보았으나, 군도의 문제는 기술정보의 부재 등으로 인해 다루지 않았다. 또한 ILC는 영해의 거리와 폭에 대해서는 특별한 제안을 하지는 않았다. 이는 영해의 폭에 대한 국가간 입장이 너무 달라서 하나의 합의된 제안을 만드는 것이 어려웠기 때문이다. 영해의 폭은 이후 1982년 유엔해양법협약에 와서야 명문화되었다. 이러한 ILC의 규범화 노력은 1958년 제1차 유엔해양법회의와 1982년 제3차 유엔해양법회의를 거치면서 1958년 영해 및 접속수역에 관한 협약과 1982년 유엔해양법협약으로 명문화되었다. 이러한 협약을 통해 직선기선을 포함한 기선제도가 명문화되어 국가의 관행으로 축적되고 있다.

2. 기선제도의 의의

연안선은 바다와 육지의 경계를 짓는 구분선이다. 그리고 바다를 향해 연안

Government Printing Office, 1962, pp.203~208.

10 Report of the International Law Commission on the Work of its Eighth Session, 23. 4 July 1956, Official Records of the General Assembly, Eleventh Session, Supplement No. 9(A/3159), *A/CN.4/104*, p.267.

11 *Ibid.*, p.267.

12 *Ibid.*, pp.267~268.

국이 주권 및 관할권을 행사할 수 있는 출발점이 된다. 국제사법재판소(ICJ)는 리비아-몰타 대륙붕 사건(1985)에서 "권리 측면에서 연안국과 내륙국을 구분하는 것은 육지 자체가 아니라 해안선의 존재 유무이다. 국가의 영토주권과 인접 해양으로 권리를 확장하는 법적 근거는 해안선에 따라 성립된다"고 하여 연안의 중요성을 강조하고 있다.[13] 그리고 이러한 연안선의 중요성이 반영된 것이 기선이다.

국제법협회(ILA)가 언급한 기선의 기능을 살펴보면 다음과 같다.[14] 첫째, 기선은 육지(내수 포함)와 영해를 구분한다. 이러한 구분을 통해 연안국은 내수와 영해에 서로 다른 성격의 법률을 적용할 수 있다. 내수는 원칙적으로 통항이 불가능하나, 영해에서는 외국적 선박의 통항과 관련해서 무해통항권이 인정된다. 둘째, 연안국의 영해, 접속수역, 배타적 경제수역 및 대륙붕의 외측한계가 기선으로부터 측정되며, 기선을 통해 경계가 확정된다. 셋째, 기선은 종종 인접국간 관할권 중첩수역에 대한 권원(title)을 결정하는 출발점이 된다. 기선을 설정하고 유지하는 것은 연안국의 특권이자, 일방적인 행위로 일견 이해되지만, 국제사회 이익간의 태생적인 긴장은 존재하고 있다. 예를 들어, ICJ는 어업관할권 사건에서 "해양경계의 획정은 항상 국제적 측면(international aspect)을 가지고 있다. 기선과 외측한계의 획정은 일방적 행위이지만, 타국과의 관계에서 획정행위의 법적 타당성(validity)은 국제법에 의존한다"라고 판시하였다.[15] 이처럼 기선은 국가의 외측한계를 정하는 국가권리의 출발점이자, 해양을 둘러싼 국가간 권리를 배분하는 해양경계 획정의 근간이 된다는 점에서 중요하다.

이러한 기선제도는 유엔해양법협약상 크게 통상기선(normal baseline)과 직선기선(straight baseline)으로 나뉜다. 그리고 이러한 기선제도는 협약당사국의 권리와 의무를 넘어 국제관습법적 지위를 가지고 있다.

---

13 *Case concerning the continental shelf, Libian Arab Jamahiriya v. Malta,* ICJ, 1985, para. 49.

14 ILA, "Baseline Under the International Law of the Sea", Sofia Conference, 2012. 8, pp.4~6.

15 *Fisheries Case, United Kindom V. Norway,* ICJ, 1951, p.132. 원문은 다음과 같다. "The Delimitation of sea areas has always an international aspect; it cannot be dependent merely upon the will of the coastal State as expressed in its municipal law. Althought it is true that the act of delimitation is necessaririly a unilateral act because only the coastal state is competent to undertake it, the validity of the delimitation with regard to other States depends upon international law."

3. 통상기선 제도

(1) 협약[16] 규정

협약 제5조는 통상기선을 "연안국에 의해 공식적으로 승인된 대축척 해도에 표시된 해안선의 저조선"이라고 규정하고 있다.[17] 이는 1958년 영해 및 접속수역에 관한 제네바협약 제3조의 내용과 동일하다. 협약에서는 저조선 선택에 대한 언급이 없기 때문에 저조선의 선택은 전적으로 연안국의 재량과 판단에 달려 있다.[18] 통상기선을 구성하는 저조선은 평균 해수면과 관계된 표고의 기준점인 수준원점(水準原點, vertical datum)의 선택에 달려 있는데, 많은 국가들은 특히 보수적인 수준원점으로 최저천문조위(lowest astronomical tide: LAT) 방식을 사용한다.[19] 최저천문조위는 '평균적인 기상조건과 천문조건 아래에서 발생하는 것으로 예견되어지는 최저조력수준'으로 정의된다.[20] 국제수로기구(International Hydrographic Organization: IHO)는 최저천문조위를 해도의 수심기준면으로 설정하도록 권고하였다.[21] 한편 제5조에서는 통상기선 획정을 위해 사용된 저조선을 나타낸 해도를 유엔 사무총장에게 기탁해야 할 의무에 대해 언급하고 있지는 않다.

(2) 협약의 해석

통상기선과 관련해 주목해야 할 점은 협약의 해석이다. ILA는 2008년 11월 국

16 해양경계와 관련해서는 국제해양법, 특히 유엔해양법협약의 내용과 관련된 논의가 주를 이룬다. 따라서 '유엔해양법협약'이라는 용어를 매번 반복해서 쓰지 않고, 이 글에서는 가급적 '협약'이라는 용어로 축약해서 사용한다. 다만, 타 협정이나 협약과의 구분이 필요한 경우는 '협약' 대신 '유엔해양법협약'이라는 용어를 사용하도록 한다.

17 관련 협약 규정은 'the low-water line along the coast as marked on large-scale charts officially recognized by the coastal state'이다. 'charts'는 항행의 목적으로 제작되는 지도를 말하며, 일반적으로 1:50,000~1:200,000의 축척지도를 사용하도록 권고하고 있다. UN, *Handbook on the Delimitation of Maritime Boundaries,* 2000. 9, p.4.

18 ILA 기선위원회 위원인 George Walker 교수에 따르면 저조선의 개념은 다음과 같다. 첫째, 협약에 따르면 '저조선'(low-water line)과 '저수위표'(low-water marker)는 같은 개념이다. 둘째, 저조선은 해도상에 일반적으로 구별 가능한 형상으로 보여진다. 셋째, 해도에 사용되는 저조선으로 사용된 실제 저조선수위(level)는 해도상 수위(level)로 알려져 있다. ILA, *supra* note 14, p.32.

19 Clive H. Schofield, "Departures from the Coast: Trends in the Application of Territorial Sea Baseline under the Law of the Sea Convention", *International Journal of Marine and Coastal Law* 27, 2012, p.724.

20 "LAT is defined as the lowest tide level which can be predicted to occur under average meteorological conditions and under any combination of astronomical conditions", IHO, Resolutions of the IHO−Repertory of Resolutions, TWLWG4/4/10A, p.4.

21 IHO, Resolution 3/1919, 2011.

제해양법 기선위원회(Committee on Baselines under the International Law of the Sea)를 설립했다. 기선위원회는 첫째, 통상기선과 관련해서 현존하는 법을 살펴보고, 둘째, 기선법의 명확화 또는 발전 필요성에 대해 평가하고, 셋째, 기후변화에 따른 해수면 상승이 소도서국가에 어떠한 영향을 미치는지 등 세 가지 문제를 주로 다루고 있다.[22]

ILA가 내놓은 기선 보고서에 따르면 제5조는 다음과 같이 두 가지로 해석된다.[23] 하나는 통상기선이 연안국에 의해 공식적으로 승인된 해도상에 표시된 저조선(low-water line depicted on the charts officially recognized by the coastal state)으로 보는 해석이다. 이 해석에 따르면 해도상의 저조선은 법적인 통상기선(legal normal baseline)이며, 연안의 변화에 상관없이 해도 그 자체가 기선을 결정짓는 법적 문서이다. 또 다른 해석은 통상기선은 연안국에 의해 공식적으로 승인된 해도상에 표시된 자료에 근거해 연안을 따라 형성된 저조선(low-water line along the coast at the vertical, or tidal, datum depicted on the charts officially recognized by the coastal state)을 일컫는다. 이는 실제 저조선이 법적인 통상기선이며 해도 자체로 통상기선을 결정짓지는 못함을 의미한다. 이러한 점에 비춰 ILA는 협약 제5조의 통상기선을 '해안에 따른 저조선'(실제 저조선)과 '연안국에 의해 공식적으로 승인된 해도에 표시된 저조선'(해도상 저조선) 등 두 가지로 해석되어 왔다고 보았다. 이러한 해석의 차이는 해수면의 상승으로 인한 연안의 변화에 따라 연안국의 통상기선이 변화할 수도 있고, 또한 변화하지 않을 수도 있다는 해석의 차이로 이어질 수 있다. 이러한 해석의 차이는 기선의 변화가 해양경계 변화에 영향을 미치는지에 대한 학자들의 논쟁으로 이어지는 근거를 제공하고 있다. 실제로 ILA는 이러한 해석의 문제가 대체로 학술적인 논쟁으로 인식되고 있지만, 현실에서도 중요한 의의를 가지고 있다고 보았다.[24]

2012년 ILA 보고서는 부속서를 통해 '해도상에 나타나는 구분 가능한 형태'(identifiable feature on nautical charts)를 반영하는 '해도상의 저조선'은 '해안과 저조시 수면의 구분'(intersection of the plane of low water with the shore)을 의미하는 '실제적 저조선'을 명확히 반영하고 있지 않다고 보았다. 그리고 이러한 차이는 첫

---

22 ILA, *supra* note 14, p.1.

23 *Ibid.,* p.3.

24 *Ibid.*.

째, 실제 저조선을 파악하기 어렵고, 둘째, 연안이 지속적·동적으로 변하는 성질을 가지고 있으며, 셋째, 해도상의 주요 목적은 항행의 안전이고, 넷째, 해도를 작성하는 과정에서 발생하는 시차 등에 기인한다고 보고, 이러한 요소들이 서로 결합되어 나타나기 때문에 실제 저조선과 해도상 저조선 사이에 차이가 나게 된다고 설명하고 있다.[25]

4. 직선기선 제도

(1) 역 사

직선기선의 역사는 1951년 '어업관할권 사건'으로 거슬러 올라간다. ICJ는 특별한 지리적 특성으로 인해 직선기선을 채택할 경우 '연안의 물리적 해안선'으로부터 '합리적인 경계' 안에 있어야 하며,[26] 이러한 측면을 고려할 때, 노르웨이가 '1935년 칙령'(Decree)을 근거로 직선기선을 통해 어업수역의 경계를 획정한 것은 국제법에 반하지 않는다고 판시했다.[27] 추가적으로 ICJ는 연안국이 해양수역경계를 획정하는 행위가 국제법에 기반을 두지 않는 일방적인 행위여서는 안되며, 직선기선을 사용하는 데 있어서는 그 정당성을 평가할 수 있는 기본적인 고려사항이 필요하다고 보았다. 이처럼 ICJ는 일정한 상황과 조건하에서 국제법 원칙에 근거해 연안국가가 채택할 수 있는 경계획정 방법으로서의 직선기선을 인정하였다. 한편, 협약의 조항으로 직선기선이 처음 채택된 것은 1958년 개최된 제1차 유엔해양법회의였다. 그러나 제1차 회의에서는 직선기선의 최대 길이에 대해 참여국가 사이에 의견이 엇갈렸다.[28]

(2) 조문의 해석

직선기선은 1958년 '영해 및 접속수역에 관한 협약' 제4조를 통해 반영되었다.

---

25 *Ibid.*, p.32.

26 *Fisheries Case, United Kingdom v. Norway,* Judgement, ICJ, 1951. 11. 원문은 다음과 같다. "Such a coast, viewed as a whole, calls for the application of a different method; that is, the method of base-lines which, within reasonable limits, may depart from the physical line of the coast."

27 *Ibid.,* p.132. "Thus the Court, confining itself for the moment to the Conclusions of the United Kingdom, finds that the Norwegian Government in fixing the base-lines for the delimitation of the Norwegian fisheries zone by the 1935 Decree has not violated international law."

28 ILA, "Baseline Under the International Law of the Sea", Washington Conference, 2014, p.5. 영국이 제안한 최대 15마일의 길이에 대한 의견은 찬반투표 결과, 2/3의 찬성을 얻지 못해 반영되지 못했다.

통상기선이 연안의 자연적 형태에 따라 형성되는 데 반해, 협약 제4조에서는 직선기선은 연안의 굴곡이 심하고 잘려 들어간 지역,[29] 연안과 가까운 지역 주변에 섬들이 흩어져 있는 경우에 선택할 수 있는 방안으로 연안의 자연적 형태와는 상대적으로 무관하다. 이는 1982년 유엔해양법협약 제7조에 그대로 반영되었다.[30] [31] 그러나 조항의 적용과 관련해 국가의 관행은 일정하지 않다. 실제로 마다가스카르, 노르웨이(Jan Mayen 연안), 스페인, 알바니아, 콜롬비아, 코스타리카, 이집트, 기니, 이란, 오만, 파키스탄, 세네갈 등은 일반적으로 굴곡이 없는 평범한 연안을 대상으로 직선기선을 채용하고 있다.[32]

삼각주 등의 자연적 조건 등으로 연안선이 매우 불안정한 경우에도 직선기선을 그을 수 있는데, 이 경우 저조선의 후퇴에도 불구하고 직선기선은 연안국이 변경하기 전까지 계속 효력을 유지해야 한다.[33] 또한 직선기선을 그은 경우에도 연안의 일반적 방향에 현저하게 벗어나서는 안되며, 직선기선 내 해역은 육지와 충분히 밀접하게 연결되어 있어야 한다.[34] 또한 직선기선은 등대 또는 유사한 설치물이 영구적으로 수면 위에 설치되어 있는 경우를 제외하고는 간출지로부터 직선기선을 그을 수 없다. 이 경우에도 일반적인 국제승인을 받은 경우는 가능하다.[35] 그리고

---

29 Prescott와 Schofield는 '연안의 굴곡이 심하다는 의미'는 수평적인 개념이고, '잘려 들어간'(cut into)의 의미는 수직적인 의미로 보았다. ILA, *supra* note 14, para. 49.

30 협약 제7조 제1항: "In localities where the coastline is deeply indented and cut into, or if there is a fringe of islands along the coast in its immediate vicinity, the method of straight baselines joining appropriate points may be employed in drawing the baseline from which the breadth of the territorial sea is measured."

31 1958년 영해 및 접속수역에 관한 협약과 1982년 유엔해양법협약상 직선기선 제도의 비교는 [부록 1] 참조.

32 ILA, *supra* note 14, para. 32.

33 협약 제7조 제2항: "Where because of the presence of a delta and other natural conditions the coastline is highly unstable, the appropriate points may be selected along the furthest seaward extent of the low-water line and, notwithstanding subsequent regression of the low-water line, the straight baselines shall remain effective until changed by the coastal State in accordance with this Convention."

34 협약 제7조 제3항: "The drawing of straight baselines must not depart to any appreciable extent from the general direction of the coast, and the sea areas lying within the lines must be sufficiently closely linked to the land domain to be subject to the regime of internal waters."

35 협약 제7조 제4항: "Straight baselines shall not be drawn to and from low-tide elevations, unless lighthouses or similar installations which are permanently above sea level have been built on them or except in instances where the drawing of baselines to and from such elevations has received general international recognition."

강이 바다로 직접 흘러들어가는 경우, 기선은 강둑의 저조선상의 기점을 연결하여 설정할 수 있으며,[36] 만의 경우 자연적 입구 양쪽의 거리가 24해리를 넘지 않는 한 직선기선을 그을 수 있다. 그리고 연안국은 직선기선을 다른 나라의 영해를 공해 또는 배타적 경제수역으로부터 단절시키기 위한 방법으로 사용할 수 없다.[37]

판례에 따르면 직선기선은 통상기선에 대한 예외로서 협약상의 조건들이 충족되어야 적용될 수 있으며, 이 또한 엄격하게 적용되어야 한다.[38] 한편 협약 제16조에서는 통상기선과 달리 직선기선에 대해서는 대외에 적절히 공표해야 하며, 유엔 사무총장에게 해도를 기탁하도록 규정하고 있다.[39] 이 경우 관련 국내법령이나 협정의 존재만으로 유엔 사무총장에 대한 기탁의 의무를 충족하는 것으로 볼 수 없다.[40] 2016년 6월 기준으로 유엔 사무총장에게 해도를 기탁한 국가는 총 71개국으로 전체 협약당사국인 168개국의 약 43%를 차지하고 있다.[41] 그리고 75개국 이상이 해양경계의 방법으로 직선기선을 채택하고 있다.[42]

5. 판례의 입장

기점과 기선의 선택과 획정은 일응 국가의 재량이자 권리에 해당하지만, 유엔 해양법협약 관련 조항과 국제기준에 따라 엄격하게 선택·획정되어야 하며, 유엔해양법협약과 국제관습법에 부합하여야 한다. 특히 직선기선은 통상기선의 예외로 인정되며, 원칙상 협약이 인정하는 특수한 상황, 즉 해안선의 굴곡이 심하거나 주

36 협약 제9조: "If a river flows directly into the sea, the baseline shall be a straight line across the mouth of the river between points on the low-water line of its bank."

37 협약 제7조 제6항: "The system of straight baselines may not be applied by a State in such a manner as to cut off the territorial sea of another State from the high seas or an exclusive economic zone."

38 *Case Concerning Maritime Delimitation and Territorial Questions between Qatar and Bahrain*, ICJ, 2001, para. 212. 판결 원문은 다음과 같다. "The method of straight baselines, which is an exception to the normal rules for the determination of baseline, may only be applied if a number of conditions are met. This method must be applied restrictively."

39 해도 기탁과 관련해 협약 제47조 제9항은 군도국가에 대해, 제75조 제2항과 제84조 제2항은 연안국이 배타적 경제수역과 대륙붕경계 획정시 관련 정보를 대외에 공표하고 해도를 유엔사무총장에 기탁하도록 규정하고 있다.

40 Victor Prescott and Clive Schofield, *supra* note 8, pp.98~99.

41 기탁국과 협약당사국 수는 유엔해양법협약 홈페이지. http://www.un.org/Depts/los/index.htm (2017. 8. 23. 검색).

42 ILA, *supra* note 14, para. 31.

변 섬들이 많은 경우 등과 같은 상황에서만 인정될 수 있다.

이러한 내용은 ICJ 판례에서도 일관되게 확인된다. 카타르-바레인 간 해양경계획정 사건에서 ICJ는 직선기선은 기선을 결정하는 일반원칙의 예외로서 조건들이 충족될 때만 적용될 수 있다고 전제한 후, 이러한 직선기선의 방법은 제한적으로만 적용되어야 하는 것으로 보았다.[43] 니카라과와 온두라스의 해양경계획정 사건에서 ICJ는 경계선 획정을 위해서는 기점에 대한 면밀한 검토가 필요한데, 현재 사건에서의 상황으로 재판소가 기점과 잠정적 등거리선을 결정하는 것이 불가능하다. 그리고 등거리선의 기점을 정한다 하더라도 분쟁도서가 존재하는 등의 이유로 관련 연안이 불안정할 경우 이러한 기점은 짧은 시간 내에 불확실하게 된다고 보았다.[44] 또한 수면 아래 잠긴 산호초, 본토로부터 멀리 떨어져 있는 섬, 영유권 분쟁 중인 섬 등은 기점으로 인정할 수 없다고 판시하고 있다.[45] 그리고 아주 작은 섬도 해안선과의 적절한 거리를 유지하고 있으면 이를 기점으로 인정한 사례[46]가 있음을 고려한다면 섬의 크기는 자체로 고려사항이 될 수도 있고, 다른 요인(해안선과의 거리, 주민 거주 등)과 함께 고려되어 판단되기도 한다.

한편 해수면 상승을 주요 쟁점으로 다루고 있는 해양경계 관련 판례를 찾아보기는 어렵다. 그럼에도 불구하고 국제재판소의 관련 판례들은 해수면 상승으로 인해 기점 또는 기선이 변화한다면 해양경계획정이 어렵거나 국가간 갈등이 생길 수 있으며, 분쟁해결을 위해 국제소송으로 이어질 가능성이 높음을 보여 준다.[47] 특히 국제재판에서 해양경계 획정시 고려되고 있는 '관련 사정'은 정해진 것이 아니라 개별 사안에 따라 다르게 고려될 수 있는 특수상황적 요소를 포함한다. 따라서 해수면 상승으로 야기될 수 있는 여러 상황들은 국가간 해양경계획정이 다툼이 될 경우, 관련 사정의 범주 내에서 판단될 수 있는 여지가 크다.

---

43 *Case Concerning Maritime Delimitation and Territorial Questions between Qatar and Bahrain,* ICJ, 2001, para. 212.

44 *Territorial and Maritime Dispute Between Nicaragua and Honduras in the Caribbean Sea,* Judgement, ICJ, 2007, para. 280.

45 UN, *supra* note 17, para. 159.

46 *Award of the arbitral Tribunal in the Second Stage of the Proceedings (Maritime Delimitation) between Eritrea and Yemen,* 1999, para. 150.

47 Ann Powers, "Sea-level Rise and its Impact on Vulnerable States;Four Examples", *Coastal Land Loss in the Gulf Coast and Beyond; A Symposium,* Vol. 73, 2012, p.163.

제2절 해수면 상승과 섬

Ⅰ. 해양경계에서의 섬의 효과

해수면 상승이 해양경계획정에 미치는 영향에 대해 본격적으로 논의하기 이전에 일반적 논의로써 해양경계에 있어 섬이 미치는 효과에 대해 살펴보고자 한다. 섬이 해양경계획정에 미치는 효과에 대해서 ICJ는 형평한 결과(equitable result)를 얻기 위해 '완전한 효과'(full-effect), '부분적 효과'(partial effect)를 가지거나 해양경계 획정에서 '완전히 배제되는 경우' 등 사례별로 다양하게 판단해 왔다.[48] 섬의 효과와 관련해서는 섬이 일반적으로 매우 크거나 섬이 본토에 근접해 있을 때, 해양경계획정에 있어서 기점으로서 완전한 효과를 인정하는 것이 일반적이다.[49] 그러나 판례는 해양경계획정에 있어 기점으로 인정되는 섬에 완전한 효과를 부여할 경우 불균등적(disproportion) 또는 비형평적(inequity) 결과를 가져오게 될 때 섬에 부분적 효과를 부여하는 방법을 채택해 왔다. 예를 들어, 1977년 영-불 중재재판에서는 해양경계획정에 있어 영해 밖에 위치한 섬에 부분적 효과를 부여하는 것이 국가실행에서 나타나고 있다고 전제한 후, Scilly Isles에 기점으로서 완전한 효과를 부여함으로써 야기될 수 있는 불균등하고 비형평적인 결과를 완화시키기 위한 대안으로 '절반의 효과'(half effect)를 인정하였다.[50]

또한 섬이 연안의 일부분으로 간주될 경우, 특히 연안과 가까운 지역 주변에 섬들이 흩어져 있는 경우, 기점으로 사용할 수 있다. 관련 판례를 살펴보면 2009년 루마니아-우크라이나 사건에서는 세르펜트 아일랜드(Serpent's Island)를 통해 잠정적 등거리선을 획정하는데 있어서 ICJ는 특히 일련의 흩어진 섬들로 이루어진 연안

48 UN, *supra* note 17, pp.33~35.

49 해양경계에 있어 섬을 고려하는 국가의 관행을 보면 한국을 비롯해 일본, 중국, 태국, 쿠바, 포르투갈, 멕시코, 이탈리아, 에콰도르, 지부티 등 대부분 국가들이 특별한 규정을 두지 않고 있다(ILA, *supra* note 14, para. 33). 다만, 예외적으로 미국은 유엔해양법협약 제121조 제1항의 섬의 조건을 충족한다는 전제하에 다음과 같이 세 가지 조건이 충족되어야 한다고 규정하고 있다. 첫째, 각 섬에서 육지와 가장 가까운 지점이 육지의 연안선으로부터 24마일을 벗어나서는 안된다. 둘째, 직선기선의 기점인 각 섬 사이 거리는 24마일을 넘어서는 안된다. 셋째, 섬들 전체는 어떠한 지방에서든(in any given locality) 적어도 본토 연안의 50%를 커버해야 한다(Roach and Smith, *Excessive Maritime Claims*, 2012, p.83).

50 *Delimitation of the Continental Shelf, United Kingdom v. France*, Arbitration, 1977, para. 251, p.117.

의 경우에는 연안의 섬들이 연안의 일부를 이루어야 하는데, 세르펜트 아일랜드는 본토에서 20해리 떨어져 있기 때문에 우크라이나의 연안을 구성하는 일련의 흩어진 섬의 하나로 볼 수 없다고 판시했다.[51] 즉 세르펜트 아일랜드는 우크라이나의 연안 지형의 일부를 형성하는 것으로 간주될 수 없고, 양국간 잠정적 등거리선 획정을 위한 고려사항으로 인정하기에 부적합(inappropriate)하다고 보았다.[52] 또한 에리트리아-예멘 중재사건의 경우 Dahlak섬은 일반적인 연안의 형태와 통합적인 부분을 형성하므로 기점으로 삼았지만, Al-Tayr와 여러 개의 섬으로 구성된 Al-Zubayr의 경우 예멘 본토의 일부를 구성하지 않는다는 이유로 기점으로 인정되지 않았다.[53] 그러나 이처럼 섬들이 흩어져 있는 경우와 관련해서 유엔해양법협약에서는 섬이 흩어져 있는 분포에 있어 그 숫자가 얼마가 되어야 하는지, 그리고 얼마나 가까워야 하는지에 대해서 언급하고 있지 않다. 학자들의 해석도 다르게 나타나고 있다. Tanaka 교수는 섬의 분포에 대해 객관적인 기준을 제시하기 어려우며, 연안과의 거리는 주관적으로 평가될 수 있다고 보았다.[54] Reisman과 Westerman은 이 기준과 관련해 세 가지 중첩적인 테스트 방법을 제시했으며, 세 요건들이 모두 만족되어야 한다고 밝혔다.[55] 첫째는 많은 수의 섬들이 공간적으로 서로 관련성이 있게 분포되어야 하며, 둘째, 공간적 테스트로 섬이 연안을 따라 분포되어 있어야 하며, 셋째, 근접성 테스트로 섬이 연안에 근접해 있어야 한다고 보았다.

한편 아주 작은 지형물(tiny land features)에 대한 국제판례의 경향은 첫째, 해양경계획정에 있어 아무런 효과를 부여하지 않거나, 부분적 효과만을 부여하거나, 둘째, 기점으로 사용하지 않거나,[56] 셋째, 고립화(enclave)의 방식으로 해양경계를 획정하

---

51 *Maritime Delimitation in the Black Sea, Romania v. Ukraine,* ICJ, 2009, para.149.

52 *Ibid.*

53 *Award of the arbitral Tribunal in the Second Stage of the Proceedings (Maritime Delimitation) between Eritrea and Yemen,* 1999, para. 139, pp.146~151.

54 Tanaka Yoshifumi, *The International Law of the Sea*, 1st edition, Cambridge University Press, 2012, p.49.

55 Reiseman and Westerman, *Straight Baseline in International Maritime Boundary Delimitation,* 1992, pp.82~83.

56 아주 작은 지형물이라도 반드시 기점으로 사용하지 않는다는 의미는 아니다. 지형물의 크기가 기점으로서의 사용 여부를 결정한다기보다, 지형물이 작을수록 큰 지형물과 비교하여 기점 또는 해양경계 고려요소로서 인정될 가능성이 상대적으로 낮다는 것을 의미하는 것으로 봄이 타당하다. 이와 관련해서 2001년 카타르-바레인 해양경계 사건에서는 실제적인 주권행사가 가능할 경우, 섬의 크기에 상관없이(섬이 아주 작다 하더라도) 해양경계획정 기점을 삼을 수 있으며, 다른 국가는 섬에 대해 우선적인 권리를 가질 수 없다고 보았다. 그리고 이를 근거로

〈표 3-1〉 해양경계획정에 있어 기점으로서의 섬의 효과

사례	연도	관련 섬	연안에서의 거리	크기	인구	효과
영-불 중재재판	1977	Channel Island	프랑스-12마일, 영국- 87마일	130,000㎢	약 15만명	없음
		Isles of Scilly	영국-21마일	16㎢	약 2,000명	half effect
튀니지-리비아	1982	Kerkennah Islands	튀니지-11마일	180㎢	1만 4,000명	half effect
리비아-몰타	1984	Filfia	몰타-5km	0.06㎢	무인도서	없음
		Malta	리비아-340km	314㎢	약 40만명	부분적 효과 (75%)
메인만 사례	1984	Islets in the inner Gulf	연안 12마일	-	무인	없음
		Seal Island	Nova Scotia-16마일	-	유인도서	half effect
캐나다-프랑스 중재재판	1985	St.Pierre and Miquelon	뉴펀드랜드 연안 12마일	242㎢	약 7,000명	부분적 효과
덴마크-노르웨이	1993	Jan Mayen	그린란드-500km, 아이슬란드-600km	377㎢	무인도서 (18명의 정부 관계자 주둔)	부분적 효과
에리트리아-예멘	1999	Dahlak archipelago	연안 인근	큰섬-2개, 작은 섬-124개	유인도서	완전 효과
		Hanish Island	예멘-16마일, 에리트리아-22마일	120㎢	무인도서	영해-완전효과, EEZ-효과 없음
		Al-Tayr	-	1㎢ 미만	무인	효과 없음
		Zubayr Group	-		무인	효과 없음
카타르-바레인	2001	Hawar Islands	카타르-1.4km	50.6㎢	약 4,000명	영해-완전효과, EEZ-효과 없음
		Qit'at Jaradah	-	-	무인	부분적 효과
		Fasht al Jarim	연안 12마일	1㎢ 이내	무인	효과 없음
루마니아-우크라이나	2009	Serpent's Island	루마니아-19마일	0.135㎢	무인 (정부관계자 주둔)	영해-완전효과, EEZ-효과 없음

출처: Clive Howard Schofield, *The Trouble with Islands*, University of British Columbia, 2009. 8, p.195.

Qit'at Jaradah가 잠정적 등거리선 획정을 위한 기점이 될 수 있다고 판시했다(*Case Concerning Maritime Delimitation and Territorial Questions between Qatar and Bahrain,* ICJ, 2001, para. 185, pp.197~198).

거나, 넷째, 기껏해야 제121조 제3항에 해당하는 암석으로 보아 EEZ나 대륙붕을 가지지 않는 것으로 보고 있다.[57] 이러한 판례의 경향은 국가간 해양경계획정에 있어서 지형물의 물리적 성격에 기반을 두되, 이러한 물리적 성격을 상황에 따라 판단함에 있어 지리학자 또는 재판관과 같은 인간의 판단이 중요함을 보여주고 있다.[58] 왜냐하면 국가간 해양경계를 획정하는 데 있어 고려해야 할 아주 작은 지형물을 물리적 성격 자체만 볼 경우, 불비례적이며 비형평적 결과를 야기할 가능성이 높기 때문이다.

결론적으로 해양경계에서 섬의 효과와 관련해 판례를 통해 나타난 경향은 국가간 해양경계획정에 있어 기점으로서의 섬에 효과를 부여하기 위해서 우선 사례별로 고려해야 할 특별한 고려사항을 고려하고 그러한 효과 부여가 불균등적, 비형평적 결과를 야기하지 않도록 섬에 효과를 부여해 왔다고 볼 수 있다.

Ⅱ. 해수면 상승이 섬에 미치는 영향

섬을 둘러싼 국가간 갈등과 분쟁은 오랫동안 국제사회질서를 위협하는 주요 요인이 되어 왔다. 그리고 기후변화는 두 가지 방향으로 섬과 관련해 새로운 갈등을 유발시킬 것으로 예상된다.[59] 하나는 해수면 상승으로 인해 기점 섬이 없어지거나 또는 해양경계획정에서 고려되었던 섬이 암석이나 간출지로 변화거나 수몰됨으로써 국가간 해양경계에 영향을 미치는 경우이다. 이는 앞서 살펴본 해수면 상승과 섬의 법적 지위 변화 논의와 관련이 있다. 다른 하나는 해수면 상승으로 인해 기존의 본토였던 육지가 나눠지면서 본토 인근에 새로운 섬이 등장하거나 북극해 지역에서의 해빙으로 인해 새로운 섬이 등장하는 경우이다. 이렇게 새롭게 등장하는 섬의 경우 국가간 해양경계에 직·간접적인 영향을 가져올 수 있다.[60]

---

57 Paul von Muehlendahl, "Tiny Land Features in Recent Maritime Delimitation Case Law", *The International Journal of Marine and Coastal Law* 31, 2016, pp.17~28.

58 *Ibid.*, pp.28~31.

59 한편 지구온난화로 인한 해수면 상승이 국가간 분쟁대상 소규모 섬들을 가라앉게 함으로써 분쟁의 여지를 줄이는 긍정적인 역할도 할 수 있다는 논의도 있다. Wilson VornDick, "Thanks Climate Change: Sea-Level Rise Could end South China Sea Spat", *The Diplomat,* 2012. 11. 8.

60 기존까지의 섬의 탄생은 주로 화산활동에 기인하였다. 최근 태평양 인근 일본 영해내 해저 화산활동으로 생겨난 새로운 섬으로 인해 일본 정부는 영해가 남동쪽으로 500미터 가량 확장될 것이라고 반색을 표시했다. 서울파이낸스신문, "태평양 일본 영해에 새로운 섬 생겨, 일 정부

이 가운데 우선 기점 또는 해양경계 획정시 고려되는 섬의 법적 지위에 해수면 상승이 어떠한 영향을 미칠 것인지에 대해서 섬의 소멸, 섬이 암석 또는 간출지로 변하는 경우로 나누어 살펴보도록 한다.

1. 섬이 완전히 수몰되는 경우

이 경우는 섬이 수몰되어 수면 아래로 완전히 잠기는 경우이다. 이 경우 협약 제121조의 섬 또는 암석, 그리고 제13조와 제7조에서의 간조노출지로서 법적 지위를 누릴 수 없다. 따라서 기점으로서의 역할뿐만 아니라 영해를 비롯한 어떠한 해양관할수역도 가질 수 없다.[61]

2. 섬이 암석으로 되는 경우

이 경우는 섬이 암석으로 변하는 경우이며, 이는 제121조 제3항의 적용 문제이다. 협약 제121조의 규정을 살펴보면 섬은 자연적으로 형성된 육지로서 만조시에도 수면 위에 나와 있는 것을 말한다.[62] 이러한 섬은 영해와 접속수역, 배타적 경제수역, 대륙붕을 가질 수 있으나, 인간의 거주와 경제적 생활을 지속할 수 없는 암석의 경우는 배타적 경제수역과 대륙붕을 가질 수 없다. 이러한 섬 조항인 제121조, 특히 제3항에 대해서는 해석에 여전히 논란이 있다. 제121조 제3항을 살펴보면 인간이 거주할 수 없거나 독자적인 경제활동을 유지할 수 없는 암석은 EEZ나 대륙붕을 가질 수 없다. 이는 처음엔 본토로부터 멀리 떨어진 섬에 대해 독자적인 대륙붕 및 배타적 경제수역 설정을 위해서 제안된 것이지만, 최종적으로 '암석'에 대한 규정으로 채택되었다고 알려져 있다.[63] 그러나 학자들의 견해나 국가들의 관행으로도 제121조 제3항의 해석은 다양하게 이뤄지고 있으며, 이러한 경향은 학자들의 이견이나 국가의 독자적인 실행으로 나타나고 있다. 일례로 Churchill 교수는 이를

화색"(http://www.seoulfn.com/news/articleView.html?idxno=180233<2017. 7. 10. 검색>).

61 다만, 협약 제76조 제8항에 근거해 대륙붕이 200해리 이원으로 확장되는 경우, 대륙붕한계위원회의 권고를 기초로 연안국이 확정한 대륙붕의 한계는 최종적이며 구속력을 가지고, 이 제76조 제9항에 근거해 대륙붕의 외측한계는 항구적인 효과를 갖게 된다. 이 경우 섬의 소멸을 통해 섬이 대륙붕을 가질 수 없게 되는 것과는 별개로 연안국은 여전히 대륙붕을 확보하고 있으므로, 섬의 하부수역 역시 연안국의 대륙붕으로 인정될 수 있을 것이다.

62 협약 제121조 제1항.

63 山本草二, 전게서, 432쪽.

'형편없이 제정된'(poorly drafted) 조항으로 평하기도 했지만,[64] Jan Mayen섬 대륙붕 조정위원회는 이 조항을 '국제법의 현재 지위를 반영한' 조항으로 평가하기도 했다.[65] 문제는 협약이 체결된 지 30여년이 훨씬 지난 지금까지도 이 조항에 대한 대립적 해석을 잠재울 수 있는 공식해석이 나오고 있지 않다는 점이다. 관련 해석과 관행에 대해 살펴보면 다음과 같다.

첫째, 인간의 정주 또는 독립된 경제활동이 무엇을 의미하는지에 대한 해석의 차이가 주요 쟁점이다. 여기에서 말하는 인간의 거주라는 조건이 현실적인 거주가 아닌 거주 가능성을 의미한다든지, 등대와 같은 시설들을 설치하여 운영하는 경우 이를 경제생활이라 이해할 수 있는지 등[66] 상황에 따른 주관적 해석의 여지가 크다. 특히 과학기술의 발달로 원래 인간의 정주 및 독립된 경제활동이 불가능했던 암석의 경우도 점차 인간의 정주 및 독립된 경제활동이 가능해지고 있다는 점에서 조항에 대한 해석이 어려워지고 있다.

둘째, 국제판례에서도 제121조 제3항의 해석에 대해선 일관된 견해를 보이지 않고 있다. 캐나다－프랑스 해양경계 중재재판에서 다수의 재판관들이 이를 국제관습법으로 보았으며, St. Pierre and Miquelon의 섬에 대해 연안선이 짧고 섬이 가지는 정치적 지위 때문에 200해리까지 대륙붕 경계를 획정할 수 없다는 캐나다의 주장을 배척했다.[67] 반면 영국은 협약 제121조 제3항을 해석하면서 국가실행이 축적되지 않았으며, 특히 본질적으로 규범창설적(norm-creating) 성격을 갖고 있지 않는다는 이유로 국제관습법화되지 않았다고 보았다.[68] 한편 1993년 덴마크－노르웨이 해양경계 사건에서 덴마크는 Jan Mayen섬의 크기가 작아 협약 제121조 제3항의 인간정주 및 독립적 경제활동을 할 수 없다고 보았다. 그러나 이러한 주장은 Jan Mayen섬이 대륙붕이나 어업수역을 획정할 수 있는 권능(entitlement)이 없다고 주장하기 위한 것이라기보다는 섬과 본토 사이의 해양경계획정을 체결하는데 있어 Jan Mayen섬이 완전한 효과를 가지는지, 부분적 효과를 가지는지에 맞춰져 있어 해

64 R.R. Churchill and A.V. Lowe, *The Law of the Sea*, 3rd edition, Manchester University Press, p.50.
65 *Ibid,* p.151.
66 이석용, 『유엔해양법협약 해설서 I』, (사)해양법포럼, 2009, 89쪽.
67 Martin Dixon, *Textbook on International Law,* 6th ed., Oxford University Press, 2007, p.234
68 R.R. Churchill, "Claims to Maritime Zones in the Arctic-Law of the Sea Normality or Polar Peculiarity?", in *The Law of the Sea and Polar Maritime Delimitation and Jurisdiction*, Martinus Nijhoff Publishers, 2001, p.164.

양경계를 가질 수 있다는 점을 부인하지는 않았다.[69] 이처럼 제121조 제3항의 요건의 해석에 대해서는 국가의 관행과 국제재판소 판례가 일관되게 축적되고 있다고 보기는 어렵다.[70]

셋째, 국가실행적인 측면에서 많은 국가들이 협약 제121조 제3항의 요건에 충족되지 않는 경우에도 암석을 대상으로 배타적 경제수역이나 대륙붕을 설정하고 있다. 베네수엘라(Aves island), 일본(오키노도리시마), 중국, 필리핀, 베트남, 말레이시아(남중국해 암초) 등이 대표적인 사례이다. 특히 중국은 남중국해의 암초를 대상으로 연구시설, 군사시설, 관광시설, 활주로 등을 건설하여 인위적으로 제121조 제3항의 요건을 충족하여 배타적 경제수역과 대륙붕 경계획정을 합리화하려고 시도하고 있어 주변국과의 갈등 및 분쟁의 소지를 제공하고 있다.[71]

이렇듯 관련 규정에 대한 이견에도 불구하고, 협약을 문언적으로만 살펴보면, 원래 배타적 경제수역과 대륙붕을 가질 수 있는 섬의 경우, 협약 제121조 제3항을 근거로 하여 암초로 법적 지위가 변화하는 경우 원래 인정되었던 배타적 경제수역과 대륙붕이 인정받지 못하게 됨으로써 그만큼 해양관할수역의 소실을 가져오게 됨은 자명하다. 일례로 영국은 소규모 섬인 'Rockall'을 200해리 어업수역을 획정하는 기점으로 삼았지만 덴마크, 아이슬란드, 아일랜드의 항의를 받았으며, 이후 유엔해양법협약 제121조 제3항의 암초임을 선언함으로써 어업수역으로서의 기점으로 유효하지 않음을 공언하였다.[72] 그러나 'Rockall'을 200해리 어업수역의 기점으로 삼지 못함으로써 영국이 약 6만 평방마일의 어업수역을 확보하지 못하는 결과를 초래했다.[73]

3. 섬이 간출지로 되는 경우

해수면 상승이 섬에 미치는 영향과 관련해 고려할 수 있는 세 번째 경우는 섬

---

69 *Case concerning Maritime Delimitation in the Area Between Grenland and Jan Mayen, Denmark vs. Norway,* ICJ, 1993, para. 80, p.73.

70 Martin Dixon, *supra* note 67, p.234.

71 Natalia Prisekina & Roman Dremliuga, "United Nation Convention on the Law of the Sea: Inevitable Way toward Revision to Overcome South China Sea Dispute", *Asian Social Science,* Vol. 11, No. 18, 2015, p.275.

72 Clive Howard Schofield, *The Trouble with Islands*, University of British Columbia, 2009. 8, pp.95~96.

73 *Ibid.,* p.96.

이 간출지(low-tide elevations)로 변하는 경우이다. 간출지로서 섬의 법적 지위 변화는 협약 제121조가 적용되지 않고 제13조가 적용됨을 의미한다. 제13조를 살펴보면 간출지는 썰물일 때에는 물로 둘러싸여 물 위에 노출되나 밀물일 때에는 물에 잠기는 자연적으로 형성된 육지지역을 말한다. 간출지의 전부 또는 일부가 본토나 섬으로부터 영해의 폭을 넘지 아니하는 거리에 위치하는 경우, 그 간출지의 저조선을 영해기선으로 사용할 수 있다.[74] 그리고 간출지 전부가 본토나 섬으로부터 영해의 폭을 넘는 거리에 위치하는 경우, 그 간출지는 자체의 영해를 가지지 않는다.[75] 즉 협약상 간출지는 영해 내에 위치하는 경우 간출지의 저조선을 영해기선으로 사용할 수 있으나, 본토나 섬으로부터 영해의 폭을 넘는 곳에 위치하는 경우 영해를 가지지 못하게 된다. 그러나 협약 제7조 제4항에 따르면 직선기선은 간출지까지 또는 간출지로부터 설정할 수 없다. 다만, 영구적으로 해면 위에 있는 등대나 이와 유사한 시설이 간출지에 세워진 경우 또는 간출지에서의 기선설정이 일반적으로 국제적인 승인을 받은 경우에는 직선기선을 설정할 수 있다. Lavelle는 연안국이 간출지에 대해 어떠한 권리를 가지게 되는지에 대해서 영해내 간출지(proximate elevations)와 EEZ 또는 공해에서의 간출지(non-proximate elevations)로 나눠 살펴보았다. 영해내 간출지의 경우 '위치에 따른 주권(sovereignty by location) 독트린'에 근거하여 연안국이 주권을 가진다고 보았으며, EEZ 내의 간출지의 경우 주로 '국제관습법'에 따라 연안국은 간출지에 대해 권리를 행사할 수 있다고 보았다. 다만 공해는 유엔해양법협약 제89조[76]에 따라 어느 국가도 공해내 간출지에 대해 어떠한 권리도 주장할 수 없다.[77]

이처럼 해수면 상승이 섬에 미치는 영향은 섬의 법적 지위의 변화를 야기함으로써 기선과 해양경계, 나아가 해양관할권 범위에 영향을 주게 된다. 그리고 국내적으로는 공식 해도를 근거로 행사하는 행정적, 사법적 관할권에 실질적인 영향을 미치거나 혼선을 야기할 수 있다. 일례로 네덜란드 법원은 네덜란드 영해법 제1조에 근거해 2002년에 작성된 공식 해도를 통해 어업의 적법성 여부를 판단하여 왔

74 협약 제13조 제1항.

75 협약 제13조 제2항.

76 제89조는 "어떠한 국가라도 유효하게 공해의 어느 부분을 자국의 주권 아래 둘 수 없다"고 규정하고 있다.

77 Roberto Lavalle, "The Right of States over Low-tide Elevations: A legal Analysis", *The International Journal of Marine and Coastal Law* 29, 2014, pp.478~479.

다.[78] 그러나 2004년 12월 기점의 역할을 했던 간출지가 사라지면서 어업수역에 변화가 생겼고, 이를 새롭게 반영한 공식 해도가 나옴으로써 네덜란드 법원은 새로운 공식 해도에 근거해 어업의 적법성 여부를 판단하기 시작했다. 이에 따라 법원은 기존에 적법하게 어업행위를 해왔음에도 불구하고 변경된 어업수역을 인지하지 못하고 기존 수역에서 어업행위를 해온 어선에 대해서 불법조업을 한 것으로 판결하였다.[79]

Ⅲ. 기후변화로 '새롭게 발견된 섬'의 고려

최근에 북극해에서 기후변화에 따른 빙하의 해빙과 이동으로 새로운 섬이 발견되거나 기존에 하나로 인식되었던 섬이 실제로는 수 개의 분리된 섬이라는 사실이 밝혀지고 있다.[80] 이러한 사례가 향후 계속 나타난다면 기후변화로 인한 해빙과 함께 나타나는 새로운 섬이 관련 연안국의 주권행사와 더불어 해양경계획정에 가지는 함의는 더욱 커질 것으로 생각된다.[81] 현재 해수면 상승으로 인해 육지가 섬

---

78 Netherlands Territorial Sea (Demarcation) Act, 1985. 제1조의 원문은 다음과 같다. Section 1, 1. The territorial sea of the Netherlands shall extend to a line, each point on which lies twelve international nautical miles, or twenty-two kilometres two hundred and twenty-four metres, seawards of the nearest point on the low-water line along the coast, with the proviso that, where a naturally formed elevation of the seabed which is covered at high tide but dry at low tide lies within this distance from the low-water line, the territorial sea shall be measured from the closest point on the low-water line of such an elevation. 2. The low-water line shall be defined as the line indicating the depth of 0 metres on the large-scale Dutch sea charts issued upon the instructions of the Minister of Defence(http://www.un.org/Depts/los/LEGISLATIONANDTREATIES/PDFFILES/NLD_1985_DemarcationAct.pdf, 2017. 8. 24. 검색).

79 Clive Howard Schofield, *supra* note 72, pp.217~218.

80 2007년 10월 미국인 탐험가 슈미트(Dennis Schmit)는 '떠돌이 개 웨스트'(Stray Dog West)로 명명된 섬을 발견했다. 이 섬은 기후변화로 인한 빙하의 이동으로 발견되었는데, 북극에서 700㎞, 그린란드로부터 4㎞ 떨어져 있다(김경신, "북극해에서 새롭게 발견된 섬, 새로운 논란거리로 등장", 『독도·해양영토브리핑』, 제6호, 2008. 1. 7). 한편 과거 화산활동으로 인해 새로운 섬의 생성이 문제가 되기도 했다. 역사적으로 1372년 아이슬란드의 Kolbeinsey섬의 생성(2020년 소멸 예상), 1919년 인도네시아 Banua Wuhu섬의 생성(1935년 소멸), 1933년 호주 Falcon섬의 생성 등이 있다. 특히 방글라데시와 인도의 해양경계협정 협상 중 화산활동으로 인해 New Moore/South Talpatti섬이 새롭게 생겨났다. 이 섬은 벵골만의 풍부한 석유개발권과 맞물려 양국간 협상을 더욱 어렵게 만들었다. Julia Lisztwan, *supra* note 2, pp.160~161.

81 Jonas Attenhofer, "Baselines and Base Points: How the Case Law Withstands Rising Sea Levels and Melting Ice", *LOA Reports*, Vol. 1, ASIL, 2010, p.16.

으로 변하는 경우 또는 해빙으로 인해 새롭게 등장하는 섬의 사례는 많지 않지만,[82] 새롭게 등장하는 섬의 경우 해양경계와 관련해 어떻게 고려될 수 있는지, 새로운 법적 지위가 부여되어야 하는지에 대해 논의를 시작할 필요가 있다.[83] 이 경우는 해수면 상승으로 인해 섬이 암석 또는 간출지로 되는 경우와 함께 크게 보면 기후변화로 야기되는 섬의 법적 지위 문제라는 큰 틀에서 함께 고려될 필요가 있기 때문이다.

기후변화와 함께 새롭게 등장하는 섬을 어떻게 볼 것인지에 대해선 우선 협약상 섬의 요건에 맞춰 객관적으로 '섬'의 요건을 갖추고 있는지를 검토해야 하며, 이러한 검토 후 기후변화라는 환경적 특수상황을 고려해 해양경계 논의에서 이를 어떻게 다룰 것인지를 살펴보아야 할 것이다. 우선 협약 규정에 비춰 새롭게 등장한 섬이 제121조상의 섬, 또는 암석인지, 그리고 제13조상의 간출지인지에 대해 객관적인 법적 지위를 우선 판단할 수 있다. 이를 통해 기점으로 인정할 수 있는지, 아니면 영해, 접속수역, 배타적 경제수역, 대륙붕 등 해양관할수역을 가질 수 있는지에 대해 판단할 수 있다. 또한 이러한 섬들이 협약 제121조를 충족하는 섬 또는 암석이라 할지라도 인근 국가와의 해양경계에 있어 어떠한 효과를 가지게 되는지에 대해 판단하여야 한다. 이 경우 해양경계획정 이전의 단계라면 국가간 합의 또는 제3자 분쟁해결기구를 통해 섬의 효과 부여에 대해 결정을 할 수 있을 것이다. 다만 이미 해양경계협정을 체결한 경우에 있어서는 새롭게 등장하는 섬에 어떠한 효과를 부여해야 할지는 사례별로 복잡한 양상을 띨 수 있다. 이 경우 해양경계획정에 중요한 영향을 주는 섬의 등장이 아닐 경우, 당사국의 합의를 통해 새로운 섬을

82 기사에 따르면 1999년부터 2014년까지 그린란드 북서쪽 2개의 빙하가 줄어들면서 여러 개의 새로운 섬이 나타났다고 보도된 바 있다. http://mashable.com/2015/05/04/new-greenland-island-glacier/#ERLnwQDxkkqJ(2017. 7. 8. 검색). 그리고 이러한 해빙은 그린란드 또는 아이슬란드 본토의 해빙으로 이어져 육지 자체가 확대되는 효과도 가지고 온다. http://www. climatecentral.org/news/accelerated-ice-melt-causing-iceland-to-rise-18623(2017. 7. 8. 검색), https://www.sciencedaily.com/releases/2016/03/160328084909.htm(2017. 7. 8. 검색). 이 경우 본토 섬의 해양경계획정을 위한 기점과 기선에도 영향을 주어 해양경계획정에 있어 영향을 미칠 가능성은 배제할 수 없다.

83 추가적으로 해수면 상승 또는 해빙으로 인한 새로운 섬의 등장은 본토와 섬 간 새로운 국제해협이 형성될 수 있는 가능성을 열어 두고 있다. 이 경우는 국제해협에 관한 유엔해양법협약 제38조 제1항이 우선 적용될 수 있다. 이 경우 해협이 연안국의 섬과 본토에 의해 형성되어 있는 경우, 항행상 및 수로상 특성에서 유사한 편의가 있는 공해통과항로나 배타적 경제수역 통과항로가 섬의 바다 쪽으로 있으면 통과통항을 적용하지 아니한다. 대신 무해통항권이 적용되며, 이러한 국제해협을 통한 무해통항은 정지시킬 수 없다(협약 제45조 제1항(a), 제2항).

경계획정을 위한 기점으로서의 효과를 부여하지 않거나 또는 부분적 효과만을 가지는 것으로 합의하는 것이 실효적인 방안이 될 수 있을 것이다.

그러나 궁극적으로 향후 해수면 상승과 해빙으로 새롭게 발견되는 섬의 사례가 증가할수록 이를 개별적으로 다루기보다는 이러한 섬의 법적 지위와 관련해서 국가간 합의된 규범을 마련하는 것이 필요할 것이다. 특히 이러한 현상은 북극해 지역을 중심으로 나타나는 특수한 상황으로 볼 수 있으며, 북극해 연안국가의 해양경계획정과 관련되어 주요 이슈가 될 수 있다는 측면에서 북극지역 국가간 협의체인 북극이사회 등을 중심으로 이러한 문제를 논의하고, 관련 지침을 제정하는 것도 하나의 방안이 될 수 있을 것이다.

제3절 해수면 상승과 해양경계

Ⅰ. 일반적 논의

여기서는 해수면 상승이 기점과 기선에 변화를 가져오고, 이에 따라 해양경계에 변화를 가져올 수 있는 일반적인 상황에 대해 시나리오별로 살펴본다. 이를 위해 해양경계 안정화를 위한 조치가 취해지지 않고, 협약의 기선제도에 근거하여 통상기선, 직선기선에 있어서의 변화가 바로 해양경계 변화로 이어지는 것을 전제한다. 또한 인접국과 대향국 간 해양경계획정 가운데 대향국의 해양경계에서의 변화를 가정한다.84

첫째, 해수면 상승이 국가간 해양경계에 변화를 일으키지 못하는 경우이다. 이는 해수면 상승이 기점과 기선에 영향을 주었지만, 그럼에도 불구하고 양국 해역의 폭이 여전히 영해경계협정의 경우 24해리에, EEZ경계협정의 경우 400해리에 미치지 못하게 되어 기존의 해양경계협정을 통해 획정한 해양경계에 영향을 미치지 못하는 경우이다.

둘째, 기존의 EEZ 해양경계획정과 비교해 새로운 공해지역이 생긴 경우이다. 대향국의 당사자들은 양국 해역의 폭이 400해리 미만인 경우의 해역에서 중첩수역이 발생하여 해양경계협정을 체결하였다. 그러나 해수면 상승으로 인해 연안이 육지 쪽으로 이동함으로써 실제로 양국이 공유하는 해역의 폭이 400해리 이상이 된 경우이다. 해역의 폭만으로만 보면 양국이 200해리의 EEZ를 새로이 선포할 경우, 양국의 200해리 EEZ해역과 별개로 새로운 공해가 생기는 경우이다. 그러나 이 경우 해양경계협정이 이미 체결되어 있다는데 주목할 필요가 있다. 해수면 상승에 따라 공유하고 있는 해역의 폭이 400해리로 늘어났다고 해서 해양경계협정이 바로 종료되거나 무효화되지는 않기 때문이다. 그러나 해양경계협정 당사국간에도 기존 해양경계를 유지하려는 쪽과 해양경계를 새롭게 체결하자는 쪽으로 나눠질 경우 이해관계가 충돌할 수 있고, 특히 기존의 해양경계협정 당사국이 합의를 통해 기존 해양경계를 지속하고자 하는 경우 해양경계협정 당사국들과 비당사국이 해수면 상

84 Naohiko의 해양경계협정 분석에 따르면 대향국간 해양경계협정은 147건이고, 인접국의 해양경계협정은 70건으로 약 2배 가까이 많다. Naohiko Nagasaka, *supra* note 5, p.33.

승을 통해 변화한 수역에서 이해관계가 충돌할 수 있다.

Katherine J. Houghton은 2010년 발표한 논문을 통해 기후변화로 인해 해수면이 1.5m 상승시 미국－쿠바－바하마 간 해양경계에 미치는 영향을 분석했다.85 [그림 3－1]에서 보듯이 해수면 상승은 플로리다 연안 저지대와 바하마의 군도기선이 수면 아래 잠겨 기선이 육지 쪽으로 후퇴하게 된다. 이 경우 쿠바의 관할해역은 넓어지고, 상대적으로 미국과 바하마의 관할해역은 줄어들게 된다. 따라서 쿠바는 새로운 해양경계협정 체결을 주장하게 될 가능성이 높고, 미국과 바하마는 기존의 해양경계협정이 계속 유효하다고 주장할 가능성이 높다. 이러한 협정당사국간 이해

[그림 3-1] 해수면 상승에 따른 미국-쿠바-바하마 간 해양경계 변화

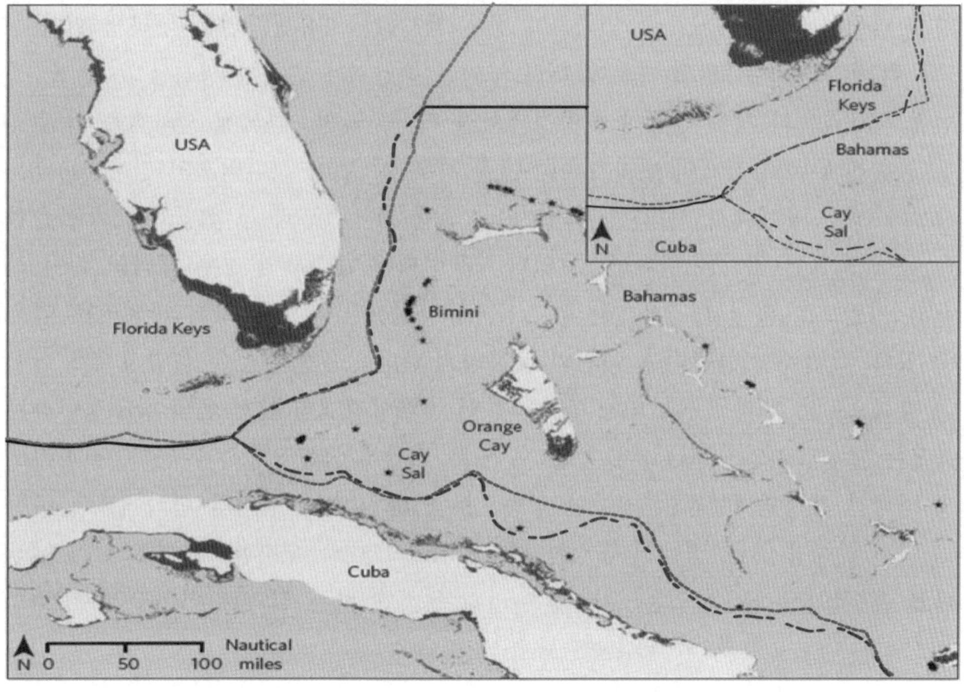

주: 1) ——선과 -·-·-·-선: 쿠바－미국 간 해양경계협정(1977) 하의 EEZ경계와 중간선
2) ··········선: 1.5m 해수면 상승으로 인한 새로운 EEZ선(등거리선). 해수면 상승에 따른 새로운 경계에 따를 경우 쿠바의 관할수역이 기존보다 더 넓어지게 된다.

출처: Katherine J. Houghton 외 3인, "Maritime boundaries in a rising sea", *Nature Geoscience*, Vol. 3, 2010. 12.

85 Katherine J. Houghton 외 3인, "Maritime boundaries in a rising sea", *Nature Geoscience*, Vol. 3, 2010. 12.

관계의 대립을 통해 해양경계협정에 대한 협의가 실패할 경우 제3자에 의한 분쟁해결기관을 통해 해결방안을 찾을 가능성이 높다. 이러한 사례를 통해 분쟁해결기관이 해수면 상승이라는 요소와 이러한 요소와 관련된 쟁점에 대해 본격적으로 다루게 됨으로써 향후 해수면 상승과 관련한 국제판례가 축적될 가능성이 높고, 이는 해양경계법의 발전으로 이어질 수 있을 것이다.

셋째, 국제해협에서 새로운 EEZ가 생긴 경우이다.[86] 양국이 24해리 미만의 국제해협을 대상으로 영해 획정을 위한 해양경계선을 긋는다면 국제해협의 중간선이 양국의 해양경계를 결정하게 된다. 이 경우 제3국은 국제해협을 규율하는 국제법에 따라 무해통항권 또는 통과통항권을 향유할 수 있다. 그러나 해수면 상승으로 인해 국제해협이 24해리 이상으로 늘어날 경우, 양국은 12해리 영해를 획정한 나머지 수역에서 EEZ를 가질 수 있다. 이 경우 제3국은 자유통항권을 누리게 된다.

위 세 가지 시나리오 가운데 특히 국가간 해양경계 변화가 생기는 두 번째, 세 번째 시나리오의 경우 각각의 해양경계협정 비당사국인 제3국에 시사점을 가진다. 두 경우 모두 해양경계의 변화가 이루어질 경우, 두 번째 시나리오의 경우 제3국은 새롭게 생긴 공해에서 어업·항행의 자유, 해양자원 접근권 등 협약과 국제관습법을 통해 보장된 권리를 향유할 수 있다. 세 번째 시나리오의 경우 해역의 폭이 24해리 이원으로 확대될 경우 제3국은 자유통항권이란 새로운 항행의 권리를 얻을 수 있다. 그럼에도 불구하고 이전의 해양경계협정이 규정해 놓은 해양경계가 어떠한 방식으로든 그대로 유지되게 될 경우, 이는 해양경계의 안정성 및 항구성이라는 목표는 달성할지언정 제3국이 가질 수 있는 권리행사와 상충하게 된다. 결과적으로 양국간 해양경계협정이 해수면 상승으로 인한 기점과 수역의 변화에도 불구하고 이전의 해양경계협정에서 규정한 해양경계를 그대로 유지함으로써 그렇지 않았다면 제3국이 누릴 수 있는 권리를 누리지 못하게 하는 결과로 이어질 수 있다.

---

86 실제로 이러한 논의에 적합한 사례를 찾기는 어렵고, 해수면 상승이 실제로 이러한 효과를 가져 올 수 있을지에 대해서도 불확실하지만 이론적으로 논의가 가능함을 전제로 한다.

Ⅱ. 특수지역(극지)에서의 해양경계 변화

1. 논의 배경

앞서 살펴본 바와 같이 일반적인 연안의 경우 해양경계가 중첩되지 않는 국가의 해양경계는 유엔해양법협약상 기선제도를 통해 획정된다. 따라서 협약의 기선제도를 따르면 해수면 상승이 기점과 기선에 영향을 주어 육지 쪽으로 이동할 경우 영해, EEZ 등 해양경계 역시 육지 쪽으로 이동하게 된다. 이러한 일반적인 연안과 비교해 얼음으로 덮인 육지 연안의 경우는 보다 특수하며 예외적인 상황으로 볼 수 있다. 유엔해양법협약 내 어떠한 규정도 빙토(氷土)로 덮인 연안에서의 기선 설정 방식에 대해 명시하고 있지 않다. 다만 이러한 국가 역시 기선은 빙산을 포함한 얼음으로 뒤덮인 연안의 자연적 형상에 기인하여 긋는 것을 원칙으로 하고, 다만 여러 가지 자연요인에 따라 얼음이 변화할 수 있는 상황을 고려할 수 있을 것이라는 추측은 가능하다. 이러한 측면을 고려해 특수지역으로서의 극지에서의 해양경계 변화 가능성에 대해 살펴본다.[87]

얼음은 일반적으로 물이 얼어서 고체를 이루고 있는 것으로, 본질적 속성은 물로 보는 것이 맞을 것이다. 그러나 해양경계의 출발점이 되는 기선이 육지 연안의 물리적 성격과 불가분의 관계를 맺고 있는데, 극지에서는 옛날부터 육지와 하나로 인식되어 온 얼음이 기선의 설정과 관련해 육지인지, 물인지, 아니면 정확하게 육지와 물로 구분할 수 없는 특수한 성격으로 간주할 수 있는지에 대해 여전히 명확히 정의되어지지 않고, 이견이 팽팽하게 맞서고 있다. ICJ 역시 '육지가 바다를 지배한다'는 원칙을 적용하거나 또는 '연안국에게 연안 이원의 수역에 대한 권역을 부여하는 것은 육지'로 보고 있을 뿐[88] 이러한 육지가 빙산(iceberg), 빙붕(ice shelf) 또는 빙토(ice-covered land)까지 포함하는가에 대해서 설명하고 있지는 않다. 그럼

87 극지는 두 가지 측면에서 기후변화와 관련되어 있다. 첫째, 기후변화 보고서에서 밝히고 있듯이 그린란드 및 남극의 해빙은 해수면 상승을 가속화시킬 수 있는 변수이다. 보고서에 따르면 1990년대 초반 이후로 그린란드와 남극 빙하의 해빙이 해수면 상승에 기여하는 비율이 증가하고 있다. 특히 남극의 해빙은 미래 해수면 상승의 예견에 있어 중요한 요인으로 보고서는 인지하고 있다. 둘째, 남극은 일반적인 육지와는 달리 영구빙토로 이루어져 있기 때문에 기후변화라는 외부환경이 연안의 변화에 주는 영향력이 크고 보다 민감하다는 점이다. IPCC, Working Group Ⅰ Contribution to the IPCC Fifth Assessment Report Climste Change 2013: *The Physical Science Basis Summary for Policymaker*, 2013. 9. 27, pp.5~18.

88 *Fisheries Case, United Kindom v. Norway,* ICJ, 1951, p.133. 원문은 다음과 같다. "It is the land which confers upon the coastal State a right to the waters off its coast."

에도 불구하고 현실적으로 해수면 상승과 해빙으로 인한 빙토 연안의 변화 가능 여부는 종속되는 해양수역경계에 중요한 함의를 가질 수 있다.[89] 주로 극지에서의 얼음으로 덮였거나 얼음으로 구성된 연안 및 육지에 대한 명확한 법적 성격 규명이 이루어지고 있지 않은 상황에서 지구온난화에 따른 해빙으로 인해 극지에서의 해양경계 문제가 새로운 쟁점으로 대두될 가능성이 높다.

일례로 북극해 섬들이 해빙에 따라 본토와의 불가분성이 약해지는 경우 초기 해양경계획정시 적용되었던 직선기선 설정이 문제화될 수 있고, 나아가 해양경계 획정 전체가 문제가 될 수 있다.[90] 또한 같은 맥락에서 Stuart B. Kaye 교수는 지구온난화의 결과로 대규모 해빙이 발생할 경우 남극에서 육지와 바다에 대한 현재의 구분이 재평가되어야 될 것이라고 밝힌 바 있다.[91] 이처럼 해빙으로 인해 극지에서 기존의 해양경계 획정에 고려된 섬들과 본토와의 불가분성이 와해되거나, 남극에서의 해빙이 대규모로 이루어진다면 해양경계와 관련해 이를 어떻게 바라보고 어떠한 이슈를 예견할 수 있을까?[92] 이러한 문제는 북극지역 연안국뿐만 아니라 해빙을 통해 북극항로가 활발히 이용될 경우 북극항로를 이용하는 국가들에게도 영향을 미칠 수 있고, 또한 해빙으로 인해 새롭게 발견되는 섬의 경우 기점으로의 인정 여부가 새로운 변수로 등장할 수 있다. 남극에서는 실제로 연안국, 해양조사를 실시하는 국가를 비롯해 국제사회의 새로운 관심사로 등장할 수 있다.[93]

2. 빙토의 법적 지위

얼음에 기반해 해양경계를 획정하거나 관할수역을 설정하는 것은 특히 얼음이 육지와 어떠한 형태로 관계를 맺고 있는지와, 얼음이 영구적인지 아닌지에 따르다

89 Jonas Attenhofer, *supra* note 81, p.3

90 *Ibid.,* pp.7~8.

91 Stuart B. Kaye, "Territorial Sea Baselines Along Ice Covered Coasts: International Practice and Limits of the Law of the Sea", *Ocean Development & International Law*, 2004, p.9.

92 실제로 남극에서 3개의 가장 큰 빙붕인 the Ross, The Ronne, the Amery는 바다와의 경계가 매년 900~1,300m 바다 쪽으로 이동하는 것으로 나타나고 있다. *Ibid.*, p.7.

93 북극지역은 캐나다, 덴마크, 아이슬란드, 노르웨이, 러시아, 미국 등 6개 연안국이 관할권을 행사하고 있다. 남극지역은 98%가 얼음으로 덮여 있으며, 얼음은 평균 두께가 1.6km에 이른다. 남극조약에 따라 국가는 영유권을 선언하거나 향유할 수 없지만 노르웨이, 뉴질랜드, 아르헨티나, 영국, 오스트레일리아, 칠레, 프랑스 등 7개국은 남극의 일부에 대해 자국의 영토라고 주장하고 있다. 위키피디아 백과사전. https://ko.wikipedia.org/wiki/%EB%82%A8%EA%B7%B9(2017. 7. 8. 검색).

는 것이 일반적인 접근법이다. Elferink과 Rothwell이 분류하고 있는 얼음의 형식에 따른 법적 지위 구분을 살펴보면 다음과 같다.[94]

첫째, '해빙'(sea ice)으로 육지와 독립하여 개별적으로 떠다니는 6피트 이하의 얼음덩어리이다. 매년 극지주변 수역에서 얼었다 녹았다를 반복하면서 겨울의 경우 남반구의 8%에 해당하는 2,000만㎢를 넘는 대륙을 형성하며, 여름의 경우 400만㎢로 축소된다.

둘째, '빙섬'(ice island)이다. 이는 거대한 얼음덩어리로 해빙과 마찬가지로 바다 위에 떠 있지만, 그 규모가 큰 것은 수백㎢, 두께는 50m에 이른다.[95] 빙섬은 점유의 대상이 되기도 하는데, 미국과 러시아는 수면 위에 떠있는 해양과학기지 또는 군사적 목적으로 사용하기도 한다.

셋째, '빙하얼음'(glacier ice)으로 육지 위에 형성되어 있는 얼음이다. 남극과 그린란드 지역에 넓게 분포하고 있으며, 만약 이 지구상의 모든 빙하얼음이 녹는다면 해수면은 75~90m 상승할 것이라는 분석도 나오고 있다.[96] 육지 위에 형성되어 있다는 점에서 육지와 동일한 면적을 덮는 얼음의 경우는 육지와의 일체성 차원에서 해양경계획정을 위해 고려될 가능성이 높지만, 육지면적보다 더 많은 면적을 얼음으로 덮는 경우 육지면적보다 확대되어 형성된 얼음을 육지로 볼 것인지에 대해선 명확하지 않다.

넷째, '빙붕'(shelf ice)으로 이는 해양으로 펼쳐진 방대한 얼음덩어리이며, 남극대륙 해안의 1/3을 차지하고 있다. 남극조약의 경우 얼음의 법적 지위와 연안 기선의 경계 획정에 대해 별도의 규정을 두고 있지 않다. 그러나 남극조약 제6조[97]에서 '빙붕'(ice shelves)에 대한 개념을 도입하였다. 이는 육지에 준하는 법적 지위(quasi-land legal status)를 부여하고 있는 것으로 해석되고 있다. 남극조약을 입안할 당시 육지와 동일한 법적 지위를 가지는 것으로 의도하지 않았지만, '빙붕'이 육지와 유사한 물리적 특성인 '점유 가능성', '비이동성', '안정성' 등을 가진다고 보아 육

94 Alex G. Oude Elferink & Donald R, Rothwell, *The Law of the Sea and Polar Maritime Delimitation and Jurisdiction*, Martinus Nijhoff Publishers, 2001, pp.27~32.

95 두산백과사전, http://terms.naver.com/entry.nhn?docId=1106670&cid=40942&categoryId=33140 (2017. 8. 24. 검색).

96 Alex G. Oude Elferink & Donald R, Rothwell, *supra* note 94, p.27.

97 남극조약 제6조: "Includes under the treaty all land and ice shelves but not the surrounding waters south of 60 degrees 00 minutes south".

지와 유사한 법적 지위를 가지는 것으로 보았다.[98] 이를 지지하는 입장에서는 빙붕을 중심으로 인근 해역에 해양경계를 획정할 수 있다고 본다. 이와 반대로 '빙붕'은 해양관할권을 가지지 못하고, 인근 수역을 공해로 보아야 한다는 주장도 있다.[99] 왜냐하면 기후변화 등으로 인해 빙붕 크기가 변할 경우 해안선, 해양경계가 변화할 수도 있기 때문이며, 또한 빙붕 아래로 잠수를 통해 이동이 가능한 경우가 발생할 수 있기 때문이다. 이에 대해 Elferink와 Rothwell은 남극대륙에 고정된 빙붕과 해저와 붙어 얼어버린 빙붕은 육지와 동일한 법적 지위를 부여하고, 해저에 붙어 있지 않고 표류하는 경우 공해상에서의 법적 지위를 가지는 것으로 보아 상황에 따라 법적 지위를 달리 보고 있다.[100]

이처럼 북극해와 남극에서의 빙토의 법적 지위는 아직 명확하게 규정되지 않았으며, 논의는 여전히 진행형이다. 그 성격을 규명하기가 어려운 가장 큰 이유는 얼음의 성격상 미래에 언제든지 녹고, 나아가 사라질 수 있는 덩어리라는 점에서 일반 육지와는 다르기 때문이다. 물론 그 크기, 분포, 비이동성, 활용 가능성, 점유성 등 여러 고려사항에 의해 '빙붕'에 대해서는 현재 육지로 인정하자는 쪽으로 의견이 모아지고 있다. 문제는 기후변화 시대의 해빙 가능성이다. 앞서 전제한 '크기, 분포, 비이동성, 활용 가능성, 점유성' 등의 고려요소가 기후변화 시대에도 동일한 기준이 될 것으로 보기는 어렵다.

3. 빙토지역에서의 기선 문제

(1) 남극의 기선제도와 남극조약

남극지역에 대한 기선 문제는 1999년이 되어서야 공론화되었다.[101] 우선 호주는 남극지역에서의 기선을 결정하는데 있어 남극은 특별히 고려해야 할 지역이니 빙붕을 통해 기선획정을 하고 이를 통해 인접 해양관할수역을 확대시킬 수 있는지에 대해 살펴봐야 한다고 보았다.[102] 예를 들어, 에이머리 빙붕(the Amery ice shelf)[103]은

---

98 Alex G. Oude Elferink & Donald R, Rothwell, *supra* note 94, p.30.

99 *Ibid.*, pp.31~32.

100 *Ibid.*

101 Donald R. Rothwell, "Antarctic Baselines: Flexing the Law for Ice-Covered Coastlines", in Alex G. Oude Elferink and Donald R. Rothwell, *The Law of the Sea and Polar Maritime Delimitation and Jurisdiction,* Kluwer Law International, 2001, pp.59~60

102 이러한 지역은 the Amery, Shackleton, Cook, Voyeykov, West ice shelves, Dibble Iceberg Tongue 등임.

'Prydz Bay'와 맞닿아 있는데, 만약 에이머리 빙붕이 기점이 된다면 호주는 북쪽으로 더욱 확장된 해양관할수역을 얻을 수 있을 것으로 알려졌다. 이 빙붕의 크기는 약 1,000㎢로 세계에서 가장 주목할 만한 빙붕 가운데 하나이다. 그러나 2006년 12월 호주 과학자들은 지난 10년간 이 빙붕에서 하루 3~5m의 균열이 발생하여 빙붕이 쪼개질 위험에 처해 있으며, 이러한 균열의 여러 원인 중 하나로 지구온난화라고 보았다.[104] 프랑스를 제외한 다른 연안국들은 남극 기선의 문제에 대해 명확한 입장을 밝히지 않고 있다. 특히 뉴질랜드의 경우 거의 프랑스 영토와 맞먹는 48만 7,000㎢ 크기의 'Ross Ice Shelf'의 경우 'Ross Dependency' 연안에 위치[105]하고 있음에도 불구하고, 자국 수역이라고 주장하는 뉴질랜드조차도 아직 이 지역에 대한 기선을 확정하지 않고 있다.[106]

한편 남극지역의 기선제도와 관련하여 영유권행사를 허용하지 않는 남극조약의 존재가 어떠한 영향을 줄 수 있을 것인가에 대해 살펴볼 필요가 있다. 우선 남극조약 제4조를 살펴보면 다음과 같다.[107]

> 1. 이 조약의 어떠한 규정도 다음과 같이 해석되지 아니한다.
>   (a) 어느 체약당사국이 종전에 주장한 바 있는 남극지역에서의 영토주권 또는 영토에 관한 청구권을 표기하는 것.
>   (b) 어느 체약당사국이 남극지역에서의 그 국가의 활동 또는 그 국민의 활동의 결과 또는 기타의 결과로서 가지고 있는 남극지역의 영토주권에 관한 청구권의 근거를 포기하는 것 또는 감소시키는 것.

---

103 에이머리 빙붕에 대한 자연적 조건에 대해서는 위키피디아 백과사전, https://en.wikipedia.org/wiki/Amery_Ice_Shelf(2017. 8. 24. 검색).

104 Donald R. Rothwell, *supra* note 101, p.60.

105 위키피디아 백과사전, https://en.wikipedia.org/wiki/Ross_Ice_Shelf(2017. 8. 24. 검색).

106 실제로 남극 영유권을 주장하는 7개국 모두 통상기선을 도입하지 않고 있다. 현재 남극에서의 기선에 대한 많은 연구가 이루어지고 있다. 이러한 연구들은 영구 빙토 연안에 통상기선 또는 직선기선을 채택하는 데 있어서 어떠한 기선제도가 우선 고려되는지에 대한 권고조차 없다. 다만, 영구빙토 남극지역 연안에 대한 기선의 위치와 관련해 두 가지 제안을 하고 있다. 첫째는 '바다와 빙하의 경계선'(grounding line)으로 호주가 2002년에 남극연안의 지도를 더욱 명확하게 하기 위해 도입한 방식이다. 또 하나는 해양관할권을 주장하는 국가에 의해 그어지는 '적절한 기선'(appropriate baseline)이다. Tullio Scovazzi, "The baseline of the Territorial sea; The practice of arctic state", *The Law of the Sea and Polar Maritime Delimitation and Jurisdiction*, Martinus Nijhoff Publishers, 2001, pp.69~70.

107 외교부 번역 참조. http://www.mofa.go.kr/trade/treatylaw/antarctica/law/index.jsp?menu=m_30_50_90&tabmenu=t_3(2017. 8. 24. 검색).

(c) 남극지역에서의 타국의 영토주권, 영토주권에 관한 청구권 또는 그 청구권의 근거를 승인하거나 또는 승인하지 않는 것에 관하여 어느 체약당사국의 입장을 손상하는 것.

2. 이 조약의 발효 중에 발생하는 여하한 행위 또는 활동도 남극지역에서의 영토주권에 관한 청구권을 주장하거나 지지하거나 또는 부인하기 위한 근거가 되지 아니하며, 또한 남극지역에서의 어떠한 주권적 권리도 설정하지 아니한다. 이 조약의 발효 중에는 남극지역에서의 영토주권에 관한 새로운 청구권 또는 기존 청구권의 확대를 주장할 수 없다.

제1항은 영유권을 주장하였거나 앞으로 주장할 수 있는 연안국의 입장에 영향을 주지 않고, 남극체제를 유지하려는 의도가 담겨 있다. 제2항은 남극조약이 지속되는 동안 기존의 남극에 대한 영유권 주장에 대해 영향을 미치지 않으며, 조약의 효력이 지속되는 동안에는 기존 영유권의 확대 또는 새로운 영유권 주장을 할 수 없도록 규정하고 있다. 이 조항의 의도, 적용 및 해석의 문제에 대해 Rothwell은 이 조항이 잠재적인 법적 불확실성을 야기하는 측면이 있지만, 한편으로는 당사국간 충돌하는 정치적 이익을 조정하는 역할을 한다고 보았다.[108]

그렇다면 남극에서의 기선의 채택 및 선언이 새로운 주권 주장에 해당하는 것일까? 핵심은 남극조약 제4조에서 규정하고 있는 '영토주권'(territorial sovereignty)에 대한 해석을 어떻게 하느냐에 달려 있다. 우선 Churchill과 Lowe는 주권을 행사하는 육지와 마찬가지로 주권을 행사하는 내수 및 영해가 기선획정을 통해 결정된다고 보았다.[109] 이러한 입장에 따르면 기선획정을 통해 새로운 영해가 확정되기 때문에 기선이 해양에서 새로운 영토적 주권을 창설할 수 있다고 해석된다. 반면 Rothwell은 남극조약에서 규정하고 있는 주권이 적용되는 대상지로서의 성격은 동일하다 할지라도 남극조약 제4조는 영유권의 대상을 육지로 규정하고 있어 기선을 획정하는 결과로 확정되는 해역은 남극조약 제4조가 적용되는 영역이라고 볼 수 없다고 보았다. 또한 남극조약에서 영유권을 주장하는 당사국들은 유엔해양법협약 또는 국제관습법상 기선을 통해 해양관할권을 획정할 수 있는 권리를 가지고 있다는 점을 강조하고 있다. 이러한 점을 근거로 배타적 경제수역 또는 대륙붕으로 해양관할권을 확대하는 것이 남극조약 제4조에서 규정하고 있는 영유권의 동결을 위

---

108 Donald R. Rothwell, *supra* note 101, p.64.

109 R.R. Churchill and A.V. Lowe, *supra* note 64, pp.60~61.

반하는 것으로 볼 수 없다는 견해를 밝혔다.[110]

협약문의 체결시점과 조문의 해석만을 근거로 살펴보면 남극에서의 기선의 채택 및 선언 그 자체로는 남극에서의 영유권을 금지하고 있는 남극조약에 위배되는 것으로 보기는 어렵다. 그 이유로는 남극조약이 발효된 1961년을 기준으로 보면, 1958년 영해와 접속수역에 관한 협약을 염두에 두더라도 '영토주권'(territorial sovereignty)의 개념은 육지에서의 주권과 넓게는 영해에서의 주권만을 고려한 것으로 볼 수 있다. 즉 그 당시 개념과 법제도가 성립되지 않은 배타적 경제수역과 대륙붕의 경우까지 이러한 영토주권 대상수역으로 고려하고 있지 않고 있다고 봄이 타당하다. 또한 배타적 경제수역과 대륙붕의 경우 협약에서는 해당 수역에서 행사할 수 있는 권리의 성질을 주권적 권리(soverign rights) 또는 관할권(jurisdiction)으로 명시하여 명확하게 주권(soverignty)과 구분하고 있다.

반면 남극조약을 채택한 당사국들의 의도를 고려해 보면 남극에서 주권을 포함해 어떠한 새로운 권리를 주장하거나 창설하는 것을 허용하지 않는 것으로 해석함이 타당하며, 이러한 측면에서 기선의 채택을 통해 새로운 EEZ와 대륙붕을 확보하려는 행위는 남극조약상 의무와 충돌될 가능성이 높다. 결국 기선의 채택과 선언행위 그 자체로는 남극조약에 반한다고 볼 수는 없으나, 기선의 채택을 통해 실제로 EEZ를 선포하거나 또는 대륙붕으로의 해양관할권을 확대하려는 시도는 인류의 공동유산으로서의 남극의 법적 지위와 영유권을 금지하고 있는 남극조약에 반하여 인정되지 않을 가능성이 높다. 실제로 남극 연안국의 200해리 이원으로의 대륙붕한계 신청에 대해 국제사회와 다른 연안국은 이러한 200해리 이원으로의 대륙붕한계에 대해 인류공동유산으로서의 남극지역에 어떤 국가도 영유권을 주장할 수 없다고 하여 이의를 제기했다. 남극지역을 포함한 대륙붕 외측한계 신청과 관련해, 2004년 호주의 신청에 대해 미국·러시아·동티모르·프랑스·일본·네덜란드·독일·인도 등이, 2006년 뉴질랜드의 신청, 2009년 프랑스의 신청, 2008년 영국의 신청에 대해 일본·네덜란드 등이, 2006년 노르웨이의 신청에 대해 미국·러시아·인도·일본·네덜란드 등이, 2009년 아르헨티나의 신청에 대해 영국·미국·러시아·인도·네덜란드·일본·아르헨티나·칠레 등이 같은 이유로 이의를 제기했다.[111]

---

110 Donald R. Rothwell, *supra* note 101, pp.64~65.

111 유엔대륙붕한계위원회 홈페이지, http://www.un.org/depts/los/clcs_new/commission_submissions.htm (2017. 8. 25. 검색) 참조. 보다 자세한 내용은 정갑용, "남극대륙붕의 관할권주장에 관한 법적

한편, Rothwell은 특히 남극의 특수상황을 고려하여 유엔해양법협약상 기선제도를 다음과 같이 개정할 필요가 있으며, 개정할 경우 첫째, 기선은 얼음으로 뒤덮인 연안의 외측한계와 일반적 방향을 따르며, 시간의 경과에 따른 얼음의 확대와 축소를 허용하며, 둘째, 기선의 채택을 통해 확정된 내수는 육지와 내수 간 충분한 연계성을 가지도록 하며, 셋째, 기선은 얼음의 형태의 중요한 변화를 반영할 필요가 있다고 보았다.[112]

(2) 북극의 기선제도와 해양경계협정

북극해는 '뷰퍼트해'(Beaufort Sea), '추키치해'(Chuckchi Sea) 등 주변의 작은 바다로 둘러싸인 바다이다. 북극해는 유엔해양법협약과 관련해 두 가지 측면에서 주목할 만하다. 첫째, 협약이 북극해와 같이 얼음으로 덮인 연안의 기선의 획정에 대해 언급하고 있지 않다는 점이다. 둘째는 북극해의 대륙변계(continental margin)[113] 영역이 다른 바다보다 훨씬 높은 비율로 구성되어 있다는 점이다.

우선 통상기선과 관련해 1982년 유엔해양법협약에서는 제234조에서 빙하지역 선박의 항행에서의 해양환경오염 방지를 위한 규정만을 두고 있을 뿐, 영구빙토 연안을 따라 형성된 기선의 문제는 언급하고 있지 않다.[114] 이유는 이러한 문제가 주로 남극과 북극 일부 연안에 국한된 문제이며, 일반적인 문제가 아니기 때문으로 보인다. 북극의 경우 미국만 통상기선을 획정하고 있다.

노르웨이를 포함한 나머지 5개국은 직선기선을 기선으로 삼고 있다. 직선기선과 관련해서 살펴보면,[115] 현재 캐나다는 직선기선을 채택해 해양경계를 획정하고

문제", 『영산법률논총』, 제8권 제2호, 2011, 85~93쪽 참조.

112 Donald R. Rothwell, *supra* note 101, pp.66~67. 영문으로 표시된 내용은 다음과 같다.

1. The baseline follows the general direction of the outer limits of the ice-covered coastline(with some allowance being made for advances and retreats of the ice over time)
2. The waters enclosed by the drawing of the baselines have a sufficient link with the land area to be subject to the regime of internal waters 3. The baseline be adjusted to reflect significant changes in the ice formation.

113 유엔해양법협약 제76조 제3항에서 대륙변계(continental margin)를 "연안국 육지의 해면 아래쪽 연장으로서, 대륙붕(shelf), 대륙사면(slope), 대륙융기(rise)의 해저와 하층토로 이루어지며, 해양산맥을 포함한 심해대양저나 그 하층토를 포함하지 아니한다"고 정의하고 있다.

114 이하 각국의 기선 사례에 대해선 Victor Prescott and Clive Schofield, *supra* note 8, pp.102~103. 참조.

115 David A. Colson and Robert W. Smith, *International Maritime Boundaries,* Vol. 5, ASIL, Martinus Nijhoff Publishers, 2005; Victor Prescott and Clive Schofield, *supra* note 8, p.519 등 참조.

있으며, 이에 따라 북서항로를 포함한 북극군도(Arctic Archipelago)의 수역을 내수로 인정하고 있다. 노르웨이의 경우 1935년 칙령을 통해 직선기선 방식을 선택했다. 이는 이후 직선기선의 규범화를 촉발시켰다. ICJ는 1951년 어업관할권 사건을 통해 이러한 직선기선이 당시 국제법에 어긋나지 않는다고 판시했으며, 1958년 영해 및 접속수역에 관한 협약 제4조에 반영되었다. 아일랜드는 1972년부터, 덴마크는 'Faeroes'와 '그린란드'에 대해 각각 1963년, 1980년부터 직선기선을 그었다. 러시아는 1984년, 캐나다는 1986년부터 해양경계획정을 위해 직선기선을 사용했다. 미국은 유엔해양법협약의 직선기선제도가 애매모호하다고 보고 이를 명확하게 하는 기준을 제시했다.[116] 다만 직선기선에 대해 매우 높은 기준을 설정하고 있었음에도 아일랜드와 노르웨이의 'Jan Mayen'에 대한 직선기선의 사용에 대해 이의를 제기하지 않았던 반면 러시아, 캐나다, 덴마크의 직선기선 사용에 대해서는 이의를 제기했다. 특히 캐나다가 'Kitikmeo'와 'Queen Elizabeth Islands'에 대해 그은 직선기선에 대해서는 강한 반감을 드러냈다. 이는 'Perry Channel'에 대한 무해통항권을 침해하는 것으로 인식했기 때문이다. 이에 캐나다는 직선기선을 유지하되 미국과 항해와 자원개발이 북극해 환경에 저해되지 않도록 하겠다는 합의를 하고 함께 쇄빙선을 이용해 항로를 개척하는 데 합의하기도 했다. 그러나 북극 연안국의 기선획정 관행에서 얼음으로 덮인 영역을 기점으로 사용한 사례는 거의 드문 것으로 보인다. 다만 러시아가 최북단 세베르나야젬랴(severnaya zemlya) 제도의 'Polyarny Gracier'과 관련해 두 곳을 기점으로 사용한 것이 대외로 알려진 사례에 해당한다.[117]

한편 해양경계협정과 관련해서는 1957년 노르웨이와 구 소련 간 'Varanger Fjord'에 대해 처음으로 해양경계협정이 체결된 이후, 1965년 노르웨이-영국-덴마크, 1973년 캐나다-덴마크, 1979년 덴마크-노르웨이, 1980년 아이슬란드-노르웨이, 1990년 미국-소련 등에 의해 차례로 체결되었다. 특히 'Greenland'와 'Jan Mayen'을 둘러싼 덴마크와 노르웨이의 해양경계는 ICJ의 판결을 통해 1993년에 획정된 바 있다.[118]

---

116 Jonas Attenhofer, *supra* note 81, p.8.

117 Stuart B. Kaye, *supra* note 91, p.13.

118 *Case concerning Maritime Delimitation in the Area Between Grenland and Jan Mayen, Denmark vs. Norway*, ICJ, 1993.

1997년에 체결된 그린란드-아이슬란드 간 해양경계협정에서는 등거리선 획정 후 아일랜드의 2개 소도서의 경계획정 효과를 줄여 경계선을 수정했다. 그러나 이러한 해양경계협정 체결은 주로 대서양과 북극해를 분리하는 인접해를 대상으로 하며, 유럽국가를 중심으로 체결되었다.[119] Churchill 교수는 이러한 이유로 유럽의 북극해는 상대적으로 결빙에서 자유로와 연안국의 해양활동이 정상적으로 이루어지는 반면, 그 외의 지역에서는 계절적으로 또는 영구적으로 결빙되어 해양활동이 제한되고 있어 해양경계획정을 어렵게 만드는 이유가 되고 있다고 설명하고 있다.[120] 한편 Garvrilov 교수는 북극해 천연자원의 존재, 탐사와 개발 등에 있어서의 이해관계, 해빙으로 인한 상황의 변화 등이 특수사정으로 작용하고 있으며, 이러한 이유로 북극에서는 200해리 이원으로의 대륙붕경계획정에 있어서 일방적인 신청보다는 북극 관련 국가간 협상이 전제되어야 한다고 보았다.[121]

〈표 3-2〉 북극 해양관할수역 획정 현황

	영해	접속수역	대륙붕	EEZ
캐나다	12(1970)	24(1996)	200(1981)	200EEZ(1996)
그린란드	3(1950)	–	200(1963)	200EFZ(1976)
아이슬란드	12(1979)	–	200(1979)	200(1979)
노르웨이	4(1812)	10(1932)	200(1985)	200EFZ(1976) (Jan Mayen, 1980) 200 FPZ (Svalvard, 1977)
러시아	12(1909)	24(1988)	200(1995)	200(1984)
미국	12(1988)	24(1999)	200(1961)	200(1983)

주: 단위는 해리, 괄호 안은 수립연도, EFZ: Exclusive Fishing Zone, FPZ: Fisheries Protection Zone
출처: R.R. Churchill, "Claims to Maritime Zones in the Arctic–Law of the Sea Normality or Polar Peculiarity?", in *The Law of the Sea and Polar Maritime Delimitation and Jurisdiction*, Martinus Nijhoff Publishers, 2001, p.124.

119 R.R. Churchill, *supra* note 68, p.108.

120 *Ibid.,* p.108.

121 V.V. Garvrilov, "The LOSC and the Delimitation of the Contiental Shelf in the Arctic Ocean", *The International Journal of Marine and Coastal Law* 31, 2016, pp.322~324, p.337.

4. 빙토지역과 해양경계 변화 가능성

유엔해양법협약상 기선과 해양경계 획정 원칙이 일반법적 논의라고 한다면 극지에서의 기선의 문제는 보다 특별법적 논의라고 볼 수 있다. 왜냐하면 협약에는 극지에서의 기선에 대해 따로 언급하고 있지 않으며, 다만 협약 제234조에서 해양환경 관련해서 배타적 경제수역 내 빙토(ice-covered area)에서 특별한 해양환경보호 의무만을 부여하고 있을 뿐이기 때문이다.[122] 국제판례를 살펴보아도 해양경계 획정과 관련해 빙토의 유무에 대하여 언급한 사례는 ICJ의 덴마크와 노르웨이 간 *Jan Mayen* 사건이 유일하다. 그러나 이 사건에도 빙토의 존재를 지리적 측면에서 본 것이 아니라 경제적 요인으로 보고, 빙토로 인해 어획이 불가능한 점을 해양경계에서의 관련 상황으로 인정하지는 않았다.[123] 대다수의 학자들도 항구성을 지닌 얼음의 존재는 육지로 볼 수 있고, 영해기선을 가질 수 있다고 보지만, 일시적인 성격의 얼음덩어리의 경우는 그러한 권리를 부여할 수 없다는 입장이다.[124]

빙토지역의 경우 현재 빙붕을 육지로 인정하여 기선을 긋는 것이 현실적으로 인정되고 있으나, 항구성 측면에서 해빙과 무관하게 지속적으로 항구적일 수 있는지에 대해선 의문이다. 또한 유엔해양법협약에 근거하여 육지를 기준으로 기선을 그을 경우, 육지를 덮은 얼음이 실제 육지보다 더 바다 쪽으로 뻗어 있는 경우에는 육지기선을 통해 획정된 영해, EEZ 등 해양관할수역 일부는 여전히 얼음으로 뒤덮여 있을 가능성이 있다. 반대로 극지의 특수성을 고려해 빙붕을 통해 기선을 긋는 것이 인정된다 하더라도 '빙붕' 등 얼음영토를 대상으로 기선을 획정한 국가실행은 거의 없다. 다만 앞서 언급한 바와 같이 역사상 러시아 정부는 'ice-is-land' 이론에 따라 해안가의 얼음에 영해기준선을 설정함으로써 해양관할권의 확대를 꾀

122 협약 제234조: "Coastal States have the right to adopt and enforce non-discriminatory laws and regulations for the prevention, reduction and control of marine pollution from vessels in ice-covered areas within the limits of the exclusive economic zone, where particularly severe climatic conditions and the presence of ice covering such areas for most of the year create obstructions or exceptional hazards to navigation, and pollution of the marine environment could cause major harm to or irreversible disturbance of the ecological balance. Such laws and regulations shall have due regard to navigation and the protection and preservation of the marine environment based on the best available scientific evidence."

123 *Case concerning Maritime Delimitation in the Area Between Grenland and Jan Mayen, Denmark vs. Norway,* ICJ, 1993, p.72.

124 Stuart B. Kaye, *supra* note 91, p.22.

하였다.[125] 그리고 1911년 영해측정을 위해 '저조선 또는 연안 빙토 최극단'을 기점으로 삼았다.

그렇다면 이러한 빙토지역의 연안을 유엔해양법협약 제7조 제2항의 규정 중 '불안정한 연안'(unstable coastlines)을 적용하는 것이 가능할까? 제7조 제2항은 삼각주가 있거나 그 밖의 자연조건으로 인해 해안선이 매우 불안정한 곳에서 직선기선을 획정할 수 있으며, 그 후 저조선이 후퇴하더라도 직선기선은 협약에 따라 연안국에 의해 수정될 때까지 유효하다고 보고 있다. 만약 빙토지역의 연안을 '그 밖의 자연조건으로 인해 해안선이 매우 불안정한 곳'으로 인정될 수 있다면 얼음의 존재 유무와 상관없이 한 번 획정된 직선기선은 연안국이 수정할 때까지 유효하므로 해양경계 변화 가능성은 그만큼 낮아지게 된다. 그러나 협약 제7조 제2항을 빙토지역 연안에 적용하는데 대해선 이견이 있다. 일례로 Rothwell은 이에 대해 협약 제7조 제2항이 제1항의 기본내용을 보충하는 의미로 보아야 하며, 이를 빙붕으로 구성된 남극 연안에 일반적으로 적용하는 것은 입법목적에 어긋난다고 보았다.[126]

125 김기순, "북극해의 분쟁과 해양경계획정에 관한 연구", 『국제법학회논총』, 제54권 제3호, 15쪽.
126 Donald R. Rothwell, *supra* note 101, pp.62~63.

제 4 절 해양경계 안정화 논쟁

해수면과 해양경계와 관련된 논의로 학자간 논쟁이 되고 있는 또 하나의 주제가 해양경계 동결 또는 안정화이다. 육지의 경계는 육지 본토 위에 획정되는 것으로 한 번 획정되면 원칙적으로 항구적인 성격을 가진다. 반면 해양경계는 육지의 해안선과 기점에 의존하고 있기 때문에 해안선과 기점에 영향을 받는다. 기후변화 특히 해수면 상승이라는 외부환경 요인은 해양경계 출발점인 해안선과 기점에 변화를 줄 수 있다. 그리고 유엔해양법협약이 기선제도를 명문화하였고, 이러한 기선제도가 이미 국가실행을 통해 국제관습법적 지위에 올랐다는 점에서 전 세계 연안국 모두에게 영향을 미칠 수 있다.

그러나 해수면 상승이 반드시 해양경계를 변화시키는지에 대한 논의, 즉 해양경계 안정성에 대해 학자들의 견해가 갈리고 있다. 이들은 해수면 상승이 기점과 기선에 영향을 미치고 국가의 해양경계에 영향을 미칠 수 있다는 전제에는 동의한다. 기선을 통해 획정되는 영해, 접속수역, 배타적 경제수역의 경우 해수면 상승으로 인해 기선이 육지 쪽으로 이동하게 되면 그만큼 해양경계도 육지 방향으로 이동하게 되는 것이 기선제도를 둔 이유에 적합하기 때문이다. 다만 그러한 전제에도 불구하고 해양경계가 반드시 동반해서 변화해야 하는지, 아니면 변화하지 않고 현 상태를 그대로 유지해야 하는지에 대해선 상반된 견해를 보이고 있다. 이러한 측면에서 학자간 이견은 물리적으로 해양경계가 변화하는지의 여부에 주목하기보다는 다분히 가치관과 정책적 고려에 기반한 당위적 입장에 근거한 것으로 보인다.

그리고 이러한 논쟁을 촉발한 근본적 이유는 유엔해양법협약에서 해수면 상승으로 인한 기점의 변화가 기선 및 해양경계의 변화로 이어지는지에 대해 명확하게 규정하지 않고 있기 때문이다. 이러한 논쟁이 중요한 이유는 해수면 상승에 따른 해양경계의 변화 또는 유지가 관할수역에서의 연안국의 권리, 공해에서의 타국의 권리 모두에 영향을 미치게 되고, 이는 기존의 해양경계의 유지를 통해 기득권을 유지하려는 연안국과 새롭게 형성될 해양경계질서를 통해 더 많은 이익을 확보하려는 내륙국, 지리적 불리국 등 사이의 권리 충돌 및 이익의 대립으로 이어질 수 있는 문제이기 때문이다.

Ⅰ. 해양경계 불변 입장

1. 관련 협약 규정의 검토

이는 해수면 상승이 기점과 기선에 영향을 준다 하더라도 해양경계는 변하지 않는다고 보는 입장이다. 이들 입장에 따르면 유엔해양법협약이 해수면 상승 등의 외부요인에 기인한 기선 및 해양경계 변화 가능성에 대해 언급하고 있지 않지만, 관련 조항들을 근거로 협약이 예외적으로 해양경계가 변하지 않는다는 내용을 뒷받침하고 있다고 본다.

첫째, 직선기선과 관련된 제7조 제2항이다. 이 조항은 삼각주와 다른 자연적 조건으로 인해 연안이 불안정한 경우에 직선기선의 방법을 사용할 수 있으며, 저조선의 후퇴에도 불구하고 연안국이 기존의 기선을 바꾸기 전까지 직선기선은 계속해서 효력을 유지해야 한다고 규정하고 있다.[127] 실제로 이 조항은 저지대 연안국인 방글라데시의 상황을 고려하여 조항에 반영된 것으로 제한된 상황에서 직선기선이 실제 연안의 이동에도 불구하고 원래의 기선의 효력이 지속될 수 있음을 보여 주는 사례로 언급되고 있다.[128] 이에 대해 Churchill과 Lowe는 특히 조문을 보면 "삼각주와 다른 자연요건으로 인해 연안이 불안정한 경우"(where because of the presence of a delta and other natural conditions the coastline is highly unstable)로 규정하고 있는데, 삼각주를 포함한 다른 자연조건인지, 아니면 삼각주 이외의 다른 자연조건인지에 대해서가 명확하지 않다고 보았다.[129] 어쨌든 이 조항은 어떠한 해석에 따르더라도 해수면 상승으로 인한 기점의 변화와 관련해서는 중요한 함의를 갖는다. 왜냐하면 저조선의 후퇴에도 불구하고 직선기선은 연안국이 변경하지 않는 한 여전히 유효하다고 조항으로 규정하고 있기 때문이다. 이 조항의 '다른 자연

---

127 협약 원문은 다음과 같다. "Where because of the presence of a delta and other natural conditions the coastline is highly unstable, the appropriate points maybe selected along the furthest seaward extent of the low-water line and, notwithstanding subsequent regression of the low-water line, the straight baselines shall remain effective until changed by the coastal State in accordance with the Convention."

128 Clive Schofield & David Freestone, "Options to protect coastlines and secure maritime jurisdictional claims in the face of global sea level rise", in M.B. Gerrard and G.E. Wannier, *Threatened Island Nations Legal Implications of Rising Seas and a Changing Climate*, 2013, p.158.

129 R.R. Churchill and A.V. Lowe, *supra* note 64, pp.37~38.

적 조건으로' 연안이 불안정해지는 경우에 해수면 상승으로 인해 연안이 불안해지는 경우도 포함된다고 본다면, 연안국이 기선을 변경하지 않는 이상 기존의 기선은 계속해서 효력을 유지할 수 있다고 해석할 수 있다.[130]

둘째, 대륙붕과 관련된 협약 제76조 제9항이다. 이 조항에 따르면 연안국은 '영구적으로'(permanently) 대륙붕의 외측한계를 규정하는 해도와 관련 정보를 유엔사무총장에게 기탁해야 하고, 유엔사무총장은 이를 적절하게 공표해야 한다.[131] 이에 대해 Oxman 교수는 이 조항에서 '영구적으로'(permanently)의 의미는 의도적이며, 조항으로의 반영은 대륙붕의 외측한계가 "연안의 지속적인 변경 및 상세한 탐사보고서의 발표 등에 따라 바뀌어서는 안된다"라고 규정하고 있는 미국의 1968년 대륙붕 외측한계 보고서가 영향을 끼쳤던 것으로 보았다.[132] 또한 이 조항은 국가관할하에 있는 심해저와 인류의 공동유산인 국제심해저 간 영구적인 구분을 위해 협약에 반영되었다고 보는 주장도 있다.[133] 물론 협약 제76조 제9항은 해수면 상승과 관련해 협약에 삽입된 조항은 아니다. 그럼에도 불구하고 해수면 상승과 관련해 이 조항은 수몰 가능성이 높은 섬 주변에 형성된 대륙붕을 그대로 유지할 수 있는 근거로 활용될 수 있다고 주장하고 있다. 이러한 맥락에서 협약 제76조 제9항은 해양관할수역이 이를 규정한 육지의 존재와 독립적으로 존재할 수 있음을 보여주는 '*lex lata*'적 조항으로 보는 견해도 있다.[134] 이와 관련해 Soons 교수는 대륙붕의 외측한계가 기점이 되는 섬으로부터 200해리 거리에서 정해졌다면 그 기점이 소멸되

---

130 그런데 Churchill와 Lowe에 따르면 협약 제7조 제2항에 근거해 직선기선을 획정한 경우는 단지 하나뿐이라고 보았는데, 1990년에 이집트가 나일강 삼각주를 기반으로 그은 직선기선이 협약 제7조 제2항에 의해 그어진 것이라고 보았다. *Ibid.,* p.38.

131 협약 원문은 다음과 같다. "The coastal State shall deposit with the Secretary-General of the United Nations charts and relevant information, including geodetic data, permanently describing the outer limits of its continental shelf. The Secretary-General shall give due publicity thereto."

132 David D. Caron, "When Law Makes Climate Change Worse: Rethinking the Law of Baselines in light of a Rising Sea Leve", *Ecology Law Quarterly* 621, 1990, p.635, 저자인 Caron 교수가 Bernard H. Oxman 교수와 나눈 인터뷰에서 밝힌 내용이며, 1968년 보고서의 이름은 'Our Nation and the Sea'로 해양과학, 공학자원위원회(Commission on Marine Science, Engineering and Resources)에서 발간하였다.

133 Jenny Grote Stoutenburg, "Implementating a New Regime of Stable Martime Zones to Ensure the (Economic) Survival of Small Island States Threatened by Sea－Level Rise", *The International Journal of Marine and Coastal Law* 26, 2011, p.274.

134 *Ibid.*

었다 하더라도 연안국은 대륙붕에 대한 주권적 권리를 여전히 보유할 수 있다고 보았다.[135] Scofield 교수는 EEZ와 같이 넓은 해양관할수역의 외측한계는 제한된 숫자의 중요한 기점에만 의존하는 경우가 많기 때문에 기선의 변화에 덜 민감하다고 보았다. 따라서 핵심적인 기선이 변화하지 않는 한 연안선의 중요한 변화가 발생할지라도 200해리의 외부한계에 대한 영향은 제한적이라고 보았다.[136]

2. 주장의 근거

국제법의 주요 목적은 투명하고 예측 가능한 법규범을 통해 국제사회질서를 유지하는 것이다. 유엔해양법협약의 주요한 목적 중 하나는 해양질서의 안정성을 유지하고 해양을 통해 발생할 수 있는 갈등과 분쟁을 조정하기 위함이다. 그러나 현재 유엔해양법협약 체제는 기선에 따라 해양경계가 정해지도록 규정하고 있어 기선의 변화에 따라 해양경계가 변화하게 되는 태생적으로 '변동 가능한' 체제로 볼 수 있다. Jenny G. Stoutenburg 교수는 이에 대해 유엔해양법협약의 기선제도가 시간이 지날수록 불안정성을 키울 수 있음을 전제하고, 공정성(fairness) 차원에서 해양경계의 불변성에 근거한 해양관할수역의 안정성을 확보하는 것이 기선과 해양관할수역이 변동 가능하도록 규정하고 있는 현 체제보다 더 바람직하다고 보았다.[137] Rayfuse 교수는 해수면 상승에 대응하기 위해 해양경계를 동결시킴으로써 유엔해양법협약의 목적인 해양질서의 평화, 안정성, 확실성, 공정성과 효율성을 달성할 수 있다고 보았다.[138] 이로써 해양경계의 불변성을 확보하는 것은 기후변화와 해수면 상승으로 인해 섬이 가라앉는 일차적 피해를 입는 소도서국가가 추가적으로 해양자원에 대한 관할권을 빼앗기게 되는 이차적 피해를 입을 수 있는 상황을 막아 줄 수 있다고 보았다. 해양경계 불변 또는 안정화를 주장하는 학자들은 그 방안으로 협약 제7조 제2항을 확대해석하거나 영구적으로 일정한 수역을 확보하는 방안 등을 제시하고 있다.

---

135 A.H.A Soons, "The Effects of a Rising Sea Level on Maritime Limits and Boundaries", *Netherlands International Law Review,* Vol. 37, 1990, p.219.

136 ILA, "International Law and Sea Level Rise", *Intrim Report in Johnnesburg Conference*, 2016. 6, p.13.

137 Jenny Grote Stoutenburg, *supra* note 133, p.273.

138 R. Rayfuse, "Sea Level Rise and Maritime Zone: Preserving the Maritime Entitlements of 'Disappearing' States", in *Threatened Island Nations: Legal Implications of Rising Seas and a Changing Climate*, Cambridge University Press, 2013, p.191.

Ⅱ. 해양경계 변화 입장

이러한 유엔해양법협약 기선제도에 따르면 영해, 접속수역, 배타적 경제수역, 대륙붕의 외측한계는 기점과 기선에 따라 변화하는 것이 원칙이며, 대륙붕과 관련된 제76조 제9항과 직선기선 관련 제7조 제2항은 예외적으로 인정되고 있는 것으로 이해된다. 이러한 점은 협약 기선제도가 전제로 하고 있는 '육지가 바다를 결정한다'는 전통적인 명제를 충실히 따르고 있다.[139] 이러한 점을 근거로 해양경계 변화에 대한 입장은 협약에 명시된 규정에 따라 기점과 기선에 근거해 해양경계가 획정되어야 하며, 기점과 기선이 변화할 경우 당연히 해양경계가 변화해야 한다고 주장한다.

그리고 1958년 영해와 접속수역에 대한 제네바협약 초안 작업시 ILC 위원들이 공식 해도상의 저조선이 실제 연안의 저조선과 합치되어야 함을 강조해 '해안선의 변화'를 지지했다는 점을 강조한다.[140] ILC 위원들은 영해획정을 위한 저조선 기준은 명확하게 육지에 부속되어 있는 영해의 성격을 보여준다고 판시한 1951년 어업관할권 사건에 주목하였다.[141] 특히 Amado는 "만일 공식 해도에 표시된 저조선이 실제 연안의 저조선과 다르다면 이러한 해도는 명확하지 않는 것으로 재판기관(legal tribunal)은 해도의 유효성에 의문을 제기할 것"이라고 밝혔다.[142] Hudson은 1951년 어업관할권 사건을 언급하며 "저조선을 적절하게 보여주지 못하는 공식 해도에 표시된 기선을 받아들이는 것은 1951년 어업관할권 사건에서의 재판소의 판결과 불일치하는 것"이라고 밝힌 바 있다.[143]

해양경계의 변화 가능성에 대한 입장은 미국 국내법 판례에서도 확인되고 있다. 미국 대법원 판례는 주와 연방 간 해양경계는 유동적이라고 보고 있다.[144]

---

139 *North Sea Continental Case, Germany vs Denmark,Netherlands,* ICJ, 1969, para. 96.

140 Julia Lisztwan, *supra* note 2, p.165.

141 *Fisheries Case, United Kindom v. Norway,* ICJ, 1951, p.128. "The Court has no difficulty in finding that, for the purpose of measuring the breadth of the territorial sea, it is the low-water mark as opposed to the high-water mark, or the mean between the two tidés, which has generally been adopted in the practice of States. This criterion is the most favourable to the coastal State and clearly shows the character of territorial waters as appurtenant to the land territory."

142 *Yearbook of International Law Commission 1952,* Vol. I, p.172. para. 33.

143 *Ibid.,* p.173. para. 43.

144 관련 판례로는 *United States v. Louisiana,* 394 U.S, 1969(Louisiana Boundary Case); *United States v. Alaska,* 521 U.S, 1997; *Massachusetts v. Environmental Protection Agency,* 549 U.S,

United States v. Louisiana(1969) 사건에서 미시시피강 삼각주에 대해 루이지애나주가 연방과 주 간 해양경계를 위해 기선과 경계를 동결해야 한다고 주장한데 대해, 대법원은 "연안은 유동적이라 연방-주 간 해양경계에 대한 법률이 제정되지 않았거나 합의되지 않았다면 해양경계 자체는 유동적이다"라고 판시한 바 있다.[145] 또한 *United States v. Alaska*(1997) 사건에서는 "연안의 저조선의 변화는 해양경계를 획정하는 기선의 변화로 이어지고, 물에 잠긴 육지에 대한 권리는 기선의 변화에 따라 변화한다"라고 판시한 바 있다.[146] 그리고 해도상 저조선이 실제 저조선의 변화와 무관하게 고정되어 있을 경우 해도에 나타난 정보가 실제 저조선과 차이가 있어 연안을 중심으로 이루어지는 개발, 항행 및 어업 등의 다양한 주체들의 활동에 큰 제약이 있을 수 있다고 본다.

Ⅲ. 양 입장의 비교 검토

앞선 해수면 상승에 따른 해양경계 변화 가능성에 대한 양측 입장은 유엔해양법협약 해석에서 출발한다. 생각건대 협약에서 해수면 상승을 규정하지 않고 있는 것은 기선의 변화에 영향을 주는 많은 요인들을 모두 고려할 수 없고, 결국 기선이 변화하면 해양경계도 변해야 한다는 점을 암묵적으로 협약에 반영한 것으로 볼 수 있을 것이다. 그렇다 하더라도 해양경계가 변하지 않아야 한다는 주장은 기선의 변화에 따라 해양경계가 변한다면 궁극적으로 항구적인 국제해양질서 안정성은 확보할 수 없다는 측면에서 설득력이 있다. 따라서 양쪽 입장 중 어느 쪽 입장이 더욱 타당하다고 말하기는 어렵다. 여기에서는 '해양경계의 안정성', '연안국과 비연안국 간 이익의 균형', '해양경계획정의 목적' 및 '비용'의 측면에서 양 입장을 비교, 검토해 보도록 한다.

2007 등이 있음. Charles Di Leva, Sachiko Morita, "Maritime Rights of Coastal States and Climate Change. Should States Adapt to Submerged Boundaries?", *Law & Development Working Paper No. 5*, World Bank, 2007. 8, pp.21~26.

145 Julia Lisztwan, *supra* note 2, p.163.

146 *United States v. Alaska,* 521 U.S, 1997; *Massachusetts v. Environmental Protection Agency,* 549 U.S, 2007. "the shifts in a low-water line along the shore … could lead a shift in the baseline for measuring a maritime zone and that the state's entitlement to submerged lands beneath the territorial sea would change accordingly as the baseline shiftts."

1. 해양경계의 안정성

해양경계의 안정성은 상대적으로 연안 또는 기점이 변하지 않거나 또는 기점이 변하더라도 해양경계가 변하지 않는다는 전제하에 성립되는데, 해수면 상승은 이러한 전제 자체에 변화를 주고 있다. 특히 해수면 상승으로 야기되는 국가간 해양경계의 변화는 불확실성과 불안정성을 키울 수 있다. 따라서 해수면 상승에도 불구하고 해양경계가 변화지 않게 되면 이러한 불안정성을 낮출 수 있다.

협약의 기선제도는 '육지가 바다를 지배한다'는 전제하에 수립된 것이라는 해양경계 변화 주장에 대해서 해양경계 안정성을 주장하는 입장은 다음과 같이 반론을 제기하고 있다. 즉 협약이 전제하고 있는 '육지가 바다를 지배한다'는 명제는 육지 및 연안을 소유한 국가만이 해양에 대한 관할권을 가질 수 있다고 보는 자연주의자들의 입장인데 반해, 협약은 서문과 협정 본문에서 내륙국 또는 지리적 불리국의 이익을 반영하고 있는데, 이는 연안의 소유와 무관하게 해양관할권을 가질 수 있는 것으로 보는 실증주의자들의 입장을 반영하고 있다고 보고 있다.[147] 또한 대륙붕협약과 관련된 협약 제76조 제9항 역시 '육지가 바다를 지배한다'는 명제에서 독립되어 존재하는 것으로 볼 수 있다.[148] 이러한 점을 근거로 '육지가 바다를 지배한다'는 명제가 반드시 모든 부분에서 설득력을 가지는 것으로 볼 수 없다고 보았다.

2. 연안국과 비연안국 간의 이익균형

해양경계 불변 입장은 기본적으로 '현상태 유지'(*status quo*)를 위한 전략적 선택이다. 연안국과 국제사회 간 이미 형성된 이익은 변화하지 않고, 이러한 안정성은 자연스럽게 국제질서의 안정과 이어진다고 본다. 즉 기존의 이익간 균형이 지속되는 장점이 있다. 따라서 이들 입장에 따르면 해양경계 변화는 해양관할수역의 변화로 이어지고 나아가 연안국과 국제사회 이익의 균형이 훼손되는 결과로 이어진

---

147 Jenny Grote Stoutenburg, *supra* note 133, p.273. 협약 서문에서는 협약이 내륙국과 개발도상국의 특별한 이익을 고려하고 있다. "Bearing in mind that the achievement of these goals will contribute to the realization of a just and equitable international economic order which takes into account the interests and needs of mankind as a whole and, in particular, the special interests and needs of developing countries, whether coastal or land-locked."

148 *Ibid.,* p.274.

다고 본다.

반면 해양경계 변화 입장은 기선의 변화가 해양경계의 변화로 이어지면 변화된 해양경계에 따른 이해관계자들의 이익을 조화롭게 재조정하는 것이 오히려 바람직하다고 본다. 즉 해수면 상승으로 인한 기선의 변화는 연안국의 관할권 축소를 가져오는 한편, 공해에서 누릴 수 있는 타국의(국제사회의) 이익은 더욱 커지게 되는데, 이러한 변화된 이익을 재조정하는 것이 동결을 통해 현상유지를 하는 것보다 더 바람직하다고 본다.

따라서 해양경계가 변화될 가능성에도 불구하고 해양경계가 변화하지 않는다는 입장에 따르면 해양경계가 변화하면 기존의 이익간 균형이 깨어지면서 새로운 이익과 손실이 발생하게 되는데, 이 경우 손실이 더욱 클 수 있기 때문에 해양경계 동결을 통한 현상유지가 더 이익이 될 것이라는 점을 암묵적으로 강조하고 있다. 반면 해양경계가 변화한다는 주장은 이와 반대의 논리로 설명될 수 있다. 따라서 이러한 이견의 대립은 이후 국가실행의 축적에 따라 입증될 가능성이 높다. 예를 들어, 해양경계의 동결로 그렇지 않을 경우 누릴 수 있는 공해에서의 권리를 침해받은 것으로 인식하는 국가들이 연안국들의 해양경계 동결 실행에 지속적으로 반대하고, 공해상에서의 권리를 지속적으로 주장할 경우, 해양경계가 불변이라는 주장은 설득력을 잃을 수 있다.

결국 해양경계 변화 또는 불변의 주장은 향후 이러한 이익의 조화 또는 균형에 대해 어떠한 인식으로 국제사회의 합의가 형성되느냐에 따라 설득력을 얻을 수도 잃을 수도 있을 것이다. 따라서 연안국과 비연안국 간에 발생하는 이익의 균형 문제에 있어 어느 쪽의 이익에 더 많은 가중치를 두느냐의 가치관과 합의에 대한 공감대 형성이 중요하며, 나아가 실제로 이러한 이익간의 균형 문제는 해수면 상승이 해양경계에 미치는 영향에 대해 사례별, 예를 들어 일반 연안국과 기타 국가, 소도서국가와 기타 국가 등의 사례별로 다르게 접근할 필요가 있다.

3. 해양경계획정의 목적

기선변화 등은 연안국간 체결한 해양경계협정에 영향을 미치게 된다. 해양경계협정은 이미 수많은 시간과 비용을 들여 국가간 합의를 이끌어낸 경우여서 기선변화에 따라 매번 해양경계협정을 체결한다는 것은 거의 불가능에 가까운 일이 될 것이다. 이러한 측면에서 해양경계획정을 위한 최우선 목표는 국가간 해양관할수역에 대한 권한을 명확하게 나누고 이러한 권한의 분배를 계속 유지하는 것이 될 것이다.

이러한 측면에서 해양경계 안정화를 주장하는 입장은 외부의 물리적 변화에도 불구하고 해양경계를 지속적으로 안정화시킬 수 있다는 측면에서 바람직하다고 볼 수 있다. 그러나 유엔에서 발간한「해양경계획정지침서」서문에서는 "해양경계획정 체결은 정치적으로 민감한 과정에 속하며, 이 관련 수역에서의 당사국의 국가관할권에 직접적인 영향을 줄 뿐만 아니라 어업, 해양생물자원, 해양 비생물자원 등의 개발, 항행의 자유 등을 향유하는 국가들의 권리와 이익에도 영향을 미친다"고 명확히 밝히고 있다.149 즉 해양경계 안정화의 목적은 국제해양질서의 안정화뿐만 아니라 당사국과 비 당사국 간의 이익의 조화 측면도 포함되어 있다. 따라서 양 입장은 해양경계획정이 지향하는 목적에 있어 해양질서의 안정성에 더욱 무게를 둘 것인지, 아니면 연안국과 비연안국 간의 권리의 조화에 더 무게를 둘 것인지에 따라 견해가 나뉜다고 볼 수 있다.

4. 비용 문제

D. Caron 교수는 비용이라는 측면에서 해양경계의 안정성을 강조하고 있다. 특히 기선의 변화를 인정하면서 유엔해양법협약 체제를 유지하는데 드는 비용에 대해 다음과 같이 판단했다.150 첫째는 직접적 비용으로서 개별 국가가 기점과 기선을 보호하기 위한 대비책을 마련하는 데 많은 비용이 든다고 보았다. 둘째는 간접적 비용으로서 기선의 변화에 수반해 부수적인 비용이 든다고 보았다. 예를 들어, 해양경계 변화를 인정할 경우, 기존의 연안국과 국제사회 간의 이익균형이 깨어지면서 이에 대한 소송이 늘어날 것이고, 이에 따라 소송비용이 증가할 수 있다는 것이다. D. Caron 교수는 이러한 경우의 사례로 미국 대법원 판례를 들었다. 1969년 *United States vs. Louisiana* 사건에서 미국 대법원은 "내수를 획정하는 경계원칙은 1958년 영해 및 접속수역에 관한 협약에 기반한 것으로 'Submerged Lands

---

149 "Maritime bounbdary delimitation belongs to the category of politically sensitive processes. It has a direct effect not only on the maritime zones under the national jurisdiction of the States involved, but also on the rights and interests of those States with respect to fishing and maritime living resources, mineral and hydrocarbons resources, navigation and other use of the sea." UN, *supra* note 17, p.1

150 David D. Caron, *supra* note 132, pp.646~647.

〈표 3-3〉 해양경계 안정화 입장 비교·정리

	'불변' 입장	'변화' 입장
내용	• 해수면 상승에 따른 기점 및 기선의 변화에도 불구하고 해양경계가 불변임	• 해수면 상승에 따라 기점 및 기선이 변화할 경우 해양경계가 이에 따라 변화함
제시 근거	• 유엔해양법협약 제76조 제9항, 제7조 제2항의 해석	• 협약에 대한 명시적 규정이 없으므로 협약의 기선제도에 따라 변화하는 기점 및 기선에 근거해 해양경계가 변화해야 함 • 1958년 영해와 접속수역에 대한 제네바협약 초안 작업시 ILC 위원들은 'ambulatory coastline'을 지지함151 • 국제판례를 통해 확인되는 '육지는 바다를 지배한다'(the land dominate the sea)는 명제
국가 관행	• 벨기에·영국: 해도와 실제 해안선의 차이가 있을 경우 해도를 우선함(단, 영국은 벨기에와의 해양경계협정 협상에서 기점으로 삼았던 Shipwash Sands 섬이 협상 중 간출지로 되자 기점으로서의 효력을 포기함)152	• 미국 대법원 판례는 주-연방 간 해양경계는 유동적(ambulatory)이라고 봄. 관련 판례로는 *United States v. Alaska*(1997), *United States v. Louisiana*(1969), *United States vs. California*(1965) 등이 있음
장점	• 법적 안정성, 변화에 따른 비용 절감	• UNCLOS 조항 해석에 충실하고 변화에 대한 적응력 높임 • 실제 저조선과 도면상 저조선의 차이 없음-실제 도면을 토대로 한 연안보존 및 개발, 항행 및 어업 등 해양활동을 위한 정확한 정보 제공
단점	• '육지가 바다를 지배한다'는 전통적인 명제에 반함 • 제3국의 공해와 심해저에서의 권리 훼손 가능성 높음 • 해양분쟁 대상 도서 소멸시 그 자체로 분쟁이 해결될 수 있는 긍정적 환경변화에 대응하지 못함 • UNCLOS 규정상 기선제도와 충돌 가능성 있음 • 실제 저조선과 도면상 저조선의 차이-실제 도면을 토대로 한 연안보존 및 개발, 항행 및 어업 등 해양활동을 위한 정확한 정보제공 어려움153	• 해양질서 안정성 훼손 가능(instability) • 비효율성(inefficiency): 저조선 변화에 따라 매번 이를 측정해서 지도를 작성해야 하는 문제점 노출 • 기점 및 해안선 변화 방지를 위한 인공적 작업에 많은 비용 들어감

151 Charles Di Leva, Sachiko Morita, *supra* note 144, p.18.

152 Julia Lisztwan, *supra* note 2, p.164.

153 2004년 12월 15일, 네덜란드 정부기관은 'Zeeland Bank'에서 타국의 어선을 네덜란드 어업수로지역에서의 불법어업을 이유로 체포했다. 법원은 2002년에 작성된 해도를 근거로 네덜란드 정부의 주장을 받아들였다. 그러나 재판이 진행 중인 2004년 12월 23일 새로운 해도가 작성되었는데, 이 해도에 따르면 해양경계 기점인 '간출지'가 사라지게 되어 네덜란드 어업수로지

of Act 1953'에 규정된 기선도 변화한다"고 판시하여 해양경계 변화의 입장을 채택하였다. 그럼에도 불구하고 계속되는 소송으로 인한 비용낭비를 피하기 위해 연방정부와 루이지애나주는 특별한 해양경계협정 체결 또는 새로운 입법을 제정해 해양경계를 동결하도록 해결책으로 제시한 바 있다.[154]

Ⅳ. 해양경계 동결의 규범화 가능성 검토

1. 학자들의 견해

해양경계 안정성을 주장하는 학자들은 더 나아가 해양경계 동결을 규범화하기 위한 방안에 대해 제안하고 있다. 해양경계를 동결하는 방법은 두 가지이다. 해양경계의 동결과 기선의 동결이다. 현 국제해양법 체제에서 이러한 동결의 방법은 찾아보기 어려우며,[155] 오히려 유엔해양법협약의 기선제도와 충돌될 가능성도 있다. 그러나 해수면 상승과 관련해 저명한 교수들을 중심으로 이러한 해양경계 동결 방안을 도입하고 이를 규범화하자는 주장이 확산되고 있다. Soons 교수는 해수면 상승에 대응하여 연안국이 원래의 해양경계를 유지하도록 하는 국제관습법이 창설되어야 한다고 제안한 바 있다.[156] Caron 교수는 해양경계의 동결은 현재 해양관할수역에서의 권리의 배분을 동결함으로써 현재 권리간 균형 유지를 통해 연안국간 갈등을 줄임으로써 해양경계 안정성 확보에 기여한다고 보았다. 또한 해수면 상승에

역에 변화가 생겼고, 이를 근거로 할 때 어업장소가 네덜란드 어업수역 밖이 되었다. 이처럼 기점의 변화로 인한 해양관할수역의 변화를 해도에 반영할 경우 해양활동 주체와 집행기관 모두 업무에 혼선을 지닐 가능성이 높아질 뿐만 아니라 타국과의 갈등 및 분쟁의 소지를 제공할 수 있다. Clive Howard Schofield, "Against a rising tide: ambulatory baseline and shifting maritime limits in the face of sea level rise", Proceedings of International Symposium on Islands and Oceans, 2009.1, p.76.

154 관련 판결은 다음과 같다. "The Court's adoption, in United States v. California, of the Convention definitions was "for the purposes of the Submerged Lands Act," and not simply for the purpose of delineating a particular State's coastline. If the inconvenience of an ambulatory coastline proves substantial, the problems may be resolved through legislation or agreement between the parties." https://supreme.justia.com/cases/federal/us/394/11/case.html(2017. 8. 28. 검색).

155 국제법협회 보고서에 따르면 실제 연안선과 다른 대축척지도의 연안선을 공식적으로 사용하고 있는 국가가 최소한 하나는 존재하며, 그 국가는 네덜란드라고 밝히고 있다. ILA, *supra* note 14, p.14.

156 Soons, A.H.A, *supra* note 135, p.231.

대응하기 위한 연안국의 AIS 조치를 위한 비용을 절약할 수 있다는 점에서 해수면 상승에 따른 해양경계 문제에 대한 해결방안으로 제시하고 있다.[157] 특히 Caron 교수는 이러한 동결의 방식이 새롭게 제안되는 것은 아니라고 언급하면서 유엔해양법협약에서도 제7조 제2항(삼각주), 제76조 제9항(대륙붕)의 경우 해양경계와 관련해 동결을 반영하고 있다고 보았다. 또한 많은 양자협정들이 변화하는 지리적 특성에 따라 해양경계가 결정되기보다는 해도에 근거하도록 규정함으로써 해양경계를 동결하는 효과를 가지고 있다고 보았다.[158] 국제법협회 해수면상승위원회에서도 이러한 동결의 방안을 적극 지지하고, 해양경계를 동결하는 방안과 기선을 동결하는 방안 둘 다 현재의 해양관할수역을 최소한 잠정적으로 보존하는 방법으로 제시하고 있다.[159] 그러나 기선을 동결하는 경우는 미래 해수면 상승에 의해 잠기는 지역은 내수가 될 것인 반면, 해양경계를 동결하는 경우는 기선의 이동에 따라 육지 쪽으로 영해가 확대되는 결과를 낳게 되므로, 해양경계를 동결하는 경우보다는 기선을 동결하는 것이 유엔해양법협약 제3조, 제57조상 영해와 EEZ의 폭의 범위를 유지한다는 측면에서 더 바람직하다고 보았다.[160]

2. 규범화 가능성: 일반규범화 對 특수규범화

(1) 일반규범화 가능성

기선 또는 해양경계 동결 방안은 다음의 이유로 일반적인 규범화에 제약이 있다. 첫째, 유엔해양법협약과의 충돌 가능성이다. 기선을 동결할 경우 '육지는 해양을 지배한다'는 명제를 바탕으로 하는 협약의 기선제도의 취지가 퇴색되고, 해양경계를 동결할 경우 협약상 영해 12해리 또는 EEZ 200해리의 폭보다 더 넓은 수역을 가지게 되어 각 수역에서의 범위의 한계를 규정한 협약과 충돌할 가능성이 커지게 된다.

둘째, 국제질서의 안정성에 기여한다는 전제를 받아들임에도 불구하고 연안국과 국제사회 간의 이익의 조화 측면에서 바람직한 것인가의 물음에 쉽게 답할 수 없다. Caron 교수는 해수면 상승에 따라 해양경계의 변화를 받아들여야 하는지와

157 David D. Caron, *supra* note 132, p.648.

158 David D. Caron, "Climate Change, Sea Level Rise and Coming Uncertainty in Oceanic Boundaries: A proposal to Avoid Conflict", pp.13~14, *MARITIME BOUNDARY DISPUTE, SETTLEMENT PROCESSES, AND THE LAW OF THE SEA*, Martinus Nijhoff Publishers, 2009.

159 ILA, *supra* note 136, p.14.

160 *Ibid.,* p.15.

현재 합의된 기선을 동결해야 하는지 간의 선택에 있어서의 중요한 핵심은 어느 당사자도 현재에 얻고 있는 것 이상 가져가지 못하도록 한다는 것이라고 밝혔다.[161] 그러나 현재의 해양경계를 동결시키는 것이 연안국이 누리는 이익과 국제사회가 누리는 이익 모두를 고려했을 때 과연 형평의 관점에서 옳은 것인지에 대해선 의문이 든다. 해양경계가 변화하면 논리적으로 연안국의 이익보다는 확대된 공해를 활용하는 국제사회, 특히 내륙국과 지리적 불리국의 이익이 확대된다. 유엔해양법협약 서문에서는 자원의 형평하고 효율적인 이용뿐만 아니라 인류의 이익을 고려한 공정하고 형평한 실현을 규정하고 있다. 또한 제60조에서 내륙국의 권리, 제70조에서 지리적 불리국을 형평에 입각하여 EEZ에서의 생물자원 개발에 적절히 참여할 수 있도록 하고 있다. 해양을 연안국의 관할수역과 그렇지 않는 수역으로 이분화하는 해양경계의 목적은 연안국의 이익과 국제사회의 이익을 조화롭게 하는 것이다. 협약이 도입하고 있는 기선제도는 기선에 따라 변화하는 해양경계를 상정하고 있다. 따라서 변화하는 해양경계에 따라 변화하는 양측 간의 이익의 조화를 꾀하는 것보다 현재의 해양경계를 동결함으로써 연안국이 현재 누리는 이익을 지속적으로 누리게 하는 것이 과연 형평한 관점에서 바람직한지에 대해선 의문이다.

또한 Caron 교수는 기후변화로 인한 연안 침식을 막기 위한 비용을 절감할 수 있기 때문에 해양경계를 동결시키는 것이 효율적이라고 보았다.[162] 그러나 해양경계를 동결한다고 해서 연안 침식을 막기 위한 시설 설치에 드는 비용을 절감하기는 하겠지만, 큰 효과를 낼 것이라고 단언하기는 어렵다. 왜냐하면 연안 침식을 막기 위한 조치는 연안 보호를 통해 통상기선을 보호하기 위한 의미도 있지만, 연안 주민의 생활을 보호하고, 연안 자원 또는 환경을 보호하기 위한 측면도 있기 때문이다. 즉 해양경계를 동결한다고 해서 그러한 조치를 하지 않거나 조치의 강도를 줄일 것이라고 단언하기도 어렵다.

셋째, 동결방안은 국제질서의 안정성에 기여하는 것을 전제로 하지만, 국제질서의 안정성과 바로 직결되는 것으로 보기는 어렵다. 그 이유로는 연안국이 해양외측한계를 동결하는 방안으로는 많은 국가간 해양경계로 이루어진 복잡한 국제해양질서의 안정성으로 이어지기는 어렵기 때문이다. 실제로 2017년 8월 기준으로 현재 유엔에 등록된 해양경계협정은 약 260건이다.[163] 전 세계적으로 해양경계획정

161 David D. Caron, *supra* note 132, p.16.
162 *Ibid.,* p.17.

이 필요한 경우가 400건 정도 된다고 여겨지고 있기 때문에 약 65%가 이미 해양경계협정을 체결했고, 약 35%가 앞으로 해양경계협정을 체결해야 할 것으로 보인다.[164] 또한 해수면 상승이 향후 지속적으로 진행되는 현상인데, 현재의 해양경계나 기선을 영구히 동결시키는 것이 과연 바람직한 것인지도 의문이다.

(2) 특별규범화 가능성: 소도서국가 예외 인정

앞서 해수면 상승과 관련해서 해양경계 동결방안이 일반화된 규범화로 진행되기에는 제약이 있다고 보았다. 그러나 예외적으로 해수면 상승에도 불구하고 일정한 해양관할수역을 지속적으로 유지할 수 있도록 소도서국가에 적용될 수 있는 규범화 방안으로는 고려될 수 있을 것으로 본다. 이는 유엔해양법협약 규정과의 충돌 가능성이 있음에도 불구하고, 소도서국가의 특수상황을 고려하여 일정한 조건하에서 예외적으로 소도서국가의 해양관할수역을 확보하기 위한 방안으로 유용할 수 있다는 점을 고려한 것이다. 이 경우 일반 연안국과는 달리 해수면 상승에 매우 취약한 특수상황을 인정하는 것으로 규범화로 나갈 수 있는 가능성이 상대적으로 높다. 더욱이 소도서국가의 해양관할수역의 보호는 국제사회가 추구하는 형평, 이익의 균형이라는 측면을 고려해 볼 때 바람직하다. 여러 가지 방안을 고려해 볼 수 있겠지만 한 가지 예를 들면 소도서국가의 경우에는 해양경계를 획정하기 위해 유엔사무총장에게 제출한 해도를 한 번 제출하면 이 해도에 근거해 영구적으로 해양경계를 동결시키도록 규범화할 수 있을 것이다.

---

163 Law of the Sea Bulletins, *DOALOS*, http://www.un.org/Depts/los/LEGISLATIONANDTREATIES/depositpublicity.htm(2017. 8. 22. 검색).

164 David Anderson CMG, “Methods of resolving maritime boundary dispute”, International Law Discussion Group at Chatham House, 2006. 2.

HAPTER

04 해수면 상승과 해양경계협정

제 1 절 국가실행과 판례로 본 해양경계획정 방식

제 2 절 해수면 상승과 해양경계획정

제 3 절 해수면 상승과 해양경계협정 효력

제 4 장 해수면 상승과 해양경계협정

기점 및 해양경계의 설정뿐만 아니라 해수면 상승에 대비해 해안선과 기선을 보호하기 위한 인공적 조치 등은 연안국의 고유한 권리로 인정된다. 그럼에도 불구하고 해수면 상승에 따른 해양경계 변화 가능성에 대해 주목하는 이유는 이러한 해양경계 획정이 항상 국제적인 측면을 가지고 있기 때문이다.[1] 이는 해양경계획정이 타국과의 관계에서 있어 대항력을 가지고, 이러한 관계는 국제법원칙에 따라 규율됨을 의미한다.

국가간 해양경계획정의 결과물인 해양경계협정의 경우 해수면 상승과 관련해 생각해볼 수 있는 상황과 문제점은 다음과 같다. 첫째는 기선의 변화 또는 해양경계 협정시 고려했던 섬의 소실,[2] 연안선의 변화 등으로 해양경계가 변화하여야 함

---

1 "The delimitation of sea areas has always an international aspect" 원칙은 어업관할권 사건에서 흑해 해양경계 사건에 이르기까지 ICJ의 주요 판례에서 확인되고 있다.

2 2001년 온두라스와 영국 간 해양경계협정 체결시 온두라스는 해양경계 협정시 고려해야 할 섬으로 'Swan Islands'와 'Cayo Gorda'란 섬을 제시하였다. 두 섬은 모두 아주 작은 섬으로 전자는 총 크기가 3.9㎢의 섬으로 10명이 거주하고 있었으며, 후자는 0.007㎢의 섬으로 11명이 거주하고 있었다. 해양경계협정을 위해 양국은 이 두 섬에 완전한 효과를 부여하는데 동의했다. 그러나 이후 수면 상승시 위 2개의 소규모 섬이 완전히 수면 아래로 잠겨 버린다면 어떻게 될까? 양국이 체결한 협정 어디에도 해수면 상승에 의해 이 두 개의 섬이 수몰될 경우에 대해 예정하지 않고 있다. 그럼에도 불구하고 영국과 온두라스는 기존의 해양경계협정의 효력을 지속시킬 것인가? 아니면 새로운 해양경계협정을 체결해야 할 것인가? 관련 협정문은 다음과 같다. "Treaty between the Government of the Republic of Honduras and the Government of the United Kingdom of Great Britain and Northern Ireland concerning the delimitation of the

에도 불구하고 기존의 해양경계를 동결하는 경우이다. 이 경우 만약 기존의 해양경계협정을 동결하지 않았다면 양 당사국들은 각각 200해리에 해당하는 EEZ를 선포하고, 중간에 공해가 생겨 이러한 공해에 대해 제3국의 권리가 새로이 발생할 수 있으므로, 제3국이 기존 해양경계의 동결로 인해 공해에서의 권리를 향유하지 못한다는 문제가 발생할 수 있다. 둘째는 해수면 상승에 따른 기선과 해양경계의 변화를 수용하는 경우이다. 해양경계의 변화를 수용한다고 해도 일방당사국의 해수면 상승을 반영한 기선의 육지 쪽으로 이동이 다른 당사국보다 훨씬 클 경우, 타방당사국이 기존 해양경계의 동결을 계속 인정할지의 여부가 문제된다. 또한 해양경계의 변화를 수용한다고 하더라도 협정당사국의 입장에서는 해양관할권 축소를 인정하거나 새로운 해양경계협정 체결에 따르는 비용을 부담해야 하기 때문에 쉽게 해양경계의 재협상에 나서려고 하지 않을 것이다.[3]

이러한 두 가지 시나리오 모두 주체간 서로 다른 이해관계와 권리의 충돌이 있다. 하나는 해양경계협정 효력을 둘러싼 협약체결 당사자간 이해관계의 충돌이며, 또 하나는 해양경계협정 효력 유지 여부에 따라 제3국의 권리에 영향을 미침으로써 발생하는 해양경계협정 체결 당사국과 비당사국 간의 권리의 충돌 문제이다. 유엔해양법협약을 토대로 이러한 이익의 충돌을 해결하기가 쉽지 않다. 특히 해수면 상승의 효과가 예측하기 어려운 미래의 일이며, 해양경계협정이 사례별로 고려해야 할 사정이 다르고, 아직 이러한 문제에 대해 국가의 실행이나, 판례 등 사례가 없는 것도 쟁점에 어떻게 접근해야 하는지에 대한 고민을 깊게 한다. 따라서 출발점은 해수면 상승이라는 외부환경에 대응하여 해양경계협정 당사국들의 결정을 우선적으로 인정하면서도, 협정당사국들과 비당사국들 간의 이익의 균형 또한 모색할 필요가 있다.

이 장에서는 당사국간 해양경계협정과 관련된 쟁점을 다루도록 한다. 그리고 해양경계협정 당사국과 비당사국(제3국) 간의 문제는 다음 장에서 다룬다. 여기서는 우선 해수면 상승이 국가간 해양경계협정을 체결하는데 있어 어떠한 영향을 미치고, 어떠한 함의를 갖는지에 대해 살펴본다. 이를 위해 국가간 실행과 국제판례

---

maritime areas between the Cayman Islands and the Republic of Honduras"(2001. 12. http://treaties.fco.gov.uk/docs/fullnames/pdf/2002/TS0025.pdf<2017. 8. 5. 검색>).

3 David A. Colson and Robert W. Smith, *International Maritime Boundaries*, Vol. 5, ASIL, Martinus Nijhoff Publishers, 2005, p.356.

를 통해 나타난 국가간 해양경계획정 방식과 해양경계획정에서의 '관련 사정'을 검토하고, 이러한 검토 내용을 토대로 해수면 상승요인과 관련된 함의점을 찾는다. 그리고 해수면 상승에 따라 해양경계협정의 효력이 어떻게 고려될 수 있는지에 대해 살펴본다.

제1절 국가실행과 판례로 본 해양경계획정 방식

Ⅰ. 국가간 해양경계협정 체결 관행

1. 개 요

2016년 4월 기준으로 유럽이 85개로 가장 많이 해양경계협정을 체결하고 있으며, 아시아의 경우 총 54개의 해양경계협정이 체결되었다. 미주에서 체결된 해양경계협정 수는 총 47개이다.[4] 미주의 예를 들면, 이미 체결된 해양경계협정에서 주목할 만한 사례는 제3자 분쟁해결기구를 거쳐 확정된 캐나다와 프랑스 생피에르 멩끼에르섬 사이의 해양경계협정(중재재판)과 미국-캐나다 간 해양경계협정(ICJ, 메인만 사건) 등이 있다. 그리고 칠레-페루-에콰도르 등 3자간 해양경계협정은 1952년과 1954년에 각각 체결되었다. 현재 진행되고 있는 해양경계협정 중 대표적인 것은 알래스카 지역 'Yukon Territory'을 둘러싸고 이루어지고 있는 미국과 캐나다 간의 협상이며, 미국은 등거리선 방식을 캐나다는 중간선 방식을 주장하며 대립하고 있다. 또한 영국의 포클랜드섬은 아르헨티나와 여전히 관할권뿐만 아니라 해양경계협정과 관련해 갈등을 겪고 있다.

아프리카의 경우 29개 해양경계협정이 체결되었다. 대서양 서쪽의 경우는 주로 지브롤터 해협으로부터 'Cape of Good Hope'에 이르기까지 22개국과 6개의 군도로 구성되어 있는데 해양경계협정 체결은 더디게 이루어지고 있다. 그 이유로는 토고, 베넹과 콩고와 같은 일부 국가들의 연안선이 짧아 해양경계협정 체결을 위한 동기가 크지 않고 무엇보다도 이 지역에서의 정치적 불안정성이 국가간 해양경계 협상을 어렵게 만들고 있다.[5]

---

4 David A. Colson and Robert W. Smith, *ibid*; Victor Prescott and Clive Schofield, *The Maritime Political Boundaries of the World*, 2nd edition, Martinus Nijhoff Publishers, 2005 및 구글 자료, http://www.google.com.hk/#newwindow=1&q=maritime+delimitation+agreement&safe=strict (2017. 8. 25. 검색). 지역별 해양경계협정 사례목록은 [부록 2] 참조.

5 Victor Prescott and Clive Schofield, *ibid.*, p.344.

2. 지역별 해양경계협정 체결 추이

국가간 해양경계협정 체결은 1970년대부터 본격적으로 진행되었다. 인도양 및 동남아시아, 아프리카, 북미, 남미는 1970년대에 협정 체결이 가장 많은 반면, 태평양을 포함한 동아시아는 1980년대, 유럽은 1990년대에 체결이 가장 많았다.[6] 이러한 추세는 1958년에 영해 및 접속수역에 관한 협약과 대륙붕협약이 체결되고, 1982년에 유엔해양법협약이 체결된 것과 상당한 연관성이 있다. 특히 1970년대에 대륙붕 해양경계획정, 영해 해양경계획정 체결이 최고조에 달한 반면, 1980~2000년대까지는 배타적 경제수역, 어업수역 등의 해양경계획정이 지속적으로 높았다.[7] 이는 대륙붕과 배타적 경제수역의 해양경계획정 원칙이 확립되면서 국가간에 본격적인 해양경계협정 체결이 촉진된 것으로 풀이된다.

[그림 4-1] 지역별 해양경계협정 체결 추이

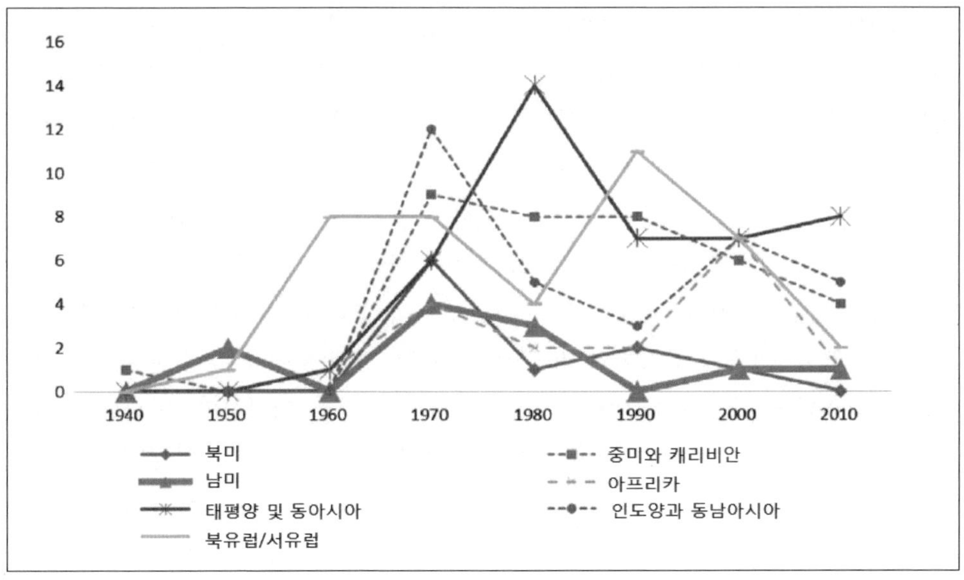

출처: Naohiko Nagasaka, "Visualizing historical trends in global maritime boundary delimitations since the 1940s", *Marine Policy* 71, 2016, p.31.

---

6 Naohiko Nagasaka, "Visualising historic trends in global maritime boundary delimitations since the 1940s'," *Marine Policy* 71, 2016, pp.31~32.

7 *Ibid.*

3. 국가간 해양경계획정 방식

국가간 체결한 해양경계협정을 분석한 결과에 따르면 일반적으로 해양경계 획정시 등거리선을 선호한 것으로 나타나고 있다.[8] 이러한 추세는 유엔해양법협약 규정에서 반영된 '형평한 해결' 원칙에도 불구하고, 여전히 등거리선 방식이 국가간 해양경계획정의 주된 방식으로 인식되고 있는 것으로 해석된다. 유엔해양법협약 규정은 그간 대륙붕 경계획정방식에 있어 국제판례들과 국가들의 '등거리선'과 '형평' 방식의 논쟁을 반영해 1958년 대륙붕협약 제6조에 규정된 등거리선/중간선 방식을 배제했다. 대신 "형평한 해결에 이르기 위해 ICJ 규정 제38조에 언급된 국제법을 기초로 하여 합의에 의하여" 이루어져야 한다고 규정하고, '형평한 결과'를 도달해야 할 하나의 목표로 제시하였다. 그럼에도 불구하고 국가들은 이러한 형평한 결과에 도달하기 위한 방식 채택에 있어서는 여전히 등거리선 방식을 선호하고 있는 것으로 보인다.

주목할 점은 예외적으로 남미, 아프리카는 비등거리선 방식이 상대적으로 높은 비율로 채택되었다는 점이다. 이는 두 지역에서는 대향국보다 인접국간 해양경계획정이 주를 이루었고, 또한 연안의 지리적 형세 또한 불규칙해서 등거리선을 이용할 경우 형평한 결과에 이르지 못하기 때문인 것으로 해석할 수 있다. 이처럼 지역별/국가별 해양경계획정은 등거리선, 변형된 등거리선, 비등거리선 등 다양한 방식이 도입되고 있는 것을 확인할 수 있다. 이는 국가간 해양경계획정이 형평한 결과 달성이라는 원칙하에 국가들이 특수한 상황을 고려해 재량적으로 경계획정 방식을 선택할 수 있음을 의미한다. 또한 해양경계획정 방식이나 유형에 대해선 국제적으로 유연하게 접근하고, 이를 인정하고 있다는 것을 의미한다. 이러한 측면은 해수면 상승이라는 특수한 상황을 충분히 고려할 경우, 국가간 해양경계획정 방식이 반드시 현재의 해양경계획정 방식의 틀 내에서 이루어져야 할 필요가 없음을 시사하고 있다고 볼 수 있다. 이러한 해양경계획정의 유연성은 이후 제6장 정책제언에서 해수면 상승과 제3국의 이익과 연안국의 이익의 조화를 모두 고려한 해양경계획정 방식을 제안하는 데 반영하고자 한다.

---

8 *Ibid.*, p.33.

〈표 4-1〉 지역별 해양경계협정상 경계획정 방식

(단위 : %)

	등거리선	변형된 등거리선	비등거리선 방식
북미	40	30	30
중미/캐리비언	45	26	30
남미	23	15	62
아프리카	29	14	57
태평양/동아시아	65	15	20
인도양/동남아시아	59	23	18
페르시아만	28	50	22
지중해와 흑해	48	32	20
북서유럽	43	27	30
발틱해	41	34	24
카스피해	25	50	25

출처: Naohiko Nagasaka, *supra* note 6, p.33.

Ⅱ. 해양경계획정 방식의 유연성

해양경계획정 규범은 국가실행으로 상당히 축적되었음에도 불구하고 관련 국제관습법으로 이어지거나 입법화에 이르지 못하고 있다. 반면 1969년의 북해대륙붕 사건 이후 약 20여건에 달하는 다양한 해양경계획정 사건이 국제재판에 회부되었으며, 이를 통해 상당한 양의 판례가 축적되었다. 결국 해양경계획정 관련 법규범은 조약 또는 국제관습법을 통해서가 아니라 판례를 통해 발전하고 구체화된 것으로 볼 수 있다.[9]

현재 해양경계획정을 위한 판례법은 '3단계 방식'이 확립되어 가는 추세이다.[10] 즉 형평한 결과를 달성하기 위해 방법론적으로는 '등거리선' 방식을 우선 적용하고, 이후 '관련 사정 방식'(relevant circumstances method)을 적용하여 처음 설정한 등거

9 백진현, "해양경계획정 사건 판례의 법리의 분석과 전망", 한국해양수산개발원, 2012. 8, 7쪽.
10 위의 글, 8~10쪽.

리선 방식을 조정해 해양경계 획정을 하는 2단계 과정을 거친 후 마지막으로는 '비례 테스트'(proportionality test)를 거쳐 획정된 해양경계획정이 최종적으로 공평한 결과에 도달하였는지를 판단한다.

이러한 3단계 방식 가운데 해수면 상승으로 인한 해양경계획정과 관련해서 살펴보고자 하는 것은 '해양경계획정 방식'과 해양경계획정 방식에서 특히 고려되는 '관련 사정'의 내용이다. 등거리선 방식의 해양경계획정 관행이 일반적이지만, 반드시 등거리선 방식이어만 하는 것은 아니므로, 판례의 입장을 통해 국가의 실행으로 진행되고 있는 해양경계획정 방식이 유연하다는 점을 확인하고, 이러한 해양경계의 유연성이 해수면 상승을 통해 해양경계획정에 어떠한 함의를 찾는가에 대해 살펴보고자 한다. 그리고 해수면 상승과 관련한 사정을 염두에 두고 해양경계획정에서 관련 사정을 어떻게 고려해 왔는지에 대해서도 살펴본다.

1. 해양경계획정 '3단계 방식'

2009년 루마니아-우크라이나 해양경계 사건에서 ICJ는 대륙붕과 배타적 경제수역 경계획정 방법론으로 기존의 판례에서 제시된 방법론인 '3단계 방식'을 명료하게 제시하고 있다.[11] 우선 첫 단계로 재판소는 객관적이고 경계 획정을 위한 수역에 적합한 방법을 이용해 잠정적 경계선을 설정한다. 특히 인접국간 해양경계에 있어서는 특별한 사유가 없는 한 등거리선이, 대향국간 해양경계에 있어서는 양국 연안의 중간선이 잠정적 경계선이 된다. 그리고 중간선 또는 등거리선은 모두 해양경계획정을 위한 수단이므로 그 자체로 어떠한 법적 결과가 발생하지 않는다. 이에 따라 재판소는 루마니아와 우크라이나의 인접 연안에 대해서 잠정적 등거리선을 그었다.

두 번째로 재판소는 '형평한 결과'를 얻기 위해 잠정적 등거리선의 수정 또는 이동을 요하는 요소들이 있는지를 고려하였다. 이는 기존의 판례에서 거의 일관되게 보여준 법리인 형평원칙/관련 사정 방식이 적용됨을 보여 주는 것이다. 이 사건에서는 연안 길이 간 불균형, 흑해의 폐쇄적 성격, 세르펜트 아일랜드(Serpents Island)의 존재, 양국 간 석유탐사 양허, 어업활동, 안보 등을 해양경계획정을 위한 고려사항으로 보고, 잠정적 등거리선을 수정하였다.

11 *Maritime Delimitation in the Black Sea, Romania v. Ukraine*, ICJ, 2009, pp.44~46, paras. 115~122.

세 번째로 재판소는 마지막 단계로 관련 사정을 고려해서 확정된 잠정적 등거리선이 연안선의 길이와 비율 간의 불균형 등으로 인해 비형평적 결과를 낳지 않았는지를 최종적으로 검토하였다. 이러한 작업은 경계획정을 통한 확정된 수역이 현저한 불비례를 초래하지 않는지를 최종적으로 검토하는 것이다. 그러나 재판소는 이러한 검토는 단지 대략적인 것으로 충분하다고 보았다.[12] 이에 따라 루마니아와 우크라이나의 연안 길이의 비율은 1 : 2.8이며, 관련 수역의 비율은 대략 1 : 2.1이라고 확인하고 이러한 사실이 관련 사정을 고려하여 획정된 경계선에 수정이 필요하다는 것을 의미하지는 않는 것으로 보았다.[13]

이러한 3단계 방식은 또한 2012년 니카라과-콜롬비아 해양경계 사건에서도 재확인되었다. 그러나 이 판례에서 주목할 것은 이러한 3단계 방식이 모든 사례에서 적합한 것은 아니라는 견해를 표명함으로써 이러한 3단계 방식이 판례법으로 완전히 확정된 것은 아니며, 아직 형성과정 중에 있는 것으로 보고 있다는 점이다.[14] 그리고 이러한 3단계 방식은 새롭게 제시된 해양경계획정 방식이라고 보기보다는 이전의 판례에서 일관되게 보여 준 해양경계획정 방법론을 명확하게 정리한 것으로 보는 것이 더욱 타당하다. 왜냐하면 언급된 판례 등을 통해 제시된 해양경계획정 방법론은 '등거리선/형평, 관련 사정 또는 특별사정'의 2단계 방식에서 최종적으로 비례성 테스트가 추가된 3단계의 접근방식으로 이해되기 때문이다. 특히 '비례성'과 관련해서는 1969년 북해대륙붕 사건에서부터 '비례성'을 고려해야 할 관련 사정으로 보았으며, 1982년 튀니지-리비아 대륙붕 사건에서는 형평의 관점에서 비례성 테스트(test of proportionality) 요건을 제시하고 있다. 이는 기존의 2단계 방식에서는 관련 사정 중 하나였던 비례성이라는 요건이 이후 관련 사정의 한 요소에서 더 나아가 별도의 추가적인 단계로 격상된 것으로 보이며, 본질적으로 2단계 방식이나 3단계 방식 중 어떠한 방식을 사용하든지 간에 해양경계획정의 결과는 동일할 것으로 생각된다.

이러한 관점은 최근의 중재재판 판결에서도 잘 드러난다. 2006년 바베이도스-트리니나드토바고 해양경계 중재재판에서 재판소는 사안에 적용될 수 있는 법으로

12 *Ibid.*, p.72, para. 212.

13 *Ibid.*, p.73, para. 216. 원문은 다음과 같다. "The Court is not of the view that this suggested that the line as constructed, and checked carefully for any relevant circumstances that might have warranted adjustment, requires any alteration."

14 *Territorial and Maritime Dispute, Nicaragua v. Colombia,* Judgement, ICJ, 2012, p.72, para. 194.

서 양국이 모두 당사국인 유엔해양법협약(특히 제74조와 제83조)이 적용될 수 있으며, 재판소의 판례법과 더불어 지난 60년 이상 발전해 온 국제관습법이 또한 해양경계획정에 특정한 역할을 가진다고 보았다.[15] 그리고 해양경계선을 획정하는 방식은 일반적으로 2단계 방식을 따른다고 보았다. 첫 번째 단계는 등거리선을 잠정적으로 획정하는 것으로 이 경우 등거리선 자체가 형평한 결과를 보장하는 것은 아니라고 전제했다. 두 번째 단계는 관련 사정에 비춰 형평한 결과에 도달할 수 있도록 잠정적 등거리선을 수정할 필요가 있는지를 검토하였다.[16] 그리고 영해의 경계획정에 적용되는 등거리선/관련 사정 방식이 EEZ와 대륙붕의 해양경계획정에 적용되는 형평/관련 사정 방식과 때때로 차이를 보이기도 하지만 '형평한 결과'를 보장하기 위한 필요성은 거의 유사하다고 보았다.[17]

2. 등거리선 방식의 적용과 관습법화 여부

앞서 살펴본 바와 같이 국제재판소에서 국가간 해양경계를 획정할 경우, 형평한 결과 도출을 목표로 그 첫 단계에서로서의 잠정적 해양경계를 긋는 데 대부분 등거리선 방식을 사용한다. 그러나 이러한 등거리선이 모든 상황에서 잠정적 해양경계획정, 나아가 최종적 해양경계획정 방식에 적용될 수는 없을 것이다. 이는 국가간 고려해야 할 관련 사정이 매우 다양하기 때문이다. 그렇다면 등거리선 방식이 국가들이 우선적으로 고려할 수는 있지만, 반드시 이 등거리선 방식을 따를 필요는 없을 것이다. 이러한 점을 고려해 우선 등거리선 방식과 이 방식을 실제로 판례에서는 어떻게 보고 있는지를 국제관습법화 여부에 초점을 맞춰 살펴보기로 한다.

(1) 유 형

등거리선 방식은 크게 엄격한 등거리선(strict equidistance line) 방식, 단순화된 등거리선(simplified equidistant line) 방식 및 조정된(또는 수정된) 등거리선(adjusted (or modified) equidistance line) 방식으로 나뉜다.[18] 엄격한 등거리선 방식은 국제법 하에서 인정되는 연안의 모든 기점을 고려하는 방식이다. 실제로 이러한 방식은 매

15 *Arbitration between Barbados and the Republic of Trinidad and Tobago, relating to the delimitation of the exclusive economic zone and the continental shelf between them*, Decision of 11 April 2006, para. 223.

16 *Ibid.*, para. 242.

17 *Ibid.*, para. 306.

18 UN, *Handbook on the Delimitation of Maritime Boundaries*, 2000, pp.48~51.

우 복잡하고 비실용적이어서 아주 예외적으로 사용되고 있다. 예를 들어, 1974년 스페인과 이탈리아 간 해양경계협정에 적용된 방식이다.[19] 이에 비해 연안국은 일정한 중요기선만을 해양경계획정에 고려하는 단순화된 등거리선 방식을 더 선호하고 있다. 예를 들어, 1978년 미국-멕시코 간 해양경계협정에서 기점의 수를 단순화해서 경계를 획정한 바 있다.[20] 이 방식은 주로 연안이 복잡해서 고려해야 할 기점의 수가 많은 경우에 주로 사용되나, 실제 항행 및 연안의 자원관리에 있어 문제점을 내포하고 있다. 또한 수정된 등거리선 방식은 엄격 또는 간편화된 등거리선 방식에 상관없이 일정한 상황에서 형평 또는 다른 고려요소를 고려하여 해양경계를 획정하기 위해 도입하였다. 예를 들어, 1969년 이란-카타르 간 해양경계협정[21]에서는 등거리선을 방식으로 하면서 모든 섬, 암석, 간출지 등을 기점에서 배제하였다. 또한 1985년 몰타와 리비아 간의 해양경계획정에서 재판소 역시 "형평한 경계선은 중간선을 북쪽으로 위도상 18′(18/60도) 이동시켜 설정한 선"이라고 하여 수정된 등거리선 방식을 적용하여 대륙붕 해양경계를 획정한 바 있다.[22] 또한 1993년 그린란드와 Jan Mayen섬을 둘러싼 덴마크와 노르웨이 해양경계 획정시 ICJ는 양국간 중간선을 잠정적으로 설정한 후 그린란드와 비교해 Jan Mayen섬의 연안이 훨씬 짧다는 점을 인정하여 잠정적으로 그은 중간선을 Jan Mayen섬을 향해 이동·조정시킨 바 있다.[23] 최근의 관행은 해양경계획정이 엄격하게 등거리선을 고집하

---

19 *Ibid.*

20 Victor Prescott and Clive Schofield, *supra* note 4, p.225.

21 *Agreement concerning the boundary line dividing the continental shelf between Iran and Qatar*, 1969. 9. 20.

22 *Case concerning the continental shelf, Libian Arab Jamahiriya v. Malta,* ICJ, 1985, para. 73. 원문은 다음과 같다. "therefore decided that the equitable boundary line is a line produced by transposing the median line northwards through 18′ of latitude. By 'transposing' is meant the operation whereby to every point on the median line there will correspond a point on the line of delimitation, lying on the same meridian of longitude but 18′ further to the north."

23 *Case concerning Maritime Delimitation in the Area between Greenland and Jan Mayen, Denmark vs. Norway,* Judgement, ICJ, 1993, para. 69. 원문은 다음과 같다. "It follows that, in the light of the disparity of coastal lengths, the median line should be adjusted or shifted in such a way as to effect a delimitation closer to the coast of Jan Mayen. It should, however, be made clear that taking account of the disparity of coastal lengths does not mean a direct and mathematical application of the relationship between the length of the coastal front of eastern Greenland and that of Jan Mayen."

는데서 벗어나 관련 국가간 형평한 결과를 얻기 위해 관련 사정을 고려하여 이를 수정하는 수정된 등거리선 방식을 선호하고 있다.[24]

(2) 관습법화 인정 여부

3단계 방식 제1단계에서 잠정적 경계선 설정을 위한 방식으로 국가들이 선호하는 등거리선 방식이 국가의 실행을 통해 국제관습법화되었는지에 대해 판례를 중심으로 살펴본다. 1969년 북해대륙붕 사건에서 ICJ는 해양경계획정에 있어서 국가들을 구속하는 규칙은 단순히 추상적인 정의로서의 형평을 적용하는 문제가 아니라, 대륙붕의 법적 체계의 발전을 고려한 형평원칙을 적용하는 문제로 보았다. 이를 전제로 형평원칙이 적용될 수 있는 모든 상황을 고려하여 등거리선뿐만 아니라 다른 경계획정 방법도 사용될 수 있다고 보아 등거리선의 관습법화를 부인하였다.[25] 1982년 튀니지－리비아 대륙붕 사건에서는 대륙붕의 해양경계와 관련해 등거리선 방식이 국제관습법 원칙이 아니라는 1969년 북해대륙붕 사건의 판결을 재확인했다.[26] 등거리선 방식이 형평한 해결을 얻기 위해 여전히 유용한 방법이고 실제로 많은 국가들이 협정을 통해 이 방식을 사용하고 있으나, 다른 수단에 비해 '특권적 지위'(privileged status)를 누리고 있다고 보기 어렵다고 판시했다. 나아가 1984년 메인만 사건에서는 국가간 해양경계획정에 적용되는 방식에 대해서 다음과 같이 정리했다.[27]

첫째, 국가간 해양경계획정은 신의성실의 원칙에 기반해 협상과 합의를 통해 달성되어야 함을 원칙으로 하며, 만약 합의가 어렵다면 권능을 가진 제3자의 해결에 의존해야 한다. 둘째, 해양경계는 형평 기준을 적용하고 관련 지역의 지리적 형상과 관련 사정을 고려하여 형평한 결과를 가능케 하는 실제적인 방법을 사용함으로써 달성된다. 이러한 원칙은 이후 해양경계획정 원칙을 위한 국가의 관행과 판례

---

24 Victor Prescott and Clive Schofield, *supra* note 4, pp.225~226.

25 *North Sea Continental Case, Germany vs Denmark, Netherlands*, ICJ, 1969, p.47. para. 85. 원문은 다음과 같다. "… that is to say, rules binding upon States for all delimitations;－in short, it is not a question of applying equity simply as a matter of abstract justice, but of applying a rule of law which itself requires the application of equitable principles, in accordance with the ideas which have always underlain the development of the legal regime of the continental shelf … for this purpose the equidistance method can be used, but other methods existand may be employed."

26 *Case concerning the Continental Shelf, Tunisia vs. Libyan Arab Jamahiriya*, ICJ, 1982, p.79, para. 109.

27 *Case concerning Delimitation of the Maritime Boundary in the Gulf of Maine Area, Canada vs. United States of America,* Judgement, ICJ, 1984, p.57, para. 112.

에서 지속적으로 확인되고 있다. 특히 방법론과 관련해선 1985년 리비아-몰타 대륙봉 사건에서 ICJ는 국가간 대륙봉경계획정은 1982년 유엔해양법협약 제83조에 의해 규율되며, 형평한 결과를 목적으로 하나, 형평한 결과를 달성하기 위해 어떠한 방법을 채택하여야 하는지에 대해서는 밝히지 않고 있다고 언급하면서, 획정방식의 채택에 있어선 국가의 재량에 맡겨 두고 있다. 그리고 등거리선 방식이 해양경계획정을 위한 잠정적 또는 예비적 조치단계에서조차 의무적으로 사용되어야 하는 방식으로, 또한 재판소가 우선적으로 적용해야 하는 방식으로도 받아들이지 않았다.[28]

이에 비해 잠정적 경계선으로서의 등거리선에 대한 보다 긍정적인 입장을 보인 판례도 있다. 1993년 *Jan Mayen* 사건에서는 1969년 북해대륙봉 사건 이후부터 이어져 온 등거리선 방식에 대한 관습법적 지위에 대해 좀 더 긍정적으로 바라보았다. ICJ는 동 사건에서 등거리선의 잠정적 획정이 어떠한 경우에서든 의무적이라고 볼 수 없다고 전제하면서도, 앞선 1984년 메인만 사건이나 1985년 리비아-몰타 사건에서 등거리선이 잠정적 해양경계선으로서 적합하였다고 확인했다.[29] 대륙봉 경계획정과 관련해서 만약 1958년 협약 제6조를 적용하지 않고 관습법을 적용한다고 하더라도 중간선을 잠정적 경계로 정한 후 이를 조정하거나 변동시킬 특수한 사정이 있는지를 검토하여 온 선례와 부합한다고 판시했다.[30] 그리고 대륙봉과 어업수역 모두에 중간선을 잠정적 경계선으로 획정하는 것은 적절하다고 전제한 후,[31] 관련 사정을 고려해 형평한 결과를 얻을 수 있다고 보았다. 1999년 에리트리아-예멘 중재사건도 유사한 시각으로 접근했다. 재판소는 마주보는 국가의 연안에서 중간선 또는 등거리선이 협약, 특히 제74조와 제83조의 요건에 따라 형평한 경계를 이룬다고 보았다.[32] 2006년 바베이도스-트리니다드토바고 해양경계 중재

---

28 *Case concerning the continental shelf, Libian Arab Jamahiriya v. Malta*, 135, p.28, para. 43.

29 *Case concerning Maritime Delimitation in the Area between Greenland and Jan Mayen, Denmark vs. Norway,* Judgement, ICJ, 1993, p.27, para. 51.

30 *Ibid.*, para. 51.

31 *Ibid.,* p.28, para. 53. 원문은 다음과 같다. "It thus appears that, both for continental shelf and for the fisheries zones in this case, it is proper to begin the process of delimitation by a median line provisionally drawn."

32 *Eritrea-Yemen Arbitration, Award of Arbitral Tribunal, 2nd stage of the proceedings(Maritime Delimitation)*, 1999, para. 131. 원문은 다음과 같다. "It is a generally accepted view, as is evidenced in both the writings of commentators and in the jurisdiction, that between coasts that are opposite to each other the median or equidistance line normally provides an equitable boundary in accordance with the requirements of the Convention, and in particular those of its

재판에서는 그 자체로 의무적인 해양경계방식은 없지만, 경계획정에 있어 주관적 관점을 피하고 확실성을 보장할 수 있는 방식을 요구한다고 보고, 등거리선이 이러한 확실성을 보장하고 있다고 보았다.[33] 2007년 가이아나－수리남 사건에서 중재재판소는 영해경계획정과 관련해 유엔해양법협약을 적용하여야 하며, 협약 제15조[34]는 영해경계획정을 위해 잠정적으로 획정한 중간선을 조정하는 이유로서 재판소가 역사적 권원과 특별한 사정을 고려할 수 있도록 허용하고 있다고 보았다.[35] 그리고 단일해양경계의 개념이 협약에 기원을 두지 않았지만 국가실행과 국제재판소의 판례법에 의해 발전해 왔다고 전제하고, 이 사안에서 단일해양경계 방식을 택하였다. 그리고 지난 20년 동안 국제재판소는 대륙붕과 배타적 경제수역 경계획정에서 등거리선의 역할을 명확하게 확인해 왔으며, 잠정적으로 등거리선을 채택하여 왔다고 보았다.[36]

국제판례는 3단계 방식을 도입하면서 잠정적 경계선을 획정할 때 등거리선 또는 중간선을 채택하는 국가의 실행이 축적되어 오고 있음을 보여 주고 있다. 이러한 등거리선 획정방식이 국가간 해양경계획정을 위한 형평한 결과에 도달하기 위한 가장 보편적으로 도입할 수 있는 유용한 방식이라는 점에 국가들과 재판소 모두 동의하고 있는 것으로 보인다. 그럼에도 불구하고 판례에서는 예외적으로 등거리선 방식 이외의 경계획정방식을 도입하고 있는데, 이는 등거리선이 관습법적

Articles 74 and 83."

33 *Arbitration between Barbados and the Republic of Trinidad and Tobago, relating to the delimitation of the exclusive economic zone and the continental shelf between them*, Decision of 11 April 2006, para. 306. 원문은 다음과 같다. "The tribunal notes that while no method of delimitation can be considered of and by itself compulsory, and no court or tribunal has so held, the need to avoid subjective determinations requires that the method used start with a measure of certainty that equidistance positively ensures,…"

34 이 조항의 두 번째 문단이 특히 관련이 있다. 원문은 다음과 같다. "… The above provision does not apply, however, where it is necessary by reason of historic title or other special circumstances to delimit the territorial seas of the two States in a way which is at variance therewith."

35 *Arbitral Tribunal Constitute Pursuant to Article 287, and In Accordance with Annex VII, of the UNCLOS, Guyana v. Suriname*, award of the Arbitral Tribunal, 2007, para. 313.

36 *Ibid.*, para. 335. 원문은 다음과 같다. "In the course of the last two decades international courts and tribunals dealing with disputes concerning the delimitation of the continental shelf and EEZ have come to embrace a clear role for equidistance. the process of delimitation is divided into two stages. First the court or tribunal posits a provisional equidistance line which may then be adjusted to reflect special or relevant circumstances."

지위에 오르지 않았거나 부정하는 사유로 원용되기보다는 해양경계획정 방식이 사례별로 유연하게 적용될 수 있음을 보여 주는 것으로 해석함이 더욱 타당할 것이다.

3. 해양경계획정 방식의 유연성: 사례별 고찰

국가간 해양경계획정 방식은 해양경계획정을 원하는 당사국간 특별한 사정을 고려해 사례별로 다양하게 선택·적용되어 왔다. 이러한 다양한 방식의 선택은 결국 협정 체결을 원하는 당사국간 '형평한 결과'를 달성하기 위해 어느 하나의 방식에 국한되지 않는 유연함을 보여 주고 있다. 국가의 실행과 판례를 통해 확인할 수 있는 해양경계획정의 유연성 사례는 다음과 같다.

(1) 사례 1: 고립화(Enclaving) 방식

이 방식은 한 국가의 섬이 본토와 아주 멀리 떨어져 있는 경우(full enclave)와, 섬의 관할수역이 부분적으로 본토의 해양관할권에 속하는 경우(semi-enclave)에 섬을 둘러싼 해양경계 획정시 적용되는 방식이다. 특히 한 국가에 속하는 섬이 본토보다는 상대국에 더욱 가깝게 있을 때 사용되는 방식이다. 이 경우 멀리 떨어져 있는 섬을 고려해 등거리선 원칙을 고집해 경계획정을 하면 상대국의 해양관할권은 축소되는 효과를 가지게 되어 협정이 달성하고자 하는 형평한 결과에 도달하지 못하게 된다. 일반적으로 이 방식에 따라 대륙붕 해양경계협정에서 본토와 멀리 떨어져 있는 섬은 형평한 결과를 위해 주로 평균적으로 12~13마일의 대륙붕만을 가지게 된다. 1971년 이탈리아-튀니지 간 대륙붕 해양경계협정에서 이탈리아에 속한 'Pantelleria'와 'Lampedusa'섬을 대상으로 해 12~13해리의 대륙붕 경계를 획정한 바 있다.[37] 이 경우 실제로 12해리의 영해에 약 1해리의 EEZ 및 대륙붕 해양수역만을 가지게 되는 효과와 동일하다. 1992년 영-불 중재재판에서 재판소는 'Channel Islands'가 존재하지 않았다면 중간선이 영국해협(English Channel)의 대륙붕경계획정 원칙이 되겠지만, 프랑스 본토에 오히려 가까운 'Channel Islands'의 존재로 인해

37 Limits in the Seas No. 89 Continental Shelf Boundary(Italy v. Tunisia) 제4조(http://www.state.gov/documents/organization/58822.pdf). 원문은 다음과 같음. "The line of delimitation between points 18 and 19 is constituted by the west arc of the envelope of circles having the low-water line of Pantelleria as center and a radius of 13 miles. The line of delimitation between points 28 and 29 is constituted by the south arc of envelope of circles having the low-water line of Lampedusa as centers and a radius of 13 miles."

이 섬을 고립화하는 방식으로 경계를 획정한 바 있다.[38]

(2) 사례 2: 수직선 및 경도선/위도선 방식

수직선(Perpendicular) 방식은 해양경계를 획정하기 위해 연안 또는 연안의 일반적인 방향에 대해 수직선을 긋는 방식으로 주로 인접국의 해양경계획정을 위해 사용된다. 이는 양국의 연안이 비교적 복잡하지 않은 경우 사용되는 단순화된 등거리 획정방식의 하나로 이해되기도 한다. 이 방식은 1972년 우루과이와 브라질 간의 해양경계협정에서 사용되었으며, 1986년 기니아－기니비소 간 중재재판에서 양국 간 해양경계선 획정을 위해 일부 연안에서 이 방법이 적용되었다.[39] 재판소는 세네갈의 Pte. de Almadies와 시에라리온의 Cape Shilling을 연결하여 서부아프리카의 일반적인 연안선의 방향을 정한 후 이에 대해 236도의 수직선을 그어 이를 양국간 해양경계로 삼았다.[40] 그러나 특정한 연안이 규칙적이어서 하나의 직선으로 해양경계를 획정하는 경우는 무척 드물기 때문에 이 방법이 적용되는 경우는 드물다.

경도선과 위도선 방식은 해양경계획정을 위해 경도선(meridians of longtitude)과 위도선(parallels of latitude)을 사용하는 방식이다. 주로 인접국이 사용하는 방식으로 1952년 페루와 칠레 간 해양경계협정,[41] 1974년 포르투갈과 스페인 해양경계협정,[42] 1988년 영국－아일랜드 간 대륙붕 해양경계협정[43]에서 사용된 방식이다. 특히 이 방식은 등거리선과 같이 다른 경계획정 방식과 함께 사용될 수 있는데, 이 경우 일차적으로 연안에 가까운 지역에서는 등거리선을 우선 적용한 후 이 방식을 사용해 나머지 부분의 해양경계선을 획정하는 방식을 취한다. 1976년 콜롬비아－파나마, 1976년 케냐－탄자니아, 1978년 네덜란드－베네수엘라, 1990년 트리니다드토바고－베네수엘라 등의 해양경계협정에서도 이러한 방식이 적용되었다.[44] 그러나 이러한 방식은 단순화의 이점은 있으나 형평한 결과에 도달하기가 어려워 많이

38 *Case Concerning the Delimitation of the Continental Shelf Between the United Kingdom of Great Britain and Northern Ireland and the French Republic*, p.203, para. 198.

39 UN, *supra* note 18, p.57.

40 Victor Prescott and Clive Schofield, *supra* note 4, p.230 .

41 Declaration on the Maritime Zone, 1952. 8.

42 Agreement between Portugal and Spain on the Delimitation of the Territorial Sea and Contiguous Zone, Agreement between Portugal and Spain on the Continental Shelf, 1976. 2.

43 Agreement between the Government of the United Kingdom of Great Britain and Northern Ireland and the Government of the Republic of Ireland concerning the delimitation of areas of the continental shelf between the two countries, 1988. 11.

44 UN, *supra* note 18, p.57.

사용되고 있지는 않다.

(3) 사례 3: 회랑(corridor) 방식

프랑스-캐나다 간 중재재판에서는 'Saint Pierre-et-Minquelon'섬을 대상으로 선(line) 형식이 아닌 벨트 형식의 공간을 규정한 '회랑'방식을 사용하였다.[45] 사안에서 재판소는 형평한 결과에 도달하기 위해 해양경계획정이 영향을 주는 2개의 다른 지역을 고려할 필요가 있다고 보았다.[46] 우선 섬의 서쪽 지역의 경우 12해리 영해 이상 해역을 확장할 경우, 캐나다의 뉴펀들랜드의 남쪽 연안을 침범할 수 있다고 보고, 서쪽 수역에 대해 합리적이고 형평한 방법으로 생피에르와 미크롱에 영해 한계로부터 추가적으로 12해리의 배타적 경제수역을 부여했고, 유엔해양법협약상 접속수역의 성격을 갖는 것으로 보았다.[47]

또한 생피에르와 미크롱 남쪽 및 동남 해역에 대해선 지리적 상황이 완전히 다르다고 보았다. 남쪽으로는 캐나다의 연안에 방해를 받지 않고, 200해리 외측한계에 이르기까지 해역을 확보할 수 있을 것으로 보았다.[48] 이를 위해 섬의 남쪽 지역으로는 회랑 형식의 독특한 해양관할수역을 가질 수 있도록 해양경계를 획정했다. 그리고 재판소는 생피에르와 미크롱의 서쪽 연안에서는 해역의 범위를 제한하면서도 남쪽 지역으로는 방해받지 않는 200해리 수역을 완전하게 확보하는 해양경계방식이 서로 양립하지 못하거나, 불일치하는 것으로 보지 않았다.[49]

(4) 사례 4: 각도 이등분(angle bisector) 방식

2007년 니카라과-온두라스 사건은 1980년대부터 관행으로 유지되어 온 등거리선/관련 사정의 방식을 적용하지 않은 사례로 주목을 끈다. 니카라과와 온두라스 모두 해양경계획정의 주요 방식으로 잠정적 등거리선 획정을 요구하지 않았다.[50] 재판

---

45 해양수산부, 『국제해양분쟁사례연구 I: 중재재판소 판례』, 2004. 5, 233쪽. 이러한 해양경계방식은 판례에서 선례를 찾기는 어려우나, 국가간 실행에서는 종종 볼 수 있다. 1984년 프랑스-모나코, 1960년 키프로스-영국, 1987년 도미니카-프랑스, 1978년 네덜란드와 베네수엘라 간 경계협정 체결시에 도입되었다.

46 Court of Arbitration for the Delimitation of Maritime Areas between Canada and France: Decision in Case concerning delimitation of marine area((St. Pierre and Miquelon), 31 *I.L.M* 1145, 1992, para. 66.

47 *Ibid.,* paras. 68~69.

48 *Ibid.,* paras. 70~73.

49 *Ibid.,* para. 74.

50 *Territorial and Maritime Dispute Between Nicaragua and Honduras in the Caribbean Sea,* Judgement, ICJ, 2007, p.87, para. 275.

[그림 4-2] Saint Pierre-et-Minquelon 대상으로 한 프랑스-캐나다 간 해양경계획정

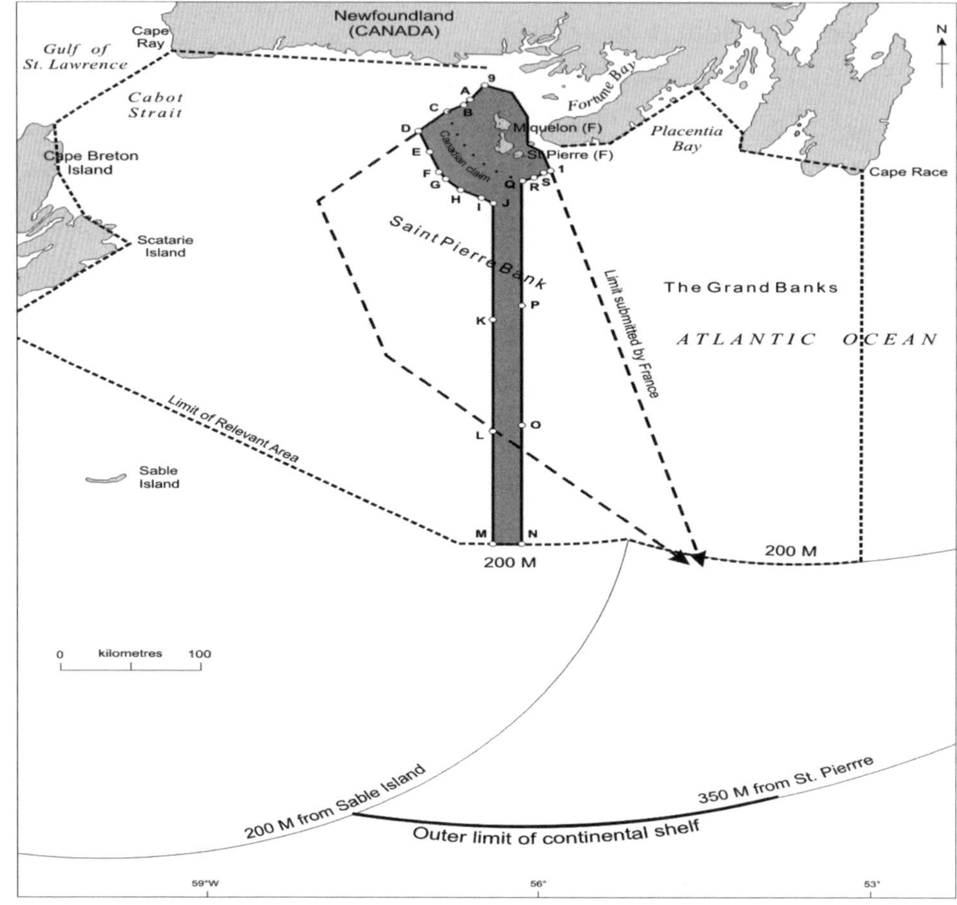

출처: Clive Howard Scofield, *The Trouble with Islands*, 2009.

소 역시 '지리적인 사정'으로 인해 기점을 확정하고 단일 해양경계획정을 위한 잠정적 등거리선을 긋는 것이 사실상 불가능하다고 밝혔다. 그리고 등거리선 방식이 해양경계획정 관행에 있어 광범위하게 사용되면서도 모든 상황에 다 적합하지 않다는 법리를 다음과 같이 제시하였다.

> 등거리선 방식은 과학적 성격과 적용함에 있어서의 용이함으로 인해 어떠한 본질적인 가치를 가지고 있다. 그러나 등거리선 방식은 다른 경계획정 방식에 대해 자동적으로 우위를 가지고 있지 않으며, 특히 등거리선 방식을 적용하기에 부적절한 어떠한

요소들이 존재하는 경우에는 특별히 더 그러하다.[51]

그리고 재판소는 각도 이등분 방식이 등거리선이 불가능하거나 적절하지 않은 경우에 사용될 수 있는 대체방법으로 보고 이를 해양경계획정 방식으로 채택하였다. 특히 이 사건에서처럼 재판소가 기점을 설정하기 불가능한 경우에서 각도 이등분선은 등거리선의 근사치로 볼 수 있으며, 등거리선 방식과 같이 법적 효과를 부여하기 위해 사용될 수 있는 기하학적 접근방식이라고 보았다.[52] 이와 같은 재판소의 법리에 대해 일각에서는 해양경계획정에 필수적인 유연성을 인정했다는 점에서 환영하였지만, 또 다른 측면에서는 해양경계획정법의 예측 가능성을 훼손하고 20년 동안 국제사법재판소의 일관된 법리적용을 통해 발전해 온 해양경계획정법의 규범성을 약화시켰다는 비판도 적지 않았다.[53] 그럼에도 불구하고 각국의 해양경계획정에 있어서 당사국들과 관련된 특수한 사정 또는 관련 사정의 역할이 중요해지고, 또한 분쟁시 이러한 사정을 근거로 해양경계획정 방식을 선택하는데 있어서 재판소의 재량이 더욱 커질 수 있음을 보여 주고 있다. 또한 해양경계획정에서 판례법이 더욱 중요해짐을 잘 보여 주는 사례로 볼 수 있다.

2012년 방글라데시－미얀마 해양경계획정 사건은 국제해양법재판소(ITLOS)에서 다룬 해양경계획정 관련 첫 번째 사례로 의미가 있다. 특히 이 사건은 해양경계획정에 관한 ICJ의 기존의 법리에 대해 ITLOS는 어떤 태도를 취할 것인지에 대해 관심이 모아졌다. 특히 해양경계획정 방법론과 관련해 기존의 법리가 지나치게 등거리선 방법에 치우친 경향이 있다는 비판이 적지 않았던 만큼 과연 재판소가 기존의 법리를 그대로 수용할 것인지, 아니면 결과의 형평을 상대적으로 강조할 것인지가 관심의 대상이었다.[54] 이 사건에서 방글라데시는 등거리선이 형평한 결과를 얻기 위한 적절한 방법이긴 하나 이 사건에는 맞지 않으며, 각도 이등분 방식이 등거리선 방식이 내포하고 있는 문제점을 해결해 주면서도 동시에 형평한 결과를 얻

51 *Ibid.,* p.86, para. 272. 원문은 다음과 같다. "The jurisprudence of the Court sets out the reasons why the equidistance method is widely used in the practice of maritime delimitation; it has a certain intrinsic value because of its scientific character and the relative ease with which it can be applied. However, the equidistance method does not automatically have priority over methods of delimitation and, in particular circumstances, there may be factors which make the application of the equidistance method inappropriate."

52 *Ibid.,* p.91, para. 287.

53 백진현, 앞의 논문, 29쪽.

54 위의 논문, 32~33쪽.

을 수 있는 방식이라고 밝혔다.[55] 재판소는 1982년 유엔해양법협약 제74조와 제83조가 배타적 경제수역과 대륙붕의 해양경계가 형평한 결과를 얻기 위해 국제법에 근거해야 한다고 규정하고 있으면서도 구체적인 방법을 적시하지 않고 있다고 보고, 국제재판소는 해양경계에 있어서 주관성과 불확실성을 줄이는 방향으로 판례법을 발전시켜 왔다고 보았다.[56]

Ⅲ. 해양경계획정을 위한 '관련 사정'의 검토

그렇다면 해양경계획정을 위해 고려되어야 할 관련 사정(relevant circumstances)은 어떤 것들이 있을까? ICJ에 의해 인정되어 온 관련 사정들을 살펴보면 당사국 연안의 일반적인 지형(general configuration), 지리적 요인, 분쟁지역에서의 석유 및 천연가스 등의 자원과 이러한 자원에 대한 형평한 접근, 육지경계의 일반적 방향과의 합치성 등이 있다.[57] 그러나 관련 사정의 범주는 명확히 정해진 바 없다. 사례별로 구체화되어 드러날 뿐이다. 해양경계 획정시 당사국들은 이러한 관련 사정을 구성하는 요소에 대해 제시하고, 재판소는 이러한 관련 사정을 검토하거나, 당사국들이 제시하지 않은 요소들에 대해서도 재량적으로 검토할 수 있다. 이러한 관련 사정의 요소는 크게 지형적 요소와 비지형적 요소로 나눌 수 있으며, 국제재판소는 이러한 양 요소에 대해 서로 다른 비중을 두었다.

1. 지형적 요소의 고려

판례를 통해본 지리적 요소는 '해안의 일반적 방향', '해안의 볼록성(convexity) 또는 오목성(concavity)', '섬 또는 특별한 지형물의 존재', '지질학적 요소' 등으로 볼 수 있다. 지형적 요소를 관련 사정으로 인정한 판례에 대해 살펴보면 우선 ICJ는 1969년 북해대륙붕 사건 이래로 해안이 오목하거나 볼록한 경우 등거리선 방식이 오히려 불공평한 결과를 발생시킬 수 있다는 판단하에, 해안의 오목성과 볼록성은

---

55 *Dispute Concerning Delimitation of the Maritime Boundary Between Bangladesh and Myanmar in the Bay of Bengal, Bangladesh v. Myanmar,* Judgement, ITLOS, 2012, pp.68~70, paras. 208~217.

56 *Ibid,* p.76, paras. 238~240.

57 Ian Brownlie, *Principle of Public International Law,* 7th ed., Oxford University Press, 2008, pp.217~218.

해양경계획정에 있어 관련 사정이 될 수 있다는 입장을 유지해 왔다. 예를 들어, 2012년 방글라데시－미얀마 해양경계획정 사건에서 ITLOS는 연안의 오목성, 'St. Martin's island'의 존재를 잠정적 등거리선의 수정에 영향을 미칠 수 있는 관련 사정으로 검토했다.[58] 사건에서 미얀마는 등거리선 방식이 형평한 결과를 얻을 수 있는 방식임을 주장하며, 연안이 불규칙하거나 현저하게 오목하거나 볼록한 경우에도 등거리/관련 사정 방식을 적용한 사례가 있다고 주장하였다. 그리고 방글라데시가 주장한 각도 이등분 방식이 불평등한 결과를 야기할 수 있다고 보았다.[59] 또한 1984년 메인만 사건에서는 미국이 조정된 수직선 방식을 제안하였으나, 재판부는 지리적 지형이 그러한 해안의 일반적 방향과 현저하게 다르므로, 동 사건의 상황이 해안의 일반적 방향이라는 추상적 개념으로는 구제되지 않는다고 하면서 미국의 제안을 받아들이지 않았다.[60] 특히 해안선의 길이와 관련해서는 개별적인 연안의 길이가 아닌 연안의 실질적 길이의 차이가 있어야 잠정적 경계선을 조정하기 위해 고려할 수 있다고 보았다.[61]

한편, 도서의 존재는 해양경계획정을 위한 협상으로 인한 타결을 어렵게 하고, 이로 인해 제3자 분쟁해결기구를 활용하게 하는 주요 요인으로 관련 사정에 있어서 반드시 고려되는 요소 중 하나이다. 1977년 영－불 중재재판에서는 특별사정이란 불공평(inequity)을 야기하는 요소로 보고 프랑스 연안에 가깝게 위치한 'Channel Islands'를 불공평을 야기하는 것으로 보았다.[62] 1999년 에리트리아－예멘 중재재판 사건에서 재판소는 해저석유양허계약과 같은 경제적 요인에 국한되지 않고, 도서의 존재와 같은 지리적 요인이 경계선에 미치는 효과에 대해 주의 깊은 고려를 요

58 *Dispute Concerning Delimitation of the Maritime Boundary Between Bangladesh and Myanmar in the Bay of Bengal, Bangladesh v. Myanmar,* Judgement, ITLOS, 2012, paras. 275~319.

59 *Ibid.*, pp.70~72, paras. 218~224.

60 *Case concerning Delimitation of the Maritime Boundary in the Gulf of Maine Area, Canada vs. United States of America,* Judgement, ICJ, 1984, para. 176.

61 관련 사례는 다음과 같다. *Case concerning Delimitation of the Maritime Boundariy in the Gulf of Maine Area, Canada vs. United States of America,* Judgement, ICJ, 1984, p.25, paras. 221~222; *Case concerning Maritime Delimitation in the Area between Greenland and Jan Mayen, Denmark vs. Norway,* Judgement, ICJ, 1993, p.34, para. 68; *Case concerning the Land and Maritime Boundary between Cameroon and Nigeria, Cameroon vs Nigeria,* Judgement, ICJ, 2002, p.44, para. 301; *Territorial and Maritime Dispute, Nicaragua v. Colombia,* Judgement, ICJ, 2012, p.72, para. 209.

62 *Delimitation of the Continental Shelf, United Kingdom v. France,* Arbitration, 1977, para. 197.

구한다고 보았다.[63] 1982년 튀니지－리비아 대륙붕 사건에서 ICJ는 해안에 대한 수직선을 경계획정선의 위치로 결정하는 것이 적절하다고 판단하였다.[64]

2. 비지형적 요소의 고려

비지리적 요소의 경우, 대표적인 판례는 1993년 *Jan Mayen* 사건이다. 이 사건에서 당사국들은 특히 고려해야 할 관련 사정으로 '관련 연안 길이의 불일치', '어업자원에의 접근성', '어업자원의 배분방식', '얼음의 효과', '수역으로의 접근성', '인구와 사회경제적 요소', '안보', '당사국의 행동' 등 비지리적 요소를 특별한 사정으로 제시했다.[65] 다만 이러한 비지리적 요소를 고려할 때는 지리적 요소보다는 관련 사정에 대한 당사국의 합의를 중요하게 생각하고 있으며, 실제로 해양경계획정에 있어 적용하고자 할 때 재판소는 지리적 요소보다 보다 엄격하게 이를 고려하고 있는 것으로 보인다.

우선 2002년 카메룬－나이지리아 육지 및 해양경계 사건에서 ICJ는 양국이 체결한 석유양허계약을 통한 명시적, 묵시적 합의는 비록 그러한 유전이 존재하는 해역에 대한 컨센서스를 나타낼 수는 있으나, 만약 당사국간 관련 사정으로 고려할 것이라는 명시적, 묵시적 합의가 없다면, 석유양허계약이나 석유유전이 잠정적 해양경계선을 조정하거나 이동하는 것을 정당화하는 관련 사정으로 볼 수 없다고 보았다.[66] 2006년 바베이도스－트리니다드토바고 중재재판에서는 자원과 관련된 요

63 *Award of the arbitral Tribunal in the Second Stage of the Proceedings (Maritime Delimitation) between Eritrea and Yemen*, 1999, para. 132. 관련 판결문은 다음과 같다. "In the present stage the Tribunal has to determine a boundary not merely for the purposes of petroleum concessions and agreements, but a single international boundary for all purposes. For such a boundary the presence of islands requires careful consideration of their possible effect upon the boundary line."

64 *Case concerning the Continental Shelf, Tunisia vs. Libyan Arab Jamahiriya*, ICJ, 1982, para. 120.

65 *Case concerning Maritime Delimitation in the Area between Greenland and Jan Mayen, Denmark vs. Norway,* Judgement, ICJ, 1993, p.5.

66 *Case concerning the Land and Maritime Boundary between Cameroon and Nigeria, Cameroon vs Nigeria,* Judgement, ICJ, 2002, para. 304. 관련 판결문은 다음과 같다. "Overall, it follows from the jurisprudence that, although the existence of an express or tacit agreement between the parties on the siting of their respective oil concessions may indicate a consensus on the maritime areas to which they are entitled, oil concessions and oil wells are not in themselves to be considered as relevant circumstances justifying the adjustment or shifting of the provisional delimitation line. Only if they are based on express or tacit agreement between the parties may they be taken into account."

인은 관련 사정으로서 일반적으로 적용되는 요소가 아니라고 전제한 후, 해양경계획정에 있어서 어업자원을 관련 요소로 고려할 수 있는 경우는 아주 예외적이라고 밝혔다. 또한 분쟁시 재판소는 이러한 요소가 가지는 역할을 배제해 오지는 않았으며, 특수상황, 즉 특정한 해양경계를 획정함으로써 심각한 결과를 야기할 수도 있는 상황에서는 이러한 요소를 고려해 왔다고 보았다.[67] 2012년 니카라과와 콜롬비아 사건에서 ICJ는 당사자들이 천연자원에 대한 형평한 접근에 대한 문제를 제기했지만, 어느 당사자도 이러한 요소가 특정한 관련 사정의 증거로 제시하지는 못했다고 보았다. 그리고 사건에서 천연자원에 대한 접근의 문제를 관련 사정으로서 고려해야 할 만큼 예외적인 것으로 간주하지 않았다.[68] 2009년 루마니아-우크라이나 사건에서 ICJ는 어업과 관련해서 우크라이나가 요구한 해양경계 이외의 경계를 획정하는 것이 주민들의 생계와 경제적 복지를 위해 심각한 영향을 초래할 것이라는 어떠한 증거도 제시하지 못했다고 판시하면서, 해양경계획정을 위해서 어업을 포함한 국가의 활동이 동 사건에서 어떠한 역할을 가지지 않는 것으로 보았다.[69] 이렇듯 국제판례의 경향은 지형적 요소를 관련 사정으로 인정하는 데는 관대한 반면, 비지형적 요소를 관련 사정으로 인정하는 데는 이를 매우 엄격한 입장을 보여주고 있다.

---

67 *Arbitration between Barbados and the Republic of Trinidad and Tobago, relating to the delimitation of the exclusive economic zone and the continental shelf between them,* Decision of 11 April 2006, para. 241. 원문은 다음과 같다. “Resource-related criteria have been treated more cautiously by the decisions of international courts and tribunals, which have not generally applied this factor as a relevant circumstance. As noted above, the *Jan Mayen* decision is most exceptional in having determined the line of delimitation in connection with the fisheries conducted by the parties in dispute. However, as the question of fisheries might underlie a number of delimitation disputes, courts and tribunals have not altogether excluded the role of this factor but, as in the Gulf of Maine, have restricted its application to circumstances in which catastrophic results might follow from the adoption of a particular delimitation line.”

68 *Territorial and Maritime Dispute, Nicaragua v. Colombia,* Judgement, ICJ, 2012, p.72, para. 223.

69 *Maritime Delimitation in the Black Sea, Romania v. Ukraine*, ICJ, 2009, paras. 198~199.

제 2 절 해수면 상승과 해양경계획정

Ⅰ. 해수면 상승요인과 국제판례의 함의

앞으로 체결되어야 할 해양경계협정의 경우, 예상되는 해수면 상승이라는 환경변화를 어떻게 고려해야 할 것인가? 앞선 판례의 분석을 통해 함의를 찾으면 다음과 같다.

첫째, 이 경우에도 국제판례를 통해 명확하게 제시되고 있는 해양경계획정 원칙이 우선 적용된다. 해수면 상승이라는 요인을 해양경계협정 체결시 고려하되, 신의성실의 원칙을 통해 형평한 결과를 도출하기 위한 방식을 선택해야 한다. 만약 합의가 어렵다면 권능을 가진 제3자기구를 통해 합의에 도달할 수 있다.

둘째, 해양경계획정의 형평한 결과를 도출하기 위해 선택하는 해양경계획정 방식은 국가의 관행이나 판례에서 드러나듯이 등거리선에 대한 비중이 높지만, 반드시 등거리선을 채택할 필요는 없다. 즉 해수면 상승이라는 특수한 상황에서 국가간 해양경계획정 방식이 현재 관행적으로 이루어지는 여러 해양경계획정 방식에서 벗어나 새로운 해양경계획정 방식을 채택하는 유연함을 가질 수 있다. 예를 들어, 2007년 니카라과-온두라스 사건의 경우처럼 해수면 상승으로 인한 연안, 기점, 기선의 변화에 대한 예측에 근거해 선(line)이 아닌 회랑(corridor) 또는 공간(zone) 형식의 경계획정의 경우도 고려해 볼 수 있다.

셋째, 관련 사정의 고려에서 판례는 지형적 요소에서부터 비지형적 요소에 이르기까지 그 범위에 대해선 특별히 제한을 두지 않고 있다. 그리고 당사자의 합의가 있다면 비지형적 요소도 관련 사정으로 고려할 수 있다. 해수면 상승으로 인해 해양경계에 영향을 미칠 수 있는 여러 요소, 즉 해안선 길이의 변화, 영해기점도서의 소멸, 해빙으로 인한 어업권의 변화 등에 대해 협약당사국들이 관련 사정으로 고려하기로 합의하고, 이를 협정에 반영한다면 해양경계협정 체결에 있어 해수면 상승 요인도 당연히 관련 사정으로 고려될 수 있을 것이다. 이에 대해선 뒤에서 좀 더 살펴보도록 한다.

넷째, 2002년 니카라과-온두라스 사건에서는 특히 당사자를 제외한 제3국과 관련해 재판소 규정 제59조에 따라 판결은 당사자 이외의 제3국을 구속하지 않는다고 전제한 후, 해양경계획정에 있어 제3자의 권리가 영향을 받는 수역으로 해양경계선이 그어지지 않도록 주의하도록 하였다.[70] 마찬가지로 해수면 상승을 고려하여 해양경계협정을 체결할 경우, 제3국이 가지는 권리에 영향을 미칠 수 있는지를 고려하고, 이해관계가 있는 제3국을 협정체결 협의 과정에 참여시키거나, 협약에 이러한 제3국의 권리와 관련한 조항 및 분쟁해결 조항 등을 도입하는 조치들을 취할 필요가 있다.

Ⅱ. '관련 사정'으로서의 해수면 상승

ICJ의 판결과 유엔해양경계협정 지침서에서 모두 동일하게 해양경계협정의 안정성과 항구성을 강조하고 있다.[71] 또한 137개 해양경계협정을 토대로 조사한 실증결과에 따르면 잠정적 해양경계 분쟁해결제도를 두고 있거나, 종료(termination) 조항을 둔 경우는 드물다.[72] 이는 해양경계협정이 한번 체결되면 안정적으로 효력을 지속할 것이라는 협정당사국의 인식을 보여 준다고 볼 수 있다. 그럼에도 불구하고 해수면 상승은 기존에 체결한 해양경계획정에 영향을 미칠 가능성이 높고, 이는 해양경계협정을 체결할 당시의 연안국이 가졌던 해양경계가 안정적이라는 믿음에 변화를 줄 수 있다. 특히 현재 체결된 대부분의 해양경계협정은 기후변화로 인한 해수면 상승이라는 환경변화를 예정하고 있지 않아 해수면 상승으로 야기될 수 있는 문제에 대한 사전적 대응이 어렵다. 해양경계협정 지침서에서도 미래의 지리적 변화와 이러한 변화가 자원분배 또는 형평에 어떠한 영향을 미치는지에 대해 고려하고 있지 않음을 알 수 있다.[73] 다만 1986년 버마와 인도 간 해양경계협정에서는 "당사국은 현존하는 섬과 당사국 해양경계 내에서 새롭게 나타나는 어떠한 섬들에 대해 주권을 가진다"고 규정하고 있으며, 1973년 아르헨티나와 우루과이 간 해양경계협정에서도 이와 유사한 규정을 두고 있을 뿐이다.[74] 그리고 일부 학자들은 해양경계협정에서 연안선의 변화 가능성에 염두를 두고 해양경계선은 '중간선'(median

70 *Territorial and Maritime Dispute, Nicaragua v. Colombia,* Judgement, ICJ, 2012, p.72, para. 194.

71 UN, *supra* note 18, para. 322.

72 Julia Lisztwan, "Stability of Maritime Boundary Agreements", *The Yale Journal of International Law,* Vol. 37－1, 2012, p.180.

73 UN, *supra* note 18, pp.64~71.

74 Julia Lisztwan, *supra* note 72, pp.181~182.

line)으로 할 것을 제안하고 있을 뿐이다.[75]

그러나 해양경계협정에서 관련 조문이 없다는 점, 협약체결시에 해수면 상승에 대한 논의가 없었다는 점들로 인해 국가들이 기후변화와 해수면 상승 등으로 인한 연안, 기점, 기선의 변화 같은 미래의 변화 가능성을 깨닫지 못하고 있다고 보기는 어렵다. 오히려 국가들이 협정의 항구성에 더 중점을 두고 미래의 연안선의 변동 요인을 크게 염두에 두지 않았다고 보는 것이 맞을 것이다. 그렇다면 앞으로 체결될 국가간 해양경계획정을 고려할 때, 해수면 상승은 어떻게 고려될 수 있을까? 앞서 살펴본 해양경계획정에서의 관련 사정에 대한 판례의 동향에 비추어 이러한 물음에 대해 답하고자 한다.

우선 관련 사정의 범주가 정해지지 않았으며, 사례별로 특수한 상황에 따라 관련 사정이 고려될 수 있다는게 판례의 공통적 입장이다. 이 경우 당사국들은 해양경계획정과 관련해 검토해야 할 관련 사정에 대해 제시하고, 재판소가 이를 검토하거나 재판소가 해양경계획정을 위한 형평한 결과를 얻기 위해 필요한 관련 요소를 재량적으로 검토한다. 나아가 지리적 요인은 관련 사정으로 적극 반영해 왔으나, 비지리적 요인은 매우 엄격하게 해석하고 적용하여 왔으며, 지리적 요인과 비지리적 요인이 함께 고려될 때는 해안선의 길이, 섬의 존재 등 지리적 요인이 안보, 석유양허계약, 어업활동 등 비지리적 요인에 대해 우선적으로 고려되어 왔다. 그리고 비지리적 요인의 경우 지리적 요인과는 달리 주관적으로 당사국이 인지하고, 이러한 인지를 토대로 관련 사정으로의 인정 여부를 주장하는 경우여서 특히 당사국간 합의가 없으면 재판소가 이를 관련 사정으로 받아들이기는 쉽지 않다. 예를 들어, 해양석유양허계약 등의 관행은 당사국간 합의가 없었다는 이유로 2002년 카메룬-나이지리아 사건 등에서는 고려사항으로 간주되지 않았다.[76] 그리고 어업자원이나 전통적 어업권 등의 비지리적 요인은 관련 사정으로의 인정 여부에 대해 상대적으로 보다 엄격하게 판단해 오고 있다.

---

75 David Anderson, "Negotiating Maritime Boundary Agreements: A Personal View", in *Maritime Delimitation*, p.133.

76 관련 주요 판례는 다음과 같다. *Case concerning the Continental Shelf, Tunisia vs. Libyan Arab Jamahiriya*, ICJ, 1982, para. 117; *Case concerning the Land and Maritime Boundary between Cameroon and Nigeria, Cameroon vs Nigeria,* Judgement, ICJ, 2002, p.44, para. 304; *Arbitration between Barbados and the Republic of Trinidad and Tobago, relating to the delimitation of the exclusive economic zone and the continental shelf between them,* Decision of 11 April 2006, para. 364.

해양경계 획정시 해수면 상승과 관련한 여러 요인들이 관련 사정과 관련해 검토될 수 있을 것이며, 이 경우 판례의 동향에 비춰볼 때 다음과 같은 함의를 찾을 수 있다. 우선 '지리적 요소'의 검토와 관련해, 해수면 상승은 필연적으로 국가간 해양경계획정의 출발점이 되는 기선에 영향을 미칠 수 있는데, 통상기선의 경우 '연안선', 직선기선의 경우 '섬 또는 특별한 지형물의 존재'에 영향을 미칠 수 있다. 특히 해양경계획정 당시에는 해양경계획정을 위한 섬으로서 완전한 효과를 부여할 수 있지만, 이러한 섬이 해수면 상승 이후에는 완전한 효과를 부여하기 어려운 경우가 예상 가능하다. 이 경우 해수면 상승에 따라 섬의 법적 지위가 바뀔 수도 있을 것이라고 사전에 예견 가능한 섬이 있다면 존재시 해양경계획정에 있어서 특별히 고려해야 할 사정으로 제시하거나, 당사국의 제시 여부와 상관없이 재판소가 재량적으로 이를 검토할 수 있을 것이다. 또한, '비지리적 요소'와 관련해 특히 저지대 연안국 또는 소도서국가의 경제·사회적 요인이 고려될 수도 있을 것이다. 한편 소도서국가간 또는 소도서국가와의 해양경계 획정 문제는 기후변화와 해수면 상승에 따른 영향을 감안할 때 일반 연안국과 비교해 좀 더 특수한 상황임을 인식하고 영향을 미치는 여러 요소들을 관련 요소로 함께 고려할 수 있을 것이다. 예를 들어, 소도서국가의 경우 기후변화와 해수면 상승의 영향에 대해 타국에 비해 더욱 취약하고, 해양경계와 해양관할수역의 축소를 넘어 국가 자체의 생존이 위협받고 있다는 점, 소도서국가가 의존하고 있는 해양(관광) 및 수산자원에 크게 의존하고 있다는 점 등을 전제로 하여, '어업자원에의 접근성', '인구와 사회경제적 요소', '국가안보' 등 비지리적 관련 요소가 다른 경우에 비해 특별한 고려대상이 될 수도 있을 것이다.

현재 판례의 관행은 이러한 비지리적 요소를 해양경계획정에 있어 고려해야 할 관련 사정으로 인정하는데 엄격하다. 그럼에도 불구하고, 소도서국가 및 저지대 연안국의 해양경계 문제는 형평 차원에서 접근해야 할 필요가 있다는 점, 해양경계 관련 원칙은 판례법을 통해 형성되어 왔는데, 판례법은 사례별로 고려해야 할 특수한 사정에 대해선 유연한 접근을 하고 있다는 점, 판례법 역시 지속적인 발전 및 변화과정을 거쳐 국제법의 발전과정에 기여하고 있다는 점 등을 고려해 볼 때 해수면 상승을 고려해 비지리적 요소도 관련 사정으로 인정하여 소도서국가, 저지대 연안국에 보다 유리한 해양경계가 획정되었다 하더라도 이는 '형평한 결과'에 반하는 해양경계획정이라고 단정할 수는 없을 것이다.

제 3 절 해수면 상승과 해양경계협정 효력

해수면 상승의 효과는 국가마다 다르게 나타날 것이며, 해수면 상승에 따른 상이한 영향은 기존의 해양경계협정의 효력에 어떠한 형태든 영향이 있다고 보는 당사국과 협정의 효력을 계속 유지하려는 당사국 간 상이한 이해관계로 나타날 수 있을 것이다. 이러한 점을 고려해 해수면 상승을 원인으로 하여 해양경계협정의 효력에 대한 일반적 논의의 출발점은 1969년 조약법에 관한 비엔나협약(이하 조약법협약)의 검토이다. 특히 해수면 상승의 원인이 조약법협약이 규정하고 있는 무효사유(제46조~제53조), 종료 및 시행정지 사유(제54조~제64조)에 해당하는지를 우선 살펴봐야 한다. 이러한 사유들을 살펴볼 때, 사안에서 가장 적합한 사유는 조약법협약 제62조에서 규정한 사정의 근본적 변경으로 보인다. 따라서 여기서는 해수면 상승을 해양경계협정을 종료시킬 수 있는지 사유로 원용할 수 있는지에 대해 살펴보도록 한다.

Ⅰ. 이론적 논의

해양경계협정은 일반적으로 종료 또는 정지 사유 조항을 명시적으로 규정하지 않고 있다. 이러한 조항의 부재는 이 협정이 관련 종료에 대한 당사국의 합의 없이는 영구적인 효과를 가지고 있다는 것을 의미하고,[77] 이는 해양경계협정이 지향하는 항구성과 목적을 같이 하는 것으로 해석된다. 이 경우 '해수면 상승' 등의 이유로 당사국이 국제법이 허용하는 범위 내에서 일방적으로 해양경계협정을 종료시키기 위한 가장 좋은 방법은 아마 조약법협약 제62조의 사정변경의 원칙을 원용하는 것일 것이다. 즉 해수면 상승이 원인이 된 기점 및 기선의 변화로 인해 상대국의 해양관할수역이 축소되고, 반대로 자국의 해양관할수역이 확대될 가능성이 있는

---

77 Fitzmaurice, "Second Report on the Law of the Treaties", *A/CN.4/107*, 1957, p.22. 원문은 다음과 같다. "Absence of any provisions for termination or suspension in the treaty. Where this is the case, it is to be assumend, *prima facie*, that, subject to any rule of law operating to terminate it in certain events, the treaty is intended to be of infinite duration, and only terminable(whether in itself or as regards any individual party) by mutual agreement on the part of all the parties."

경우, 자국의 이익확보를 위해 기존의 해양경계협정을 종료하는 것이 더 낫다고 판단할 수 있다. 이 경우 해양경계협정도 조약이고 조약법협약 적용대상이 되므로 조약법협약 제62조가 원칙적으로 적용될 것이다. 그럼 조약당사국은 '사정변경의 원칙'을 원용하여 조약의 종료를 주장할 수 있는가? 아니면 해양경계협정의 경우 사정변경의 원칙 적용의 예외에 해당하는가? 이러한 논의는 해양경계 역시 육상경계와 마찬가지로 항구적이며 안정적인 효과를 가져와야 한다는 시각과 예견하지 못한 본질적 사정의 발생으로 인해 권리 또는 이익에 침해가 예상되는 국가들의 이익을 고려해야 한다는 시각 모두를 고려할 필요가 있다.

1. 국제법원칙으로서의 사정변경원칙

사정변경의 원칙은 국제법원칙으로 인정되고 있다. 이 원칙은 '계약은 본질적인 사정변경의 이유로 파기될 수 있다'고 국내법이 보고 있는 것처럼 조약 역시 같은 이유로 종료할 수 있다고 국제법이 인식하고 있음을 보여주고 있다.[78] 그럼에도 불구하고 대부분의 학자들은 강제관할권이 부재한 상황에서 이 원칙을 원용하기 위해서는 제한된 조건과 예외로 엄격하게 규율해야 한다고 인식하고 있다. 이러한 원칙과 실제 적용에 있어서 서로 다른 인식의 차이가 존재함에도 불구하고, 이 원칙이 관습법이라고 인식되는 상당한 근거가 존재한다.

우선 국내법정에서는 독일의 *Bremen v. Prussia* 사건(1926), 스위스의 *Canton of Thurgau v. Canton of St. Gallen* 사건(1928) 등에서처럼 사정변경의 원칙을 국제법원칙으로 인정하고 있다.[79] 국제기구에서도 사정변경의 원칙에 대한 법적 견해를 밝히고 있는데, 일례로 소수자보호와 관련된 유엔사무총장 보고서에서는 사정변경의 원칙이 국제법원칙으로 적용되고 있다고 보았다.[80] 또한 조약법협약 제정을 위

78 Sir Humprey Waldock, "Second report on the law of treaties", *A/CN.4/156 and Add.1-3*, 1963, p.80.

79 Report on the Law of Treaties by Mr. H. Lauterpacht, Special Rapporteur, *A/CN.4/63, Yearbook of the International Law Commission*, Vol. II, 1953, p.95.

80 ECOSOC, "Study of the legal validity of the undertaking concerning minorities", *E/CN.4/367*, 1950. 4, p.37. 원문은 다음과 같다. "International law recognizes that in some cases an important change of the factual circumstances from those under which a treaty was concluded may cause that treaty to lapse. In such cases the clause *rebus sic standibus* if invoked by the Governments … But if international law recognizes the clause rebus sic standibus, it only gives it a very limited scope and surrounds it with restrictive conditions, so much so that the application of the clause acquires an exceptional character."

한 특별보고자의 보고서에서도 사정변경의 원칙을 '객관적인 법규칙'으로 보았다. 특별보고자인 Fitzmaurice는 Chesney Hill의 연구보고서인 'The Doctrine of *Rebus sic standibus*'를 참조해서 사정변경의 원칙의 법적 성질을 다음과 같이 세 가지로 분류하였으며, 또 다른 특별보고자인 Humprey도 이러한 분류에 동의했다.[81]

첫째, 이 원칙은 조약당사자의 '함축된 의도'(implied intention)로부터 발생한다는 주장이다. 이에 따르면 조약당사국은 협정의 근간을 이루는 어떤 사정의 연속성을 염두에 두고 있으며, 만약 그러한 사정에서의 본질적 변화가 생긴다면 조약을 종료시킬 의도가 있다고 추정된다.[82] 둘째, 사정변경의 원칙이 객관적 법원칙이라는 주장이다. 이에 따르면 사정의 본질적 변화가 생길 경우 국제법은 조약의 종료를 요구할 수 있도록 규정하는 객관적 법규칙을 조약당사자에게 부과하고 있다고 간주된다.[83] 셋째, 사정변경의 원칙은 조약당사자의 의도와 객관적 법원칙의 성격 모두를 갖는, 즉 앞선 두 이론 모두를 취하는 경우이다. 이에 따르면 사정변경의 원칙은 조약당사자의 의도와 무관하게 만일 사정의 본질적 변화가 생긴다면 조약이 종료될 것이라는 함축된 조건을 조약에 규정하는 객관화된 법원칙으로 간주된다.[84] 두 번째 이론과 세 번째 이론의 차이점은 두 번째 이론의 경우 본질적 사정의 변경이 생길 경우 조약이 자동적으로 종료되는 것이 아니라, 단지 당사자로 하여금 조약의 종료 사유로 이 원칙을 원용할 수 있는 권리를 부여하지만, 세 번째 이론의 경우 사정의 본질적 변화가 생길 경우, 조약이 자동적으로 종료되게 된다. 나아가 Humprey경은 국제법위원회가 조약법 제정을 위해 이 세 가지 이론 중에서 사정변경의 원칙이 객관적 법원칙이라는 두 번째 이론에 기반을 두어야 한다고 밝혔다.

---

81 Fitzmaurice, *supra* note 77, paras. 146~148; Sir Humprey Waldock, *supra* note 78, pp.82~83.

82 Humprey Waldock, *ibid.*, p.82. 원문은 다음과 같다. "Under this theory the parties are presumed to have had in mind the continuance of certain circumstances as the basis of their agreement and to have intended the treaty to be subject to an implied condition by which it is to come to an end if there is an essential change in those circumstances."

83 *Ibid.*, pp.82~83. 원문은 다음과 같다. "Under the second theory, international law is considered to impose upon the parties to a treaty an objective rule of law prescribing that an essential change of circumstances entitles any of the parties to require the termination of the treaty."

84 *Ibid.*, p.83. 원문은 다음과 같다. "Under the third theory, which is a mixture of the first two, the doctrine is considered to be an objective rule of law the operation of which is to import into the treaty, regardless of the intention of the parties, an implied condition that it will come to an end if there is an essential change of circumstances."

한편 국제판례에서는 사정변경의 원칙을 조약의 종료와 관련한 국제관습법의 지위로까지 인정하고 있다. 예를 들어, 1974년 어업관할권 사건에서는 조약법협약 제62조의 규정이 관습법으로서의 사정변경의 원칙을 성문화한 것이라는 공식적인 견해를 밝혀 이 원칙이 국제법원칙이라는 견해를 넘어 관습법적 지위를 인정하였다. 이 사건에서 아이슬란드는 조약의 종료사유로 사정변경의 원칙을 원용하였다. 이에 재판소는 조약당사국이 조약을 받아들이도록 결정하는 사정의 본질적 변화는 만약 그 사정의 변화가 조약에 의해 부과된 의무의 범위를 급격하게 변화시키는 결과를 야기한다면 일정한 조건하에서 영향을 받은 당사자가 조약을 종료 또는 정지시킬 수 있는 근거를 제공할 수 있고, 이를 국제법이 용인하고 있다고 보았다. 이 원칙은 조약법협약 제62조에 일정한 조건과 예외와 함께 규정되었고 이는 사정의 변경을 이유로 한 조약의 종료에 대한 현존 관습법을 성문화한 것으로 간주될 수 있다고 보았다.[85]

2. 조약법협약상 사정변경의 원칙

조약법협약 제정과정에서 사정변경의 원칙을 처음 원용한 것은 Fitzmaurice의 1957년 제2차 특별보고자 보고서에서이다. 여기서 Fitzmaurice는 '*Rebus sic standibus*' 원칙 또는 '사정의 본질적 변화'를 조약의 종료 또는 정지의 사유로 보았다.[86] 그리

---

85 *Fisheries Jurisdiction Case, United Kingdom of Great Britain and Northern Ireland v. Iceland,* Judgement of Jurisdiction of the Court, ICJ, 1973, para. 36. 원문은 다음과 같다. "In these statement the Government of Iceland is basing itself on the principle of termination of a treaty by reason of change of circumstances. International law admits that a fundamental change in the circumstances which determined the parties to accept a treaty, if it has resulted in a radical transformation of the extent of the obligations imposed by it, may, under certain conditions, afford the party affected a ground for invoking the termination or suspension of the treaty. This principle, and the conditions and exceptions to which it is subject, have been embodied in Article 62 of the Vienna Convention on the Law of Treaties, which may in many respects be considered as a codification of existing customary law on the subject of the termination of a treaty relationship on account of change of circumstances."

86 Fitzmaurice, *supra* note 77, pp.32~33. 관련 조항(Article 21)의 원문은 다음과 같다. "In the case of treaties not subject to any provision, express or implied, as to duration, a fundamental and unforeseen change in essential circumstances which existed when the treaty was entered into, and with reference to which both the parties can be shown to have contracted, may entitle a party to proceed to a suspension of any further performance of the obligations of the treaty pending its revision by agreement between the parties, mutual agreement to terminate it, or an arbitral or judicial decision pronouncing its termination in view of the change of

고 1963년 특별보고자인 H. Waldock경의 제2차 보고서에서는 사정변경의 원칙을 원용할 수 없는 사유로 경계협정(boundary agreement)을 들었다.[87] 이 보고서에서 Waldock경은 강제관할권 시스템이 부재한 상황[88]에서 사정변경의 원칙을 통한 조약의 종료 또는 정지는 조약 위반 등의 다른 사유로 인한 것보다 더욱 심각하게 조약의 일반적인 안전을 위협할 수 있다고 보아 이 원칙의 원용 조건을 보다 엄격하게 제한할 필요가 있다고 보았다.[89] 그리고 경계를 설정하는 조약에 대해 이 원칙이 적용되지 않는다고 보았다.[90]

ILC는 특별보고자인 Waldock경이 제안한 내용을 대부분 수용하였다. 그리고 최종적으로 조약법협약 제62조에서 원칙과 예외가 반영되었다. 조약법협약에서는 제62조 제1항에서 a) 그러한 사정의 존재가 그 조약에 대한 당사국의 기속적 동의의 본질적 기초를 구성하였으며, b) 그 조약에 따라 계속 이행되어야 할 의무의 범위를 그 변경의 효과가 급격하게 변환시키는 경우에만 이 원칙을 원용할 수 있다고 규정하고 있다. 다만, 경계를 확정하는 조약의 경우와 사정의 근본적인 변화가 이것을 원용하는 당사국의 조약위반의 결과인 경우 등의 사유로는 제62조 제2항에 따라 사정변경의 원칙을 원용할 수 없다.[91]

---

circumstances."

87 Sir Humprey Waldock, *supra* note 78, p.80. 관련 원문은 다음과 같다. "An essential change in the circumstances forming the basis of a treaty may not be invoked for the purpose of terminating – (a) stipulations of a treaty which effect a transfer of territory, the settlement of a boundary, or a grant of territorial rghts."

88 여기서 강제관할권이 부재한 상황은 유엔해양법협약과 관련해 많은 국가들이 해양경계분쟁을 협약하의 강제관할권을 유보하고 있는 상황과 매우 흡사하다.

89 Sir Humprey Waldock, *supra* note 78, p.80. 원문은 다음과 같다. "the need to confine the scope of the doctrine within narrow limits and to regulate strictly the conditions under which it may be invoked; for the risks to the general security of treaties which this doctrine presents in the absence of any general system of compulsory jurisdiction are even more serious than in the case of denunciation are even more serious than in the case of denunciation on the ground of an alleged breach of the treaty or in the case of any other ground either of invalidity ot of termination."

90 *Ibid.*, p.81, para. 17.

91 조약법협약 제62조의 원문은 다음과 같다.

Article 62 Fundamental change of circumstances

1. A fundamental change of circumstances which has occurred with regard to those existing at the time of the conclusion of a treaty, and which was not foreseen by the parties, may not be invoked as a ground for terminating or withdrawing from the treaty unless:

Ⅱ. 사정변경의 원칙과 해양경계협정

1. 의 의

앞서 살펴본 바와 같이 사정변경의 원칙은 관습법으로서 또한 조약법협약을 통해 인정되고 있으며, 조약당사국은 본질적 사정의 변경을 일정한 조건하에 조약의 종료 또는 정지 사유로 원용할 수 있다. 해양경계협정도 조약이므로 당연히 당사국은 협정의 종료 또는 정지 사유로 사정변경원칙을 원용할 수 있을 것이다. 해양경계협정은 본질적으로 항구성(permanence)과 안정성(stability)의 성격을 가지지만, 향후 기후변화로 인한 해수면 상승은 필연적으로 기점(기점도서 포함)과 기선에 영향을 주고, 이는 일국 해양의 외연적 범위뿐만 아니라 국가간 해양경계에 영향을 미치게 된다. 특히 후자의 경우 기선의 변화로 인해 해양경계도 변화하게 된다면 기존의 체결된 해양경계협정의 지위가 불안정하게 된다. 나아가 협정당사국이 이러한 변화를 해양경계협정 동의의 본질적 기초를 흔드는 본질적 사정의 변화로 인식하여 종료 사유로 원용할 경우 이 문제는 조약당사국의 문제를 넘어 해양관할권을 둘러싼 국가간 갈등으로 이어질 수 있다. 물론 사정변경의 원칙은 내부적으로 안정장치를 마련하고 있는데, 조약법협약 제62조 제2항의 규정에서 보듯이 사정변경의 원칙이 경계협정에서는 원용할 수 없다는 예외적 조건이 그것이다. 만약 해양경계협정도 이러한 예외가 적용되는 협정에 해당한다면 이미 체결된 해양경계협정은 기후변화에 따른 해수면 상승이라는 사정의 변화에도 불구하고 여전히 안정성과 항구성을 유지한 채 효력을 지속하게 된다. 물론 당사국의 합의를 통해 조약을 종료하거나 새로운 조약을 체결하는 것은 별개의 문제이다.

(a) the existence of those circumstances constituted an essential basis of the consent of the parties to be bound by the treaty; and (b) the effect of the change is radically to transform the extent of obligations still to be performed under the treaty.

2. A fundamental change of circumstances may not be invoked as a ground for terminating or withdrawing from a treaty:
   (a) if the treaty establishes a boundary; or
   (b) if the fundamental change is the result of a breach by the party invoking it either of an obligation under the treaty or of any other international obligation owed to any other party to the treaty.
3. If, under the foregoing paragraphs, a party may invoke a fundamental change of circumstances as a ground for terminating or withdrawing from a treaty it may also invoke the change as a ground for suspending the operation of the treaty.

해양경계협정 당사국이 사정변경의 원칙을 원용해 조약의 종료를 주장할 수 있는지와 관련된 쟁점은 기후변화로 인한 해수면 상승이 사정변경원칙이 적용되는 본질적 변화에 해당하는지 여부, 해양경계협정이 사정변경의 예외로 규정된 '경계 협정'에 해당하는지 여부로 귀결된다.

2. 해수면 상승이 조약법협약 제62조 제1항을 충족하는지 여부

우선 해수면 상승으로 인한 영향이 사정변경원칙의 조건에 해당되어 종료사유를 구성하는지에 대해 검토할 필요가 있다. 조약법협약 제62조 제1항의 요건을 충족하기 위해서는 1) 조약 체결 당시에 존재한 상황의 근본적인 변화일 것, 2) 예상하지 못한 변화일 것, 3) 조약에 구속되는 당사국의 본질적 동의의 기초를 구성할 것, 4) 변화의 영향이 조약에 따라 행해지는 의무범위를 급격하게 변화시킬 것 등의 요건을 충족해야 한다.

첫째, '조약 체결 당시에 존재한 상황의 근본적인 변화일 것'의 요건과 관련하여, 해양경계협정을 체결하는 과정에서 국가들이 연안의 지리적 특성, 즉 기점과 기선에 대한 각국의 의견을 반영하여 합의를 도출해 냈다면 그 지리적 특성은 최종 협정을 도출하는데 본질적인 사정에 해당한다. 해수면 상승은 이러한 지리적 특성을 근본적으로 변화시키는 환경의 변화에 해당한다. 이러한 본질적 사정에 대해 재판소는 엄격하게 판단하고 있다. 1973년 ICJ 어업관할권 사건에서 아이슬란드는 해양법과 어업기술의 변화가 1961년 교환각서를 무효로 만드는 본질적 사정변경으로 보았으나, 재판소는 아이슬란드가 주장하는 어업기술의 변화로부터 야기되는 아이슬란드의 핵심 이익에 대한 위협은 본질적 변화를 구성할 수 없다고 판시하였다.[92] 그리고 사정의 변화가 조약의 종료사유로 원용되기 위해서는 반드시 이행되어야 할 의무에 급격한 변화가 야기되어야 한다고 밝히면서, 이러한 변화는 원래 이행하여야 하는 의무와는 본질적으로 다른 이행의무를 더욱 더 부담하게 하여야 함을 의미한다고 판시했다.

둘째, '그러한 변화를 예상하지 못했을 것'의 요건과 관련하여, 국가는 기후변화, 해수면 상승 등을 다른 자연적 요소와 비교해 예상하지 못했을 가능성이 높거나, 또는 해수면 상승 자체는 일반적인 자연현상이므로, 이를 인지는 하고 있었다

---

92 *Fisheries Jurisdiction Case, United Kingdom of Great Britain and Northern Ireland v. Iceland,* Judgement of Jurisdiction of the Court, ICJ, 1973, para. 40.

하더라도 해수면 상승으로 인해 조약의 권리·의무에 영향을 미칠 것이라고 예상하지 못했을 가능성이 높다. 특히 현재 국가들의 해양경계협정이 기후변화로 인한 해수면 상승에 대해 인식하고 있었다면 이에 대한 내용이 협정에 담겨져 있어야 하나, 현재 체결된 협정에서는 기후변화와 해수면 상승을 고려한 조문이 눈에 띄지 않는다. 이와 관련해 David D. Caron 교수는 "당사국이 해수면 상승을 예견하지 못했기 때문에 협약 체결 당시의 사정이 변했다고 국가가 주장할 가능성은 남아 있다"고 보았다.[93] 반면 조문에의 도입 여부와 무관하게 해수면 상승이 충분히 예견할 수 있는 사정으로 볼 가능성 또한 존재한다. 예를 들어, 1997년 가브치코보-나기마로스 사건에서 헝가리는 동유럽의 정치적 상황의 중대한 변화, 'Gabcikovo-Nagymaros' 계획의 경제적 유용성 축소, 국제환경법 규범의 발전 등의 원인이 사정의 본질적 변화를 구성한다고 주장하면서, 동 계획을 규정하고 있는 1977년 조약의 종료를 선언했다. 이에 ICJ는 아래 제시된 이유를 근거로 헝가리가 주장하는 조약 종료의 사유로서 사정변경원칙의 적용을 인정하지 않았다. 첫째, 관련 정치적 상황이 당사자 동의의 본질적 기반을 구성하는 1977년 조약의 대상과 목적과 밀접하게 연결되어 있지 않으며, 또한 이행해야 할 의무의 범위를 급격하게 변화시키지 않는다고 보았다. 둘째, 경제적인 측면에서도 동일한 사유를 들어 헝가리의 주장을 부인했다. 게다가 계획의 수익성이 1977년보다 1992년에 더 줄어들었다 하더라도, 이 자체로 당사국의 조약상 의무의 범위를 급격하게 변화시켜 왔다고 보이지 않는다고 밝혔다. 셋째, 환경지식과 국제환경법의 발전은 완전하게 예상하지 못했던 것으로 볼 수 없다고 전제한 후, 특히 조약 제15조·제19조·제20조를 통해 이러한 변화를 받아들일 수 있다고 보았다. 즉 환경지식과 국제환경법의 발전을 완전하게 예상하지 못했다고 볼 수 없어 종료사유로서 사전변경의 원칙을 인정하지 않았다.[94] 따라서 특히 해수면 상승이 '예상하지 못한 변화'였는지에 대해선 제3자 분쟁해결기구의 해석과 판단에 맡겨질 가능성이 크다.

셋째, '조약에 구속되는 당사국의 본질적 동의의 기초를 구성할 것'의 요건과 관련하여, 해양경계협정의 본질적 동의는 바로 합의에 의해 그어진 해양경계선의

93 David D. Caron, "When Law Makes Climate Change Worse: Rethinking the Law of Baselines in light of a Rising Sea Level", *Ecology Law Quarterly* 621, 1990, pp.13~14.

94 *Case Concerning The Gabcikovo-Nagymaros Project, Hungary v. Slovakia*, Judgement, ICJ, 1997, para. 104.

결과물로 나타난다고 볼 수 있다. 따라서 해수면 상승으로 인한 기점 및 기선의 변화로 인해 양국의 해양경계가 변화할 경우는 바로 해양경계협정을 통해 도달하였던 조약당사국간 본질적 동의에 필연적으로 영향을 미치게 된다.

넷째, 유엔해양법협약에서는 공해, EEZ, 영해 등에 대한 국가의 의무와 권리를 다르게 규정하고 있다. 즉, 해양경계 변화에 따른 관할수역의 변화는 당연히 기존에 협정을 통해 가졌던 당사국들의 의무범위에 변화를 야기하게 된다. 예를 들어, 원래 EEZ였던 수역이 기점의 변화로 인해 공해로 될 경우 원래 EEZ에서 조약당사국들이 누리고 있던 권리와 의무는 사라지는 대신 제3국이 공해에서 누리게 될 권리가 새롭게 창설된다. 여기서 추가적으로 살펴보아야 할 부분은 이러한 사정의 변경이 의무의 범위를 '급격하게'(radically) 변화시켜야 한다는 점이다. 그런데 외교부의 공식번역본에서 따르면 'radically'를 '급격하게'로 번역하고 있는데, 국어사전을 참고하면 '급격하게'의 의미로는 '매우 빠르게'라는 시간적 의미도 포함하고 있다. 만약 조약법협약 제62조에서의 'radically'의 의미가 시간적인 개념으로 쓰였다면 해수면 상승이 점진적으로 진행된다는 점을 고려할 때 'radically'의 요건을 충족한다고 보기 어려울 것이다. 이러한 점을 고려해 '급격하게'(radically)의 의미를 살펴보도록 한다. 우선 '급격하게'(radically)의 문언적 의미는 '본질적으로'(fundamentally)의 의미에 해당하며, 'radical change'에서 'radical'의 의미는 'very important and great in degree'의 의미를 갖는다.[95] 따라서 문언적으로는 '시간'의 의미보다는 의미의 변화 '정도'(degree)를 의미하는 것으로 볼 수 있다. 이러한 점은 조약법협약의 채택과정에서도 살펴볼 수 있다. 1966년 특별보고자였던 Waldock이 제5차 보고서에서 제시한 조약안에 대해 Tunkin이 '본질적인 측면'(in an essential respect)의 문구를 '급격하게'(radically)로 대체하도록 요청하였고, 이러한 제안이 받아들여져서 최종적으로 반영되었다.[96] 즉 Waldock이 제시한 원안에서의 '본질적인 측면'(in an essential respect)의 문구가 '급격하게'(radically)로 대체되었음은 의무의 변경을 '시간적' 의미로 받아들였다기보다 '정도'의 의미로 받아들였다고 이해할 수 있다. 따라서 해수면 상승이 점진적으로 발생된다는 점은 사정변경의 원칙이 적용되는 요건에서 고려될 필요가 없고, 다만 종료의 사유로 당사국이 '사정변경의 원칙'을 원용하는 시점에서 그러한 의무의 변경이 '급격하게' 또는 '본질적으로' 변경되었다면 요건을 충족하는

95 Collins Cobuild English Dictionary(1995) 참조.

96 김용환, "국제법상 사정변경원칙에 관한 연구", 연세대학교 박사학위 논문, 2005, p.126.

것으로 볼 수 있다. 따라서 앞선 요건들을 고려해볼 때 해수면 상승을 고려한 요건이 조약법협약 제62조 제1항의 요건을 충족하는 것으로 볼 수 있다. 이에 따라 해수면 상승은 해양경계협정 당사국이 해양경계협정의 종료를 원용할 수 있는 사유로 인정될 수 있을 것이다.

3. 해양경계협정이 사정변경 예외인 '경계협정'에 해당하는지 검토

그렇다면 해양경계협정이 조약법협약 제62조 제2항의 사유로서 제시된 '경계협정'에 해양경계협정이 포함되어 사정변경의 예외사유로 원용될 수 있는가?

조약법협약 제정 과정에서 사정변경원칙의 예외로서의 경계협정의 범위에 대해서는 국가간 논란이 지속되었다. 조약법협약 제정을 위한 제1차 회의에서 미국은 국가간 '경계'를 육지와 해양에서 다른 국가와의 경계를 구별하는 상상의 선으로 정의하면서 '경계'가 육지와 해양에서의 경계 모두를 포함하고 있는 것으로 보았다.[97] 그리고 ILC가 '경계를 획정하는'(fixing a boundary)의 문구 대신 '경계를 설립하는'(establishing a boundary)이라는 문구를 사용함으로써 영토지위를 창설하거나 영토분쟁을 해결하는 협정들을 사정변경원칙 적용의 예외로써 포함하는 데 실패했다고 보았다. 그리고 추가적으로 사정변경원칙 적용의 예외로 고려해야 할 협정의 사례로 'Canton'과 'Enderbury'섬의 미·영 공동관리협정(condominium agreement), 남극협정(Antarctic Treaty)을 들었다. 우크라이나 대표 역시 사정변경원칙의 예외조항이 섬 분쟁에도 적용될 수 있을 정도로 충분히 넓다고 보았다.[98] 그러나 조약법협약 체결을 위한 국가간 최종 검토 및 협상에서 '경계'(boundary)의 개념에는 육상과 해상 경계를 포함하는 것으로 의견이 모아졌다. 즉 협정 체결을 위한 국가간 협상에서 '경계' 범위는 육지와 더불어 해양경계를 의미한다고 보았다. 따라서 비록 '경계'의 범위에 대한 ILC의 공식적인 견해는 없었다 하더라도 협상과정에서 나타난 주요 국가들의 인식을 고려해 보면 조약법협약 제62조 제2항의 '경계' 예외에 '해양경계'가 포함되는 것으로 볼 수 있다.

대부분 학자들도 해양경계협정이 사정변경의 원칙의 예외로서의 경계협정에

---

97 United Nations Conference on the Law of Treaties, First Session, *A/CONF.39/C.1/SR.63*, 1968, p.367, para. 12. 원문은 다음과 같다. "Boundaries of State territory as imaginary lines on the surface of the earth which separate the territory of one State from that of another, or from unappriciated territory, or from the open sea."

98 *Ibid.,* p.368, para. 25.

해당하는 것으로 보고 있다. 예를 들어, Lusthaus 교수는 "당사국이 이미 체결된 해양경계협정의 효력을 문제시하면서 타국의 해양경계를 위협하는 경우 조약법협약 제62조 제2항을 위반할 가능성이 높다"라고 보아 해양경계협정이 사정변경원칙의 적용예외에 해당하는 '경계협정'으로 보았다.[99] C. Schofield 교수는 특히 해양경계에 있어서의 섬의 역할을 논하면서 해양경계협정이 제62조 제2항의 사정변경원칙 적용의 예외에 해당한다고 보아 사정변경원칙의 예외가 해양경계협정에 대한 특별한 보호장치라고 보았다.[100] Freestone과 Pethick는 "해양경계협정이 한 번 체결되면 상황의 본질적인 변화에 영향을 받지 않는 유효성을 가지는 협약에 속하게 된다"고 보아 해양경계협정이 사정변경원칙의 적용에서 제외되는 것으로 인식했다.

그러나 예외적인 상황에서 해양경계협정을 대상으로 사정변경의 원칙의 적용을 인정할 필요가 있다는 주장도 있다. Watts 교수는 예외적으로 우주공간의 경계선은 논외로 하더라도 해양경계선은 사실상 특별한 면이 있으며, 그 의도나 목적, 모든 면에서 진정한 국경선에 해당함에도 불구하고, 특정 해양경계선에는 제62조의 사정변경원칙에 대한 예외라는 안정적 효과(stabilizing effect)가 나오지 않을 수 있다고 보았다.[101] J. Lisztwan은 만약 해양경계협정이 사정변경원칙이 적용되지 않는 경우라 할지라도 섬의 완전한 수몰의 경우는 예외적으로 봐야 한다고 주장하였다.[102]

이처럼 국가들의 인식과 학자들의 논의에 비춰 보건대, 사정변경의 원칙 적용의 예외가 되는 '경계협정'에는 육상뿐 아니라 해양경계협정도 포함하고 있다고 보는 것이 타당하지만, 모든 경우에 적용될 수는 없고 예외적으로 인정해야 할 상황도 염두에 둘 필요가 있다. 그럼에도 불구하고 실제로 해양경계협정 당사국이 사정변경의 원칙을 원용하여 해양경계협정의 종료를 주장하면서 제3자 분쟁해결기구를 활용한다 하더라도 현재의 국제재판에서 인정되기는 어렵다는 점을 판례를 통해 살펴볼 수 있다. 현재 해양경계협정과 관련해 당사자의 종료사유로의 원용에 대

99 Jonathan Lusthaus, "Shifting Sands: Sea Level Rise, Maritime Boundaries and Inter-state Conflict", *Politics*, 2010, p.118.

100 Clive Howard Schofield, "Against a rising tide: ambulatory baseline and shifting maritime limits in the face of sea level rise", *Proceedings of International Symposium on Islands and Oceans*, 2009. 1, p.19.

101 Arthur Watts, *The International Law Commission 1949~1998*, Vol. Ⅱ, Oxford University Press, 1999, p.916.

102 Julia Lisztwan, *supra* note 72, p.187.

한 국제재판소는 당사국이 사정변경의 원칙을 원용할 경우 이를 매우 엄격하게 해석하고 있고, 사정변경의 원칙을 적용해 조약의 종료를 인정한 사례는 찾아보기 힘들기 때문이다.[103] [104]

Ⅲ. 소 결

ICJ 판례나 일반적인 국가의 인식에서처럼 보듯이 해양경계협정은 항구적이며 안정적이다. 그러나 기후변화로 인한 해수면 상승과 같이 기점과 기선 및 해양경계의 변화는 이미 설립된 해양경계협정의 유효성과 안정성을 해칠 가능성이 높고, 특히 조약당사자가 조약법협약 제62조 제1항 또는 관습법상 사정변경의 원칙을 원용할 경우, 바로 현실적인 문제가 될 수 있다.

그러나 앞서 살펴본 바와 같이 사정변경의 원칙은 양면성을 가지고 있다. 즉 조약 종료를 위해 국가들이 원용할 수 있는 권리이기도 하지만, 또한 해양경계협정의 항구성과 안정성을 보장해 주는 법적 장치이기도 하다. 특히 국가들이 주장하는 사정변경의 원칙이 인정되기 위한 요건이 엄격할 뿐만 아니라, 사정변경원칙의 적용예외로서 인정되는 '경계협정'의 범위에 해양경계협정도 포함되는 것으로 일반적으로 이해되고 있다. 결론적으로 사정의 본질적 변경을 이유로 해양경계협정이 종료되기는 어려우며, 이는 기존 해양경계협정의 지속을 통해 해양경계 안정화에 기여하게 된다. 특히 이러한 논리적 귀결은 해수면 상승에 따라 기존의 해양경계가 변하는지, 변하지 않는지에 대한 이론적 대립에 상관없이 해양경계협정의 안정성을 확보해 주고 있어 결국 사정변경원칙이 해수면 상승이라는 외부 환경변화에도 불구하고 국가간 해양경계 안정성을 보장해 주는 법적 장치로서 의의를 가지게 된다.

최근 ILA는 해양경계협정 체결 당사국은 해양경계협정을 체결할 때의 통상기선이 해수면 상승 등의 결과로 육지 쪽으로 이동한다면 이를 해양경계협정의 유효성을 저해할 수 있는 본질적 상황의 변경이라고 주장할 수 있을 것인지에 대해 판

---

103 예외적으로 *A. Racke GmbH & Co. v Hauptzollamt Mainz.* 사건(ECJ judgement, 1998)에서 유럽재판소는 사정변경의 원칙을 조약의 종료사유로 원용한 바 있다. 이 사건에서 유럽재판소는 유고슬라비아의 해체는 1980년 유고슬라비아와 EEC 간 체결된 협력협정 당사국간 동의를 구성하는 실질적 상황에 있어서 본질적인 변화를 포함하는 정치적 변화(political change)로 보았다. http://eur-lex.europa.eu/legal-content/EN/TXT/?uri=CELEX%3A61996CJ0162(2017. 8. 25. 검색).

104 Julia Lisztwan, *supra* note 72, p.184.

단했다.[105] 일부 학자들은 조약법협약상의 관련 조항이 해양경계협정에 대해 적용되는지에 대해선 아직 확정된 바 없다는 입장을 보이고 있다. 예를 들어, Caron 교수는 당사국이 예상하지 못한 해수면 상승과 같은 상황의 변화를 당사국은 주장할 수 있다고 보고 있다. 반면 Lisztwan 교수는 국제법위원회(ILC)의 특별보고자인 H. Waldock경에 의해 제출된 안에 기초한 조약법협약 예비문서를 면밀히 살펴보고, 협상문에 언급된 많은 경계협정을 검토하였다. 그리고 ICJ 에게해 사건[106]을 언급하면서 "당사국이 조약법협약 제62조 제2항의 경계에 해양경계가 포함되지 않는다고 의도하였음을 살펴볼 수 없으므로 당사국은 해양경계협정을 종료할 근거로 해안선의 변화를 원용할 수 없다"는 결론을 내렸다.[107] 이처럼 해수면 상승으로 야기된 사정의 변화를 고려했을 때 조약법협약상 사정변경원칙 예외와 관련해 해양경계협정이 포함되는지에 대해선 이론의 여지가 남아 있다. 다만 기존의 판례 입장이나 사정변경원칙의 예외조건 등을 검토할 경우 해수면 상승으로 인해 바로 당사국이 조약의 종료사유로 원용하기는 어려울 것이다. 따라서 앞서 살펴본 바와 같이 이론적으로 해수면 상승과 해양경계 변화 가능성이라는 외부적 환경의 변화에 대응해 사정변경의 원칙이 해양경계의 안정성에 기여를 할 수 있다는 점은 의미가 있다. 이러한 점은 국제법협회의 보고서에서도 강조되고 있다.[108]

그러나 환경의 변화가 해수면 상승이라는 점을 고려한다면, 다음의 세 가지 점에 대한 추가적인 고려가 필요할 것으로 생각된다.

첫째, 이미 체결된 해양경계협정의 경우 사정변경의 원칙은 원용하는 쪽도 이를 부정하는 쪽 모두에게 유의미하며, 궁극적으로 해양법의 발전에 기여하는 측면이 있다. 그러나 앞으로 체결될 해양경계협정의 경우 해수면 상승이라는 사정은 이미 예측 가능한 요소로 인식될 가능성이 높다. 즉 사정변경의 원칙이 가지는 함의는 줄어들고 대신 해수면 상승이라는 예측 가능한 환경변화를 어떻게 협상테이블

105 ILA, "International Law and Sea Level Rise", *Interim Report in Johannesburg Conference*, 2016. 6, p.16.

106 관련 판례 내용은 다음과 같다. "Whether it isa land frontier or a boundary line in the continental shelf that is in question, the process is essentially the same, and inevitably involves the same element of stability and permanence, and is subject to the rule excluding boundary agreements from fundamental change of circumstances. *Agean Sea Continental Shelf Case, Greece vs Turkey*, ICJ, 1978, para. 85.

107 ILA, *supra* note 105, p.17.

108 *Ibid.*

에 올려 해양경계협정에 반영할 것인지가 중요해질 것이다.

둘째, 해수면 상승은 해양경계와 관련해 여러 측면에서 영향을 미친다. 각국의 해양경계협정이 고려하고 있는 제반 환경이나 사정도 모두 다르다. 그럼에도 불구하고 모든 상황에 대해서 일괄적으로 사정변경원칙 적용의 예외로 인정할 수 있을지는 의문이다. 예를 들어, 해수면 상승으로 인해 기점 섬이 수몰되었을 경우 등의 상황에서도 여전히 해양경계협정을 원래 그대로 인정해야 할 것인가? 이러한 측면에서 해수면 상승으로 인해 기점이 되는 이러한 맥락에서 해양경계협정이 사정변경원칙이 적용되지 않는 경우라 할지라도 섬의 완전한 수몰의 경우는 예외적으로 보아야 한다는 Julia Lisztwan 교수의 주장을 되새길 필요가 있다.

셋째, 사정변경원칙의 예외를 근거로 해양경계협정의 종료사유로 원용할 수 없도록 하는 것은 조약의 지속성과 안정성에는 바람직할 수 있으나, 해수면 상승에 따른 해양환경의 변화를 받아들이지 못하는 한계를 가질 수 있다. 즉 해수면 상승에 따라 해양경계가 변화할 경우 당사국뿐만 아니라 제3국의 권리에까지 영향을 줄 수 있음에도 불구하고, 협정의 안정성이라는 목적하에 해양경계를 동결시킴으로써 변화된 상황하에서 누릴 수 있는 제3국의 권리는 고려되지 않을 수 있다.

HAPTER

05 해양경계협정과 제3국 권리 침해 및 구제

제 5 장 해양경계협정과 제3국 권리 침해 및 구제

해양에서의 해양경계획정은 육지에서의 경계획정보다 복잡한 양상을 띤다. 해양경계를 획정하는데 필요한 기점 및 기선의 설정을 위한 기술적인 측면에서부터 도서 영유권 문제 등 해양경계획정이 보다 법적·정치적으로 복잡한 양상을 띠고 있기 때문이다. 기후변화에 따른 해수면 상승이 가져올 부정적 영향 중 가장 우려되는 것은 이미 체결된 해양경계협정을 통해 안정화된 해양경계가 다시 불안정해지면서 국가간 새로운 갈등이, 국제사회 차원에서는 법적 안정성이 저해되는 상황이 벌어질 수 있다는 것이다. 즉, 해양경계협정은 체결국의 합의에 바탕을 둔 것이므로 당사국은 기점의 변화 등으로 기존의 해양경계가 국가간 이익이나 형평에 어긋난다고 판단시 해양경계협정의 유효성에 의문을 제기할 수 있다. 물론 사정변경의 원칙에서 살펴보았듯이 해양경계협정은 이론적으로는 기선의 변동, 고정 여부에 상관없이 조약의 종료사유로 원용할 수 없을 가능성이 높기 때문에 국제해양경계 레짐의 안정성에 기여하는 측면이 크다.

그러나 이 경우, 즉 해수면 상승으로 인한 기선의 변동 가능성이 해양경계협정 당사국 외에 제3국과의 관계에서 발생될 수 있는 법적 문제는 없는가? 또한 해수면 상승에 의한 기점의 변화에도 불구하고 당사국들이 기존의 해양경계 효력을 그대로 유지하는 경우, 제3국은 이러한 해양경계협정으로 인해 특히 공해에서 누릴 수 있는 권리를 침해받지는 않는가? 이러한 문제 제기에 대해서 살펴 볼 수 있는 법적 근거는 조약법협약이다. 조약법협약 제34조는 조약은 동의 없이 제3국의 의무와 권리를 창설하지 않으며, 국제재판소 판결도 역시 제3자를 구속하지 않는다고 규정하고 있다. 따라서 원칙적으로 해양경계협정은 원칙상 당사국만을 구속한다. 그러나 해양경계협정의 경우 제3국의 권리와 의무에 영향을 미치는 대항력을 지닌다는 점에서 기선의 변화로 인한 해양관할수역의 변화는 제3국의 권리에 영향을 미칠 수 있는 여지가 크다. 특히 유엔에서 발간한 「해양경계획정지침서」 서문에서는 "해양경계획정이 당사국의 국가관할권에 직접적인 영향을 줄 뿐만 아니라 어업, 해양생물 자원, 해양 비생물자원 등의 개발, 항행의 자유 등을 향유하는 국가들의 권리와 이익에도 영향을 미친다"고 명확히 하고 있다.[1] 따라서 해수면 상승으로 인해 기선 변화에 따라 해양경계가 변해야 함에도 불구하고, 해양경계협정이 그대로 유지된다면 수역은 양 당사국의 관할수역으로만 이루어지게 되고, 제3국이 공해 및 경우에 따라 심해저상 누릴 수 있는 권리를 행사하지 못하게 된다. 이러한 경우 양 당사국의 해양경계협정의 존재가 제3국의 권리를 침해하는 요인으로 작용할 수 있다. 즉 실제적으로 제3자의 권리를 창설할 수 있는 경우가 생김에도 불구하고 협정을 지속적으로 유지함으로써 역설적으로 제3국의 권리가 침해되는 상황이 발생할 수 있다.

1 UN, *Handbook on the Delimitation of Maritime Boundaries*, 2000, p.1.

제 1 절 해양경계협정과 제3국의 권리·의무

Ⅰ. 해양경계협정의 법적 성격

해양경계협정은 유엔해양법협약과 마찬가지로 해양 분야에 있어서 국가간 합의를 토대로 한 구속력 있는 조약이며, 원칙적으로 조약법협약이 적용된다. 이 경우 조약법협약상 조약의 상대성 원칙이 적용된다. 그리고 해양경계협정은 육상경계협정과 동일하게 '경계'와 관련된 협정이다. 즉 사정변경의 원칙에도 불구하고 경계협정일 경우 종료 또는 정지 사유로 원용할 수 없다는 조약법협약 제62조 제2항이 적용될 수 있다. 특히 해양경계협정은 해양법체제의 안정성과 항구성을 보장해주는 중요한 역할을 한다. ICJ는 *Preah Vihear* 사건에서 "두 국가가 경계를 설정할 때, 주요한 목적 중 하나는 안전성과 최종성을 얻는 것"이라고 판시한 바 있다.[2] ICJ 에게해 대륙붕 사건에서는 "육지든 대륙붕이든 경계획정 과정은 본질적으로 동일하다. 그리고 필수불가결하게 안정성(stability)과 항구성(permanence)이라는 동일한 요소를 포함한다. 또한 본질적인 사정변경의 적용을 받지 않는 경계협정에 해당한다"라고 판시하면서 해양경계와 육지경계는 동일하다고 보았다.[3]

그러나 법적 측면에서 육지과 해양은 서로 구별되는 영역이며, 해양경계 획정 등의 문제에 있어서 역시 육지와 다른 요소들이 고려될 필요가 있다.[4] 특히 해양경계협정은 제3국에 대항력을 가지며 또한 제3국의 권리에 영향을 미칠 수 있다. 유엔해양법협약과 마찬가지로 제3국의 권리를 특별히 고려해야 하며, 해양경계는 육

---

2 *Case Concerning The Temple of Preah Vihear, Cambodia v. Thailand,* Judgement, ICJ, 1962, p.34. 원문은 다음과 같다. "In general, when two countries establish a frontier between them, one of the primary objects is to achieve stability and finality."

3 *Agean Sea Continental Shelf Case, Greece vs Turkey,* ICJ, 1978, para. 36. 원문은 다음과 같다. "Whether it is a land frontier or a boundary line in the continental shelf that is in question, the process is essentially the same, and inevitably involves the same element of stability and permanence, and is subject to the rule excluding boundary agreement from fundamental change of circumstances."

4 *Case concerning the Land and Maritime Boundary between Cameroon and Nigeria, Cameroon vs Nigeria,* Judgement, ICJ, 2002, p.421, para. 238. 원문은 다음과 같다. "These(land boundaries and maritime boundaries) are two distinct areas of the law, to which different factors and considerations apply."

지와 달리 경계가 획정되면 당사국과 제3국의 권리를 배분·확정하는 결과로 이어질 수 있다. 유엔해양법협약은 해양에서의 항행의 자유, 해양자원에의 접근성, 바다로의 접근성 등 3가지 측면에서 내륙국과 지리적 불리국가에도 해양을 이용할 수 있는 법적 근거를 마련하고 있다.[5] 이러한 협약의 지향점은 해양경계협정에서도 고려되어야 하며, 이러한 측면에서 당사국만을 구속한다는 일반적인 조약의 상대성의 원칙과 다르게 접근할 필요가 있다.

이 절에서는 해양경계협정과 제3국의 권리·의무의 관계를 살펴보기 위해 이론적 논의로서 조약법협약상 제3자효에 대해 우선 살펴보고, 나아가 조약법협약 제3자효에도 불구하고 해양경계협정이 제3국에 미치는 영향과 효력의 근거와 내용에 대해 살펴보도록 한다.

Ⅱ. 해양경계협정이 '제3국'에 미치는 영향

1. 조약의 '제3자효'

일반적으로 국가는 '제3자 효력'(*pacta tertiis*)에 따라 제3자의 동의 없이는 권리를 창설하거나 의무를 부여하지 못한다. 이 원칙의 기원은 로마법으로 거슬러 올라간다. 로마법은 "낯선 자 간에 벌어진 일들은 관계하지 않은 자를 해롭게 해서는 안된다"라는 의미의 '*pacta tertiis nec nocent nec prosunt*'를 규정하였으며, 이는 주권평등의 원칙을 기반으로 하는 국제법원칙으로 녹아 들어갔다.[6] 특히 ILC는 조약의 제3자효 원칙을 '국가의 독립성과 평등을 위한 견고한 장치'로 보았다.[7] 그리고 이 원칙은 국가실행과 특히 조약법협약 체결 이전의 국제상설사법재판소(PCIJ)의 판례[8]에서도 확인되고 있다.

---

5 R.R. Churchill & A.V. Lowe, *The Law of the Sea,* 3rd, ed. Manchester University Press, 1999, pp.433~445.

6 Erik Franckx, "*Pacta Tertiis* and The Agreement for the Implementation of the Provisions of the United Nations Convention on the Law of the Sea of 10 December 1982 Relating to the Conservation & Management of Straddling Fish Stocks & Highly Migratory Fish Stocks", *FAO Legal Paper Online #8*, 2000. 8, p.5.

7 ILC, "Draft Articles on the Law of Treaties with commentaries", *Yearbook of the International Law Commission,* Vol. Ⅱ, 1966, p.227.

8 1926년 *Certain Ferman Interests in Polish Upper Silesia* 사건에서 PCIJ는 "조약은 단지 당사국인 국가간 적용되는 법을 창설할 수 있고, 의심의 여지가 있는 경우, 제3국을 위해 어떠한 권

1969년 조약법협약은 제34조[9]에서 제3국에 대한 일반규칙으로 "조약은 제3국에 대하여 그 동의 없이는 의무 또는 권리를 창설하지 아니한다"고 규정하고 있다. 조약법협약 제35조는 제3국에 대해 의무를 규정하는 조약의 경우 제3국이 서면으로 명시적으로 수락하여야 한다고 규정하고 있다.[10] 1928년 팔마스섬 중재사건에서 Huber 판사는 "스페인이 필리핀에 대한 주권을 인정하는 강대국과 체결한 조약이 네덜란드를 구속할 수 없다"고 주장하면서, "조약이 창설한 권리가 무엇이든지 간에 조약과 무관한 당사국의 권리를 폐기하는 것으로 해석할 수 없다"고 판시했다.[11] 1932년 상부 사보이젝스 자유지대(*Free Zones of Upper Savoy and the District of Gex*) 사건에서도 "스위스는 다자조약인 베르사유조약 당사국이 아니므로 승인한 부분을 제외하고는 이 조약은 스위스에게 구속력을 가지지 않는다"고 보았다.[12] 한편 ILC의 조약법협약 주석은 협약에 규정한 제3국의 명시적 동의는 그 협약에 구속된다는 내용의 새로운 협정을 조약당사국과 체결한 것과 동일한 효과를 가지는 것으로 볼 수 있다고 밝히고 있다.[13]

제3국의 권리를 규정하는 조약의 경우 역시 제3국의 동의가 필요한데, 이는

리도 조약으로부터 나올 수 없다"고 판시했다(*Certain Ferman Interests in Polish Upper Silesia, Series A07,* PCIJ, 1926, p.29. 원문은 다음과 같다. "A treaty only creates law as between States which are parties to it:; in case of doubt, no rights can be deduced from it in favor of third States."). *Chorzow Factory* 사건에서 재판소는 폴란드가 제네바협약상 의무와 상치되는 행위(손해배상의 연기)를 위해 조약당사국이 아닌 휴전협약(Armistice Convention)을 원용할 수 없다고 판시하면서 조약의 제3자효 원칙을 재확인했다(*Chorzow Factory Case, Series A17,* PCIJ, 1928, p.45). 또한 PCIJ는 *Custom Regime between Germany and Austria* 사건에서 '평화협정'(Peace Treaty)의 당사자가 아닌 스페인은 이 협약을 원용할 수 없다고 판시한 바 있다(*Custom Regime between Germany and Austria, Series A/B41,* PCIJ, 1931, pp.4~8).

9 협약 제34조: "(General rule regarding third States) A treaty does not create either obligations or rights for a third State without its consent."

10 협약 제35조: "(Treaties providing for obligations for third States) An obligation arises for a third Sate from a provision of a treaty if the parties to the treaty intend the provision to be the means of establishing the obligation and the third State expressly accepts that obligation in writing."

11 *Island of Palmas Case, Netherlands v. USA. Arbitral Awards, UN Reports of International Arbitral Awards,* Vol.Ⅱ, 1928, p.842. 원문은 다음과 같다. "It is evident that whatever may be the right construction of a treaty, it cannot be interpreted as disposing of the rights of independent third Powers."

12 *Case of the Free Zones of Upper Savoy and the District of Gex,* Judgement, PCIJ, 1932, p.141.

13 ILC, *supra* note 7, p.227. 원문은 다음과 같다. "The Commission appreciated that when these conditions are fulfilled there is, in effect, a second collateral agreement between the parties to the treaty, on the other hand, and the third State on the other."

의무를 부여하는 조약과 달리 반대의 표시가 없는 한 제3국의 동의가 있는 것으로 추정할 수 있으며, 명시적인 동의가 필요 없다.[14] McNair는 조약이 제3국에 법적 효과를 창설하는 이유에 대해 다음과 같이 제시했다.[15] 첫째, 조약당사국은 묵시적이든 명시적이든 제3국이 수락하는 계약적 권리를 부여하려고 의도하였기 때문이다. 둘째, 조약내 규정된 국제관습법의 작용에 의해 제3국이 조약상 권리를 획득할 수 있기 때문이다. 이 두 가지 이유는 이후 조약법협약 규정에서 고스란히 반영되었다. ILC에 따르면 제3자에 호혜적인 내용을 담고 있는 조약은 적지 않다고 보고, 그 예로 베르사유조약 제109조, 제358조, 제374조와 유엔헌장 제35조[16] 등을 들고 있다. 이와 관련해 일부 학자들은 권리 창설과 관련해 의도적으로 규정하려고 하지 않았지만, 조약에 의해 우연히 제3자에게 권리가 창설되는 경우에는 의무 부과와 마찬가지로 조약당사국과 제3국 간에 부수적 협정을 체결하여 실제적인 권리를 부여해야 한다고 보았다.[17] 이와 관련해 조약법협약 주제의 특별보고자를 담당했던 4명의 위원 모두는 다른 입장을 취했다. 그들은 "양자 또는 다자간 조약 체결시 조약당사국이 제3국을 위해 권리를 창설하는 것을 금지하는 국제법원칙은 없다"고 보았다.[18] 이에 대해 1932년 상부 사보이젝스 자유지대 사건에서는 "제3국에 우호적인 규정들은 제3국의 실제적 권리를 창설하는 것을 목적으로 채택되어 왔다고 쉽게 추론할 수 없다. 그러나 주권국가가 이러한 목적과 효과를 가지는 것을 의도하는 것을 금지하는 국제법원칙은 없다. 따라서 타국간 체결된 협정으로부터 권리가 존재할 수 있는지의 문제는 개별적인 사례에서 결정되어야 한다"[19]라고 판시한 바 있다.

---

14 협약 제36조 제1항: "(Treaties providing for rights for third States) A right arises for a third State from a provision of a treaty if parties to the treaty intend the provision to accord that right either to the third State, or to a group of States to which it belongs, or to all States, and the third State assents thereto. Its assent shall be presumed so long as the contrary is not indicated, unless the treaty otherwise provide."

15 M. Fitzmaurice, "Third Parties and the Law of Treaties", *Max Plank Yearbook of United Nations Law,* Vol. 6, 2002, p.67.

16 유엔헌장 제35조 제2항은 유엔 회원국이 아닌 국가도 유엔 안보리 또는 유엔총회에 주위를 환기시킬 수 있도록 규정하고 있다. 원문은 다음과 같다. "A state which is not a Member of the United Nations may bring to the attention of the Security Council or of the General Assembly any dispute to which it is a party if it accepts in advance, for the purposes of the dispute, the obligations of pacific settlement provided in the present Charter."

17 ILC, *supra* note 7, p.228.

18 *Ibid.,* p.228. 원문은 다음과 같다. "there is nothing in international law to prevent two or more States from effectively creating a right in favour of another States by treaty."

한편 제3국의 의무 또는 권리의 취소 또는 변경의 경우 의무는 조약의 당사국과 제3국이 달리 합의하였음이 확정되지 않는 한, 조약의 당사국과 제3국의 동의를 얻은 경우에만 취소 또는 변경될 수 있다(제37조 제1항). 권리의 경우 제3국의 동의 없이는 취소 또는 변경되지 아니하는 것으로 의도되었을 경우 당사국에 의해 취소 또는 변경될 수 없다(제37조 제2항). 따라서 조약당사국이 제3국의 동의 없이도 이러한 권리를 취소 또는 변경할 수 있는 것으로 의도한 경우, 제3국에 부여한 권리를 취소할 수 있다고 해석할 수 있으므로 이러한 권리의 취소 또는 변경에 제3국의 동의를 반드시 필요로 하는 것은 아니다.

2. 객관적 체제 창설조약 가능성

조약의 제3자효에 따르면 해양경계협정이 협정을 통해 제3국의 동의 없이 권리와 의무를 창설할 수 없다. 그러나 예외적으로 해양경계협정이 객관적 체제를 창설하는 조약에 해당한다면 이는 제3국의 동의와 상관없이 제3국의 권리와 의무에 영향을 미칠 수 있다. 따라서 해양경계협정이 객관적 체제를 창설하는 조약인지를 우선 살펴보도록 한다.

(1) 객관적 체제의 개념과 사례

ILC는 조약법협약 제38조의 국제관습법 관련 조항을 논의하면서 객관적 체제를 창설하는 조약에 대해 논의하였다. ILC는 의무와 권리가 대세적으로 유효한(obligationas and rights valid *erga omnes*), 소위 '객관적 체제'(Objective Regime)를 창설하는 조약을 특별한 사례로 인지하고 개별적으로 살펴보았다. 일부 국가들은 이러한 조약의 개념이 국제적으로 존재한다고 보았고, 조약법협약 내에 특별히 반영될 필요가 있다고 보았다. 그들은 이러한 성격의 조약으로 '특정 영토, 지역의 중립화 조약', '국제항행수역에서의 항행의 자유를 규정하는 조약' 및 남극조약 등을 들었다.[20] 반면 일부 다른 국가들은 조약의 권리와 의무가 대세적 효력을 가질 수는

---

19 *Case of the Free Zones of Upper Savoy and the District of Gex,* Judgement, PCIJ, 1932, pp.147~148. 원문은 다음과 같다. "It cannot be lightly presumed that stipulations favourable to a third State have been adopted with the object of creating as actual right in its favour. There is however nothing to prevent the will of sovereign States from having this object and this effect. The question of the existence of a right acquired under an instrument drawn between other States is therefore one to be decided in each particular case."

20 ILC, *supra* note 7, p.231.

있다고 인정하면서도 조약법협약 내에서 다루어져서는 안된다고 보았다. ILC는 조약법 내에 직접적으로 '객관적 체제'를 창설할 가능성을 인정하는 규정을 두는 것은 일반적 인식과는 거리가 있다고 보고 이 문제를 더 이상 논의하지 않는 것으로 마무리지었다.[21] 그럼에도 불구하고 조약법협약 초안에서 제안된 객관적 체제를 창설하는 조약 및 주석은 여전히 객관적 체제의 법적 지위에 대한 이후 논의에 이론적 밑거름이 되고 있다.

객관적 체제를 창설하는 조약의 사례로는 '헤이폰스푸트'(Hay-Pauncefote) 조약과 '수에즈운하 협약'(Suez Canal Convention)이 주로 언급되고 있다. 1901년에 체결된 Hay-Pauncefote 조약은 영국과 미국 간 양자조약으로 파나마조약에서의 봉쇄의 금지, 호전적 행위의 금지를 규정하고 있다.[22] 조약의 예비문서(travaux preparatoires)는 이러한 항행의 자유가 제3자에게 '실제적 권리'를 부여하는 의도를 담고 있는 것으로 보았다.[23] 또한 1988년에 체결된 '수에즈운하 협약'도 자유로운 항행을 위한 국제체제를 창설하는 대세적 효력을 지니는 것으로 보았다. 1956년 이집트가 수에즈운하를 국유화할 때에도 운하의 자유로운 항해는 영향을 받지 않는다고 보았는데, 그 이유로 이 협약이 대세적 효력으로 유효하며, 나아가 협약의 내용이 국제관습화되었다고 여겼기 때문이다.[24]

그리고 최근 들어 객관적 체제를 창설하는 조약의 대표적인 사례는 남극조약

---

21 *Ibid.*

22 관련 판례를 살펴보면 PCIJ는 '*윔블던호* 사건'(1923)에서 수에즈와 파나마운하의 사례와 같이 양쪽의 개방된 바다를 연결하는 인공적 수로는 영구적으로 국제사회의 이용을 위해 개방되어야 한다고 보면서 Kiel 운하에서 윔블던호가 금수물자를 실었다고 하더라도 주권국가의 중립성을 위태롭게 하지 않으며, 윔블던호의 자유로운 항해가 보장되어야 한다고 판시했다. *Case of the S.S 'Wimbledon', Series A01,* Judgement, PCIJ, 1923, p.28. 원문은 다음과 같다. "The Precedents therefore afforded by the Suez and Panama Canals invalidate in advance the argument that Germany's neutrality would have necessarily been imperilled if her authorities had allowed the passage of the 'Wimbledon' through the Kiel Canal, because that vessel was carrying contraband of war consigned to a state then engaged in an armed conflict, Moreover they are merely illustrations of the general opinion according to which when an artificial waterway connecting two open seas has been permanently dedicated to the use of the whole world, such waterway is assimilated to natural straits in the sense that even the passage of a belligerent man-of-war does not compromise the neutrality of the sovereign State under whose jurisdiction the water in question lie."

23 Sir Humphrey Waldock, "Third Report on the law of treaties", *Yearbook of the International Law Commission,* Vol.Ⅱ, 1964, p.29.

24 *Ibid.*.

이다. 이 조약은 1959년에 체결되어 남극의 평화적 이용, 영유권 주장 및 군사활동 금지 등을 주요 내용으로 하고 있다. 남극조약 체결 당사국인 12개 국가는 남극이 인류의 이익을 위한 특수공간으로 과학조사 및 평화적 이용을 위해 모든 국가에게 개방하도록 서문과 조항을 통해 이를 의도하고 있다. 특히 제10조에서 남극지역에서의 활동에 참여한 어떠한 주체들도 본 조약의 원칙과 목적에 위배되는 행동을 하지 않도록 조약당사국들은 유엔헌장에 맞는 적절한 노력을 하도록 규정하고 있다. 이 조항은 남극지역에서의 타국의 활동을 허용하면서, 참여국들에게는 이 조약에 맞는 행동을 할 의무를 부여하고 있으며, 체약국들은 참여국의 행동이 조약의 목적과 원칙에 일치하도록 노력을 기울일 것을 명시하고 있다.[25]

(2) 조약법협약 초안에서의 '객관적 체제를 창설하는 조약'

객관적 체제를 창설하는 조약은 앞서 살펴보았듯이 대세적 효력을 가지는 체제를 창설하는 것으로 이 조약의 존재 여부는 ILC와 많은 학자들의 심층적 연구대상이 되어 왔다.[26] 특히 특별보고자인 Humphrey Waldock경은 1964년 제3차 보고서에서 조약법협약 초안에 '객관적 체제를 창설하는 조약' 규정을 넣을 것을 제안했다.[27] Waldock경이 제안한 조문을 살펴보면 다음과 같다.[28]

---

25 남극조약(Antarctic Treaty) 제10조: "Each of the Contracting Parties undertakes to exert appropriate efforts, consistent with the Charter of the United Nations, to the end that no one engages in any activity in Antarctic contrary to the principles or purposes of the present Treaty."

26 대표적인 사례로 조약법협약 특별보고자인 Waldock경의 제3차 보고서에서 제안한 A draft article on "Treaties providing for Objective Regime"(1964)와 McNair의 *The Law of Treaties*(1961), 제14장 Dispositive and Constructive Treaties 부분을 들 수 있다.

27 Humphrey Waldock, *supra* note 23, pp.27~28.

28 원문은 다음과 같다.

Art. 63—Treaties providing for objective regime

1. A treaty establish an objective regime when it appears from its term and from the circumstances of its conclusion that the intention of the parties is to create in the general interest general obligations and rights relating to a particular region, State, territory, locality, river, waterway, or to a particular area of sea, locality, river, waterway, or to a particular area of sea, sea-bed, or air-space; provided that the parties include among their number any State having territorial competence with reference to the subject-matter of the treaty, or that any such State has consented to the provision in question.
2. (a) A State not a party to the treaty, which expressly or impliedly consents to the creation or to the application of an objective regime, shall be considered to have accepted it.
   (b) A State not a party to the treaty, which does not protest against or otherwise manifest

제63조－객관적 체제를 위한 조약

1. 특정한 지역, 국가, 영토, 지역, 강, 수로, 특정 해양지역, 해저, 항공 등과 관련해 일반적 이익, 의무, 권리를 창설하는 국가의 의도가 조약의 용어 및 상황으로부터 보이는 경우 조약은 객관적 체제를 창설한다.
2. (a) 객관적 체제의 창설과 적용에 대해 명시적 또는 묵시적으로 동의한 조약의 비당사국은 객관적 체제를 수락하는 것으로 간주되어야 한다.
   (b) 유엔사무총장에게 조약을 등록한 일정 기간 내에 객관적 체제에 저항하거나 반대를 표시하지 않는 조약의 비당사국은 묵시적으로 그 체제를 수락하는 것으로 간주되어야 한다.
3. 제1항에 언급된 종류의 체제를 수락한 국가는 (a) 체제에 포함된 일반적 의무에 구속되어야 하고, (b) 조약의 용어와 조건에 따라 체제의 조항을 원용하고, 체제가 부여하는 일반적 권리를 행사할 수 있는 권리를 가진다.
4. 만약 조약이 위 조항과 같이 다르다면, 조약당사자는 조약의 유지에 실질적인 이익을 가진 국가들과 함께 제1항에서 언급된 그러한 종류의 체제를 수정하거나 폐지할 수 있다.

우선 ILC는 제3자를 구속하는 효력을 가진 조약과 국제관습법을 구별하면서 국제관습법의 내용을 포함하고 있는 조약의 경우 조약의 비당사자는 실제로 조약이 아닌 국제관습법의 적용을 받는 것으로 보았다. 이를 전제로 과연 조약당사자가 아닌 제3국에 법적 의무와 권리를 창설하는 '객관적' 효과를 지닌 조약이 어느 정도까지 인정될 수 있는지에 논의의 초점이 맞춰졌다.[29] ILC는 Waldock경의 초안 제1항의 정의에 공해 또는 우주가 포함되지 않는다고 보았다. 또한 공해에서의 어업 및 생물자원의 보존에 관한 1958년 제네바협약이 적용되지 않으며, 1963년 핵실험금지조약 또한 적용되지 않는다고 보았다. 근거로서 ILC가 제시한 두 조약은 일반

---

its opposition to the regime within a period of X years of the registration of the treaty with the Secretary-General of the United Nation, shall be considered to have impliedly accepted the regime.

3. A State which has accepted a regime of the kind refered to in paragraph I shall be －
   (a) bound by any general obligations which it contains: and
   (b) entitled to invoke the provisions of the regime and to exercise any general right which it may confer, subject to the terms and conditions of the treaty.
4. Unless the treaty otherwise provides, a regime of the kind referred to in paragraph 1 may be amended or revoked by the parties to the treaty only with the concurrence of those States which have a substantial interest in its functioning.

29 Humphrey Waldock, *supra* note 23, p.27.

적인 국제관습법 내용을 포함하고 있는 법 창설적 조약(law-making treaty)에 해당하며, 객관적 체제를 창설하는 조약으로 보기 힘들기 때문이라고 보았다.[30] 그리고 ILC는 제2항(a)은 비당사국에게 효력을 가지는 객관적 체제를 창설하는 조약의 특성상 타당하며, (b)항은 나아가 묵시적 동의로 간주할 수 있는 구체적 상황을 제시한 것으로 보았다. 특히 반대를 표시하지 않는 일정 기간을 5년으로 제안했다.[31] 제4항은 조약당사국의 개정 및 폐지를 위한 권능이 어디까지 허용되는지, 조약의 유지에 이해관계를 가지고 있는 제3국이 이러한 개정 및 폐지를 위한 과정에 어디까지 참여할 수 있는지의 문제를 다루고 있다. ILC는 제4항에 따라 실질적으로 체제의 유지에 이해관계를 가진 제3국은 객관적 체제의 수정과 폐지를 위한 결정과정에 참여할 수 있는 권리를 가지는 것으로 간주되어야 한다고 보았다. 그렇다고 체제의 기능에 영향을 미치지 않는 조항의 변경에 대해서까지 간여할 수 있는 것으로 간주하진 않았다.[32]

(3) 해양경계협정에의 적용 가능성

Waldock경은 1964년 제3차 보고서에서 객관적 체제에 심해저(sea-bed)가 포함된다고 명시적으로 규정함으로써 특정 해양지역인 심해저를 객관적 체제에 포함시켰다. 그러나 심해저의 경우, 협약 체결 과정에서 개발도상국과 선진국 간 심해저의 법적 지위에 대한 상반된 견해가 대립되었는데, 선진국은 심해저가 인류공동의 유산으로 '공유물'(*res communis*)의 법적 성격을 가지는 것으로 본 반면, 개발도상국은 심해저 자원에 대한 접근이 제한 및 관리되어야 한다는 입장이었다.[33] 이를 전제로 Fitzmaurice는 협약 제11부 심해저 규정과 제3국의 관계와 관련하여 이를 1994년 심해저이행협정 체결 전후로 나눠서 법적 성격을 살펴보았다.[34] 우선 유엔해양법협약상 심해저 규정과 제3자 효력의 관계에서 Fitzmaurice는 협약 제137조[35]

30 *Ibid.*, p.33. para. 19.

31 *Ibid.*, para. 22.

32 *Ibid.*, para. 26.

33 M. Fitzmaurice, *supra* note 15, p.110.

34 *Ibid.*, p.110.

35 협약 제137조는 심해저와 심해저 자원의 법적 지위를 규정하고 있다. 제1항의 원문은 다음과 같다. "No State shall claim or exercise sovereignty or sovereign rights over any part of the Area or its resources, nor shall any State or natural or juridical person appropriate any part thereof. No such claim or exercise of sovereignty or sovereign rights nor such appropriation shall be recognized."

에서 어떤 국가도 심해저에서 주권 및 주권적 권리를 가지지 못한다고 규정하고 있고, 국제심해저기구(ISA)가 법인격을 가지고 있지만,[36] 유엔 배상 사건에서의 유엔처럼 제3국과의 관계에서 객관적 법인격을 가지고 있지 않다고 보았다. 이러한 이유로 심해저는 이행협정 체결 전 단계에서는 객관적 체제로서의 법적 지위를 가지고 있지 않다고 보았다.[37] 그리고 이행협정 체결 이후의 경우는 심해저에서의 관행과 법적 확신으로 인한 국제관습법화의 가능성은 배제할 수 없다고 한 발자국 물러서긴 했지만, 여전히 객관적 체제로도 보기 어렵다고 보았다.[38]

그럼에도 불구하고 현재 객관적 체제의 대표적 사례인 남극과 비교해 심해저도 객관적 체제로 인정해야 함이 타당하다고 본다. 왜냐하면 남극조약과 마찬가지로 협약상 심해저는 어떠한 국가에도 주권이나 주권적 권리의 주장 또는 행사를 인정하고 있지 않고 있기 때문이다. 즉 M. Fitzmaurice가 심해저를 객관적 체제로 보지 않는 이유로 언급했던 협약 제137조가 오히려 남극을 객관적 체제로 인정하는 대표적 규정인 남극조약 제4조[39]의 내용과 유사하고, 또한 남극조약에서 모든 국가에 과학적 이용을 위한 접근을 인정하면서도 이를 평화적으로 이용하도록 규정했던 것처럼 협약 제138조에서 심해저에서의 국가의 행위를 인정하지만, 국제평화 및 국제협력의 기반하에 이루어져야 함을 규정하고 있는 것도 같은 맥락으로 볼 수 있기 때문이다. 다만 앞서 언급한 바와 같이 ILC는 당시 관련 조항의 주석에서 1958년 공해에 관한 제네바협약이 국제관습법 내용을 담고 있는 법 창설적 조약으로 보면서 객관적 체제를 창설하는 조약이 아니라고 보았기 때문에 공해를 객관적 체제로 보기는 어렵다. 따라서 유엔해양법협약은 해양에서의 국가의 권리와 의무를 규정하는 협약으로 심해저와 관련해서는 객관적 체제를 창설하는 조약으로 볼 여지가 크다.

그렇다면, 심해저를 객관적 체제로 인정할 수 있다면 특히 심해저와의 관계에

36 협약 제170조 제2항: "The Enterprise shall, within the framework of the international legal personality of the Authority, have such legal capacity as is provided for in the Statute set forth in Annex IV. The Enterprise shall act in accordance with this Convention and the rules, regulations and procedures of the Authority, as well as the general policies established by the Assembly, and shall be subject to the directives and control of the Council."(저자 밑줄 강조)

37 M. Fitzmaurice, *supra* note 15, p.112.

38 *Ibid.*, pp.114~116.

39 남극조약 제4조: "The treaty does not recognise, dispute, nor establish territorial sovereignty claims; no new claims shall be asserted while the treaty is in force;"

서 해양경계협정 당사국의 대륙붕과 심해저를 구분하는 대륙붕 해양경계협정의 경우, 객관적 체제를 창설하는 조약으로 인정될 수 있을까? 우선 유엔해양법협약 제1조 정의에서 "심해저는 국가관할권 한계 밖의 해저·해상 및 하층토를 말한다"고 규정하고 있다. 만약 연안국이 협약에 근거해 대륙붕의 외측한계를 긋는다면 이는 국가관할권 밖의 해저·해상 및 하층토였던 심해저가 국가관할권하의 대륙붕으로 법적 지위에 변화가 생기고, 이에 따라 원래의 심해저에서 누릴 수 있던 권리를 행사하지 못하게 됨으로써 제3국의 권리에도 영향을 미칠 수 있다. 대륙붕 해양경계협정의 경우도 마찬가지이다. 마주보는 또는 인접한 연안국이 협정을 통해 대륙붕을 확정할 경우, 모든 국가가 심해저에서 가지는 권리가 인정되는 영역에서 협정당사국의 대륙붕으로 관할권이 미치는 영역으로 성격이 바뀌게 된다. 그렇다고 해서 대륙붕 해양경계협정은 유엔해양법협약과 달리 객관적 체제를 창설하는 조약으로 볼 수 없다. 대륙붕 해양경계협정 체결을 통해 원래 심해저에서 누렸던 제3국의 권리에 영향을 미칠 수 있을지언정, 협정 자체가 객관적 체제인 심해저를 창설하는 효과를 가져오기보다는 오히려 원래 심해저로 인정되었던 수역을 연안국의 관할권이 미치는 대륙붕으로의 효과를 가져오는 수역으로 제한하고 있기 때문이다. 또한 일반적으로 대륙붕 해양경계협정이나 배타적 경제수역을 포함한 국가간 해양경계협정은 원래 제3국에 권리가 인정되었던 공해나 심해저를 대상으로 하기보다는 양국간 해역의 길이가 400해리에 미치지 못하는 관할 중첩수역을 대상으로 형평한 결과를 통해 양국간 관할수역에서의 관할권을 분배하는 기능을 하는 경우가 더욱 많다. 특히 대륙붕과 EEZ 간 단일해양경계획정일 경우 더욱 그러하다. 이 경우 해수면 상승이 양국간 기점 및 기선에 영향을 줄 경우, 상부수역의 EEZ의 해양경계에 영향을 미쳐 공해에서의 제3국의 권리간 문제가 발생할지언정, 대륙붕 해양경계에는 영향을 주지 않을 가능성이 높다. 왜냐하면 협약에 근거해 각국은 200해리 이원으로 대륙붕의 외측한계를 확대할 수 있는 권능을 부여받았기 때문이다.[40] 따라서 심해저를 객관적 체제로 볼 경우, 유엔해양법협약은 객관적 체제를 창설하는 조약으로 볼 가능성이 높지만, 반면 해양경계협정은 객관적 체제를 창설하는 조약

40 ITLOS는 방글라데시-미얀마 사건에서는 이 글과 관련해 2가지 함의를 가진다. 하나는 미얀마와 방글라데시 간 200해리 이원에서의 대륙붕 해양경계획정을 다루었으며, 다른 하나는 미얀마와 방글라데시의 대륙붕 해양경계협정이 인도에 구속력을 가지지 않는다는 점이다. *Dispute Concerning Delimitation of the Maritime Boundary Between Bangladesh and Myanmar in the Bay of Bengal, Bangladesh v. Myanmar,* ITLOS Judgement, 2012, paras. 341~476.

으로 보기는 어렵다.

3. 국제관습법을 반영한 조약 여부 검토

조약법협약 제38조[41]에서는 국제관습을 통해 제3국을 구속하는 조약의 규칙이 존재하는 경우, 이는 조약에 의해 제3국을 구속하는 것이라기보다 국제관습법에 의해 제3국을 구속하는 것으로 당연히 협약 제34조에서 제37조까지의 요건이 적용되지 않는다고 보았다. 일반적으로 국제관습법은 국가실행과 법적 확신의 요건으로 구성된다. 그러나 어떠한 원칙과 행위가 국가실행과 법적 확신을 통해 국제관습이 되었는지를 판단하는 것은 그리 쉽지 않다.[42] 현재의 국제법체제하에서 국제관습법 여부는 학자들의 논의를 바탕으로 주로 ICJ를 비롯한 국제재판소의 판단에 의존하고 있는 것으로 보인다. 유엔해양법협약의 서문에서는 협약이 해양법의 법전화와 점진적 발달을 목표로 하고 있음을 잘 보여주고 있다. 여기서 법전화는 해양법 관련 국제관습법을 협약이 성문화하고 있음을 의미하며, 점진적 발달은 협약을 통해 새로운 국제관습법이 성립될 수 있음을 의미하고 있다.[43] 이러한 점을 고려하여 해양경계협정이 국제관습법을 반영한 조약으로의 인정 여부를 살펴보기 위해서는 우선 유엔해양법협약과 국제관습법의 관계에 대해 살펴볼 필요가 있다. 특히 해양경계협정이 주로 영해, 배타적 경제수역, 대륙붕과 관련된 것임을 염두에 두고 유엔해양법협약의 관련 조항이 국제관습법을 반영하고 있는가를 살펴보는 것이 필요하다.

유엔해양법협약과 국제관습법의 관계에 대해서는 두 가지 측면을 살펴볼 수 있다. 하나는 협약 제정 당시의 어떠한 조항들이 국제관습법을 협약이 담고 있는지를 살펴보는 것이며, 또 하나는 협약 제정 당시에는 국제관습법이 아니었지만, 제정 후 30년이 지난 지금에 어떠한 내용들이 국제관습법이 되었는지를 살펴보는 것이다. 이를 위해 먼저 협약 제정 당시의 국제관습법의 반영 여부를 살펴보기 위해

---

41 협약 제38조: "Rules in a treaty becoming binding on third States through international custom. Nothing in articles 34 to 37 precludes a rule set forth in a treaty from becoming binding upon a third States as a customary rule of international law, recognized as such."

42 국제관습법 요건 등 논의는 제6장 해양경계 안정화를 위한 규범화 작업 중 신국제관습법 창설 부분에서 상세히 다루도록 한다.

43 협약 서문에서는 "Believing that the codification and progressive development of the law of the sea achieved in this Convention …"으로 규정하면서 협약의 역할을 해양법의 성문화와 점진적 발달로 보고 있다.

서는 협약 조항별 주체를 살펴봐야 한다. 협약에서의 '모든 국가'(all states or every states)의 규정은 다음의 4가지 경우 중 하나를 의미한다.[44] 첫째, 당사국(states parties)과 동의어인 경우, 둘째, 조약의 제3자효의 예외로 협약의 권리를 누릴 수 있도록 당사국들이 의도한 경우, 셋째, 국제관습법을 규정하는 것으로 모든 국가에 효력을 가지는 경우, 넷째, 국제관습법칙을 창설하려는 의도를 반영한 경우 등이다. 물론 협약에서 행위주체를 '모든 국가'로 규정한 경우, 위 4가지 중 어디에 해당하는지 모두를 가려내는 것은 어려울 것이다. 그럼에도 불구하고 세 번째 경우에서처럼 협약 제정 당시 국제관습법을 반영하고 있는지를 살펴보기 위해서는 일단 모든 국가로 행위주체를 반영하고 있는 조항에서부터 출발하는 것이 바람직할 것이다.

1949년 *Corfu Channel* 사건에서 ICJ는 평화시에 국가들이 연안국의 사전승인 없이도 국제해협에서 군함을 보낼 수 있는 권리를 가지고 있다고 전제하면서 국제해협에서의 무해통항권를 국제관습법으로 인정하였다.[45] 1969년 북해대륙붕 사건에서는 1958년 대륙붕협약 유보조항인 제12조[46]가 제1조~제3조[47]를 유보할 수 없다고 규정하고 있으므로, 최소한 이 세 조항은 대륙붕과 관련되어 확립되었거나 최소한 확립되고 있는 국제관습법을 반영하거나, 형성화하고 있는 것으로 보았다.[48] 이는 1982년 튀니지-리비아 사건,[49] 1984년 메인만 사건[50]에서도 재확인되고 있

44 Luke T. Lee, "Law of the Sea Convention and Third States", *ASIL,* Vol. 77, No. 3, 1983, p.549.

45 *The Corfu Channel Case,* Judgement, ICJ, 1949, p.28. 원문은 다음과 같다. "It is, in the opinion of the Court, generally recognized in accordance with international custom that States in time of peace have a right to send their warships through straits used for international navigation between two parts of the high seas without the previous authorization of a coastal State, provided that the passage is innocent."

46 1958년 대륙붕협약(Convention on the Continental Shelf) 유보조항인 제12조 제1항은 다음과 같다. "At the time of signature, ratification or accession, any state may make reservations to articles of the Convention other than to articles 1 to 3 inclusive."

47 협약 제1조는 대륙붕의 개념, 제2조는 대륙붕에서의 연안국의 권리, 제3조는 연안국의 대륙붕에서의 권리가 상부수역으로서의 공해 및 상공의 법적 지위에 영향을 미치지 않는다는 내용을 담고 있다.

48 *North Sea Continental Case, Germany vs Denmark, Netherlands,* ICJ, 1969, p.40, para. 63. 원문은 다음과 같다. "This expectation is, in principle, fulfilled by Article 12 of the Geneva Continent니 Shelf Convention, which permits reservations to be made to all the articles of the Convention "other than Article 1 to 3 inclusive"-these three Articles being the ones which, it is clear, were then regarded as reflecting, or as crystalizing, received or at least emerging rules of customary international law relative to the continental shelf."

49 *Case concerning the Continental Shelf, Tunisia vs. Libyan Arab Jamahiriya,* ICJ, p.32, para. 42.

50 *Case concerning Delimitation of the Maritime Boundariy in the Gulf of Maine Area, Canada vs.*

다. 또한 1985년 캐나다－프랑스 중재재판 사건에서 양국의 주장처럼 배타적 경제수역 제도가 국제관습법을 반영하고 있으며, 특히 협약 제58조에서 보장되고 있는 상부수역에서의 항행의 자유원칙이 이를 대변하고 있다고 인식했다.[51] 이는 당연히 공해에서의 항행의 자유원칙이 국제관습법으로 인정되고 있음을 보여 준다. 영해의 경우 1999년 에리트리아－예멘 중재사건에서는 통상기선은 협약 제15조에서 규정되었고 또한 많은 해양경계협정에서 확인되고 있어 오랫동안 축적된 관행으로 인해 국제관습법으로 성립된 것으로 보았다.[52] 섬과 관련해 2001년 카타르－바레인 사건에서는 협약 제121조가 국제관습법을 반영하고 있다고 보고, 섬은 크기에 상관없이 다른 육지와 마찬가지로 동일한 해양관할권을 창설할 수 있다고 보았다.[53] 그리고 최근 위 내용들은 ICJ 판례인 2012년 니카라과－콜롬비아 사건에서 재정리되고 있다. 즉 이 사건에서 ICJ는 대륙붕, 배타적 경제수역, 섬 및 영해 등 조항이 국제관습법을 반영한 것으로 판시하고 있다. 우선 ICJ는 콜롬비아가 유엔해양법협약 당사국이 아니지만 제76조 제1항에서의 대륙붕 규정이 국제관습법적 효력을 갖고 있기 때문에 이 조항의 적용을 받는 것으로 보았다.[54] 그리고 본 사건에서 양국은 해양경계획정과 관련해 대륙붕과 EEZ의 관련 규정인 제74조와 제83조가

United States of America, Judgement, ICJ, 1984, p.51, para. 92.

51 *Court of Arbitration for the Delimitation of Maritime Areas between Canada and France: Decision in Case concerning delimitation of marine area((St. Pierre and Miquelon),* 31 I.L.M 1145, 1992, p.1175, para. 88. 원문은 다음과 같다. "In the written and oral proceedings both parties have underscored the importance they attach to the principle of freedom of navigation through the 200 mile zone undoubtedly represents customary international law as much as the institution of the 200 miles zone itself."

52 *Award of the arbitral Tribunal in the Second Stage of the Proceedings (Maritime Delimitation) between Eritrea and Yemen,* 1999, para. 133. 원문은 다음과 같다. "The normal baseline of the territorial sea as stated in Article 5 of the Convention－ and this again accorded with long practice and with the well established customary rule of law of the sea."

53 *Case Concerning Maritime Delimitation and Territorial Questions between Qatar and Bahrain,* ICJ, 2001, para. 185. 원문은 다음과 같다. "It is thus the terrestrial territorial situation that must be taken as starting point for the delimitation of the maritime rights of a coastal State. In accordance with Artcle 121, para.2, of the 1982 Convention on the Law of the Sea, which reflects customary international law, islands, regardless of the size, in this respect enjoy the same status, and therefore generate the same maritime rights, as other land territory."

54 *Territorial and Maritime Dispute, Nicaragua v. Colombia,* Judgement, ICJ, 2012, para. 118. 원문은 다음과 같다. "The Court notes that Columbia is not a State party to UNCLOS and that, therefore, the law applicable in the case is customary law. The Court considered that definition of the continental shelf set out in Article, para.1 of the UNCLOS forms part of customary law."

〈표 5-1〉 유엔해양법협약과 조항별 행위주체와 국제관습법 반영 여부

협약 구성 및 조항	모든 국가 (all states)	당사국 (parties)	국제관습법 반영 여부
제1부 서론(Introduction)		○	
제2부 영해 및 접속수역(Territorial Sea and contiguous zone)	○		○
제3부 해협(Straits)	○		○
제4부 군도수역(Archipelagic straits)	○		
제5부 배타적 경제수역(EEZ)	○		○
제6부 대륙붕(Continental shelf)	○		○
제7부 공해(High Seas)	○		○
제8부 섬(Islands)	○		○
제9부 폐쇄 및 반폐쇄해(Enclosed or semi-enclosed seas)	○		
제10부 내륙국의 접근 및 통항권(Access and transit rights of landlocked states)	○		
제11부 심해저(The Area)			
제135조 상부수역과 상공의 법적 지위	○		
제136조 인류공동의 유산	○		
제137조 심해저와 자원의 법적 지위	○		
제138조 심해저 관련 국가의 일반적 행위	○		
제141조 평화적 목적을 위한 이용	○		
제142조 연안국의 권리와 이익	○		
제143조 제1항: 해양과학연구	○		
제149조: 고고학적 및 역사적 유물	○		
그 이외 조항		○	
제12부 해양환경(Marine environment)	○		
제13부 해양과학연구(Marine science research)			
Section 6: 분쟁해결과 임시조치		○	
그 이외 조항	○		
제14부 해양기술 개발과 이전(Development and transfer of marine technology)	○		
제15부 분쟁해결(Settlement of disputes)		○	
제16부 일반조항(General provisions)			
제303조: 고고학적 및 역사적 유물	○		
제304조: 손해배상책임	○		
그 외 조항		○	
제17부 최종 조항(Final provisions)		○	

출처: Luke T. Lee, "Law of the Sea Convention and Third States", *ASIL*, Vol. 77, No. 3, 1983, p.550 및 ICJ 판례 등을 참고해 작성.

국제관습법을 반영하고 있으며, 섬 조항인 제121조 또한 국제관습법을 반영하고 있는 것으로 보았으며, 재판소도 이를 받아들였다.[55] ICJ는 영해와 관련해 영해의 폭 12해리를 규정한 협약 제3조와 간출지를 규정하고 있는 제13조가 현재 국제관습법을 반영하고 있다고 보았다.[56] 재판소는 과거에 이 조항이 국제관습법을 반영하였는지는 명확히 하지 않았지만 이후 관행을 통해 국제관습법이 되었음을 명확히 하고 있다.

한편, 현재 협약이 제정된 지 30년이 지나고 회원국이 168개국에 이르고 있음을 고려해 볼 때 협약상 실질적 규범을 담은 조항의 경우 특별한 논란이 되지 않은 경우 국제관습법으로 인정될 수 있는 여지는 크다.[57] 그리고 현재 유엔총회의 결의는 유엔해양법협약이 국제관습법의 근거임을 지지하는 많은 결의를 채택해 오고 있다.[58] 이러한 결의 등은 구속력은 없지만 국가실행과 법적 확신을 확인해 주는 중요한 방법이 되고 있다.

4. 소 결

유엔해양법협약 제1조에서는 'State Parties'를 협약에 구속됨에 동의한 국가로 규정하고 있으며, 이는 협약당사국을 말한다. 그리고 협약은 조문상 명확하게 제3국에 권리와 의무를 규정하고 있지 않다. 그럼에도 불구하고 협약은 규정에 따라

---

55 *Ibid.*, paras. 138~139. 원문은 다음과 같다. "In particular, they (both parties) agree that provisions of Article 74 and 83, on the delimitation of the exclusive economic zone, and the continental shelf, and Article 121, on the legal regime of islands, are to be considered declatory of customary international law."(para.138), "The Court has recognized that the principles of maritime delimitation enshrined in Article 74 and 83 reflect customary international law. In the same case it treated the legal definition of an island embodied in Article 121, para.1, as part of customary international law"(para. 139).

56 *Ibid.*, paras. 177, 182. 관련 원문은 다음과 같다. "That entitlement to a territorial sea is the same as that of any other land territory. whatever the position might have been in the past, international law today sets the breath of the territorial sea which the coastal State has the right to establish at 12 nuatical miles. Article 3 of UNCLOS reflects the current state of customary international law on this point."

57 그러나 유엔해양법협약 채택 이후 협약의 어떠한 조항이 새로운 국제관습법이 되었는지를 살펴보는 것은 쉽지 않다. 새로운 국제관습법이 되었는지에 대한 판단은 결국 권위 있는 재판소나 유엔과 같은 국제기구에 의해 확인되고, 국가들이 이에 지속적인 반대를 하지 않아야 가능하기 때문이다.

58 자세한 결의의 내용은 http://www.un.org/depts/los/general_assembly/general_assembly_resolutions.htm (2017. 8. 26. 검색).

관련 주체를 '(every, all) states', 'coastal states', 'state parties' 등으로 다르게 표현하고 있다. 이러한 구분은 협약이 적용되는 대상을 당사국에 한정하지 않고, 경우에 따라 연안국을 포함한 일반 국가에까지 확대하고 있는 것으로 해석할 수 있다. 그리고 나아가 이러한 표현이 유엔해양법협약 제정 당시에 제3국에 권리를 부여하려는 의도를 나타내는 것으로 볼 수 있다. 예를 들어, 협약 제3조는 영해의 범위와 관련해 '모든 국가'(every states)는 12해리 내 영해를 설정할 권리를 가진다고 규정하고 있다. 또한 제90조에서 연안국 또는 내륙국에 상관없이 공해를 지나는 배들은 자국기를 게양할 권리를 가진다고 규정하고 있는 등 특히 공해와 관련된 권리와 의무규정 그 주체를 주로 '모든 국가'로 보고 있다.[59] 이러한 적용대상의 구별은 유엔해양법협약이 국가간 합의를 바탕으로 하는 협약의 외형을 하고 있지만, 내용상 일부에서는 당사국이 아닌 국가의 권리와 의무를 내용으로 하는 국제관습법을 반영하고 있음을 보여주고 있다. 나아가 협약은 어느 한 국가의 영역에 속하지 않는 공공물의 성격을 갖는 공해와 국가관할권 밖의 인류의 공동유산으로 여겨지는 심해저 등 협약당사국 이외의 국가에도 공유되는 수역에 대한 권리와 의무를 규정하고 있기 때문에 필연적으로 제3국에 효력을 발휘하는 것으로 해석할 수 있다.

이처럼 성격상 유엔해양법협약이 국제관습법을 반영한 조약으로서의 성격을 가지고 있다는 점은 해양경계협정이 제3국에 대항력을 가지고 있다는 사실과 더불어 제3국의 권리·의무에 영향을 미칠 수 있다. 특히 유엔해양법협약에서의 영해, 배타적 경제수역, 대륙붕 조항이 모두 국제관습법을 반영하고 있어 해양경계협정 역시 각각의 영역을 규정함으로써 제3국의 권리에 영향을 미칠 수 있다고 볼 수 있다. 따라서 해수면 상승이 해양경계협정에 영향을 미칠 경우, 협정당사국 이외의 제3국의 권리·의무에도 영향을 미칠 수 있으며, 제3국의 권리 침해로 이어질 수 있다.

---

59 공해와 관련되어 제89조(공해에서의 주권 주장 무효), 제90조(항행의 권리), 제91조(선박의 국적), 제94조(기국의 의무), 제98조(지원제공의무), 제99조(노예수송 금지), 제100조~제109조(해적, 무허가, 마약 등의 행위 진압을 위한 협력의무) 등 전반에 걸쳐 행위의 주체를 모든 국가로 하고 있다.

제2절 해양경계협정으로 인한 제3국 권리 침해와 구제 방안

일반적으로 조약과 제3자 권리 간 논의는 협정 체결 당시에 쟁점이 되는 문제이지만, 해수면 상승이라는 변화를 염두에 두었을 때 해양경계협정에서 제3국의 권리를 논하는 실익은 크게 두 가지로 볼 수 있다. 하나는 제3국이 침해받았다고 주장하는 권리를 어떠한 법적 근거를 통해 인정할 수 있는지에 대한 문제이다. 다른 하나는 해수면 상승이 야기한 기선의 변화가 해양경계에 영향을 미치게 됨으로써 어떠한 권리가 침해받을 수 있는지에 대한 문제이다. 나아가 아래에서 사용하는 제3국은 내용과 문맥에 따라 해양경계획정에 '직접적으로' 영향을 받는 특정의 제3국을 지칭하는 개념이 될 수도 있고, 또한 해양경계협정 당사국을 제외한 협정 비당사국인 모든 국가를 지칭하는 개념도 될 수 있다.

Ⅰ. '제3국 권리' 주장의 법적 근거

실제로 새롭게 형성된 해양경계선이 제3국의 권리를 침해할 경우 제3국은 그 경계에 대해 저항할 수 있다.[60] 일례로 1997년 태국과 베트남의 태국만 해양경계협정에 대해 1998년 3월 캄보디아는 이 해양경계협정이 태국만에서의 캄보디아 EEZ와 대륙붕에 대한 주권과 권리를 침해한다고 유엔에 통보했다. 이 갈등은 2001년 캄보디아와 태국 간 양해각서 체결을 통해 해결되었다.[61] 이처럼 제3국이 권리를 침해받았다고 주장할 경우, 인용할 수 있는 법적 근거는 아래와 같이 크게 두 가지로 살펴볼 수 있다.

첫째, 해양경계협정 그 자체를 근거로 하는 경우이다. 해양경계협정에서 협약체결당사국들이 제3국의 권리를 명시적, 묵시적으로 규정하고 있는 경우로 제3국이 해양경계협정을 법적 근거로 원용할 수 있다. 이 경우는 명확한 조약상의 권리에 대한 경우로 해수면 상승을 통해 해양경계의 변화를 조약당사국이 협약의 개정 또는 신규 제정시 그 침해를 주장할 수 있다.

---

60 Julia Lisztwan, "Stability of Maritime Boundary Agreements", *The Yale Journal of International Law*, Vol. 37－1, 2012, p.197.

61 *Ibid.*

둘째, 유엔해양법협약의 국제관습법이 반영된 조항 또는 국제관습법을 근거로 하는 경우이다. 앞선 논의처럼 일반적으로 조약의 제3자효에 따라 조약의 비당사자국은 조약상 권리의 침해를 주장할 수 없지만, 제3자와 조약의 당사자들과의 관계에서는 국제관습법이 적용될 수 있다. 그리고 제3국이 침해된 권리의 구제를 위해선 어떠한 법적 근거가 적용될지, 그리고 실제로 그러한 법적 근거를 통해 권리가 인정될지 여부는 현실적으로는 제3자 분쟁해결기구의 해석과 판단을 통해서 이루어질 것이다.

Ⅱ. '제3국의 권리' 유형

해수면 상승으로 인한 변화를 반영하지 않음으로써 기존의 해양경계협정의 유지가 제3국의 권리에 영향을 미칠 수 있는 경우를 예로 들면, 대표적으로 해수면 상승으로 인해 공해가 생성된 경우이다. 이는 공유수역이 400해리 미만이 안되는 지역에서의 당사국이 해양경계협정을 체결한 이후, 해수면 상승으로 인해 육지로 후퇴한 기점에서 측정한 새로운 해양경계가 400해리 이상이 될 경우 양국의 최대 200해리의 EEZ 설정 이후에도 공해수역이 생기게 되는 경우이다. 그럼에도 불구하고 기존의 해양경계를 유지할 경우 실제로 양국은 200해리 이상의 EEZ 수역을 가지게 됨으로써 최대 200해리의 EEZ를 규정한 유엔해양법협약과 배타적 경제수역에 대한 국제관습법을 침해할 가능성이 높다. 그리고 이 경우 공해와 심해저에서의 제3국의 권리가 침해될 수 있다.

그렇다면 해양경계협정에서 당사국 이외의 제3국이 누릴 수 있는 권리는 무엇이 있을까? 앞서 살펴본 유엔해양법협약에서 국제관습법이 반영되었거나, 모든 국가(all states)가 누릴 수 있는 권리로 규정된 조항들을 중심으로 제3국의 권리를 살펴보면 아래와 같이 정리할 수 있다. 첫째, 연안국이거나 내륙국이거나 관계없이, 모든 국가는 EEZ에서 항행·상공비행의 자유, 해저전선·관선 부설의 자유 및 선박·항공기·해저전선·관선의 운용 등에 있어서 적법한 해양 이용의 자유를 향유한다(협약 제58조).

둘째, 영해에서는 허용되지 않는 제3국의 어업권이 연안국의 법령에서의 보존조치와 법령을 준수한다는 조건하에 EEZ에서 인정된다. 연안국은 연안국이 전체 허용어획량을 어획할 능력이 없는 경우, 협정이나 그 밖의 약정을 통하여 제4항에 언급된 조건과 법령에 따라 허용어획량의 잉여량에 관한 다른 국가의 입어를 허용해야 한다(제62조 제2항).

셋째, 내륙국(land-locked State)과 지리적 불리국(geographically disadvantaged State)은 모든 관련국의 경제적·지리적 관련 상황을 고려하고, 형평에 입각하여 동일한 소지역이나 지역내 연안국의 EEZ의 생물자원 잉여량 중 적절한 양의 개발에 참여할 권리를 가진다(제69조 및 제70조 각 제1항). 단 내륙국과 지리적 불리국이라 하더라도 연안국의 경제가 EEZ의 생물자원 개발에 크게 의존하고 있는 경우에는 참여가 배제된다(제71조).

넷째, 공해에서는 모든 국가는 공해의 자유를 향유하며, 이러한 자유에는 항행의 자유, 상공비행의 자유, 해저전선과 관선 부설의 자유, 인공섬과 그 밖의 시설 건설의 자유, 어업의 자유, 과학조사의 자유 등이 포함된다(제87조). 특히 어업권은 국가의 경제적 이익과 밀접하게 연결되어 있는 중요한 권리이다. 그리고 공해의 하부수역 가운데 연안국의 대륙붕에 속하지 않는 수역은 심해저로서 인류의 공동유산이며, 모든 국가는 차별 없이 평화적 목적을 위해 이를 이용할 수 있는 권리를 가지게 된다(제141조). 특히 탐사개발 참여권 등 경제적 권리 등에 대한 침해 여부도 논의될 수 있다. 물론 심해저에서의 권리는 예외적으로 인정되며,[62] 심해저에서의 충돌되는 이익은 제3국의 이익을 넘어 '연안국의 이익'과 '인류공동의 유산에 대한 국제사회의 이익' 간 상충관계로 볼 수 있다. 단, 심해저의 경우 협약 제137조에서 어떠한 국가도 심해저와 그 자원에 대해 주권이나 주권적 권리를 주장하거나 행사 또는 독점할 수 없다고 규정하고 있어[63] 심해저에서 제3국이 해양경계협정으

62 해양경계협정은 주로 양국 간 EEZ 경계를 획정하는 것으로 상부수역은 하부수역에서의 대륙붕과 다른 법적 성격을 가지기 때문이다. 거리 개념을 보더라도 EEZ는 최대 200해리이지만, 대륙붕은 일정 조건하에 최대 350해리까지 확대시킬 수 있다. 여기서의 논의는 해수면 상승으로 인해 원래 400해리 미만의 인접국간 수역이 400해리가 훨씬 넘게 확대될 경우를 가정한 것인데, 이 경우에도 하부수역은 여전히 인접국가의 대륙붕에 속할 수 있고, 당연히 제3국의 이용이 보장된 심해저로 볼 수 없기 때문이다. 다만 최근의 판례 경향이 EEZ와 대륙붕 간 단일 해양경계협정을 체결하는 방향으로 가고 있어, 이 경우 해수면 상승으로 인해 상부수역에서의 400해리 이상으로의 수역 확대는 하부수역에서의 심해저가 창설될 수 있는 상황을 가져올 수 있다. 따라서 예외적으로 또한 사례별로 제3국의 심해저에서의 권리가 논의될 여지가 있다.

63 협약 제137조 제1항: "No State shall claim or exercise sovereignty or sovereign rights over any part of the Area or its resources, not shall any State or natural or judicial person appropriate any part thereof. No such claim or exercise of sovereignty or sovereign rights nor such

로 인해 주권, 또는 주권적 권리의 침해를 주장하기는 어렵다.

Ⅲ. '제3국의 권리' 고려 방식

해양경계협정체결을 위한 협상시 양 당사국들은 해양경계협정의 체결이 제3국의 권리에 영향을 미치는지를 고려해야 한다.[64] 그리고 해양경계 분쟁이 발생하는 경우 재판소는 항상 제3국의 권리를 고려해 사안을 판단하여 왔다. 또한 협정당사국 가운데 한 국가가 제3국과 해양경계 분쟁에 놓여 있고, 양국이 해양경계 분쟁 중인 해양수역과 관련 있는 경우에는 양국의 해양경계협정은 분쟁 해양수역을 피해 그어지는 것이 관례이다.[65] 또한 1917년 중미사법재판소의 폰세카만 사건[66]에서처럼 제3자 분쟁해결기구는 만약 해양경계획정이 제3국의 이익을 고려하지 않는 경우 그러한 해양경계획정은 무효로 판단해 왔다.[67]

나아가 해양경계협정에서 제3국을 고려하는 방식은 사례별로 다르게 형성되어 왔다. 이는 해양경계협정에서 고려해야 할 요소들이 모두 다르기 때문이다. 일반적으로 협약당사국들은 해양경계협정 체결시 고려해야 할 특정 제3국이 있는 경우, 협정 체결시 이를 반영해 왔다. 1986년에 체결된 콜롬비아와 온두라스 간 해양경계협정에서는 니카라과와의 해양경계를 고려하여 82°W의 중간선을 주장한 콜롬비아의 입장이 반영되었으며,[68] 협정 제1조는 양국의 해양경계가 제3국과의 해양경계를 고려해 획정되도록 규정하고 있다.[69] 1977년에 체결된 미국－쿠바 간 해양경계협정

appropriate shall be recognized."

64 UN, *supra* note 1, para. 202.

65 *Ibid.,* para. 208.

66 *Gulf of Fonseca Case, El Salvador v Nicaragua,* Judgement of Central American Court of Justice, 1917. 이 사건에서 니카라과는 외교적 노력과 협상이 아직 끝나지 않았고, 본 사안의 주제가 재판소의 관할권에 종속되지 않는 제3국인 미국의 이익과 결부되어 있으므로 재판소가 관할권이 없다고 주장했다. 이에 재판소는 니카라과의 주장은 3개국이 체결한 '평화우호조약'(General Treaty of Peace and Amity)의 목적 달성에 필요한 재판소의 사법적 임무를 훼손하는 것으로 보고 관할권을 행사했다. 한편 엘살바도르는 폰세카만 수역이 첫째, 이 수역에 해양경계가 획정되지 않았으며, 둘째, 엘살바도르와 온두라스 간 1884년 해양경계획정과 니카라과와 온두라스 간 1900년 해양경계획정은 모두 제3국의 이익을 고려하지 않아 무효이므로 제3자에게도 허용되는 수역으로 보았다.

67 UN DOALOS, *Digest of International Cases on the Law of the Sea,* 2006, p.3.

68 UN, *supra* note 1, para. 206.

69 Maritime Delimitation Treaty between Colombia and Honduras, 1986, *Delimitation Treaties*

에서 양국은 동쪽에서 모두 바하마와 해양경계를 가질 것으로 예상되어, 제3국인 바하마(Bahamas)를 고려해 동쪽 지역으로 등거리(equally distant)선을 채택하였다.[70]

해양경계협정 체결시 제3국을 고려하는 또 하나의 관행은 갈등을 피하기 위해 제3국을 협상에 참여시키는 것이다. 1965년 체결된 덴마크-노르웨이 간 해양경계협정에서는 제3조에서 최종 해양경계획정을 위해서 필요하다면 관련된 제3국과 협의하도록 규정하고 있다.[71] 또한 1988년 스웨덴과 소련은 발틱해에서 해양경계를 획정하면서 20년이 지나면 어업량을 할당하기 위한 새로운 협상을 시작하도록 규정하였다. 그리고 협상시 양 당사국뿐만 아니라 이해관계가 있는 타국의 참여를 가능하도록 규정했다.[72] 1976년에 체결된 인도, 스리랑카 및 몰디브 간 제3자 해양경계협정[73]과 같이 공유하고 있는 해역과 관련된 모든 국가들이 참여해 협상을 통해 해양경계협정을 체결하기도 하였다. 또한 해양관할수역의 관할권 중첩을 다루는 하나의 방안은 지역적 기제를 통해 해결하는 방식이다. 예를 들어, '기니아만'(Gulf of Guinea)에서의 접경국가인 가봉, 적도기니, 상투메프린시페(São Tomé and Principe), 콩고, 나이지리아, 카메룬, 앙골라 등은 1999년 11월 19일, 관련 수역에서의 영해 획정, EEZ에서의 자원의 상업적 이용 등과 관련해 협의할 지역협력기구로서 '기니아만 위원회'(Gulf of Guinea Commission: GGC)를 창설하기로 결정했다.[74] 한편 예

Infobase, 2002. http://www.un.org/depts/los/LEGISLATIONANDTREATIES/PDFFILES/TREATIES/COL-HND1986MD.PDF(2017. 8. 12. 검색).

70 Maritime Boundary: Cuba-United States, 1977. *Limits in the Seas, N0.110*, U.S Dep.of State, Bureau of Oceans and International Environmental and Scientific Affairs, 1990.

71 제3조의 관련 원문은 다음과 같다. "The Contracting Parties intend, if need be, to make a final determination of the said points after consultation with the third countries concerned. Agreement between Denmark and Norway relating to the delimitation of the continental shelf, 1965. 12, *Delimitation Treaties Infobase*, 2002. http://www.un.org/depts/los/LEGISLATIONANDTREATIES/PDFFILES/TREATIES/DNK-NOR1965CS.PDF(2017. 8. 12. 검색).

72 Agreement on principles for the delimitation of the sea areas in the Baltic Sea between the Kingdom of Sweden and the Union of Soviet Socialist Republics, 1988, *Delimitation Treaties Infobase*, 2002. http://www.un.org/depts/los/LEGISLATIONANDTREATIES/PDFFILES/TREATIES/SWE-RUS1988DS.PDF(2017. 8. 12. 검색).

73 Agreement between Sri Lanka, India and Maldives concerning the determination of the trijunction point between the three countries in the Gulf of Mannar, 1976. *Delimitation Treaties* Infobase, 2002. http://www.un.org/depts/los/LEGISLATIONANDTREATIES/PDFFILES/TREATIES/LKA-IND-MDV1976TP.PDF(2017. 8. 12. 검색).

74 UNGA, "Letter dated 24 November 1999 from the Permanent Representative of Gabon to the United Nations addressed to the Secretary-General", *A/54/636*, 1999.

외적으로 해양경계 협정시 고려해야 할 제3국을 배제한 경우도 있는데, 1980년 이탈리아-튀니지 간 해양경계협정에서는 양국의 해양경계가 몰타와 이탈리아 간 해양관할수역 획정에 영향을 미침에도 불구하고 협정에서 제3국인 몰타를 고려하지 않았다.[75]

Ⅳ. 해양경계협정 효력과 제3국 권리 침해 가능성

해양경계협정은 기본적으로 협정을 체결한 협약당사국에만 효력을 발휘하도록 의도된다. 따라서 해수면 상승에도 불구하고 양자 간 동의에 기초해 기존의 해양경계협정의 효력을 지속적으로 유지하도록 결정할 수 있다. 또한 사정변경원칙의 예외에 해당하기 때문에 일방당사국이 조약의 종료사유로 원용하기도 어렵다.

그럼에도 불구하고 해수면 상승으로 인해 해양경계가 변화할 가능성이 높고, 해양경계 변화시 기존의 해양경계 당사국과 제3국 권리 간 조화의 재조정이 발생할 수 있는 상황이 될 수 있음에도 불구하고 해양경계협정의 동결을 통해 효력을 기존과 동일하게 유지하는 경우 새로운 공해에서 누릴 수 있었던 제3국의 권리는 침해받게 될 것이다. 앞서 제3국이 권리를 침해받았다고 주장할 경우, 어떠한 법적 근거에 의해 가능한지에 대해 해양경계협정 그 자체, 유엔해양법협약과 국제관습법 등에서 법적 근거를 찾을 수 있으며, 객관적 체제를 창설하는 조약의 특성으로 접근하기는 어렵다고 보았다. 우선, 해양경계협정의 경우 협정 자체에 제3자 권리에 대한 규정을 둔 경우 또는 체결 당시의 당사국들이 묵시적으로 제3국의 권리를 인정하는 것으로 보는 경우 제3국은 해양경계협정 그 자체를 근거로 권리를 주장할 수 있을 것인데, 해양경계협정 체결시에 또는 체결된 해양경계협정을 대상으로 제3국이 자국 이익 또는 권리를 침해받았음을 주장할 수 있다.

그러나 여기서의 논의는 해양경계협정의 동결, 즉 새로운 해양경계협정을 체결하지 않고 기존의 해양경계협정의 효력 지속에 따른 제3국의 권리 침해에 초점을 맞추고자 한다. 이러한 경우 제3국의 권리 침해는 조약상의 권리라기보다는 해양경계협정에서의 제3국 권리 인정 여부와 무관하게 기존에 체결된 해양경계협정의 동결로 인해 제3국이 유엔해양법협약과 국제관습법상 인정되는 권리를 침해받

75 Continental Shelf Boundary: Italy-Tunisia, 1971. *Limits in the Seas, N0.89*, U.S Dep. of State, Bureau of Intelligence and Research, 1980.

않음을 주장하는 경우라고 볼 수 있다. 해양경계협정 체결당사국과 권리를 침해받았다고 주장하는 제3국이 모두 협약당사국이라는 전제하에서는 유엔해양법협약을 원용할 수도 있고, 협약당사국의 여부를 고려하지 않고도 국제관습법에 근거하여 제3국의 권리 침해에 대한 법적 근거로 삼을 수 있을 것이다. 유엔해양법협약은 앞서 살펴본 바와 같이 협약 조문 중 상당 부분이 협약의 비당사국, 즉 제3국의 권리와 의무를 규정하는 내용을 담고 있다. 특히 협약이 제3국에도 권리 또는 의무를 부여하는 것으로 당사국이 의도하고 있으며, 국가의 의도와 더불어 조약 내용 자체가 국제관습법의 내용을 담고 있어 이들 조약 규정이 바로 제3자의 권리와 의무를 부여하는 것으로 볼 수 있다.

요약하면 여기서 논의하고자 하는 경우는 해수면 상승 요인으로, 기선의 변화로 인한 해양경계의 변화가 확실시되는 상황에서, 해양경계협정 당사국이 새로운 해양경계협정을 체결해야 함에도 불구하고 기존의 해양경계협정을 동결하여, 제3국이 그렇지 않으면 누릴 수 있는 권리를 향유하지 못함으로써, 이에 대해 권리침해를 주장하는 경우이다. 따라서 해양경계협정 당사국과 비당사국이 모두 유엔해양법협약 당사국인 경우 제3국은 협약상의 권리를 침해받았다고 주장하면서, 해양경계협정 당사국을 대상으로 소 제기를 포함해 권리구제에 나설 수 있을 것이다. 또한 유엔해양법협약 비당사국 역시 사안별로 유엔해양법협약 내에서 제3국에 인정하고 있는 국제관습법상 권리침해를 원용해 허용되는 권리구제를 모색할 수 있을 것이다. 결국 이론적으로 해수면 상승이라는 사정의 변경에도 불구하고 해양경계협정 당사국들이 합의 등을 통해 기선의 동결이나 해양경계협정을 그대로 유지하려는 시도는 해양경계체제를 안정화시킬 수 있지만, 특히 해양경계협정 동결을 통해 200해리 이상의 배타적 경제수역을 갖게 됨으로써 협약과 국제관습법을 위반할 가능성이 높고, 이에 따라 제3국의 권리를 침해할 수 있는 상황을 야기할 수 있다. 즉, 해양경계협정을 통한 안정화가 가지는 순기능에도 불구하고, 제3국의 권리를 침해할 수 있고, 제3자는 앞서 살펴본 유엔해양법협약 규정과 국제관습법상 인정되고 있는 권리를 원용해 자국의 권리가 침해받고 있음을 주장할 수 있을 것이다.

제3절 제3자 분쟁해결기구 역할과 발전방향

Ⅰ. 해수면 상승과 분쟁해결기구의 역할

국가들은 해양경계획정 분쟁시 ICJ, ITLOS 등 분쟁해결을 위한 사법제도를 이용해 왔다. 국가간 해양경계획정을 위한 협상이 지속적으로 이루어지고 있고, 특히 향후 예상되는 해수면 상승으로 인한 해양경계 변화가 예상되는 현 시점에서 분쟁은 늘어날 것으로 전망된다. 왕립국제문제연구소는 기후변화로 국제소송이 증가할 것이며, 특히 해양경계의 불확실성은 경계획정을 두고 연안국간 갈등을 증가시킬 것으로 전망한 바 있다. 이는 제3자 분쟁해결기구를 통한 국가간 사법적 분쟁해결 사례는 늘어날 수 있음을 의미한다. 이 경우 해수면 상승과 해양경계 변화로 인해 발생할 수 있는 여러 법적 쟁점들을 해결할 수 있는 사전적 예방책으로서의 규범 체계 마련이 중요해지고, 또한 사후적으로 문제를 해결하기 위해 제3자 분쟁해결기구의 역할과 기능이 더욱 중요하게 될 것이다.

그동안 판례를 통해 보여준 제3자 사법기관은 분쟁해결기구로서의 역할을 충실히 수행해 왔다. 우선 중재 또는 국제재판소는 EEZ와 대륙붕 등의 해양경계를 설정하는 데 있어서 당사국이 제시한 기선을 반드시 따르지 않으며, 관련 연안의 물리적 지형을 고려하여 자체적으로 기점을 선택할 수 있는 권한을 행사해 왔다.[76] 일례로 2001년 카타르-바레인 사례에서 ICJ는 양국이 기선을 확정하지도 않았으며 공식적인 해도 등도 제시하지 않은 상황임에도 불구하고 독자적인 권한으로 기점으로서의 섬과 간출지의 차이를 명시적으로 보여 주면서 기선의 위치를 정하여 해양경계를 획정하였다.[77] 또한 해양경계 미획정 지역에서 당사국에 의해 일방적으

---

76 *Maritime Delimitation in the Black Sea, Romania v. Ukraine,* ICJ, 2009, para. 117, p.137; *Maritime Delimitation Case, Eritrea v. Yemen,* Award, 1999, para. 142

77 *Case Concerning Maritime Delimitation and Territorial Questions between Qatar and Bahrain,* ICJ, 2001, para. 177. 원문은 다음과 같다. "Neither of the Parties has as yet specified the baselines which are to be used for the delimitation of the breadth of the territorial sea, nor have they produced official maps or charts which reflect such baselines. Only during the present proceedings have they provided the Court with approximate basepoints which in their view could be used by the Court for the determination of the maritime boundary."

로 획정된 기선은 재판소가 등거리선을 긋는데 전혀 법적인 효력을 가지지 못한다고 보았다.[78] 이처럼 제3자 분쟁해결기구는 기선의 선택 또는 해양경계획정과 관련해 우선 당사국의 주장을 고려하지만 이에 구속되지 않고 재량적인 판단에 따라 재판소의 권한을 행사해 왔으며, 이를 통해 분쟁해결기구로서의 위상을 다져 왔다. 이러한 분쟁해결기구의 위상에도 불구하고, 국가간 실행을 살펴보면 1942년에서 2014년까지 체결된 국가간 해양경계협정 수는 234건인데, 이 가운데 중재재판 방식으로의 타결은 8건, ICJ/ITLOS를 통한 타결은 14건으로 제3자기구를 통한 협정 체결은 전체의 9.4%로 그리 높지 않은 것으로 나타났다.[79]

〈표 5-2〉 지역별 해양경계협정 타결 방식

(단위: 건)

	협상(양자/다자)	중재재판	ICJ/ITLOS
북미	8	1	1
중미/캐리비언	33	1	2
남미	9	1	1
아프리카	15	1	1
태평양/동아시아	43	0	0
인도양/동남아시아	29	2	1
페르시아만	13	1	1
지중해와 흑해	21	0	3
북서 유럽	36	1	4
발틱해	24	0	0
카스피해	3	0	0
합계	234	8	14

출처: Naohiko Nagasaka, "Visualising historic trends in global maritime boundary delimitations since the 1940s", *Marine Policy* 71, 2016, p.34.

78 Jonas Attenhofer, "Baselines and Base Points: How the Case Law Withstands Rising Sea Levels and Melting Ice", *LOA Reports*, Vol. 1, ASIL, 2010, pp.13~15.

79 Naohiko Nagasaka, "Visualising historic trends in global maritime boundary delimitations since the 1940s", *Marine Policy* 71, 2016, p.34.

그러나 해수면 상승으로 인한 기점의 변화 등으로 인해 해양경계에 변화가 생기는 경우에 관련 당사국이 제3자 분쟁해결기구의 권위 있는 유권적 해석을 통해 해양경계를 명확하게 하길 원할 경우, 그리고 해수면 상승에 따른 불안정한 기점과 기선으로 야기되는 문제가 갈등과 분쟁으로 이어질 경우 등의 상황에서 제3자 분쟁해결기구의 역할은 더욱 늘어날 것으로 보인다. 또한 해양경계협정의 경우, 제3국의 권리 보호와 관련해서도 이러한 분쟁해결기구의 역할은 더욱 커질 가능성이 높다. 현재까지는 해양경계를 획정함에 있어 제3국의 권리에 영향을 주거나 권리를 침해하는 데 대해서만 판단해 왔다. 그러나 앞으로는 해수면 상승으로 인해 기존의 해양경계 변화와 관련되어 발생할 수 있는 제3국의 권리의 침해 여부가 쟁점이 되거나, 또는 해수면 상승을 고려해 새로운 해양경계획정을 모색하는 당사국들이 재협상 과정에서 이러한 해수면 상승 요인의 해석, 협상에 있어서의 고려사항, 협정 효력 유지 또는 새로운 협정 체결 가능성 그리고 제3국의 권리 등의 문제에 있어 유권적 해석을 통한 검토와 판단을 요구할 가능성이 높다. 이를 통해 권위 있는 제3자 분쟁해결기구의 역할이 더욱 중요해질 수 있을 것이다.

국가간 해양경계획정의 주요 목표는 해양공간의 '형평한 분배'이다. 기존의 해양경계획정이 중첩된 해양공간을 공유하는 연안국간의 권리와 이익의 형평한 배분이었다면, 해수면 상승 요소를 고려할 경우, 이후 예상되는 해양경계의 문제는 해양경계를 획정하고자 하는 기존의 연안국가간 권리와 이익의 형평한 배분에서 연안국과 제3국 간 이익의 형평한 분배로 보다 확대될 것으로 예상할 수 있다. 첫째, 해양경계협정을 매개로 한 갈등이 커질 수 있다. 즉 해수면 상승으로 인해 해양경계체제에 변화가 생기고, 이에 따라 기존의 해양경계협정을 새로운 해양경계협정으로 대체하거나 또는 유지하는 문제를 놓고 연안국가간 갈등이 발생할 수 있다. 또한 기존의 해양경계협정 유지 또는 신 해양경계협정 체결과 같은 상황의 변화에서 제3국이 누릴 수 있는 권리가 보장되지 못하는 상황이 발생될 수 있다. 둘째. 해양경계협정을 매개로 하지 않는 경우에도 연안국과 제3국 간 갈등이 커질 수 있다. 즉 연안국이 설정한 해양 외측한계, 특히 EEZ의 선포로 그어진 EEZ 경계에 대해 해수면 상승으로 인해 기선이 육지 쪽으로 이동하였음에도 불구하고 EEZ 경계를 새로이 획정하지 않음으로써 연안국의 EEZ가 200해리가 넘게 설정되는 효과를 낳게 되어 비연안국[80]의 공해에서의 권리를 침해받을 수 있는 상황이 발생될 수 있

80 여기서의 비연안국은 'non-coastal state'를 의미하는 것이 아니며, 경계를 획정한 일개 연안국

다. 특히 EEZ와 함께 200해리 대륙붕 외측한계를 설정하였다면 비연안국의 심해저에서의 권리가 문제가 될 수도 있다. 이러한 상황들을 모두 고려한다면 갈등의 양상은 현재보다 좀 더 복잡하게 현실화될 가능성이 높다.

Ⅱ. '제3국'의 권리보호 방안

1. 개 요

해양과 관련된 분쟁은 주로 해양경계를 통해 획정되는 해양관할권 및 권리의 중첩의 경우로 영해, EEZ 및 대륙붕과 관련해 인접국 또는 마주보는 국가간 해양관할수역 및 관할권이 중첩되는 경우에 발생된다.[81] 이러한 해양 관련 분쟁을 해결하기 위해서는 일반적으로 정치적 해결방안과 사법적 해결방안이 모색된다. 정치적 해결방안은 유엔헌장 제6장(분쟁의 평화적 해결) 제33조에 규정된 방안이 대표적이다. 유엔헌장 제33조는 정치적 해결방안으로 협상(negotiation), 사실심사(enquiry), 중개(mediation), 조정(conciliation) 등을 규정하고 있다.[82] 사법적 해결방안은 중재(arbitration), 상설국제재판소(ICJ/ITLOS) 등이 대표적이다. 특히 유엔해양법협약은 국가간 해양관할수역을 명확하게 규정하고, 국제법에 따라 국가간 해양경계를 획정하여 국제해양질서의 안정성에 기여해 오고 있다. 이러한 유엔해양법협약상 분쟁해결 절차의 특징은 독자적인 분쟁해결기관인 ITLOS 설립을 포함하여 다중구조를 가진 분쟁해결 시스템을 정비하였다는 것과 강제관할 절차를 원칙으로 하고 있다는 점이다.[83]

일반적으로 국제사법제도상 소송은 제소국과 피소국 간에 진행되며, 이러한 재판당사국의 동의 또는 재판소의 판단 없이는 원칙적으로 제3국의 소송참가는 허용되지 않는다. 그럼에도 불구하고, 분쟁에 있어 제3국의 권리를 고려해야 할 경우,

을 제외한 모든 국가를 의미한다.

81 섬의 영유권 분쟁은 해양경계획정 분쟁과 함께 다루어지기도 하고, 해양에서 발생되는 분쟁이라는 측면에서 해양분쟁으로 볼 수도 있지만, 이는 엄밀히 말해 영토분쟁으로 보는 것이 더 타당할 것이다.

82 유엔헌장 제33조 제1항: " 1The parties to any dispute, the continuance of which is likely to endanger the maintenance of international peace and security, shall, first of all, seek a solution by negotiation, enquiry, mediation, conciliation, arbitration, judicial settlement, resort to regional agencies or arrangements, or other peaceful means of their own choice."

83 山本草二,『新版 國際法』, 1999, 459쪽.

당사국의 요청 또는 분쟁해결기구의 재량에 의해 이를 판단해 왔다. 해양경계 분야에서도 마찬가지다. 실제로 ICJ와 ITLOS는 각각 규정을 통해 제3자의 소송참가(intervention)를 일정한 조건하에서 허용하고 있다. 이처럼 제3자의 소송참가는 타 당사국의 소송시 자국의 법적 이익을 보호하기 위해 제3자에게 허용된 절차상 제도이다. 실제 ICJ는 해양경계와 관련된 재판을 통해 법적 이해관계를 가지고 있는 제3자에게 소송참가를 허용하고 있다. 리비아-몰타 대륙붕 사건(1984)에서 이탈리아의 소송참여는 인정하지 않았지만, 엘살바도르-온두라스 사건에서의 니카라과, 카메룬-나이지리아 사건에서의 적도기니 등은 소송참가를 허용한 바 있다. 니카라과의 경우, ICJ는 폰세카만 사건에서 본안(merits)에 의해 영향을 받을 수 있는 법적 성질의 이익을 가지고 있어 ICJ 규정 제62조에 따라 만장일치로 소송참가를 인정받았다.[84] 그러나 해양경계획정과 관련해서는 ICJ 규정 제63조에 따라 제3자의 소송참가를 허용한 사례는 찾아보기 어렵다.[85]

이처럼 해양경계와 관련하여 제3자의 권리를 보호할 수 있는 사법적 보호장치는 크게 3가지로 나누어 살펴볼 수 있다. 첫째는 소송에 의해 영향을 받는 법적 권리나 이해관계가 있는 국가의 신청을 통해 재판정이 이를 판단하여 소송에 참여하도록 허락하는 경우이다. 둘째는 조약의 당사국으로서 조약의 해석과 관련된 소송에서 소송참여의 권리를 행사하는 경우이다. 셋째는 직접적으로 권리를 침해받았다는 이유로 소를 제기하는 경우이다. 소송법적 측면에서 첫째와 둘째의 경우는 이미 성립된 소송에 제3자가 참여함으로써 제3자의 권리를 보호받을 수 있는 소송법상 권리인 'intervention'을 의미하며, ICJ와 ITLOS는 규정으로 이를 명시하고 있다. 반면 세 번째의 경우, 제3자가 소송참여를 통해 권리를 보호하는 방안이라기보다 새로운 소송을 제기함으로써 제3자의 권리를 보호하는 방법을 의미한다고 볼 수 있다.

---

84 "Finds that the Republic of Nicaragua has shown that it has an interest of a legal nature which may be affected by part of the Judgment of the Chamber on the merits in the present case, namely its decision on the legal régime of the waters of the Gulf of Fonseca, but has not shown such an interest which may be affected by any decision which the Chamber may be required to make concerning the delimitation of those waters, or any decision as to the legal situation of the maritime spaces outside the Gulf, or any decision as to the legal situation of the islands in the Gulf." *Case Concerning The Land, Island, and Maritime Frontier Dispute (Elsalvador/Honduras), Application by Nicaragua for permission to intervene,* Judgement, ICJ, 1990, p.137, para. 105.

85 Ruediger Wolfrum, "The Role of International Dispute Settlement Institutions in the Delimitation of the Outer Continental Shelf", *Maritime Delimitation,* Martinus Nijhoff Publishers, 2006, p.50.

2. '제3국의 소송참가'와 제3국 권리의 보호

여기서의 논의는 해수면 상승의 요인을 고려해 해양경계협정 당사국간 기존의 해양경계협정의 존속 또는 새로운 해양경계협정의 체결 등에 대한 갈등과 분쟁해결을 국제재판을 통해 모색할 경우, 제3국이 이러한 국제재판에 참여해 자국의 권리 보호를 주장할 수 있는 소송법적 절차에 관련된 것으로, 직접적으로는 ICJ와 ITLOS에서 규정하고 있는 소송법상 '제3국의 소송참가'와 관련되어 있다.

ICJ는 규정 제62조와 제63조에서 제3국의 소송참가를 규정하고 있다. 일국은 사안에서의 판결에 의해 영향을 받을 수 있는 법적 성질의 이해관계가 있다고 여길 경우에는 재판소에 제3자 소송참가 허용을 요청할 수 있다. 그리고 재판소는 이러한 요청에 대해 판결해야 한다. ICJ는 규정 제62조의 제3국 소송참가는 "제3국에 새로운 소송을 허락하거나, 새로운 소송당사자를 인정함으로써 재판소가 주장에 대해 판결을 내리도록 의도하는 것이 아니다. 제62조상의 'intervention'과 사안에서 새로운 당사자로 참여하는 것은 정도(degree)의 문제가 아니라 유형(kind)의 문제"라고 그 성격을 명확히 하고 있다.[86] 이에 반해 제63조는 "사안과 관련 있는 당사국 이외의 국가들이 당사자로 되어 있는 조약의 해석이 문제되는 경우, 행정처(Registrar)는 모든 국가에게 이를 통보해야 한다(제1항). 이 때 통고를 받은 국가는 소송절차에 참여할 권리를 가진다. 제63조 제2항은 국가가 이 권리를 행사하면 판결에 의해 부여된 해석은 똑같이 구속력을 가진다."[87]

---

86 *Case Concerning The Land, Island, and Maritime Frontier Dispute(Elsalvador/Honduras), Application by Nicaragua for permission to intervene,* Judgement, ICJ, 1990, p.15, para. 18. 관련 원문은 다음과 같다. "Intervention under Article 62 of the Statute is for the purpose of protecting a State's 'interest of a legal nature' that might be affected by a decision in an existing case already established between other States, namely the parties to the case. It is not intended to enable a third State to tack on a new case, to become a new party, and so have its own claims adjudicated by the Court. A case with a new party, and new issues to be decided, would be a new case. The difference between intervention under Article 62, and the joining of a new party to a case, is not only a difference in degree."

87 ICJ 규정은 다음과 같다.

Article 63.1: l. Should a state consider that it has an interest of a legal nature which may be affected by the decision in the case, it may submit a request to the Court to be permitted to intervene. 2. It shall be for the Court to decide upon this request.

Article 63.2: 1. Whenever the construction of a convention to which states other than those concerned in the case are parties is in question, the Registrar shall notify all such states

두 조항 간의 차이는 명확하다. 제62조의 경우 법적 성질의 이해관계를 가지고 있다고 생각하는 제3국이 이를 입증하고, 재판소가 이를 판단한다. 그리고 소송참가가 인정된다 하더라도 자국의 견해에 대해 진술할 권리를 가지고 있지만, 재판소의 최종 판결은 소송참가한 제3국에 기판력을 갖지는 못한다. 반면 제63조의 경우 '조약의 해석'이라는 제한된 사안과 관련해 그 조약의 당사국은 '소송참가'라는 하나의 '권리'를 행사하는 것으로 재판소의 참가 결정과 상관이 없다. 그러나 판결에 의해 부여된 조약의 해석은 사안의 원 당사국뿐만 아니라 소송에 참가한 모든 조약당사국에게도 똑같이 구속력을 가지게 된다. ITLOS 역시 제31조와 제32조에서 ICJ와 유사한 제3자 소송참가제도를 도입하고 있다.

그러나 ICJ와 ITLOS 체제에서는 차이점이 있다. 첫째, ICJ가 제62조에서 소송참가한 제3자에게 기판력이 인정되고 있지 않음을 규정하고 있는 반면, ITLOS 제31조 제3항에서는 제3자 소송이 인정되는 경우, 소송에 참여한 주체의 이해관계가 있는 사안에 있어서의 재판소의 결정은 제3자를 구속한다.[88] 둘째, ICJ와 ITLOS 규정상 차이점을 살펴보면, 우선 ICJ 규정상 제3자 소송참가 주체는 반드시 국가여야 하지만, ITLOS의 경우는 유엔해양법협약상의 'State Party'로서 국가뿐만 아니라 '국가 이외의 주체(entity)'도 포함된다. 이는 유엔해양법협약 제170조[89]에서 국제법인격을 인정하고 있는 '심해저기업'(Enterprise)을 고려하고 있기 때문이다. 셋째, ICJ의 제3자 소송참가의 경우 제3자 권리에 영향을 줄 수 있는 어떠한 협정(any convention)도 가능하지만, ITLOS는 규정 제22조~제23조에 근거해 유엔해양법협약과 ITLOS에 관할권이 부여된 협정에 국한되어 있다. 넷째, 제3자 소송참여를 보다 세부적으로 규정하고 있는 ICJ 절차규정 제81조와 ITLOS 규칙 제99조를 비교해 보면 전체 규정이 거의 동일하나, ITLOS의 경우 "규정 제31조에 따른 제3자 소송참여에 대한 승낙

---

forthwith. 2. Every state so notified has the right to intervene in the proceedings; but if it uses this right, the construction given by the judgment will be equally binding upon it.

88 ITLOS 규정 제31조 제3항은 "If a request to intervene is granted, the decision of the Tribunal in respect of the dispute shall be binding upon the intervening State Party in so far as it relates to matters in respect of which that State Party intervened"로 규정하고 있다.

89 유엔해양법협약 제170조 제2항: "The Enterprise shall, within the framework of the international legal personality of the Authority, have such legal capacity as is provided for in the Statute set forth in Annex IV. The Enterprise shall act in accordance with this Convention and the rules, regulations and procedures of the Authority, as well as the general policies established by the Assembly, and shall be subject to the directives and control of the Council."

(permission)은 협약 제287조에 따라 신청당사자가 선택한 분쟁해결수단과 관계없이 부여될 수 있다"고 별도로 규정하고 있다.[90] 이는 유엔해양법협약의 강제적 분쟁해결수단 규정을 고려한 것으로 ICJ는 절차규정 제81조에서 이러한 규정을 두고 있지 않다.

3. 해양경계협정 비당사국 또는 비연안국의 권리침해 구제

이 경우는 해양경계협정 당사국이 기존의 해양경계협정을 동결함으로써 제3국의 공해에서의 권리를 직접적으로 침해했다고 제3국이 주장하는 경우, 또는 일반 연안국이 획정한 EEZ 또는 대륙붕 해양경계가 비연안국의 공해와 심해저에서의 권리를 침해했다고 보는 경우에 해당한다. 해수면 상승에 따른 해양경계 변화 가능성에 따른 제3국의 권리침해 구제를 위한 권리보호 관련 주요 쟁점은 '국제해협', '공해', '심해저'에서 해양경계협정 체결당사국과 제3국인 비협정당사국 또는 연안국과 비연안국 간에서 발생되는 제3국의 권리 보호와 관련해 제3국이 각각 영해, EEZ 및 대륙붕 해양경계협정 당사국을 상대로 소를 제기할 수 있는지의 문제이다. 소를 제기하기 위해서는 당사자적격(standing)이 인정되어야 하며, 이를 위해서는 '보호받아야 하는 법익(legal interest)'이 있어야 한다. 그리고 이에 앞서 재판소가 관할권(jurisdiction)을 가질 수 있는지를 우선 살펴보아야 한다.

(1) 관할권 유무의 결정

재판소에 소송이 제기될 경우, 재판소는 우선 재판소의 관할권 유무를 판단하여야 하며, 관할권이 없는 경우 소를 각하하여야 한다. 2017년 8월 기준으로 유엔해양법협약 당사국이 168개국임을 고려할 경우, 협약당사국간에는 협약 제288조에 근거하여 재판소가 관할권을 가진다.[91] 그리고 재판소가 관할권을 가지는지에 대해

---

90 원문은 다음과 같다. "Permission to intervene under the terms of article 31 of the Statute may be granted irrespective of the choice made by the applicant under article 287 of the Convention."

91 제288조(관할권)

1. 제287조에 언급된 재판소는 이 부에 따라 재판소에 회부되는 이 협약의 해석이나 적용에 관한 분쟁에 대하여 관할권을 가진다.
2. 제287조에 언급된 재판소는 이 협약의 목적과 관련된 국제협정의 해석이나 적용에 관한 분쟁으로서 그 국제협정에 따라 재판소에 회부된 분쟁에 대하여 관할권을 가진다.
3. 제6부속서에 따라 설립된 국제해양법재판소 해저분쟁재판부와 제11부 제5절에 언급된 그 밖의 모든 재판부나 중재재판소는 제11부 제5절에 따라 회부된 모든 문제에 대하여 관할권

분쟁이 있는 경우는 그 재판소의 결정에 따라 해결한다.[92]

협약은 제15부에서 조약의 해석과 적용과 관련된 분쟁이 일반원칙으로 당사국간 해결되지 않을 경우, 일방당사국의 요청에 의해 제3자기구가 관할권을 행사하는 강제관할권제도를 도입하고 있다. 협약의 해석이나 적용에 관한 분쟁을 해결하기 위해 분쟁당사자가 합의를 통해 선택한 분쟁해결 수단으로 해결이 이루어지지 않을 경우, 어느 한 분쟁당사자의 요청이 있으며 제15부 제2절에 따라 관할권을 가지는 재판소에 회부된다.[93] 그리고 협약 제287조에는 어떠한 국가도 이 협약의 서명, 비준, 가입시 또는 그 이후 언제라도, 서면 선언에 의하여 이 협약의 해석이나 적용에 관한 분쟁의 해결을 위하여 (a) 제6부속서에 따라 설립된 국제해양법재판소, (b) 국제사법재판소, (c) 제7부속서에 따라 구성된 중재재판소, (d) 제8부속서에 규정된 하나 또는 그 이상의 종류의 분쟁해결을 위하여 그 부속서에 따라 구성된 특별중재재판소, 중의 어느 하나 또는 그 이상을 자유롭게 선택할 수 있다.[94] 이러한 선언은 취소통고가 유엔 사무총장에게 기탁된 후 3개월까지 효력을 가진다.[95] 만약 분쟁당사국이 선택한 사법기관이 서로 다를 경우에는 일정한 권능을 가진 중재재판소가 소를 담당한다. 만약 선택을 하지 않은 당사국은 중재재판을 수락한 것으로 간주된다.[96]

다만 유엔해양법협약 강제분쟁절차에 있어 재판소는 관할권을 가지지 못하는 협약상 강제관할권이 적용되지 않는 두 가지 예외를 살펴보아야 한다. 하나는 강제관할권 적용의 제한(limitations)의 경우이다. 협약에서는 i) EEZ와 대륙붕에서의 해양과학조사에 관련한 연안국의 해양과학조사 권리와 재량의 행사 및 해양과학조사

을 가진다.

4. 재판소가 관할권을 가지는지 여부에 관한 분쟁이 있는 경우, 그 문제는 그 재판소의 결정에 의하여 해결한다.

92 협약 제288조 제4항.

93 협약 제286조.

94 협약 제287조 제1항: "When signing, ratifying or acceding to this Convention or at any time thereafter, a State shall be free to choose, by means of a written declaration, one or more of the following means for the settlement of disputes concerning the interpretation or application of this Convention: (a) the International Tribunal for the Law of the Sea established in accordance with Annex VI; (b) the International Court of Justice; (c) an arbitral tribunal constituted in accordance with Annex VII; (d) a special arbitral tribunal constituted in accordance with Annex VIII for one or more of the categories of disputes specified therein.

95 협약 제287조 제6항.

96 협약 제287조 제3항, 제5항.

사업의 유예(suspension)와 중지(cessation)와 관련된 연안국의 결정,[97] ii) EEZ의 생물자원에 대한 연안국의 주권적 권리 및 행사와 관련된 분쟁이다. 주권적 권리와 행사에는 허용 가능한 어획량, 어획능력, 잉여할당량, 보존관리법규에서의 용어와 조건 등이 포함된다.[98] 이 경우 강제관할권의 적용을 받지 않으며 대신 강제적 조정(compulsory conciliation) 절차가 적용된다.

또 하나는 강제관할권 적용의 선택적 예외(optional exception)이다. 협약당사국은 서명, 비준, 가입시 또는 그 이후 언제라도 문서를 통해 협약 제298조에 규정된 성격의 분쟁에 대해 어느 하나 이상을 수락하지 않는다고 선언할 수 있다. 협약 제298조에 규정된 분쟁은 i) 해양경계획정, 역사적 권원 등과 관련된 영해, EEZ, 대륙붕의 해석과 적용에 관련된 분쟁, ii) 군사적 활동에 관한 분쟁 및 주권적 권리나 관할권의 행사와 관련된 법집행 활동에 관한 분쟁, iii) 어업 및 해양과학조사를 위한 법집행활동, iv) 유엔 안전보장이사회가 유엔헌장에 의해 부여된 기능을 수행하고 있는 분쟁 등이다.[99] 이 가운데 해양경계획정과 관련된 분쟁의 경우, 분쟁이 협약의 발효와 함께 발생하였으며, 분쟁당사국간 합리적 기간내 협상을 통해 어떠한 협정도 체결하지 못하였다면 제5부속서의 의무적 조정절차를 수락해야 한다. 나아가 육지 또는 섬과 관련된 주권 또는 주권적 권리에 관련된 해결되지 않은 분쟁의 경우 의무적 조정절차로부터도 면제된다.[100] 이러한 관할권 존재 여부를 통해

---

97 협약 제297조 제2항(a): "Disputes concerning the interpretation or application of the provisions of this Convention with regard to marine scientific research shall be settled in accordance with section 2, except that the coastal State shall not be obliged to accept the submission to such settlement of any dispute arising out of: (i) the exercise by the coastal State of a right or discretion in accordance with article 246; or (ii) a decision by the coastal State to order suspension or cessation of a research project in accordance with article 253."

98 협약 제297조 제3항(a): "Disputes concerning the interpretation or application of the provisions of this Convention with regard to fisheries shall be settled in accordance with section 2, except that the coastal State shall not be obliged to accept the submission to such settlement of any dispute relating to its sovereign rights with respect to the living resources in the exclusive economic zone or their exercise, including its discretionary powers for determining the allowable catch, its harvesting capacity, the allocation of surpluses to other States and the terms and conditions established in its conservation and management laws and regulations."

99 협약 제298조 제1항.

100 협약 제298조 (a) (i)항: disputes concerning the interpretation or application of articles 15, 4 and 83 relating to sea boundary delimitations, or those involving historic bays or titles, provided that a State having made such a declaration shall, when such a dispute arises subsequent to the entry into force of this Convention and where no agreement within a

재판소가 관할권을 가지고 있다고 결정할 경우, 재판소는 소송당사자의 당사자적격 및 법익 존재 여부를 차례대로 살펴보아야 한다.

(2) 당사자적격의 검토

서남아프리카 사건에서 법적 권리는 정치적 권리와는 다르며, '사법적 조항을 원용할 수 있는 권리'와 '재판소에 소를 제기할 수 있는 법적 이익' 간에는 차이가 있다고 보았다. 특히 소를 제기할 수 있는 권리는 법적 문서나 법 규칙을 통해 명확하게 존재하는 구체적이고 확실한 것이어야 한다고 규정하고 있다.[101] 즉 소송당사자가 재판정에서 자국이 침해받았다고 주장하는 권리는 막연히 존재할 것이라고 믿어지는 추상적 권리이거나, 법적 기반이 없는 정치적·사회적 권리여서는 안된다.

(3) 법익 존재 여부 검토

일반적으로 연안국이 획정한 해양경계나 국가간 해양경계획정에 대해 소를 다툴 '법익'이 없는 한 제3국이 제기한 소는 받아들여질 수 없다. 예를 들어, 앞서 언급한 1998년 캄보디아 사례와 같이 새로운 해양경계선으로 인해 제3국이 권리가 침해받을 경우 제3국은 새롭게 획정된 경계에 대해 자국내 관할수역에 대한 권리 침해를 주장할 수 있다.[102] 또한 과도한 기선 설정으로 인해 해양관할수역이 확대 설정된 경우, 연안국을 상대로 인접국이 해양경계획정 행위의 불법성 또는 공해에서의 항행의 자유 침해를 이유로 소를 제기할 수 있다.[103]

법익의 존재와 관련해 영해, EEZ, 대륙붕의 경우 협약에 명시되었거나, 국제관

---

reasonable period of time is reached in negotiations between the parties, at the request of any party to the dispute, accept submission of the matter to conciliation under Annex V, section 2; and provided further that any dispute that necessarily involves the concurrent consideration of any unsettled dispute concerning sovereignty or other rights over continental or insular land territory shall be excluded from such submission;

101 *South West Africa Cases,* Judgement, ICJ, 1966, paras. 14, 44. "The Court simply holds that such rights or interests, in order to exist, must be clearly vested in those who claim them, by some text or instrument, or rule of 1aw."

102 Cisse Yacouba & Donald Mcrae, "The Legal Regime of Maritime Boundary Agreements", in David A. Colson and Robert W. Smith, "International Maritime Boundaries", Vol. 5, *ASIL,* Martinus Nijhoff Publishers, 2005, p.3302.

103 Ivan Shearer, "Oceans Management Challenges for the Law of the Sea in the First DECADE of the 21st Century", in Elferink Alex G. Oude & Donald R. Rothwell, *Oceans Management in the 21st Century: Institutional Frameworks and Responses, A series of Studies on the International, Legal, Institutional and Policy Aspects of Ocean Development,* Martinus Nijhoff Publishers, 2004, p.5.

습법상 인정되는 권리일 경우 제3국의 법익이 존재할 수 있다고 볼 수 있는데, 심해저와 공해에서의 권리에 대해서는 추가적인 검토가 필요할 것으로 보인다. 우선 공해의 경우, 해수면 상승으로 인해 기점과 기선이 변하는 경우, 변화된 기선으로 인해 해양경계가 육지 쪽으로 이동함으로써 연안국의 해양관할권은 축소되는 반면, 모든 국가가 권리를 누릴 수 있는 공해수역은 넓어지게 된다. 그러나 기점이 수면 아래로 가라앉고 기선이 변하는 상황에서도 일국이 기존의 해양경계를 고수하거나, 양자 및 다자국이 기존의 해양경계협정의 효력을 지속할 경우, 유엔해양법협약 또는 국제관습법상 200해리 EEZ의 범위를 넘어서고, 특히 제3국이 공해에서 누릴 수 있는 권리를 침해할 가능성이 높다. 협약 제87조 제1항[104]에서는 공해에서의 권리는 연안국이든 내륙국이든 관계없이 모든 국가가 향유할 수 있는 권리라고 규정하고 있으며, 특히 공해에서의 어업권은 경제적 기반을 이루는 중요한 권리 중 하나인데, 이러한 권리가 침해될 수 있다.[105]

심해저는 제137조 제2항에서 심해저 자원에 대한 모든 권리는 인류 전체에게 부여된 것으로 규정하고 있으며, 제141조에서 연안국이거나 내륙국이거나 관계없이 모든 국가가 차별 없이 심해저를 이용할 수 있도록 규정하고 있다. 그리고 심해저 자원 탐사와 개발과 관련해서는 제153조에서 협약당사국이 이사회 승인을 전제로 심해저 탐사와 개발 권리를 가질 수 있도록 규정하고 있다. 그리고 이러한 심해저 탐사와 개발 권리는 경제적 이익과 직·간접적으로 관련이 있는 것으로 볼 수 있다. 대륙붕과 심해저의 관계를 고려해 볼 때 연안국의 대륙붕 해양경계획정이 심해저에서의 타국의 권리를 침해할 수 있는 경우는 대륙붕 경계획정이 협약 제76조 제1항[106]에 근거해 200해리까지 설정된 경우로 볼 수 있다. 이 경우 해수면 상승에

---

104 협약 제87조 제1항. "The high seas are open to all States, whether coastal or land−locked. Freedom of the high seas is exercised under the conditions laid down by this Convention and by other rules of international law. It comprises, inter alia, both for coastal and land−locked States: (a) freedom of navigation; (b) freedom of overflight; (c) freedom to lay submarine cables and pipelines, subject to Part VI; (d) freedom to construct artificial islands and other installations permitted under international law, subject to Part VI; (e) freedom of fishing, subject to the conditions laid down in section 2; (f) freedom of scientific research, subject to Parts VI and XIII."

105 2002년 'Volga Case'에서 Budislav Vukas 판사는 EEZ의 성문화의 주요한 이유가 생계와 경제적 발전을 위해 어업이 주요한 역할을 하는 어업국가 모두의 이익을 보호하기 위해서라고 밝히고 있다. *The Volga Case (Russia Federation v. Austrailia)*, ITLOS, 2002, Declaration by Vice−President Vukas, paras. 3~5.

106 협약 제76조 제1항: "The continental shelf of a coastal State comprises the seabed and subsoil

따라 기선과 해양경계가 육지 쪽으로 이동함에도 불구하고 기존의 200해리의 대륙붕 외측한계를 유지할 경우이다.[107]

이와 관련해 살펴보아야 할 조항은 협약 제76조 제9항, 특히 '항구적으로'(permanently)의 해석이다. 이 조항은 대륙붕 외측한계가 항구적이기 때문에 불변하다는 주장의 근거로서 활용되고 있다. 그러나 이 조항에서 규정된 "항구적으로 자국 대륙붕의 외측한계를 표시하는 해도와 관련 정보"라는 표현은 대륙붕한계위원회의 권고를 기초로 대륙붕의 외측한계가 결정되면 이는 최종적이고 구속력을 가지는 것을 의미하는 것으로 보는 것이 타당하다.[108] 그렇다면 이 조항에서의 '항구적으로'란 규정의 적용은 대륙붕한계위원회의 권고에 기초하여 설정되는 200해리 이원의 대륙붕 외측한계의 설정에 적용되며, 연안국이 200해리까지 획정한 대륙붕 외측한계와 관련해서는 적용되지 않는다고 봄이 합당하다. 따라서 200해리까지의 대륙붕 경계획정과 관련해서는 심해저에서의 타국의 권리침해 가능성 여부를 다룰 수 있다.

그러나 실제 제3국이 소송을 제기하기 위해선 해수면 상승에도 불구하고 연안국이 EEZ나 대륙붕 외측한계를 유지함으로써 또는 해양경계협정 체결 당사국들이 해양경계협정을 지속적으로 유지함으로써 이들 행위가 협약에 위반되거나 또는 제3자가 누리는 공해 또는 심해저에서의 권리가 침해되었음을 주장하기 위해서는 법익의 존재를 입증해야 한다. 법적 이익과 관련해서 판례는 법적 이익이 영향을 받게 될 해양영역을 특정할 수 있어야 하며, 또한 특정한 해양역역에 대해서 소송당사국이 가지고 있는 법적 이익을 제시할 수 있어야 한다고 보고 있다.[109] 위의 대륙

---

of the submarine areas that extend beyond its territorial sea throughout the natural prolongation of its land territory to the outer edge of the continental margin, or to a distance of 200 nautical miles from the baselines from which the breadth of the territorial sea is measured where the outer edge of the continental margin does not extend up to that distance."

107 협약 제76조 제8항에 근거할 경우 200해리가 넘는 대륙붕의 한계와 관련해 대륙붕한계위원회의 권고를 기초로 연안국이 대륙붕 경계를 확정하도록 규정하고 있으며, 이러한 한계는 최종적이며 구속력을 지닌다. 이 경우 대륙붕한계위원회에 제출한 정보나 자료가 허위로 작성된 경우, 또는 연안국이 대륙붕한계위원회의 권고에 근거하지 않거나, 권고와 상이하게 대륙붕 외측한계를 설정할 경우 심해저에서의 타국의 권리침해 여부에 대해 논의할 수 있으나, 이 경우 제76조 제9항에 근거해 대륙붕 외측한계가 항구적으로 인정되므로, 해수면 상승으로 인한 제3국의 권리침해와는 무관하다.

108 이석용, 『유엔해양법협약 해설서 I』, (사)해양법포럼, 314~315쪽.

붕 경계와 심해저의 관계를 비추어 판단하건대, 앞서의 두 사례, 즉 해수면 상승의 경우에도 연안국이 해양 외측한계를 고수하거나, 협약당사국간 해양경계협정의 효력을 유지하는 경우에는 공해에서 모든 국가가 누릴 수 있는 경제적 권리로서의 어업권, 항행의 자유 등의 권리가 침해받을 수 있으며, 심해저도 협약과 국제관습법상의 권리침해 가능성이 있다. 따라서 육지에서의 경계획정과 비교해 해양수역이 안고 있는 중첩된 이해관계, 해수면 상승이 가져올 해양경계획정의 불확실성 등을 고려해볼 때 앞으로 공해와 심해저 등의 수역에서 인정되는 권리침해를 이유로 소를 제기하는 경우가 늘어날 것으로 예상할 수 있다.

Ⅲ. 향후 발전방향

국가간 해양경계에 대한 법규범은 주로 판례법을 통해 발전해 왔다. 특히 기후변화시대에 해수면 상승 등 불안정한 환경변화로 야기될 수 있는 법적 불안전성에 대비하기 위해 앞으로 분쟁해결기구의 역할이 더욱 중요해질 수 있다. 해수면 상승에 따른 기점과 기선의 변화, 해양경계의 변화 등 예측 가능한 변화를 고려했을 때 다음의 이유로 분쟁해결기구의 역할이 지속적으로 확대될 것으로 보인다. 첫째, 해수면 상승이 기존 해양경계협정에 어떠한 영향을 미치는지, 해양경계협정의 신규 체결시 어떤 영향을 미치는지에 대한 법해석 자문 역할, 둘째, 해양경계협정과 관련해 기점의 소멸 등으로 인해 효력 지속 또는 새로운 협정 체결을 위한 당사국간 갈등시 중재 역할, 셋째, 해수면 상승시 해양경계협정 당사국과 비당사국 간, 또는 연안국과 비연안국 간 권리의 배분에 변화가 생기고, 이를 이유로 갈등과 분쟁이 발생할 경우 소송을 통한 분쟁해결 역할 등이 확대될 것으로 보인다.

현대사회는 빠르게 변모하고 있다. 빠르게 변화하는 현실과 보조를 맞추기 위한 규범의 변화도 빠르게 이루어질 것이다. 그리고 이러한 규범은 과거에 예상하지 못했던 많은 도전에 직면하고 있다. 이러한 도전은 규범이 지향하는 '확실성'과 '예견 가능성' 확보를 더욱 어렵게 하고 있지만, 한편으론 새로운 규범의 창출을 이끄는 원동력이 되기도 한다. 국제사회가 점차 분권화로 이행하면서 전통적 행위자인 국가 이외의 국제기구, 다국적기업 등 주요한 행위자가 새로이 등장하고 이들에게

109 최지현, "국제사법재판소 규정 제62조 소송참가의 현재와 미래", 『국제법학회논총』, 제58권 제3호, 2013. 9, 246쪽.

도 국제사법재판소를 통한 소송을 제기할 수 있는 가능성에 대해 점차 논의가 확산되고 있는 것도 이러한 맥락으로 이해할 수 있다.[110]

해수면 상승은 해양경계를 변경시킴으로써 기존 해양경계를 통해 획정되었던 영토와 자원을 재분배하는 문제에 대한 재협상 가능성을 열어 놓았다. 이러한 협상은 매우 복잡한 양상으로 전개될 가능성이 높다. 왜냐하면 이는 권리와 의무가 획정되지 않은 흰 도화지 같은 해양을 대상으로 한 최초의 해양경계획정과 다르기 때문이다. 즉, 이미 획정한 해양경계에 따라 오랫동안 당연하다고 인정되어 왔던 해양관할권과 국가간 이익에 변화를 주는 것으로 한 쪽에서는 이미 소유하고 있다고 당연시되던 권리를 빼앗긴다는 박탈감을 줄 수 있고, 반면 다른 한 쪽에는 새로운 권리 창설에 대한 기대감을 줄 수 있기 때문이다. 이러한 점을 전제로 할 때 ICJ와 ITLOS에서 인정하고 있는 '제3자 소송참여(intervention)'를 넘어 공해와 심해저에서 누리는 권리의 침해를 이유로 한 소송 가능성이 더욱 활발히 논의될 수 있지 않을까 생각한다. 따라서 해양경계를 둘러싼 분쟁해결이라는 측면에서 해수면 상승은 국제해양법, 특히 분쟁해결 분야에서의 법의 점진적인 발전에 기여할 수 있을 것이다.

---

110 Francisco Orrego Vicuna, "Individuals and Non-State Entities before International Courts and Tribunals", *Max Plank Yearbook of United Nations Law*, Vol. 5, 2001, p.53.

HAPTER

해수면 상승과 법적 쟁점 해결방안

제 1 절 소도서국가 주민 보호방안

제 2 절 특수수역의 도입방안

제 3 절 '해수면 상승과 해양경계이행협정(가칭)' 체결 방안

제 4 절 유엔해양법협약 개정을 통한 합의 도출 방안

제 5 절 지역관습법 중심의 국제관습법 형성 방안

제 6 장 해수면 상승과 법적 쟁점 해결방안

지금까지의 논의는 해수면 상승시 유엔해양법협약의 기선제도에 근거하여 국가의 외측한계와 국가간 해양경계는 변화할 것이라는 가정에 기반한다. 왜냐하면 해양경계는 기점과 기선에 기반해 획정되기 때문이다. 그러나 이러한 변화는 해양경계를 기반으로 획정된 국제해양질서의 불안정으로 이어질 가능성이 높다. 이는 많은 학자들이 해수면 상승에 따른 기선의 변화에도 불구하고, 해양경계는 변화하지 않아야 된다고 주장하는 이유가 된다. 즉 유엔해양법협약의 기선제도를 충실히 따름으로써 얻는 실익보다는 해양경계 안정화를 통해 얻게 되는 이익이 더 클 수 있다는 일종의 이익형량에 따른 사고를 전제로 한다. 실제로 해수면 상승과 해양경계에 대한 논의를 이끌고 있는 Soons, Caron, Freestone과 같은 대표적인 학자들[1]은 '확실성'과 '안정성'에 초점을 두어 해양경계 안정화에 더 많은 무게를 실어주고 있다. 그리고 그들이 주축이 되어 이끌고 있는 ILA의 해수면상승위원회는 보고서를 통해 '있으면 바람직한 법' 차원에서 현재의 해양경계를 유지하는 방안이 타 방안에 우선하며, 이를 위해 기선 또는 해양경계를 동결하는 방안을 가능한 방안으로

1 David Freestone 교수는 기점도서 보호를 위한 인공시설물 설치, 조약체결을 통해 기선과 경계의 변화를 고정시키는 가능성에 대해 언급했다. David Caron 교수는 "해양경계이론에서 추구하는 기본적인 목표는 확실성(certainty)과 안정성(stability)을 확보하는 것이므로, 해수면 상승 관련 논의에서 고려해야 할 점은 어떻게 확실성을 확보하느냐의 문제이다"라고 밝히고 있다. ILA, Minutes of the Closed Session, Washington Conference, ILA Committee on International Law and Sea Level Rise, 2014. 4. 9.

제시하고 있다.[2] 이러한 방안은 현재의 질서를 그대로 유지하고, 국제사회의 안정성을 확보한다는 측면에서 의의가 있다.

그러나 다음의 이유로 해양경계 안정성에 초점을 맞춰 제안되고 있는 방안은 제한적이라고 볼 수 있다. 첫째, 기선이나 해양경계 동결을 통해 해양경계를 안정화시키려는 방안은 단순히 현재의 해양경계 완결성에 기대어 불확실성을 배제하고자 하는 것으로 인식되기 때문이다. 즉 해양경계 불변과 변화라는 이분법적 논쟁의 한 축을 지지하고 있을 뿐 이 둘 간의 조화로운 해결을 추구하고 있다고 보기는 어렵다. 이는 현재 확정된 해양경계 획정에 기여한 유엔해양법협약의 기선제도의 법적 의미와 효력에만 방점을 찍고 있을 뿐 미래 해수면 상승을 고려하여 해양경계를 획정하는데 있어서 가질 수 있는 기선제도의 역할에 대해선 의미를 축소하고 있다. 이러한 접근방식은 앞서 살펴 본 바와 같이 기점과 기선을 기준으로 해양경계를 획정하고자 하는 유엔해양법협약이나, '육지가 해양을 결정한다'는 명제에도 충실하지 못한 측면이 있다.

둘째, 해양경계가 가지는 특수성, 즉 해양경계가 획정되면 이는 해양경계 획정 당사자뿐만 아니라 제3국의 권리에도 영향을 미친다는 점을 간과하고 있다. 기선이나 해양경계를 동결하는 것은 해양경계 당사국 또는 연안국을 중심으로 한 국제질서의 안정성에는 기여할 수 있으나, 해양경계가 변화한다는 가정하에 공해, 심해저 등에서 누릴 수 있는 국제사회, 특히 협약이 규정하고 있는 내륙국, 지리적 불리국 등의 이익은 상대적으로 간과하고 있다. 이러한 점을 고려해 어느 한 쪽의 법익을 우선하기보다는 국제질서의 안정성과 국가들의 권리와 이익 간 조화를 모두 고려하는 방안을 모색하는 것이 더 바람직할 것이다. 예를 들어, 기존의 해양경계와 해수면 상승으로 인해 변화한 해양경계 사이에 형성된 수역을 일반적인 수역으로 보지 않고 연안국과 국제사회의 이익의 조화를 꾀하는 특수한 성격의 수역으로 정하는 방법을 제안할 수 있을 것이다. 이를 통해 해양경계 변화를 수용하면서도 해양경계 안정화를 통해 추구하려는 국가간 이익의 조화와 국제사회 안정성의 목표를 모두 달성할 수 있다.

셋째, 해수면 상승과 해양경계와 관련된 규범화 문제를 현 국제해양법체제에 기반하되, 해수면 상승이 국제법 전반에 미치는 영향을 함께 고려할 필요가 있다.

2 ILA, "International Law and Sea Level Rise", *Interim Report in Johannesburg Conference,* 2016. 6, p.18.

특히 일반 연안국의 해양경계의 문제 해결방안을 소도서국가의 해양경계 문제를 위한 해법과 동일하게 바라볼 수는 없다. 후자의 경우는 해양관할수역의 감소를 넘어 국가 소멸에 따른 국가지위의 문제와 밀접하게 연결되어 있는 사안이기 때문이다. 또한 해수면 상승과 관련해 소도서국가 주민들의 보호방안을 기존의 인권법 차원에서의 논의에서 나아가, 예견되는 국가의 소멸 가능성과 생존공간의 소멸이라는 측면을 추가적으로 고려함으로써 실효적 보호를 위한 새로운 근거를 마련할 필요가 있다. 왜냐하면 형평의 원칙하에 공정성 또는 정의를 달성하기 위해 국제사회가 부담해야 할 의무로서 이해할 수 있기 때문이다.

넷째, 그리고 기후변화에 따른 해수면 상승은 시대를 거쳐 진행되는 범세대적 현상이므로 '있는 법'뿐만 아니라, '있으면 바람직한 법' 차원 모두를 고려한 방안을 찾는 것이 필요하다. 예를 들어, 기선이나 해양경계 동결 방안은 유엔해양법협약을 중심으로 '있는 법'의 관점에서 제안된 것이라고 보면 이후 강조하여 제안하고자 하는 방안들은 이러한 있는 법 차원에서 나아가 '있으면 바람직한 법'의 관점에서 고려하고자 한다. 물론 '있는 법' 또는 '있으면 바람직한 법' 차원에서 제기되는 방안들의 우열성을 부여하기는 힘들며, 사례별로 어느 방안의 적용이 더 나은지에 대한 판단만 유의미할 것이다.

나아가 이 장에서 제시하고자 하는 규범화 방안 논의는 바로 국제법이 추구하는 주요한 목적에서부터 시작한다. 국제법이 추구하는 목적은 '국제질서의 평화와 안정 확보', '국가간 이익의 조화로운 균형 달성', '갈등 및 분쟁의 평화적 해결'로 요약할 수 있을 것이며, 이는 해수면 상승으로 인한 해양경계 변화 가능성과 이로 인한 법적 쟁점에 접근할 때도 마찬가지로 고려될 수 있다.

첫째, 국제질서의 평화와 안정 확보 측면에서의 규범화 방안의 모색이다. 해수면 상승이라는 지속적인 외부환경의 변화에 대해 해양경계가 변화하지 않고 안정될 수 있도록 하는 규범화는 국가간 해양경계를 둘러싼 갈등과 분쟁 가능성을 줄이고, 해양활동 주체들의 예측 가능한 행위가 가능하게 되어 국제질서의 안정성을 확보할 수 있게 된다. 반면 연안 또는 기선의 실제적 변화에도 불구하고 해양경계 안정성만을 강조할 경우, 연안국의 해양관할수역은 실제보다 더욱 확대되고, 반면 변화하는 해양경계를 수용하였다면 누릴 수 있었던 제3국의 공해 또는 EEZ에서의 이익은 사라지게 된다. 국가간 이익의 조화로운 달성이 어렵게 될 수 있다. 따라서 기존의 해양경계의 변화 가능성을 최대한 줄이기 위해, 안정성 확보를 위한 동결 방안에 대해 우선 고려하면서 추가적으로 국가간 이익의 조화로운 달성을 꾀하도록 하는 방안이 필요하다.

둘째, 국가간 이익의 조화로운 균형 달성 측면에서의 규범화 방안의 모색이다. 해수면 상승에 따라 해양경계가 변할 경우, 소도서국가 및 연안국의 해양관할권 및 이익은 줄어들게 되는 반면, 내륙국이나 비연안국은 넓어진 공해/심해저를 확보할 수 있어 국제사회의 이익이라는 측면에서 더 많은 이익을 향유하게 된다. 반면 이 경우에도 예외적으로 해양경계 또는 해양관할수역을 안정적으로 유지해야 할 경우가 발생한다. 대표적인 경우가 소도서국가이다. 해수면 상승의 주요 요인인 기후변화가 선진국의 축적된 산업활동에 의해 야기되었음에도 불구하고, 그 피해는 소도서국가, 저지대 연안국, 극지지역 등 취약지역에 집중되어 있다는 점, 특히 소도서국가의 경우 어업을 포함한 해양자원이 국가경제와 직결되어 있다는 점들을 고려하지 않을 수 없다. 이 경우 소도서국가가 원래 관할권을 행사해 오던 해양관할수역을 안정적으로 보전해 주는 방안이 필요하게 된다. 즉 '국가간 이익의 형평한 조화' 측면에서 기후변화와 해수면 상승에 취약한 국가에 대해서는 일반 연안국보다 특별한 대우를 해 줄 수 있는 규범화 작업이 필요하다.

셋째, 갈등 및 분쟁의 평화적 해결 측면에서의 규범화 방안 모색이다. 해수면 상승에 따른 해양경계의 변화 가능성은 지속적으로 갈등 발생의 여지를 남겨두게 되어 분쟁 증가 가능성은 높아질 수 있다. 앞서 살펴본 바와 같이 2017년 8월 현재 해양경계협정이 체결된 사례는 총 260여건이고, 전 세계적으로 해양경계획정이 필요한 경우는 400건 정도가 될 것으로 예상된다. 해양경계의 변화 가능성은 기 해양협정체결국간에는 협정의 효력 지속의 문제, 해양경계획정을 위한 협상을 진행 중이거나 또는 협상이 필요한 국가간에는 해양경계협정을 위한 협상 체결시 이러한 해수면 상승을 어떻게 고려할 것인지의 문제, 해양경계협정 당사국과 제3국 간에는 해수면 상승에 따른 해양경계 변화와 권리 조화의 문제 등을 야기할 가능성이 높다. 따라서 문제 해결방안 과정에서 갈등과 분쟁으로 이어질 가능성 또한 높다. 이 경우 국제사회의 컨센서스 도출을 통해 해양경계협정 기 체결국의 경우, 해수면 상승에 따른 문제에 대응하기 위한 합의된 규칙을, 해양경계협정 체결 예정국의 경우, 향후 해양경계협정 체결과정에서 적용할 수 있는 합의된 규칙 마련을 통해 갈등과 분쟁을 줄이는데 기여할 수 있을 것으로 생각된다.

따라서 이번 장에서는 앞서 살펴본 논의를 중심으로 문제점을 해결할 수 있는 대응방안을 규범화를 중심으로 살펴보려고 한다. 이를 위해 '국제질서의 평화와 안정 확보', '국가간 이익의 조화로운 균형 달성', '갈등 및 분쟁의 평화적 해결'의 조화로운 달성을 전제로, '있는 법'과 '있으면 바람직한 법'을 함께 고려한다. 그리고 이러한 규범화 방안은 크게 다음 5가지로 제시하고자 한다. 첫째는 해수면 상승과 국가소멸 가능성에 따른 '소도서국가 주민들의 보호방안', 둘째, 해수면 상승에 대비한 해양경계협정 당사국과 비당사국 간 권리의 조화로운 배분, 그리고 특히 소도서국가의 기존 해양관할권의 지속적인 유지 등의 목적 달성을 위한 '특수수역을 도입하는 방안', 셋째, 유엔해양법협약 체제 내에서 허용되고 있는 이행협정의 방식을 고려해 '해수면 상승과 해양경계 이행협정'을 체결하는 방안, 넷째, '유엔해양법협약 개정' 논의를 통한 국제사회 컨센서스를 도출하는 방안, 다섯째, 지역관습법을 중심으로 한 '국제관습법 형성 방안' 등이 그것이다. 특히 이러한 방안은 해수면 상승의 문제가 현안이라기보다는 범세대적이며, 보다 장기적인 문제라는 인식을 토대로 한다. 그리고 최종적으로는 유엔해양법협약의 개정 또는 국제관습법 창설로의 가능성 방안에 더 무게를 두고자 한다. 그 이유는 다양한 규범화 방안에 대한 국제사회의 컨센서스 도출이 선행되어야 하며, 이러한 합의와 공감대를 통해 규범화 방안들이 원칙적 선언 또는 결의보다는 법적 효력을 가지는 협정 및 국제관습법의 틀 안으로 편입되는 것이 보다 바람직할 것으로 생각되기 때문이다.

제1절 소도서국가 주민 보호방안

해수면 상승으로 인한 섬의 소실과 주민의 이주가 이미 나타나고 있다. 파퓨아뉴기니의 'Cateret Islands'의 2,700명의 거주민은 80㎞ 남쪽 섬인 'Bougainville'로 단계적으로 이주하고 있다.[3] 키리바시와 투발루는 호주와 뉴질랜드로의 거주민 이주를 계획하고 있으며, 몰디브는 인도와 호주의 영토 일부를 구입할 것을 추진하고 있다. 인도네시아의 경우 자국의 섬(1만 7,500여개) 일부를 '기후난민'에게 대여해주는 방안을 고려하고 있다고 밝힌 바 있다.[4]

이러한 소도서국가 주민의 이주가 현실화되고 있는 가운데, 해수면 상승에 따른 소도서국가 주민의 이주시 국내 다른 지역으로 이주하는 경우는 원칙적으로 국내법 절차에 따르며, 국경간 이동의 경우는 관련 국가들의 국내법, 국가간 협정 또는 관련 국제법이 적용될 것이다. 문제는 근거법이 되는 국내법과 국제법 근거가 명확하게 수립되어 있는지이며, 기후변화와 해수면 상승 등 환경요인으로 인한 이주민 또는 실향민에 대한 법적 개념 정립이 선행되어야 한다고 보았다. 왜냐하면 개념을 마련하는 것은 보호대상의 법적 지위와 보호주체, 보호범위 등 실효적 보호방안을 위한 전제가 되기 때문이다. 개념 정립을 전제로 소도서국가 주민 보호방안은 두 가지 차원에서 살펴볼 수 있을 것이다.

첫째, 국내법상 실효적이며 구속력 있는 방안 마련이다. 소도서국가의 경우, 해수면 상승으로 인해 국내의 타 지역으로 이동하는 주민(국내이주민 또는 실향민)을 대상으로, 반면 타 국가는 국경간 이동하는 주민(국경간 이주민 또는 실향민)을 대상으로 자국으로의 유입에 대비하고 소도서국가를 지원하기 위하여 국내법 제도를 정비하는 방안이 될 것이다. 국내법 제도 정비를 위해 유엔이민기구가 제정한 국내이주민 지침(guiding principles on internal displacement) 및 기후변화골격협약(UNFCCC)의 관련 내용을 국내법으로 편입하는 방안 등이 주요 방안으로 제안될 수

3 The Age National, "First climate refugees start move to new island home", 2009. 7. 29. http://www.theage.com.au/national/first-climate-refugees-start-move-to-new-island-home-20090728-e06x.html(2017. 8. 26. 검색).

4 ABC News, "Indonesia's rent-an-island answer to climate change", 2009. 6. 3. http://www.abc.net.au/news/2009-06-03/indonesias-rent-an-island-answer-to-climate-change/1702492?pfmredir=sm(2017. 8. 26. 검색).

있다.

둘째, 국제적으로 실효적 방안을 마련하는 것으로 난민협약에서의 보호대상 난민 개념의 확대 가능성 및 문제점을 검토하고, UNFCCC의 기후변화난민 의정서 제정, 해수면 상승을 포함한 환경(기후)이주민 또는 실향민 보호를 위한 새로운 협약 체결 등을 가능한 방안으로 제시할 수 있다.

Ⅰ. 기후변화와 '인권'의 문제

현재의 기후변화를 바라보는 시각은 인간활동에 기인한 지구온난화를 줄이는 데 초점을 맞춰 주로 국제환경법적 측면에 중점을 두었다. 1992년 기후변화골격협약과 2016년 10월 발효한 파리협정 또한 국제환경법적 측면을 강조하여 체결된 협약이다. 파리협정 제2조에서는 협정의 목표를 기후변화의 위험과 영향을 줄이기 위해 지구 평균온도를 낮추고, 기후변화의 부정적 영향에 대응하기 위한 능력을 키우며, 지구온난화 가스 배출을 저감하는 것이라고 밝히고 있다. 이러한 점을 고려해 볼 때, 소도서국가를 포함해 기후변화에 취약한 지역 주민이 기후변화로 야기되는 홍수, 해일, 그리고 해수면 상승 등으로 인해 삶과 인권이 위협받을 수 있다는 전제하에 소도서국가 주민의 보호방안을 마련하는 것은 기후변화를 인권적 차원에서 바라보는 새로운 시각이며, 국제환경법과 국제인권법의 조화를 모색하는 것으로 볼 수 있다. 이는 기후변화가 미치는 다양한 영향을 소도서국가를 중심으로 한 인권 차원에서 접근함으로써 국제사회의 공감대를 확산하고, 인권법의 발전에 기여할 수 있다는 점에서 긍정적이다.

이러한 점을 토대로 기후변화를 인권 측면에서 바라보는 관점이 가지는 의의는 다음과 같다. 우선 국제사회에서 기후변화와 인권을 함께 논의하는 것은 서로 다른 기반을 두고 있는 국제환경법과 국제인권법의 관련성을 이끌어 내는 유의미한 작업을 의미한다. 엄격히 말해서 기후변화는 기후라는 환경의 변화에 기댄 환경법 차원의 문제이며, 자연과학에 근거하는 측면이 큰 반면, 인권은 인권법 차원의 문제이며, 인문사회과학에 기반을 더 두고 있기 때문이다. 유엔인권고등판무관실(Office of the United Nations High Commissioner for Human Rights: OHCHR)은 양 차원을 규율하는 법적 토대간 차이의 극복에 노력하면서, 이를 위한 시도의 출발점으로서 우선 1972년 유엔인간환경선언(1972 Declaration of the United Nations Conference on the Human Environment, 스톡홀름선언)에 주목했다. 선언의 제1원칙[5]으로 선언은 인권과 환경 간 상호의존성과 연관성 간의 일반적 인식을 반영하고 있으며, 유엔인권협약 체제는 환경과 인권 간 본질적인 연관성을 인식하고 있다고 밝히고 있다.[6] 특히 인권의 문제는 교토의정서와 기후변화협약(UNFCCC) 등 현재의 국제기후변화체제가 기후변화에 의해 야기된 잠재적 주권상실 또는 국가소멸 등과 같은 주제를 다루지 못함으로써 생긴 공백을 메우는 기능을 한다.[7] 또한 기후변화와 인권 간의 관계에서 취약한 환경에 놓인 개인, 특정 집단의 권리에 주목하고, '형평' 또는 '정의'적 차원에서 논의를 진행하고 있다. 특히 UNFCCC는 이러한 개인 및 집단과 함께 미래세대를 포함하면서, 형평과 '공동의 그러나 차별화된 책임'에 기반해 기후변화에 대한 조치를 취할 수 있도록 요구하고 있다.[8] 한편 '기후 정의'(climate justice) 개념에 대해 Marc Limon 교수는 자국민과 관할권내 주민들의 권리를 보호하는 국가의 1차적 책임을 유지하는 가운데, 기후변화와 인권을 연계해 논의하는 것은 국제적으로 '기후 정의'를 제고하는 방식이라고 보았다.[9] [10]

---

5 스톡홀름 선언 제1원칙은 다음과 같다. "Man has the fundamental right to freedom, equality and adequate conditions of life, in an environment of a quality that permits a life of dignity and well-being, and he bears a solemn responsibility to protect and improve the environment for present and future generations. In this respect, policies promoting or perpetuating apartheid, racial segregation, discrimination, colonial and other forms of oppression and foreign domination stand condemned and must be eliminated."

6 유엔인권이사회, Report of the Office of the United Nations High Commissioner for Human Rights on the relationship between climate change and human rights, 2009. 1. 15., *A/HRC/10/61*, paras. 17~18.

7 Marc Limon, "Human Rights and Climate Change: Constructing a case for Political Action", *Harvard Environmental Law Review*, Vol. 33, pp.455~456.

8 OHCHR, *Understanding Human Rights and Climate Change*, 2015. 11, p.3.

9 Marc Limon, *supra* note 7, p.473.

10 한편, OHCHR은 환경과 인권 간 관계에 있어 국가는 4가지 역외의무를 진다고 보고 있다. 첫째, 타 국가의 인권 향유를 간섭하지 않을 의무, 둘째, 제3국이 타국의 인권 향유에 영향력을 행사하여 간섭하지 않도록 조치를 취할 의무, 셋째, 재해복구, 긴급지원, 난민과 이주민에 대한 지원 등을 포함해 타국의 인권 실현을 촉진하기 위해 가용자원을 활용하여 국제적 지원과 협력을 통해 조치를 취할 의무, 넷째, 국제협약에서 주목하고 있는 인권을 보장하고 국제협약이 인권에 대한 부정적 영향력을 갖지 않도록 할 의무 등이 그것이다. Marc Limon, *supra* note 7, p.461.

Ⅱ. 국내법을 통한 실효성 확보 방안

이처럼 유엔인권이사회와 유엔인권고등판무관실(OHCHR)을 중심으로 기후변화가 인권에 영향을 줄 수 있다는 데 국제적 합의가 이뤄지고 있다. 2015년 11월에 작성된 OHCHR의 보고서에는 총 11개의 구체적 인권이 기후변화에 가장 영향을 받는 것으로 제시되고 있다.[11] 이를 살펴보면 생명권(right to life), 자결권(right to self-determination), 개발권(right to development), 식량권(right to food), 식수·위생권(right to water and sanitation), 건강권(right to health), 주거권(right to housing), 교육권(right to education), 참여권(right to meaningful and informed participation) 등 9개의 인권이 구체적으로 나열되고 있다. 그리고 나아가 기후변화에 의해 가장 영향을 받는 사람들의 권리(rights of those most affected by climate change), 미래세대의 권리(rights of future generations) 등 집단적 권리를 포함하고 있어 주목을 받고 있다. 나아가 OHCHR은 기후변화로 야기되는 예상 가능한 인권침해를 예방하지 않거나 또는 예방을 위해 가용한 최대한 자원을 활용하지 않는 경우 국가의무 위반을 구성한다고 보았다.[12]

그러나 이러한 국제인권법은 인권에 대한 일반법으로 볼 수 있으며, 기후변화와 해수면 상승 등의 이유로 자국의 타 지역 또는 국경간 이동을 하는 이주민 또는 실향민 등의 특수상황에 바로 적용하기는 어렵다. 물론 보호해야 할 기본적이며 본질적인 인권의 내용은 거의 유사하므로 국가는 자국내 인권법을 확대적용할 가능성도 있다. 그러나 보호해야 할 대상인 환경이주민 또는 실향민을 고려해 두 가지 유의미한 국제문서의 주요 내용을 국내법으로 도입해 국내법을 보완하는 방안에 대해 살펴보도록 한다.

첫째, 유엔이민기구의 「국내실향민 지도지침」(guiding principles on internal displacement)의 주요 내용을 국내법으로 도입하는 것이다. 2001년에 제정된 이 지침의 적용대상은 환경재해 및 무력충돌 등의 사유로 인해 발생한 국내실향민이다. 지침의 제1원칙에서 국내실향민(internally displaced persons)은 국제법과 국내법에 따라 타 지역 주민과 동일한 권리와 자유를 향유한다고 규정하고 있다. 또한 국제인권법, 국제인도법 조항과 국내법상 부여된 권리를 침해하거나 변경

11 OHCHR, *supra* note 8, p.1.

12 *Ibid.*, p.10.

〈표 6-1〉 기후변화와 인권

기후영향요소		인간에 미치는 영향	영향받는 권리
해수면 상승 • 홍수 • 해일 • 침식 • 염류화	⇨	• 토지의 유실 • 익사, 상해 • 깨끗한 물의 부족, 질병 • 연안 구조물, 가옥, 토지 등 피해 • 농경작지의 유실 • 관광자원, 해변 등 피해	• 자결권(ICCPR, ICESCR 제1조) • 생명권(ICCPR, 제6조) • 식수권(CEDAW 제14조, ICRC 제24조) • 연명수단(Means of subsistence, ICESCR, 제1조) • 생활수준(ICESCR, 제12조) • 주거권(ICESCR, 제12조) • 문화(ICCPR, 제27조) • 재산권(UDHR, 제17조)
기온 상승 • 질병바이러스 변이 • 백화현상 • 어종 감소	⇨	• 질병의 확산 • 전통어업 및 상업적 어업의 변화 • 관광자원 피해, 산호초 유실 • 어업다양성 감소	• 생명권(ICCPR, 제6조) • 건강권(ICESCR 제12조) • 연명수단(ICESCR, 제1조) • 생활수준(ICESCR, 제12조)
극단적 날씨 변화 • 고강도 폭풍 • 해일	⇨	• 인구의 감소, 식수오염 • 기초시설의 손실 • 식량위기, 치료 지연 • 심리장애, 질병감염 증가 • 농경작지 피해 • 교육서비스 붕괴, 관광분야 손실 • 대량 자산 손실	• 생명권(ICCPR, 제6조) • 건강권(ICESCR 제12조) • 식수권(CEDAW 제14조, ICRC 제24조) • 연명수단(ICESCR, 제1조) • 생활수준(ICESCR, 제12조) • 주거권(ICESCR, 제12조) • 교육권(ICESCR 제13조) • 재산권(UDHR, 제17조)
강수량 변화 • 질병바이러스 변이 • 침식	⇨	• 질병 창궐 • 농토의 소실	• 생명권(ICCPR, 제6조) • 건강권(ICESCR 제12조) • 연명수단(ICESCR, 제1조)

주: 시민적·정치적 권리에 관한 국제협약(ICCPR, 1966), 경제적·사회적 및 문화적 권리에 관한 국제협약(ICESCR, 1966), 여성차별철폐협약(CEDAW, 1967), 아동의 권리에 관한 협약(ICRC, 1989), 세계인권선언(UDHR, 1948).

출처: Marc Limon, *supra* note 7, p.476.

하지 않고(제2조), 정부는 관할권 내의 국내실향민에게 인도적 지원과 보호를 제공할 의무와 책임을 져야 한다(제3조). 보호원칙과 관련해서는 임의적으로 거주지에서 쫓겨나지 않을 권리(제6조), 생명권, 존엄권(right to dignity), 자유권(right to liberty), 이주 및 주거의 자유, 적정한 생계기준에 대한 권리(right to adequate standard of living), 사상·양심 및 종교의 자유, 교육을 받을 권리 등을 규정하고 있다. 한편 Kraler Albert는 유럽의회에 제출한 보고서를 통해 지침이 구속력을 확보하기가 어려우며, 국내실향민을 보호할 책임 있는 기구가 없어 이 지침이 국내·외에서 효율적으로 이행되고 있는지를 평가·감시하기가 어려워 보호의 공백이 나타날 수 있다고 보았다.[13] 따라서 구속력 확보 및 효율적 이행 및 감시를 위해서는 국가가 직접 국내법으로의 편입을 통해 독자적으로 국내법제도를 정비할 수도 있지만, 소도서 국가간 또는 지역적으로 협정을 체결하여 국내법으로 편입시키는 것이 더욱 효율적인 방안이 될 것으로 생각된다. 일례로 2009년 아프리카연합은 '아프리카 내 국내실향민의 보호와 지원을 위한 협약'을 채택했다.[14] 협약을 통해 협약당사국간에는 지침이 구속력을 가지게 되었고, 실효적 보호가 가능하게 되었다. 특히 협약 제14조에서는 당사국은 협약의 목적의 이행을 모니터링하고 검토하고, 효율적 이행 및 감시체제를 구축하도록 규정하고 있다.[15]

둘째, 유엔기후변화골격협약(UNFCCC)의 주요 내용을 국내법제도로 도입하는 방안이다. 2011년에 공식 발표된 기후변화골격협약은 모든 당사국에 동 협약 내용의 국내적 이행 방안을 마련하도록 권고하고 있다. 우선 제14조 (f)항은 공동의 그러나 차별화된 책임 원칙, 개별 국가의 능력, 개발우위 등을 고려해 "국가, 지역 및 국제적 수준에서 기후변화로 야기된 실향, 이주, 계획된 재배치와 관련해 이해, 조정, 협력을 제고하는 방안"을 마련하도록 권고하고 있다.[16] 동조 (a)항에서는 국내

---

13 Kraler Albert 외 2인, "'Climate Change'—Legal and policy responses to environmentally induced migration", *Directorate General for Internal Policies,* European Parliament, 2011, p.43.

14 Convention for the Protection and Assistance of Internally Displaced Persons in Africa(Kampala Convention). 이 협약은 아프리카연합 회원국 54개국 가운데 15개국의 서명 또는 비준을 통해 2012. 12월 발효하였다. 2016. 4월 기준으로 총 40개국이 서명했으며, 이 가운데 25개국이 비준했다. http://www.au.int/en/sites/default/files/treaties/7796—sl—african_union_convention_for_the_protection_and_assistance_of_internally_displaced_persons_in_africa_kampala_convention_11.pdf (2017. 8. 28. 검색).

15 Convention for the Protection and Assistance of Internally Displaced Persons in Africa 제14조.

16 FCCC/CP/2010/7/Add.1. 관련 조문은 다음과 같다. (f) Measures to enhance understanding,

기후변화 적응을 위한 프로그램과 이행계획을 마련하도록 권고하고 있다. 특히 제36조~제47조는 선진국의 국내적으로 적절한 기후변화 완화 조치를,[17] 제48조~제67조에는 개발도상국의 조치를 나눠서 규정하고 있다. 결국 국내 인권법의 확대적용으로 소도서국가의 이주민에 대한 효율적 보호는 어렵다는 점, 그리고 소도서국가 주민의 이주의 성격을 법적 개념으로 담아 낼 필요가 있다는 점 등을 전제로 하여 소도서국가와 소도서국가의 이주민들의 국내로의 이주가 예견되는 국가를 중심으로 소도서국가의 이주에 대한 실효적인 방안으로 국내법을 개정·보완하는 방안 마련이 필요할 것으로 생각된다.

Ⅲ. 국제협약 개정 또는 제정 방안

1. 난민협약의 개정 가능성 검토

난민협약에서의 난민 개념 확대를 통해 기후변화와 해수면 상승으로 야기되는 이주민을 기후난민 또는 환경난민으로 보호하자는 논의가 있다. 실제로 인권침해, 자연재해, 경제적 빈곤 등 다양한 이유로 본국을 떠나는 이주민의 권리를 국제적으로 보호하기 위해 난민의 범위를 확대하고자 하는 논의가 계속되고 있으며, 지역적으로 이미 난민의 범위를 확대한 협약과 선언이 나타나고 있다. 1969년에 '아프리카 난민문제에 관한 OAU협약'(OAU 난민협약)이 체결되었으며, 미주 지역에서는 '1984년 난민에 관한 카르타헤나 선언(Cartagena Declaration)'이 제정되었다.[18] 최근

---

coordination and cooperation with regard to climate change induced displacement, migration and planned relocation, where appropriate, at the national, regional and international levels.

17 기후변화에 대응하기 위한 국내이주민 지원 및 보호조치 사례로서 미국의 경우 2016년 1월 13개 주를 대상으로 기후변화의 영향으로 인한 피해 이주민들의 집단적 이주를 지원하기 위해 연방 차원에서 총 10억달러를 지원하기로 결정했다. 그리고 멕시코만 인근의 'Isle de Jean Charles' 지역을 대상으로 최초로 4,800만달러의 지원금을 제공하기로 결정하였다. 뉴욕타임즈, "Resettling the First American 'Climate Refugees", 2015. 5. 2. http://www.nytimes.com/2016/05/03/us/resettling-the-first-american-climate-refugees.html?_r=0(2017. 8. 28. 검색).

18 카르타헤나 선언 제3장 제3조에서는 아래와 같이 난민의 범위를 인권의 대량 위반 등으로 확대 규정하고 있다. "[…] includes among refugees persons who have fled their country because their lives, safety or freedom have been threatened by generalized violence, foreign aggression, internal conflicts, massive violation of human rights or other circumstances which have seriously disturbed public order." OAU협약은 제1조에서 난민의 범위를 정치적 요인 이외에 외부공격, 점유, 외국점령 및 사회질서를 심각하게 어지럽히는 사건 등의 이유도 난민으로 인

들어서는 UNHCR을 중심으로 '기후난민' 인정을 위한 논의가 확대되고 있다.[19] 2009년 코펜하겐에서 개최된 '유엔 기후변화 컨퍼런스(Climate Change Conference)'에서 UNHCR은 기후변화가 가까운 미래에 국경간 이민을 증가시킬 것이며, 해수면 상승이 이러한 현상을 가속화시키는 주요 원인이 될 것으로 보았다. 특히 '난민'의 엄격한 법적 개념으로 인해 가라앉은 섬과 같이 거주할 수 없는 본국을 떠나야 하는 '이주민'(migrants)을 보호하지 못하는 '보호의 괴리'가 있다고 보았다.[20]

이러한 난민협약 확대 및 기후난민 인정 여부에 대한 논의는 소도서국가의 이주와 관련한 보호방안 마련 논의를 풍부하게 해줄 수 있는 이론적 배경이 될 수 있다. 그럼에도 불구하고 현 국제법상 '난민'은 협약난민만을 의미한다는 것이 현재까지의 유엔난민고등판무관실 공식 입장으로 보인다.[21] 국제적으로 난민보호를 총괄한다고 볼 수 있는 UNHCR조차도 난민 개념의 확대는 현재의 난민협약체제의 일체성을 저해하는 것으로 보고, 난민협약을 통한 난민 개념의 확대에 소극적이다. 일례로 2008년 UNHCR 보고서에서는 1951년 협약의 개념에 '환경난민' 또는 '기후난민' 개념을 포함시키는 것에 대한 의견을 밝혔다. 우선 UNHCR은 인도적 지원을 필요로 하는 국제적 보호의 범주 밖에 놓인 난민집단이 있다는 것을 인지하고 있지만, 난민은 법적인 개념이므로, 환경난민 또는 기후난민의 개념은 국제난민법과는 무관하고, 이러한 개념의 사용이 난민의 보호를 위한 국제법제도를 잠재적으로 해칠 수 있다고 보았다.[22] 또한 난민의 개념을 확대시킨다 하더라도 환경적 요인을 포함해 어디까지 난민 개념을 확대할 것인지가 불분명하며, 난민의 개념에 '국내적

정하고 있다. "The term "refugee" shall also apply to every person who, owing to external aggression, occupation, foreign domination or events seriously disturbing public order in either part or the whole of his country of origin or nationality, is compelled to leave his place of habitual residence in order to seek refuge in another place outside his country of origin or nationality."

19 난민 개념의 발전, 혹은 확대에 있어서 국제공동체의 위임을 받은 UNHCR은 자연스럽게 중추적인 역할을 맡게 될 수밖에 없고, 실제로 UNHCR은 이러한 위임에 근거, 새로운 형태의 국제사회의 필요에 부응하여 난민 보호에 관한 법체계의 형성과 발전에 기여하고 있다(Guy S. Goodwin－Gill, Jane McAdam, *The Refugee in International Law*, Oxford University Press, 2007, p.4).

20 UNHCR News, "Climate change could become the biggest driver of displacement: UNHCR chief", 2009. 12. 16. http://www.unhcr.org/4b2910239.html(2017. 8. 25. 검색).

21 Kraler Albert 외 2인, *supra* note 13, pp.38~39.

22 António Guterres, "Climate change, natural disasters and human displacement: a UNHCR perspective", *UNHCR report*, 2008, pp.8~9

이동'을 전제로 하는 국내적 이주민과 실향민을 포함하기는 어려울 것이다. 대부분 국가들의 실행도 이와 일치한다. 일례로 최근 해수면 상승으로 인해 뉴질랜드에서 난민보호를 요청한 키리바시 국민에 대해 뉴질랜드 법원은 기본적 인권의 체계적 위반이 지속된다고 볼 수 없다고 판시하며, 난민협약 규정에서 요구하는 요건에 부합되지 않는다는 이유로 난민지위를 부여하지 않고 키리바시로의 송환을 결정한 바 있다.[23] 따라서 난민협약 개정 논의는 기후난민 또는 환경난민으로의 적용 확대와 관련해 지속되고 있지만, 난민협약에 기대어 소도서국가를 보호하는 방안 마련은 어렵거나 아직 시기상조인 것으로 보인다. 이에 비해 새로운 협약의 체결이 보호 가능성 및 실효성 측면에서 더 바람직하다. 기후변화와 해수면 상승이라는 보다 특수한 환경을 고려하여, 이주민 및 실향민을 대상으로 구체적 보호내용, 보호범위를 확정하는 것이 더 실효적일 수 있다.

2. '기후이주민과 실향민에 관한 협약'(가칭) 체결 방안

우선 1992년 유엔기후변화골격협약(UNFCCC) 부속의정서 체결을 통해 기후변화 이주민 또는 실향민을 보호하자는 논의가 있다.[24] 그러나 UNFCCC는 국제환경법 측면에서 기후변화를 직접적으로 다루고 있다는 점, 적용대상도 국가 대 국가의 문제를 다루고 있다는 점, 기후변화로 야기된 소도서국가의 이주민 또는 실향민의 경우 주요 내용이 국제인권법 측면에서 논의되는 권리와 보호조치이며, 적용대상도 개인의 문제를 다루고 있는 점 등에서 차이가 있다. 또한 논의 수준도 협약은 국제적인 측면에서의 기후변화와 영향에 대해 논의하기 때문에 국내적 수준의 이주민 및 실향민 보호방안을 다루기에는 한계가 있다.

따라서 (가칭) '기후이주민과 실향민에 관한 협약'(Convention on Climate Migrants and Displaced Persons)을 체결하는 방안을 실효적인 방안으로 제안하고자 한다. 이

---

23 Reuters, "New Zealand Court Denies Pacific Man's Bid to Be Climate Change Refugee," 2013. 11. 26. http://uk.reuters.com/article/uk-newzealand-kiribati-climate-idUKBRE9AP06020131126(2017. 8. 25. 검색).

24 대표적인 논의로 Bonnie Docherty and Tyler Giannini, "Confronting a soide Tide: A proposal for a convention on climate change refugees", *Harv. Enviromental Law Review,* 2009; Frank Biermann and Ingrid Boas, "Protecting Climate Refugees: The Case for a Global Protocol", *Environment,* 2008; Michael Klein Solomon and Koko Warner, "Protection of persons Displaced as a result of Climate Change", in *Threatened Island Nations: Legal Implications of Rising Seas and a Changing Climate,* Cambridge University Press, 2013 등이 있음.

러한 협약 체결을 위한 국제적 합의는 이미 상당부분 축적되어 있는 것으로 보인다. 기후변화와 해수면 상승으로 발생되는 소도서국가 또는 저지대 연안국의 실향민 또는 이주민의 보호에 대한 국제사회의 노력과 관심은 1992년 리우선언 제18조,[25] Agenda 21 para. 12.47(c),[26] 유엔 난민과 실향민을 위한 거주 및 재산반환 원칙(Pinheiro Principles),[27] Nansen principles 제2항,[28] Hyogo Framework for Action,[29] 실향민 관련 유엔총회 결의 2956(1972)와 3455(1975), 자연재해 대응 관련 유엔총회 결의 43/131(1988), 45/100(1990), 49/22(1994) 등 다수의 국제문서를 통해 이미 확인할 수 있기 때문이다.

또한 지역 차원에서의 실행에서도 유럽을 중심으로 환경(기후) 이주민 또는 실향민을 보호하기 위한 새로운 협약 또는 법적 구속력을 가지는 국가간 합의 도출 노력이 두드러진다. 2009년 유럽의회는 권고 1862와 결의 1665[30]를 통해 환경적 원인으로 국경간, 특히 유럽국경간 이민과 실향민의 인권보호와 난민법 간 보호의 공백이 존재하는 것에 우려를 표명하였다. 나아가 유럽에서 환경파괴와 기후변화에 대응한 구체적인 법제도가 없다는 데 우려를 표시하였다.[31] 이 두 문서는 환경이주

---

25 Rio Declaration on Environment and Development 1992. 제18조 원문은 다음과 같다. "States shall immediately notify other States of any natural disasters or other emergencies that are likely to produce sudden harmful effects on the environment of those States. Every effort shall be made by the international community to help States so afflicted."

26 United Nations Conference on Environment & Development, Agenda 21(1992). 원문은 다음과 같다. "To develop and integrate drought-relief schemes and means of coping with environmental refugees into national and regional development planning."

27 UN Principles on Housing and Property Restitution for Refugees and Displaced Persons. https://2001-2009.state.gov/documents/organization/99774.pdf(2017. 8. 30. 검색).

28 원문은 다음과 같다. "States have a primary duty to protect their populations and give particular attention to the special needs of the people most vulnerable to and most affected by climate change and other environmental hazards, including. the displaced, hosting communities and those at risk of displacement. The development of legislation, policies and institutions as well as the investment of adequate resources are key in this regard." https://www.regjeringen.no/globalassets/upload/ud/vedlegg/hum/nansen_prinsipper.pdf(2017. 8. 30. 검색).

29 Hyogo Framework for Action 2005-2015: Building the Resilience of Nations and Communities to Disasters, 2005. http://www.unisdr.org/2005/wcdr/intergover/official-doc/L-docs/Hyogo-framework-for-action-english.pdf(2017. 8. 30. 검색).

30 Recommendation 1862(2009)와 Resolution 1655(2009). 제목은 'Environmentally Induced Migration and Displacement: A 21st Century Challenge'로 동일하다.

31 Recommendation 1862(2009). paras. 4~5. 원문은 다음과 같다. The Assembly is concerned about the gaps in international human rights and refugee law, which leave various categories

민의 법적 지위 승인을 위한 유럽골격협약을 제정하거나 유럽인권협약에 새로운 관련 의정서를 체결하기 위한 전 단계로 제시되었으며, 현 국제법체제 안에서 존재하는 법적 공백이 있는지와 공백의 내용에 대해 포괄적으로 분석한 것으로 평가된다.[32] 이러한 국제적, 지역적 합의와 실행이 확대되고 있는 가운데, 학술적으로도 새로운 협약 체결에 대한 논의가 활발하게 이루어지고 있다.[33] 이러한 학술적 논의들이 중점적으로 살펴보는 쟁점은 이러한 협약이 필요한지에 대해 이론적 근거를 밝히는 작업과 협약 체결시 환경(기후)이주민 또는 실향민의 새로운 법적 지위와 보호범위를 어떻게 규정하느냐로 요약된다.

새로운 협약의 체결은 다음의 세 가지 차원에서 중요한 의미를 가진다. 첫째, 기후변화와 해수면 상승이라는 환경(환경법적 접근)이 인간의 삶에 미치는 광범위한 영향(인권법적 측면)에 초점을 맞춘다는 점에서 국제환경법과 국제인권법을 통합적으로 바라볼 수 있다는 점이다. 둘째, 파리협정 발효 등으로 현재 기후변화 및 해수면 상승에 대한 전지구적 관심이 높음에도 불구하고, 소도서국가와 저지대 연안국을 중심으로 발생할 것으로 보이는 환경이주민 및 실향민에 대한 실질적이고 효율적인 보호제도가 부재한 법적 공백을 메워 줄 수 있다는 점이다. 셋째, 개념정립이 미비하고, 기존의 난민협약과 관련 인권협약의 확대적용이 불확실한 가운데에서 가장 확실한 실효적 방안이 될 수 있다는 점이다. 그리고 일반협약의 체결이 어려울 경우 단계적으로 OAU 난민협약과 같이 지역적 협약 또는 양자적 협약을 통해 태평양 소도서국가를 중심으로 한 제한된 범위의 국가에 구속력을 가지는 규범부터 단계적으로 도입할 수 있을 것이다.[34]

---

of people who flee environmental disasters within their own countries or by crossing international borders, including European borders, without adequate legal protection.(para.4), It is equally concerned that people in Europe have no specific legal remedy against environmental degradation and climate change, due to human activity, that affect their health and safety.(para. 5)

32 Kraler Albert 외 2인, *supra* note 13, p.43.

33 이러한 논의는 University of Limouges의 법률전문가(2008), 호주 법률전문가(David Hodgkinson, Tess Burton, Simon Dawkins, Lucy Young and Alex Coram, 2008), 프랑스 법률가인 Véronique Magniny(1999), 미국 법률가 Gregory McCue(1993), Bonnie Docherty와 Tyler Giannini(2009) 등이 있음. 자세한 내용은 Kraler Albert 외 2인, *supra* note 13, pp.43~44.

34 예를 들어, 소도서국가와 호주 및 뉴질랜드 간 기후난민을 받아들이는 것을 내용으로 하는 명시화된 합의가 가능할 것이다. 그러나 현재 양자 또는 다자협정이 전무한 실정이다. 뉴질랜드가 투발루, 키리바시 및 통가에서 일정 수의 난민을 받아들인 사례가 있으나, 이는 노동력 이

한편, 2008년에 프랑스 리모주대학(University of Limoges) 교수와 법률전문가 29명이 모여 '환경실향민의 국제적 지위에 관한 협약 초안'(Draft Convention on the International Status of Environmentally-Displaced Person)을 입안하여 제시한 바 있다.[35] 비록 학문적·실무적 차원에서 제시되었지만, 협약의 내용 등은 향후 '기

〈표 6-2〉 환경실향민의 국제적 지위에 관한 협약 초안 내용

주요 조항	주요 내용
제1조: 목적	환경실향민의 권리를 보장하는 법제도 창설
제2조: 정의	환경실향민은 "거주지로부터 초기에 또는 계속해서 생활조건에 가혹한 영향을 미치는 갑작스런 또는 점진적 환경재해를 당하여 강제적으로 이주지를 떠나야 하는 개인, 가족, 단체, 주민들"(individuals, families, groups and populations confronted with a sudden or gradual environmental disaster that inexorably impacts their living conditions, resulting in their forced displacement, at the outset or throughout, from their habitual residence)임
제5조: 공동의 그러나 차별화된 책임 원칙	세대간 이익에 따르고 형평을 기반으로 공동의 그러나 차별화된 책임 원칙에 따라 협약을 이행
제6조~제13조: 권리규정	실효적 보호원칙(제6조), 비차별원칙(제7조), 비추방원칙(제8조), 정보제공 및 참여원칙(제9조), 이주권(제10조), 이주거부권(제11조), 국가간·국내실향민의 권리(제12조), 국가간 실향민의 국적보유권(제13조)
제14조: 법적 지위	어떠한 개인도 환경실향민의 지위를 향유하고, 협약상 권리를 향유함
제15조~제19조: 절차규정	환경실향민으로의 법적 지위를 향유, 연장, 소멸하는 절차
제20조~제24조: 주요 기관 설립규정	World Agency for Environmentally-Displaced Persons(제21조), High Authority (제22조), World Fund for the Environmentally-Displaced(제23조) 설립
제25조~제27조: 이행조치	국가간 협력(제25조), 양자·지역협정 체결(제26조), 국가이행보고서 작성(제27조)

출처: University of Limoges, *Draft Convention on the International Status of Environmentally-Displaced Person*, 3rd Ver. 2013. 5.

동과 관련된 프로그램(Pacific Access Category)이며, 뉴질랜드 역시 '기후난민'을 받아들이는 명시적인 정책은 아직 없으며, 이 프로그램은 기후변화와 아무런 연관성이 없다고 명확히 밝히고 있다(뉴질랜드 외교통상부 홈페이지 기사, "New Zealand's immigration relationship with Tuvalu". http://www.mfat.govt.nz/Foreign-Relations/Pacific/NZ-Tuvalu-immigration.php(2017. 9. 7. 검색).

35 Draft Convention on the International Status of Environmentally-Displaced Person, third Ver. 2013. 5. http://intergenlaw.com/wp-content/uploads/2015/02/Draft-Convention-on-the-International-Status-on-environmentally-displaced-persons-third-version.pdf(2017. 9. 7. 검색).

후이주민과 실향민에 관한 협약'(가칭) 체결 지침을 제공해 줄 수 있다는 측면에서 의의가 있다.

Ⅳ. 소도서국가의 재정적 능력 제고(capacity-building)

소도서국가들이 재정적·제도적으로 취약하다는 점은 앞에서도 살펴보았다. 즉 소도서국가들이 자체적으로 해수면 상승에 적응하기 위한 재원을 마련하는 것은 어렵다. 몰디브의 사례처럼 오히려 독자적 재정 마련을 위한 노력이 국제사회의 우려를 낳기도 한다.[36] 따라서 개별 국가의 개별적 재정확보보다는 국제기금 및 개별 국가의 ODA(Official Development Assistance)를 적극적으로 활용할 필요가 있다.

우선 국제기금의 경우 2016년 말 현재 기후변화 및 소도서국가와 관련해 총 17개의 국제기금이 운영되고 있다(<표 6-3> 참조). 2003~2016년 동안 총 39개 소도서국가의 187개 사업에 10억 8,412만 달러가 투입되었다. 특히 기후 레질리언스(resilience) 시범 프로젝트에 가장 많은 2억 1,722만 달러가 활용되었다. 2016년의 경우 총 1억 4,600만 달러가 승인되어 운용되고 있으며, 이 가운데 80%가 녹색기후기금(Green Climate Fund: GCF) 사업에 활용되었다. 최대 수혜국으로는 기니아, 사모아, 몰디브, 파푸아 뉴기니, 자메이카, 아이티, 투발루, 코모로, 피지, 바누아투 순이었다.[37] 그러나 소도서국가를 대상으로 한 총 기금액은 전체 기금총액의 7%에 미치지 못하는 수준이며, 실제로 소도서국가들이 요구하고 있는 기금액에 한참 못 미친다.[38] 따라서 국제기금의 경우, 소도서국가가 활용할 수 있는 기금액을 충분히 확보(양적 측면)하는 동시에 소도서국가의 경우, 다양한 해수면 상승 적응·완화 사업으로 기금을 활용(질적 측면)할 수 있도록 승인 사업을 다양하게 제안할 필요가 있다.

ODA의 경우, 총 ODA 금액 가운데 소도서국가의 기후변화 적응·완화를 위한

---

36 몰디브는 해수면 상승으로 인한 수몰위기에 맞서 주민 이주 자금을 마련하기 위해 환경파괴 논란에서 지속적으로 섬을 개발해 관광객을 5배 이상 늘리기로 결정했다. 이는 몰디브가 기존의 친환경 정책기조를 버리고 기후변화에 적극 대처하기 위한 '생존비용'을 벌기에 나섰다고 해석된다. "수몰위기 몰디브, 리조트 건설해 이주자금 벌기로", 2017. 3. 15일자 조선일보. http://news.chosun.com/site/data/html_dir/2017/03/15/2017031500224.html(2017. 8. 25. 검색).

37 Charlene Watson 외 3인, *Climate Finance Briefing: Small Island Developing States*, Overseas Development Institute, 2016. 11.

38 위의 자료.

〈표 6-3〉 기후변화 관련 소도서국가 국제기금

기금명	승인액 (미 백만 달러)	승인 프로젝트(건)
기후레질리언스를 위한 시범 프로그램(PPCR: Pilot Programme for Climate Resilience)	217.22	17
최빈개도국펀드(LDCF: Least Developed Countries Fund)	187.22	49
녹색 기후 펀드(GCF: Green Climate Fund)	170.68	4
적응 기금(AF: Adaption Fund)	72.78	10
글로벌 기후 변화 연맹(GCCA: Global Climate Change Alliance)	71.59	16
노르웨이 국제 기후 산림 이니셔티브(ICFI: Norway's International Climate Forest Initiative)	65.95	1
글로벌 환경기금 5(GEF 5: Global Environment Facility)	41.1	19
신재생에너지 강화 프로그램(SREP: Scaling up Renewable Energy Programme)	39.4	5
글로벌 환경기금 6(GEF 6: Global Environment Facility)	36.97	13
특별 기후변화기금(SCCF: Special Climate Change Fund)	36.1	6
청정기술펀드(CTF): Clean Technology Fund	36	6
글로벌 환경기금 4(GEF 4: Global Environment Facility)	32.21	17
독일 국제환경 이니셔티브(ICI: Germany's International Climate Initiative)	27.73	9
산림 카본 파트너십 기금(FCPF: Forest Carbon Partnership Facility)	27.7	9
소규모자작농 적응 프로그램(ASAP: Adaptation for Smallholder Agriculture Programme)	11.5	3
유엔 REDD+프로그램(UNREDD: United Nations REDD+Programme)	6.93	2
호주 국제 산림 카본 이니셔티브(IFCI: Australia's International Forest Carbon Initiative)	3.04	1
합계	1,084.12	187

출처: Charlene Watson 외 3인, 'Climate Finance Briefing: Small Island Developing States', Overseas Development Institute, 2016. 11.

금액 비중은 2002~2004년 1% 수준에서 2011~2013년 15%까지 매년 증가하고 있다는 점은 고무적이다([그림 6-1] 참조).[39] 그러나 2000~2013년간 소도서국가가 활용한 ODA 금액은 2010년을 정점으로 금액과 총 ODA에서 차지하는 비중 모두 감소하고 있다([그림 6-2] 참조). OECD는 이를 ODA가 아프리카의 최빈개발도상국을 중심으로 활용되기 때문으로 보았다.[40] 이러한 측면을 고려해 볼 때 소도서국가가 활용할 수 있는 총 ODA 금액이 줄어들고 있는 상황에서 소도서국가의 기후변화 적응에 활용되는 비중이 늘고 있다고 해서 이를 긍정적으로만 보기 어렵다. 또한 소도서국가의 ODA도 특정 국가에 집중되어 제공되는 것도 하나의 문제점으로 제시되고 있다.[41] 따라서 총 ODA에서 소도서국가에 더 많은 비중의 ODA가 제공되

[그림 6-1] 소도서국가 ODA 중 기후변화 관련 ODA 비중

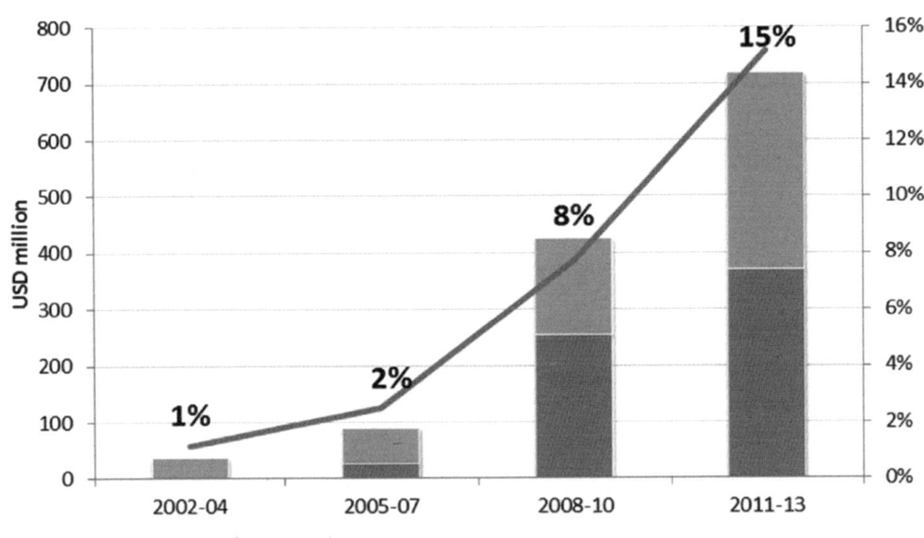

주: ■-'Principal', ■-'Significant'
출처: UN-OHRLLS, "Small Island Development States in Numbers", 2013. 7.

39 OECD, "Small island developing states(SIDS) and the post-2015 development finance agenda", Third International Conference on Financing for Development, 2015.7

40 위의 자료.

41 2011년의 경우 소도서국가가 받은 총 ODA 금액의 30%를 아이티가 공여를 받은 것으로 조사되었다. UN-OHRLLS, "Small Island Development States in Numbers", 2013. 7, p.22. http://unohrlls.org/custom-content/uploads/2014/04/SIDS_IN_NUMBERS_121813_FA_WEB.pdf (2017. 8. 25. 검색).

[그림 6-2] 총 ODA 중 소도서국가 ODA 금액과 비중(2000-2013)

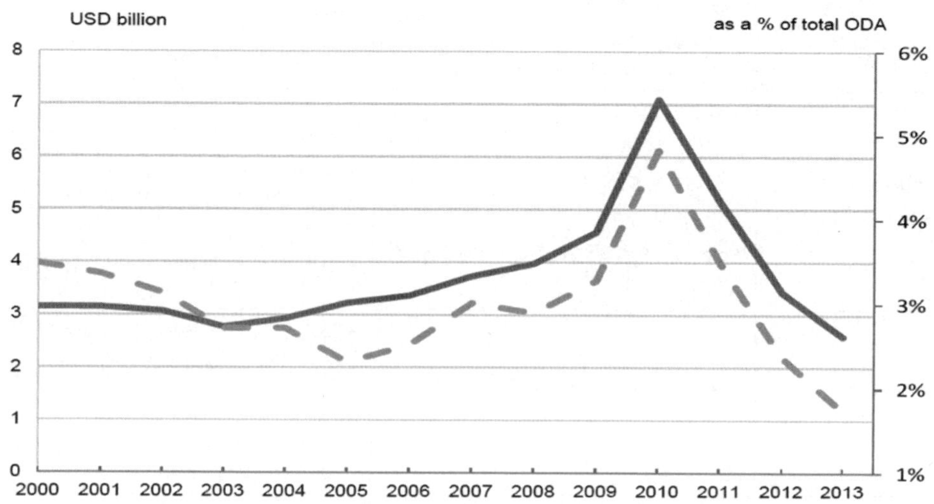

주: ▬▬: '소도서국가의 순 ODA', - - - -: '총 ODA 중 소도서국가의 비중'
출처 : UN-OHRLLS, "Small Island Development States in Numbers", 2013. 7.

고, 현재보다 더욱 균등하게 ODA가 활용될 수 있도록 국제사회의 공론을 형성하고 공감대를 도출하기 위한 소도서국가들의 협력이 우선될 필요가 있다.

V. 소 결

소도서국가 주민의 보호를 위해 제2장과 이 절에서는 해수면 상승으로 인해 이주하는 소도서국가 주민들을 어떠한 유형으로 개념화할 것인지, 어떠한 법적 장치를 마련할 수 있는지에 대해 초점을 맞춰 방안을 검토하였다. 이러한 법적 장치 마련 이외에도 추가적으로 첫째, 소도서국가의 효율적 보호를 위한 재정기금의 확보방안, 둘째, 소도서국가의 주권상실의 문제와 관련해 망명정부 또는 위임협정 체결에 따른 보호국가의 선정방안, 셋째, 해양관할수역 상실과 관련해서는 기선 또는 해양경계를 동결하는 국내법을 제정하고 주권적 표시로서의 인공섬을 건설하는 방안 등을 추가로 제시할 수 있을 것이다. 이 외에 소도서국가의 해양관할권 유지와 관련한 특수수역의 도입방안에 대해서는 제2절에서 별도로 논의하도록 한다.

소도서국가와 관련한 쟁점들에 대한 대응방안을 표로 정리하면 다음과 같다.

〈표 6-4〉 소도서국가 및 주민 관련 국제법적 쟁점과 대응방안

문제	주체별 대응방안	
	소도서국가	국제사회
해수면 상승으로 인한 이주민 보호	• 효율적 보호를 위한 국내법 제·개정(국제인권법, 국제지침 및 협정의 국내법으로의 도입 통한 법적 결여 및 공백 보완) • 국가간 이주민 보호협정 체결(특히 양자)	• 소도서국가 이주민 보호를 위한 개념 정립 및 법적 지위 확립 • '기후 이주민과 실향민 보호에 관한 국제협약' 제정 • 실효적 보호 위한 국제기금의 확보
국가지위 (국가주권) 유지	• 국가간 협정 체결(망명정부, 영토할양 등)	• 국제기구(지역국제기구 포함) 관할 • 안보리의 국제신탁통치제도의 적용 모색 • 국가지위 인정을 위한 안보리 결의 및 총회 결의 채택
해양관할수역 (특히 EEZ) 유지	• 기선 또는 경계 동결(국내법, 선언 등) • 완충수역의 설정(국내법, 선언, 국가간 협정 체결 등) • 재량적 조치(주권적 표시로서의 인공시설물, 인공섬 설치, 연안 보호시설 포함)	• 국제사회의 집단적 승인 • 협약에 의해 성립된 수역의 개념 도입 및 인정에 대한 합의 도출 • 소도서국가 관할능력 부재시 직접 해양관할권 관리 주체로서의 역할 수행
기 타	• 국가별 대응 + 소도서국가연합을 통한 국제사회의 인식 촉구(컨센서스 도출, 법적 확신 도출 방안), • 해수면 상승 대응방안 마련을 위한 對국제사회 협상력 제고	• 해수면 상승과 관련된 법적 문제에 대한 ICJ 등 권위 있는 기관의 권고적 의견(또는 자문) 요청 • 소도서국가 지원기금 등 방안 마련 • 인공섬 및 인공시설물 설치 등 소도서국가와 관련된 국제법적 쟁점 논의 활성화

출처: Georgios Tsaltas 외 2인, "Artificial islands and structures as a means of safeguarding state sovereignty against sea level rise: a law of the sea perspective", *Proceeding of 6th ABLOS Conference "Contentious Issues in UNCLOS－Surely Not?"*, 2010, pp.13~14를 참조하여 저자 보완 재작성함.

제 2 절 특수수역의 도입방안

해수면 상승에 따른 해양경계 변화 가능성에 대응하기 위한 규범화 방안으로 특수한 수역 도입 방안을 고려할 수 있다. 이러한 특수수역 도입 목적은 첫째, 소도서국가가 유엔해양법협약을 통해 합법적으로 권리를 행사해 왔던 해양관할수역을 해수면 상승에도 불구하고 지속적으로 인정하기 위해서이며, 둘째, 해수면 상승 이후, 해양경계협정 당사국과 비당사국 간 권리를 형평하게 배분하기 위해서이다. 전자의 경우는 주로 오래 전부터 논의되어 온 '역사적 수역' 개념을 소도서국가의 특수한 상황에 도입·적용해보는 시도라는 측면에서 '있는 법' 차원에서의 검토이며, 후자의 경우는 해양경계획정 방식의 유연성에 기대어 드물게 해양경계방식으로 도입되었던 '회랑'(corridor) 방식을 확대적용한 완충수역을 도입한다는 측면에서 '있으면 바람직한 법' 차원에서의 논의로 볼 수 있다.

Ⅰ. '역사적 수역' 이론과 '협약에 의해 수립된 수역'

역사적 수역은 주로 학자들의 논의와 사례별 판례를 통해 논의되어 왔다. 그리고 이러한 개념은 유엔해양법협약에서도 일부 반영되어 왔다. 그러나 최근 남중국해 중재사건에서는 "유엔해양법협약에서 규정하고 있는 범위를 초과하여 행사하는 어떠한 역사적 권리, 주권적 권리나 관할권에 대해선 유엔해양법협약이 이를 대체하고 있다"고 판시함으로써 중국이 남중국해 구단선의 법적 근거로 제시하고 있는 역사적 권리를 인정하지 않았다.[42] 그렇다면 여기서의 역사적 수역의 논의의 실익은 없는 것일까? 여기서는 역사적 수역이론을 토대로 하되, 해수면 상승에 따라 소멸위기에 처한 소도서국가에 적용함을 전제로 '협약에 의해 수립된 수역'(waters established by Convention) 개념[43]을 제시하고자 한다.[44]

---

42 *The South China Sea Arbitration*, PCA, 2016. 7. 12, p.117, para. 278.

43 여기서의 협약은 1982년 유엔해양법협약을 의미한다. 이러한 협약은 유엔해양법협약 자체를 우선 의미하지만, 해양관할수역과 관련한 국제관습법도 포함될 수 있다. 왜냐하면 소도서국가가 해수면 상승으로 인해 해양관할권을 소실할 위기에 처할 정도의 시간이 흐른 뒤에는 협약상 영해, 대륙붕, EEZ 등 해양관할수역 관련 규범이 협약의 권리·의무에서 국제관습법상 권리·의무로 공고화되었을 것으로 생각하기 때문이다. 따라서 협약과 국제관습법에 의해 수립된 수

1. '역사적 수역'의 이론적 검토

(1) 개 념

역사적 수역은 주로 만 및 내수에 대한 연안국의 권리를 주장하기 위해 19세기부터 주창되었다.[45] 1959년 12월 유엔총회는 결의 1453호를 통해 국제법위원회로 하여금 역사적 만을 포함한 역사적 수역에 대한 법제도 연구를 수행하도록 권고하였다.[46] 이에 따라 국제법위원회는 1962년 역사적 수역에 대한 보고서[47]를 제출했다. 이후 1958년 제1차 해양법회의부터 1982년 제3차 해양법회의에 이르기까지 역사적 수역을 협약에 반영할 것인지가 논의되었으나, 끝내 협약에는 반영되지 못했다.

'역사적 수역' 개념에 대한 가장 널리 알려진 정의는 Bouchez에 의한 것으로, 그는 역사적 수역을 "연안국이 일반적으로 적용되는 국제법 규칙의 예외로서 명백하게, 효율적으로, 지속적으로, 실질적인 시간 동안 국가공동체의 승인을 통해 주권적 권리를 행사해 온 수역"으로 정의했다.[48] 이러한 역사적 수역과 관련해 역사

역이라는 개념을 쓰지 않고 유엔해양법협약의 개정을 함께 고려해 여기서는 '협약에 의해 수립된 수역'의 개념을 사용하도록 한다.

44 Obregon은 소도서국가에 대해 영토의 소실과 자원의 분배와 관련한 비균형적인 상황과 비형평적 결과를 해소하기 위한 방안으로 해수면 상승에 따른 역사적 수역의 도입을 주장하였다. Edgardo Sobenes Obregon, "Historic Waters Regime: A Potential Legal Solution to Sea Level Rise", *International Journal of Maritime Affairs and Fisheries*, Vol. 7, Issue 1, 2015, p.21.

45 Jenny Grote Stoutenburg, "Implementing a New Regime of Stable Maritime Zones to Ensure the (Economic) Survival of Small Island States Threatened by Sea-Level Rise", *The International Journal of Marine and Coastal Law* 26, 2011, p.281.

46 UNGA, Resolution 1453, 1959. 12. 원문은 다음과 같다. "*Requests* the International Law Commission, as soon as it considers it advisable, to undertake the study of the question of the juridical regime of historic waters, including historic bays, and to make such recommendations regarding the matter as commission deems appropriate."

47 보고서는 "국가가 역사적 근거를 바탕으로 한 일정한 상황하에서 연안에 인접한 수역에 대한 유효한 권리를 요구할 수 있다는 보편적으로 인정되는 국제법적 원칙과 관습의 인식하에 역사적 수역의 개념 및 이론과 관련된 문제를 분석하고 명확하게 하는 것을 목표로 한다"고 명시하고 있다("··· in the paper an attempt will be made to set forth, analyse and clarify a number of problems connected with the concept or theory of 'historic waters', departing from the fact that it is universally recognized in the doctrine and practice of international law that States may under certain circumstances on historic grounds have valid claims to certain waters adjacent to their coasts." ILC, "Juridical regime of historical waters, including historic bays", *A/CN.4/143,* 1962).

48 원문은 다음과 같다. "Historic waters are waters over which the coastal State, contrary to generally applicable rules of international law, clearly, effectively, continuously, and over a substantial period of time, excercises sovereign rights with the acquiescene of the community of States." L.J. Bouchez, *The Regime of Bays in international Law*, Sythoff, Leyden, 1964, p.281.

적 권리(historic rights)와 역사적 권원(titles) 간 관계에 대해서는 최근 남중국해 중재재판 사건에서 그 정의를 명쾌하게 내리고 있다. 중재재판소는 우선 역사적 권리는 주권을 포함할 수도 있고, 어업권·자원 접근권과 같이 주권에 비해 보다 제한된 권리를 의미할 수도 있다고 보았다. 반면에 역사적 권원은 구체적으로 육지와 해양에 대한 역사적 주권 여부를 살펴보기 위한 용어로 사용되어 왔으며, 역사적 수역은 전통적으로 역사적으로 주권을 행사하던 내수 또는 영해와 같은 해양관할수역을 일컫는다고 밝혔다.[49] 특히 역사적 권리와 관련해서는 역사적 수역에서의 관할권 행사 요건과 같거나 최소한 유사한 정도의 요건을 만족해야 하는 것으로 생각되며,[50] 일국이 주권 또는 관할권을 행사하는, 즉 국제수역에서의 어업권과 같은 특정 권리로 인식되고 있다.[51] 결국 역사적 만, 역사적 수역, 역사적 권리의 관계는 관련성이 높지만 각기 다른 개념으로 볼 수 있다. 역사적 만, 역사적 수역은 연안국이 오랜 기간 동안 역사적으로 자국의 주권 또는 관할권을 행사해 온 '관할수역' 차원의 개념이며, 역사적 권리는 자국의 관할수역이 아닌 국제공역에서 역사적으로 인정받아 온 권리 차원의 개념으로 요약할 수 있다. 그러나 역사적 만, 역사적 수역에서 행사할 수 있는 관할권 요건이 역사적 권리행사 요건과 유사하거나 동일하다는 측면에서 밀접한 관계가 있다.

(2) 적용 수역

역사적 수역에서 '수역'의 범위는 '만'을 포함해 군도와 해협 등에서도 적용되는 개념으로 넓게 보고 있다. 엘살바도르－온두라스 사건에서 ICJ는 역사적 만을 역사적 수역으로 보았다.[52] 그리고 같은 사건에서 Torres Bernardez 판사는 소수의견을 통해 역사적 수역이 역사적 만과 무관한 수역에서 존재할 수 있기 때문에 역

49 *The South China Sea Arbitration*, PCA, 2016. 7. 12., p.96, para. 225.

50 튀니지－리비아 사건에서 튀니지는 지중해 연안에서의 어업권 행사가 '역사적 권리'가 평화롭고 지속적인 주권의 행사로서 타국의 승인 또는 용인이라는 요건 하에 행사되어 왔다고 밝힌 바 있다. *Case concerning the Continental Shelf, Tunisia vs. Libyan Arab Jamahiriya,* ICJ, 1982, para. 98, p.72.

51 Clive R. Symmons, "Historic Waters in the Law of the Sea－A Modern Re－Appraisal", Publications on Ocean Development Vol. 61, Maritime Nijhoff Publishers, 2008, p.5.

52 *Land, Island and Maritime Frontier Dispute, El Salvador v. Honduras,* Judgement, ICJ, 1992, para. 383. 원문은 다음과 같다. "… The Gulf of Fonseca is manifestly not a bay the coasts of which belong to one state; and the Parties and the intervening State, and commentators generally, are agreed that it is an historic bay, and that the waters of it are accordingly historic waters."

사적 만과 동의어는 아니라고 전제하였지만, 폰세카만의 경우에서는 만을 역사적 수역으로 보았다.[53] 어업관할권 사건에서도 당사국인 노르웨이와 영국 모두 역사적 수역이 역사적 만에 한정되어 있지 않은 보다 넓은 개념으로 인정하였다. ICJ는 어업관할권 사건에서 역사적 수역을 "일반적으로 내수로 취급되나 역사적 권원이 존재하지 않는다면 내수로의 성격을 가지지 못하는 수역"[54]으로 보았다.

한편 유엔해양법협약을 포함해서 역사적 수역을 명문화하고 있는 국제조약을 찾아보기는 어렵다. 다만 협약 제10조 제6항에서는 역사적 만(historic bay)과 관련해서는 만(bay)의 직선기선 요건이 적용되지 않음을 명시하고 있으며, 제298조 제1항에서 강제분쟁해결절차에서 '역사적 수역 및 권원'을 포함한 분쟁의 배제를 허용하고 있을 뿐이다. Goldie 교수는 강제분쟁해결절차에서 이러한 배제를 허용한 이유는 역사적 수역에 대한 권리를 주장하는 국가와 이에 반대하는 국가 간 균형을 맞추기 위해서라고 해석하고 있다.[55] ICJ의 엘살바도르－온두라스 사건, 어업관할권 사건, 튀니지－리비아 사건, 에리트리아－예멘 중재사건 등 국제판례에서 역사적 수역의 인정 여부 및 역사적 수역이 해양경계에 미치는 영향 등에 대해 중요한 판결을 내리고 있다. 미국의 *Alaska v. US* 사건(2005)[56] 등 국내재판소 판결에서도 역사적 수역 문제를 다루었다. 특히 이 사건에서는 1958년 역사적 만에 관한 유엔 사무국의 연구보고서[57]에 포함되지 않는 만에 관한 문제를 다루었다. 미국은 이전까지 유엔의 양해각서 목록에 포함되어 있지 않는 만에 대해서는 역사적 만으로 인정해 오지 않았다.[58] 따라서 이 사건에서 알래스카주에서 '역사적 만'이라고 주장

53 *Ibid.,* Separate Opinion of Judge Torres Bernardez, 1992, p.714, para. 181. "The concept of 'historic waters' and the concept of 'historic bay' are not synonymous inasmuch as 'historic waters' may exist without the waters concerned belonging to a 'historic bay'. However, it is not in my opinion correct to hold, conversely, that waters can belong to a 'historic bay' without being 'historic waters'. The waters of a 'historic bay' are 'historic waters', as in the case of the Gulf of Fonseca."

54 원문은 다음과 같다. "Historic waters are usually meant waters which are treated as internal waters but which would not have that character were it not for the existence of an historic title." *Fisheries Case, United Kindom V. Norway,* ICJ, 1951, p.130.

55 L.F.E. Goldie, "Historic Bays in International Law－An Impressive Overview", *Syracuse Journal of International Law,* 1984, p.218.

56 *Alaska v. U.S,* 545 US 75, U.S Supreme Court, 2005.

57 UN, "Historic Bays: Memorandum by the Secretariat of the United Nations", *A/CONF.13/1,* 1958.

58 Clive R. Symmons, *supra* note 51, p.13.

하는 '알렉산더군도'(Alexander Archipelago)가 유엔의 양해각서에 명시되지 않았기 때문에 역사적 만으로 인정될 수 없다고 판시했다.

1958년 유엔해양법회의에 제출된 역사적 만에 대한 양해각서에 따르면 역사적 만은 '만'(bay)에 국한되는 문제로 본 반면, 역사적 수역은 만뿐만 아니라 군도수역(archiperago), 해협(straits) 등에서도 성립되는 수역과 관련한 것으로 보았다.[59] 나아가 Clive R. Symmons 교수는 영해와 관련해 '역사적 영해'(historic territorial seas)의 인정 여부에 대해서는 여전히 논란이 있지만, 이를 받아들일 수 있는 여지는 크다는 입장을 보이고 있다.[60] 한편 튀니지-리비아 대륙붕 사건에서는 역사적 수역이 내수에 국한될 필요가 없다면서 대륙붕에서의 역사적 수역이 인정될 수 있다고 판시했다.[61] 따라서 역사적 수역 개념이 적용될 수 있는 수역의 범위는 특정 수역으로 제한되어 있지 않고 범위가 포괄적이고 넓다고 볼 수 있다.

2. 역사적 수역 성립요건과 '협약에 의해 수립된 수역'

ICJ 어업관할권 사건에서는 역사적 수역에 대한 성립요건으로 '평화적으로 지속된', '주권(또는 관할권)의 행사'와 '국제사회의 승인'을 요건으로 들고 있다.[62] 역사적 수역에 대한 1962년 유엔보고서 역시 역사적 수역에 대한 관할권행사 요건으로 '연안국의 권한 행사(exercise of authority)', '권한행사의 지속성(continuity)'과 '외국 국가의 태도(attitude)'를 들고 있으며,[63] 판례와 관행 모두 역사적 수역의 성립요건을 동일하게 인지하고 있는 것으로 보인다.

역사적 수역 성립요건을 고려해 여기서 '협약에 의해 수립된 수역'(waters

---

59 UN, *supra* note 57, para. 9. 원문은 다음과 같다. "the theory of historic bays is of general scope. Historic rights are claimed not only in respect of bays, but also in respect of maritime areas which do not constitute bays, such as the waters of archipelagos and the water area lying between an archipelago and the neighbouring mainland; historic rights are also claimed in respect of straits, estuaries and other similar bodies of water. There is a growing tendency to describe these areas as "historic waters", not as "historic bays".

60 Clive R. Symmons, *supra* note 51, pp.36~37.

61 *Case concerning the Continental Shelf, Tunisia vs. Libyan Arab Jamahiriya,* ICJ, 1982, para. 100.

62 *Fisheries Case, United Kindom v. Norway,* ICJ, 1951, Counter-Memorial of Norway, para. 564, pp.567~568. 원문은 다음과 같다. "The existence of a historic title necessarily implies the accomplishment of such acts. The basis of the title is the exercise of sovereignty, which, provided that it is peaceful and continuous, gains international recognition."

63 ILC, *supra* note 47, pp.13~19.

established by the convention) 개념 도입을 제안하고자 한다. 협약에 의해 수립된 수역 개념은 첫째, 소도서국가가 유엔해양법협약에 의해 적법하게 인정된 권한을 지속적으로 행사해 온 수역에 대해, 둘째, 이후 해수면 상승을 이유로 그러한 수역을 상실하였거나, 또는 상실이 명백하게 예견되는 경우, 셋째, 그러한 수역에 대한 관할권을 지속적으로 가질 수 있도록 하는 목적으로 도입하고자 한다. 다만 이러한 '협약에 의해 수립된 수역'을 인정하기 위해선 역사적 수역을 인정하기 위해 충족해야 할 성립요건을 동일하게 충족함을 전제로 한다.

(1) '권한의 행사' 요건

권한의 범위에 포함되는 것은 입법·행정·사법적인 행위 모두로 이해되며, 주권 또는 관할권의 행사는 권한을 가진 적절한 국가기관에 의해 역사적 수역에 행해진 명확한 권원의 행사로 이해된다. 1962년 유엔보고서는 이러한 권한의 행사가 공개적이어야 하며, 비밀스럽게 행해진 권한의 행사는 역사적 권원의 근거가 될 수 없다고 밝히고 있다.[64] 단지 역사적 수역이라는 권원의 선언만으로도 가능한지에 대해 미국내 판례는 일정한 선언만으로도 가능하다고 보고 있다.[65] 한편 추가적으로 이러한 권한의 행사는 효율적으로 이루어져야 한다는 주장도 있다.[66] Bourquin 교수에 따르면 효율성은 역사적 수역에서 법규를 강제하기 위한 구체적인 조치를 반드시 수행해야 함을 의미하는 것은 아니며, 집행기관이 적어도 권한을 수행하기 위해 필요한 정도의 조치를 수행함을 의미한다. 한편 효율성은 권한행사가 어느 정도의 강제력을 가져야 한다는 측면에서 '강도'(intensity)와 관련이 있으며, 특히 어느 시점에(at some time) 행사되는 것만으로 불충분하다는 측면에서 '지속성' 요건과 밀접한 관계를 가지고 있다.[67] 따라서 여기서의 권한은 유엔해양법협약상의 주권, 주권적 권리, 관할권 등을 아우르는 포괄적 개념으로 이해된다.

'협약에 의해 수립된 수역' 인정으로 위한 권한의 행사 요건과 관련해, 소도서국가는 유엔해양법협약 또는 국제관습법상 기선제도에 근거해 해양관할수역을 획정하고, 해수면 상승으로 인한 해양경계의 변화 이전부터 대상 수역에 대해 합법적

64 *Ibid.*, p.15.

65 Clive R. Symmons, *supra* note 51, pp.118~120.

66 1962년 유엔보고서 작성을 위한 논의에서 Bourquin 교수는 주권의 행사가 효율적으로 이루어져야 한다고 주장하고, 국가의 의도가 행위에 의해 표현되어야 한다고 주장했다. ILC, *supra* note 47, p.15.

67 Clive R. Symmons, *supra* note 51, pp.165~166.

으로 주권, 주권적 권리 및 관할권을 행사해 왔어야 한다.

(2) '시간의 지속성(continuity)' 요건

'역사적' 만 또는 수역에서 '역사적'이라는 개념상 '지속성' 요건은 가장 기본적인 요건으로 볼 수 있다. 엘살바도르－온두라스 사건과 튀니지－리비아 사건에서도 "역사적 권원은 항상 오랫동안 행사되었을 때 유지될 수 있는 것"이라고 밝힘으로써 관할권 행사가 지속적으로 이루어져야 함을 강조하고 있다.68 그렇다면 '얼마나 오랫동안' 행사되어야 하는가? 이에 대해 구체적인 기간을 언급하고 있는 판례나 학자들의 견해는 찾아보기 힘들다. 다만 역사적 권원을 주장하기 위한 특정한 기간을 특정할 필요가 없으며 역사적 권원을 위한 지속적인 시간은 특정한 상황을 고려해 판단해야 할 문제라는 것이 유엔 및 학자들의 입장이다.69 이에 대해 미국 *Alaska v. US*(2005) 사건에서는 100년 이상이면 충분하다고 밝힌 바 있으며, 앨라배마와 미시시피 경계 사건에서 대법원은 168년 동안 지속된 권한의 행사를 통해 Mississippi Sound를 역사적 만으로 인정하였으며, 플로리다 만의 경우 역사적 만으로서의 인정은 다른 조건이 충족된다는 전제하에 105년의 권한의 행사이면 충분하다고 보았다.70

이 글에서 전제하고 있는 상황은 해수면 상승으로 인하여 기점 및 해양경계의 변화가 이루어진 시점이다. 이러한 상황은 현재보다 앞으로 다가올 미래의 일로 볼 수 있다. 즉 유엔해양법협약 체제하에서 소도서국가가 이미 영해획정 및 배타적 경제수역 선포를 통해 관할권을 행사해 오고 있으며, 앞으로 해수면 상승으로 인한 새로운 환경의 도래까지 더 많은 시간을 지속적으로 해양관할권을 행사할 것이다. 또한 역사적 수역으로서의 시간의 지속성이 얼마만큼의 시간을 요구하는지에 대해선 판례나 관행을 통해서 확정되지 않았지만, 미국 국내 판례를 고려해 볼 때 100년 안팎이면 시간의 지속성 조건을 충족할 수 있다고 보고, 이 조건 또한 충족할 가능성이 높다.

---

68 *Case concerning the Continental Shelf, Tunisia vs. Libyan Arab Jamahiriya,* ICJ, 1982, p.73, para. 100.

69 Clive R. Symmons, *supra* note 51, pp.156~157; ILC, *supra* note 47, p.15, para. 104.

70 관련 대법원 판례는 http://www.supremecourt.gov/SpecMastRpt/Orig128_033004.pdf(2017. 8. 20. 검색); Edgardo Sobens Obregon, *supra* note 44, p.27.

(3) '국가의 묵인(acquiescence)' 요건

일반적으로 타 국가의 묵인은 국제적으로 인정되지 않는 일국가 행위의 위법성을 치유하는 기능을 한다. 이러한 측면에서 이 요건은 역사적 수역이 해양경계 획정을 위한 일반적인 국제법원칙에 반하는지의 여부와 관련이 있다. 1962년 유엔보고서는 역사적 수역이 합리적인 소유자인 국제사회로부터 획득한 시효취득(acquisition by prescription)에 가까운 '부정적 취득'(adverse acquisition)이며, 따라서 이러한 불법적인 상황에서의 행위의 유효성은 단지 시간의 지속으로 가능하지 않고, 국제사회의 묵인이라는 요건이 충족되어야 한다고 보았다.[71] 그리고 묵인의 형식에 대해서는 문서 또는 구두선언을 통한 명시적인 승인뿐만 아니라 반대하는 어떠한 행위도 하지 않는 행위의 부재 역시 묵시적인 승인으로 인정될 수 있다. 어업관할권 사건에서 ICJ는 노르웨이의 지속적이고 오래된 제도의 적용이 외국 국가의 일반적 용인을 통해 역사적 권리로 인정되었다고 판시했으며, 여기서의 관용은 반대행위의 부재 또는 권리의 불행사로 해석된다.[72] 다만 국가가 역사적 수역에 대해 통고 또는 공표를 하지 않은 경우는 묵인요건과 관련해 타국의 '반대표시를 할 기회'를 박탈한 것으로 볼 수 있으므로, 이 경우 국제적 묵인 요건을 결여한 것으로 볼 수 있다.

그렇다면 얼마나 많은 국가의 반대가 있어야 일국의 역사적 수역에 대한 권리 창설을 막을 수 있을까? 이에 대해 1962년 유엔보고서는 모든 국가의 반대가 없어야 됨이 역사적 수역에 대한 권한 창설 요건이 아니라고 보고, 얼마나 많은 반대가 역사적 수역에 대한 권리 창설을 막을 수 있을지의 문제 역시 사례별로 다른 문제로 보았다. 또한 국가의 반대에도 불구하고 역사적 수역에 대한 권한을 지속적으로

---

71 ILC, *supra* note 47, p.16, para. 106. 원문은 다음과 같다. "The acquisition by historic title is 'adverse acquisition', akin to acquisition by perscription, in other words, title to 'historic waters, therefore, has its origin in an illegal situation which was subsequently validated. This validation could not take place by the mere passage of time; it must be consummated by the acquiescence of the rightful owners."

72 *Fisheries Case, United Kindom V. Norway,* ICJ, 1951, pp.26~27. 원문은 다음과 같다. "It is indeed this system itself which would reap the benefit of general toleration, the basis of an historical consolidation which would make it enforceable as against all States. The general toleration of foreign States with regard to the Norweigian practice is unchallenged fact, the general toleration of the international community, Great Britain's position in the North Sea, her own interst in the question, and her prolonged abstention would in any case warrant Norway's enforcement of her system against the United Kingdom."

행사하는 경우에는 그러한 국가의 반대도 지속적으로 이루어져야 한다고 밝히고 있다.[73] 또한 국가의 묵인의 경우 모든 국가가 반대할 필요는 없으며, 일개 국가의 반대가 역사적 수역의 주장을 무효화시키지는 않는다. 또한 반대하는 모든 국가가 동일한 이유를 가지고 있을 필요도 없다.[74]

앞선 두 가지 조건이 객관적으로 충족되어야 할 조건이라면, 이 조건은 보다 주관적인 요건에 가깝다. 일반적인 역사적 수역의 인정 여부를 살펴봄에 있어서 묵인은 일국가가 유엔해양법협약 체결 이전부터 관할권을 행사해 오던 수역에 대해서 적용되는 것으로 유엔해양법협약에서 규정하는 수역의 예외라는 측면에서 보다 엄격하게 고려되어야 할 필요성이 있었다. 그러나 여기에서 도입하고자 하는 '협약에 의해 수립된 수역'의 개념은 이미 유엔해양법협약을 통해 설립된 관할수역이 이후 해수면 상승에 따라 소멸될 가능성이 있기 때문에 역사적 수역 이론을 도입해서 그러한 관할수역을 지속적으로 유지하고자 하는 것이므로, 원래 그 관할수역은 협약에 따라 획정되었고, 그 수역에 대해 합법적으로, 지속적으로 권리를 행사해 왔기 때문에 국가 묵인의 요건은 불필요하거나 상대적으로 덜 엄격하게 요구될 것이다.

한편 일반적 역사적 수역의 요건으로서 논의되는 국가묵인과는 다른 목적으로 '협약에 의해 수립된 수역'의 개념에서는 국가묵인 요건이 새로운 의미를 가질 수 있다. 왜냐하면 전자의 국가묵인은 일국가의 개별적인 역사적 수역 주장에 대해 그 요건으로서 검토한 것인 반면, 후자의 국가묵인은 비록 묵인이라는 용어를 사용하지만 실제로는 국제사회의 컨센서스를 의미하는 것으로 볼 수 있기 때문이다. 즉 해양관할수역이 축소되거나 소멸됨에도 불구하고 지속적으로 관할권을 부여하는 것이 현 유엔해양법협약에서는 인정될 수 없는 사안임에도 소도서국가에 한해 인정해 준다는 의미에서 이러한 묵인요건은 새로운 의미를 부여받을 수 있다. 즉 역사적 수역에서의 국가의 묵인은 변하지 않는 일정한 수역에 대해 시간이 경과됨에도 이러한 권한행사에 대해 명시적 승인 또는 반대를 하지 않은 경우이지만, '협약에 의해 수립된 수역'에서의 국가의 묵인은 시간의 경과에 따라 수역이 변함에도 불구하고, 협약을 통해 처음 확보한 관할수역에서의 지속적 권한행사를 인정해 주는 국제사회의 컨센서스를 의미하는 것으로 차이가 있다. 특히 후자의 경우 현 협약체

73 ILC, *supra* note 47, p.17, paras. 115~116.
74 UN, *supra* note 57, p.17, para. 116.

제에서는 그 자체로 허용되지 않는 것을 허용해 준다는 의미를 내포하고 있다.

(4) 입증책임의 문제

만약 역사적 수역에 대한 권리를 주장하는 국가가 권원의 성립에 필요한 요건을 충족했음을 입증하지 못한다면 그러한 권원은 성립될 수 없다. 따라서 역사적 수역과 관련해 분쟁에 이르는 경우 역사적 수역에 대한 권원의 입증책임은 이를 주장하는 연안국에 있다. 이는 1958년 역사적 만에 관한 유엔 사무총장 양해각서에서도 확인되고 있다.[75] 그러나 여기서의 논의에서처럼 소도서국가를 대상으로 한 '협약에 의해 수립된 수역'의 경우, 개념의 적용과 수역의 창출에 있어서의 입증책임의 문제는 역사적 수역에서의 입증책임보다 훨씬 완화되어 적용할 수 있거나 또는 입증책임의 문제가 발생될 여지가 없어 보인다. 왜냐하면 소도서국가가 이미 협약 또는 국제관습법을 통해 설정한 해양관할수역은 협약을 통해서는 해도 공포와 기탁제도를 통해, 또한 지속적인 해역에서의 권한행사를 통해 이미 타국에 대항력을 가져 왔기 때문이다.

(5) 유엔해양법협약과의 관계

유엔해양법협약 체제가 출범하기 이전부터 역사적으로 권한을 행사해온 수역, 즉 역사적 수역이 가지는 의미는 주권 또는 관할권을 행사한 역사적 수역에 대해 유엔해양법협약 체제가 발효된 이후에도 일국이 유엔해양법협약의 적용과 무관하게 그러한 수역에 대해 여전히 관할권을 가질 수 있다고 믿는 근거가 되어 왔기 때문이다. 그리고 이 경우 역사적 수역에 대한 권리를 주장하는 국가와 이러한 권리를 인정해 온 주변국들 간에는 문서화된 규범은 아닐지라도 관습법적인 효력은 가지고 있다는 묵시적인 합의와 같은 것이 형성되어 있다는 믿음이 기저에 깔려 있었다.

그러나 유엔해양법협약 체제가 성립된 이후 일정 수역에 대한 국가의 권한행사와 시간의 지속성, 그리고 국가의 묵인이라는 요건하에서 용인되어진 역사적 수역의 주장은 더 이상 유효하지 않아 보인다. 그 이유는 그러한 국가의 권한 행사는 유엔해양법협약체제에 반할 수 없고, 협약에 반하는 관할권행사는 불법이며, 만약 그러한 권한의 행사가 허용된다면 이는 말 그대로 유엔해양법협약을 준수함으로써 인정되는 권리이지 역사적 수역이라는 이유로 인정되는 권리는 아니기 때문이다. 이러한 인식은 최근 발표된 남중국해 중재사건에서도 유엔해양법협약이 역사적 권

---

75 UN, *supra* note 57, paras. 164~166.

리와 관련해 이를 대체하고 있다고 판시함으로써 역사적 권리를 기반으로 하는 역사적 수역에 대해 인정할 여지를 두지 않고 있다.[76] Shabtai도 향후 미래에도 역사적 수역 또는 역사적 권리에 대해 새로운 주장이 있을 것이라고 예견해 볼 수 있지만, 유엔해양법협약이 발효된 이후로 특별한 새로운 법적 레짐이 필요하다거나 협약을 통해 실현 가능하다고 볼 수는 없다고 밝히고 있다.[77]

이처럼 유엔해양법협약이 출범하여 협약을 근거해 확정된 해양관할수역에 대해 유엔해양법협약 체제가 출범하기 이전에 논의되었던 역사적 수역의 논의의 실익은 줄어들었다. 그렇다면 현재 논의의 전제가 된 상황, 즉 유엔해양법협약 체제하에서 합법적으로 체결된 소도서국가의 해양관할수역이 해수면 상승에 따라 소멸되는 상황을 현 협약을 통해서는 해결할 수 없는 상황에 대해서 어떻게 대응해야 할 것인가? 협약에 근거해 소멸을 당연히 받아들여야 하는 것인가, 아니면 국제사회의 공감대와 합의를 통해 협약에서 일반적으로 허용되지 않는 상황을 예외적으로 허용할 수 있을 것인가? 이 글에서는 후자로 나가는 방향이 바람직하다고 본다. 그리고 '협약에 의해 수립된 수역' 개념을 도입함으로써 협약 발효 이후에 논의의 실익이 줄어든 역사적 수역 이론을 소도서국가에 도입·적용함으로써 역사적 수역이 가지고 있는 이론적 가치를 재조명할 수 있다고 본다.

3. 소 결

역사적 수역 이론의 검토를 통해 '협약에 의해 수립된 수역' 개념의 도입 가능성을 살펴보았다. 이러한 '협약에 의해 수립된 수역' 개념은 현재로서는 제안 그 이상의 논의로서의 의미를 가지긴 힘들 것이다. 그럼에도 불구하고 해수면 상승에 따른 소도서국가의 해양관할권 유지를 위해서 국제사회의 합의를 통해 충분히 논의될 수 있으리라 생각한다. 이 글에서는 역사적 수역 이론에서의 요건 등을 도입하여 이 개념에 대해 살펴보았으나, 개념의 도입 필요성에 대해 공감대가 이루어질 경우, 향후 논의를 통해 개념을 보다 명확히 하고, 이론적 논리를 강화하는 방향으로 나아갈 수 있을 것으로 생각한다.

---

76 *The South China Sea Arbitration,* PCA, 2016. 7. 12, p.117, para. 278.

77 Rosenne Shabtai, *Essays on International Law and Practice*, Martinus Nijhoff Publishers, 2007, p.511.

Ⅱ. 공간적 접근방식의 도입

1. 의 의

공간적 접근방식(zonal approach)은 회랑(corridor) 또는 완충수역(buffer zone) 형식의 특수수역의 도입을 의미하며, 이는 앞서 살펴본 소도서국가를 대상으로 한 '협약에 의해 수립된 수역' 개념과 함께 해양경계협정 당사국과 비당사국 간 발생할 수 있는 문제를 해결하기 위한 방안으로 논의하고자 한다. 이는 실제 국가실행에 있어서 나타나고 있는 특수수역의 논의를 해수면 상승에 대응하기 위한 규범화 방안으로 도입하고자 하는 것이며, 또한 해양경계획정과 관련해 기존의 해양경계획정을 통해 구축된 국제해양질서의 안정성을 해치지 않으면서도 또한 해수면 상승으로 인한 해양경계와 해양관할수역의 변화로 야기되는 문제를 해결하고 관련국 간의 이해관계를 조정하기 위해 도입하고자 하는 방안이다. 이는 기존의 해양경계획정이 경계선(line)으로 이루어져 있으나, 해수면 상승을 고려해 수역의 변화가 실제로 발생하였거나 변화가 예상 가능한 범위를 하나의 공간(zone)으로 인식함을 전제로 한다. 그리고 이러한 공간은 일종의 회랑 또는 완충수역 형식의 해양경계로 보아 그러한 공간에서 연안국의 권리뿐만 아니라 제3국의 권리를 조화롭게 모색하는 방안이다. 방안의 도입을 위해 우선 협약과 국가실행으로 논의되는 기존의 접근방식인 '잠정수역'(provisional marine area) 또는 '특수수역'(special marine zone)에 대한 이론적 논의를 시작으로 이러한 기존의 방식이 현재의 논의에 적용 가능한지, 아니면 새로운 성격의 공간적 접근이 필요한지에 대해 살펴보도록 한다.[78]

2. 이론적 고찰

(1) 법적 성격

공간적 접근방식은 유엔해양법협약 체제 이전부터 해양이라는 공간에 대한 연안국과 국제사회의 서로 다른 시각을 조율하는 방식의 하나이다. 공간적 접근방식

---

78 예를 들어, Beckman과 Scofield 교수는 남중국해 분쟁의 해결방안으로 공동개발구역(JDA), 어업협정과 같은 잠정협정(provisional agreement) 체결을 제안하고 있다. 이를 통해 중첩수역에서의 잠정협정은 유엔해양법협약 규정에서와 같이 섬의 주권 또는 최종 해양경계획정에 영향을 미치지 않으며, 합의를 통해 분쟁이 되는 도서 등의 법적 지위에 영향을 미치지 않기 때문이다. Robert C. Beckman & Clive H. Scofield, "Defining EEZ Claims from Islands: A potential South China Sea Change", *The International Journal of Marine and Coastal Law* 29, 2014, pp.234~236.

의 법적 성격은 크게 조화성(harmonization), 기능성(functionality), 유연성(flexibility)으로 나눠 볼 수 있다.

첫째, 조화성 측면에서 공간적 접근방식은 마주 보는 또는 인접하는 국가간 중첩수역에서 해양경계를 획정해 관할권을 배분 또는 재배분하기 위해 노력해 온 유엔해양법협약 성문화의 역사와 맥을 같이한다. 그리고 해양관할수역 획정을 통해 연안국과 국제사회의 이익의 균형을 달성하고 이를 통해 해양분쟁 가능성을 낮추려는 목적과 부합한다.

둘째, 기능성 측면에서 해역의 기능을 고려한 경계획정 또는 구역화(zoning)를 선택하고 있는데, 연안국의 관할권이 미치는 수역과 모든 국가가 자유로이 누릴 수 있는 공해라는 엄격한 이분법적 분리를 완화시키고 있다.[79] 유엔해양법협약 체제에서는 EEZ와 대륙붕에서와 같이 하나의 공간에서 국가가 행사할 수 있는 권리를 영해에서의 '주권'(sovereignty)과 다른 성격의 '주권적 권리'(sovereign rights), '관할권'(jurisdiction)으로 나누고 있다. 이처럼 해양을 이용 또는 보호하고자 하는 시대적 요청에 따라 해양경계를 획정하고 해양의 특성에 맞는 맞춤형 기능을 수역에 부여하고 있다. 이러한 기능성에 기반하여 시대의 변화에 따라 새로운 기능을 해양에 부여할 수 있는 여지를 항상 가지고 있다고 볼 수 있다.

셋째, 유연성 차원에서의 공간적 접근방식은 목적 달성을 위해 관리주체와 관할수역 여부에 구애를 받지 않는다. 예를 들어, 해양보호수역(Marine Protection Area: MPA)의 경우 일국가의 관할수역 또는 공해에 모두 설정이 가능하며, 관리주체 또한 국가뿐만 아니라 유엔을 포함한 국제기구에서의 관리도 이루어지고 있다. 특히 공해와 같이 국가의 관할영역 이원의 수역은 보호와 관리 부재로 인한 해양자원 남획이 예상되며, 이러한 수역을 대상으로 한 국제기구의 관리가 확대되고 있다. 이와 함께 유엔해양법협약은 제74조와 제83조[80]에서 협약의 조문으로 볼 때 경계획정을 위한 합의에 이르지 못할 경우 잠정협정을 통해 잠정수역을 둘 수 있도

79 Sara De Vido 외 3인, "The Northeast Asian 'Provisional' Maritime Regime(s): A focus on Fisheries Agreements as 'Provisional' Arrangments of a Practical Nature", *Cordso di Laurea magistrate in Relazioni Internazionali Comparate,* 2014, p.6.

80 제74조와 제83조 협약 규정은 다음과 같다. "Pending agreement as provided for in paragraph 1, the States concerned, in a spirit of understanding and cooperation, shall make every effort to enter into provisional arrangements of a practical nature and, during this transitional period, not to jeopardize or hamper the reaching of the final agreement. Such arrangements shall be without prejudice to the final delimitation."

록 하고 있다. 이러한 잠정수역의 경우 당사국간 이해와 협력을 바탕으로 하고, 실질적인 성격을 가지고 있으면 그 명칭이나 내용은 사례에 따라 당사국들이 정할 수 있는 것으로 이해된다. 이러한 측면에서 잠정수역은 형식과 내용에 있어 유연성을 가지고 있는 것으로 볼 수 있다.

(2) 유형의 다양성

공간적 접근방식은 연안국과 비연안국가의 이익 간 조화로운 균형을 도모하기 위해 도입되었다. 연안국은 영해를 포함해 가능한 많은 해양관할수역을 확보하길 바라고, 비연안국은 가능한 연안국의 영향력을 최소화하고 모든 국가가 해양을 자유롭게 이용할 수 있는 공간을 확보하길 기대한다. 이러한 서로 상반되는 입장을 해결하기 위해 현재의 유엔해양법협약 체제는 영해, 접속수역, 배타적 경제수역, 공해 등으로 전 해역을 공간적으로 구분하여 각 공간에서 연안국과 비연안국의 권리를 기능적으로 분배하였다.

국가 차원에서는 영해와 배타적 경제수역 등 국가의 관할권이 미치는 수역에서의 어업, 항행, 해양관광, 군사안보, 해양자원 개발 등 각 이해관계자들의 이해관계를 조정하면서 해역을 통합적으로 관리하기 위한 통합해양공간관리(Integrated Marine Spatial Planning: IMSP) 방식이 확대되고 있다. 이러한 통합해양공간관리 방식은 통합적 해양거버넌스와 관련되어 이론적으로 도입된 개념으로 국가간 실행을 통해 확대되고 있다.[81] 나아가 초국경적 해양공간계획(MSP)은 적어도 2개 국가 이상이 영해 또는 EEZ 경계를 공유하면서 해역을 공동으로 관리하는 지역을 의미한다.[82] 이는 공간에 기반한 해양관리기법이며, 일정한 해양수역을 획정하여 관련된 모든 활동과 보호해야 할 가치들을 함께 고려한다. 육지의 공간관리기법과 유사하나 초국경적 성격을 가지고 있다는 점에서 가장 큰 차이가 있다.[83] 한편 IMSP의 전제는

---

81 벨기에-프랑스 해양경계지역에서 해운, 해사안전, 어업, 해양환경 보호 등의 분야에서 공동관리 및 협력을 위한 해양공간관리(MSP)를 운영하고 있다. 자세한 내용은 Betty Queffelec and Frank Maes, "Transboundary maritime spatial planning across the French-Belgian maritime borders: past and future cooperation", in *Tansboundary Marine Spatial Planning and International Law,* Routledge, 2015, pp.154~167 참조. 또한 국제사회에서는 해양보호수역 또는 산호초보호수역, 국가관할권이 미치지 않는 수역에서의 해양생물다양성 보호 등을 위한 방식으로 활용되고 있다. 특히 국제사회에서는 공해 등 국가관할권 이원 지역을 대상으로 국제기구 등 국가들의 협력을 통해 관할권을 행사하기 위한 수역을 정함으로써 효율적 보호방안을 도입하고 있다.

82 Niko Soininen and Daud Hassan, "Marine spatial planning as an instrument of sustainable ocean governance, in *Tansboundary Marine Spatial Planning and International Law*, Routledge, 2015, p.10.

83 Daud Hassan and Niko Soinnien, "United Nations Convention on the Law of the Sea as a

해양경계획정과 해양관할권 확정이다. 국가는 해양경계획정을 통해 해양관할권을 행사하고, 이를 통해 국가간 MSP 협력이 가능하다. 이러한 측면에서 최근 해양자원과 생태계 가치가 높은 지역인 벵골만을 대상으로 방글라데시－인도－미얀마 간 획정된 해양경계는 시사하는 바 크다. 2012년 ITLOS에 의해 방글라데시와 미얀마 간 해양경계가 획정되었고, 2014년 중재재판에 의해 방글라데시－인도 간 해양경계가 획정되었다. 이로써 벵골만은 3국간 해양경계획정을 통해 초국경적 MSP 협력이 가능하게 되었다.[84]

또한 공간적 접근방식과 관련해 유엔해양법협약은 국가간 해양경계획정과 관련해 발생할 수 있는 갈등을 해소하기 위해 제73조와 제84조에서 잠정협약과 이에 따른 잠정수역을 도입하고 있다. 협약상 잠정수역은 최종 해양경계획정 체결 이전 과도기에 해양경계획정이 체결되지 않아 발생되는 당사국간 이해관계의 충돌을 방지하기 위해 도입되었다. David Anderson 前국제해양법재판관은 앞서 언급한 협약 제74조와 제83조 제3항과 같은 잠정협정의 유형으로 잠정경계획정(provisional boundaries),[85] 공동개발수역(joint development), 특별수역(special area)을 들고 있다.[86] 이 가운데 공간적 접근방식에 해당하는 것은 공동개발수역과 특별수역으로 볼 수 있다.[87]

---

framework for marine spatial planning", in *Tansboundary Marine Spatial Planning and International Law,* Routledge, 2015, pp.60~61.

84 Daud Hassan and Emdadul Haque, "Marine Spatial Planning in the Bay of Bengal sub-region in South Asia", in *Tansboundary Marine Spatial Planning and International Law,* Routledge, 2015, pp.202~214.

85 일반적으로 해양경계획정의 체결은 최종적이며 확정적인데 반해, 잠정경계획정은 해양경계협정임에도 불구하고 일정 기간만 잠정적으로 적용하도록 명문화해 놓고 있는 예외적 사례로 볼 수 있다. 해양경계협정 237건 중 3건만 이에 해당한다. 이는 해양경계획정을 수립한 고유한 사례로 볼 수 있다. 알제리－튀니지 간 잠정해양경계협정(Agreement on Provisional Arrangements for the Delimitation of the Maritime Boundaries between the Republic of Tunisia and the People's Democratic Republic of Algeria, 2002년 2월 11일 체결)의 경우, 제9조에서 비준문서의 교환 후 6년 동안만 효력을 유지하도록 명문화하고 있다(동 협약 제9조, "This Agreement shall remain in force for six years following the date of exchange of the instruments of ratification between the two Parties"). 구글 자료 참조. https://en.wikipedia.org/wiki/List_of_maritime_boundary_treaties (2017. 9. 1. 검색>).

86 David Anderson, "Negotiating Maritime Boundary Agreements: A Personal View", in *Maritime Delimitation,* p.3.

87 한편 분쟁지역, 또는 해양경계 미획정지역에서의 잠정협정의 종류를 공동개발수역, 공동어업수역, 사실상(*de facto*) 해양경계에 기초한 어업협정, 포괄적인 공동이용수역(Comprehensive Joint Exploitation Zones), 단일 잠정어업경계 등으로 나누는 견해도 있다. Kim, Sun Pyo, *Maritime Delimitation and Interim Arrangments in North East Asia,* Martinus Nijhoff Publishers, 2004, pp.94~141.

우선 공동개발수역은 해양경계협정 체결 여부와 상관없이 설정이 가능하지만, 일반적으로 해양경계협정이 체결되지 않은 수역 또는 분쟁수역에서 개발할 가치가 높은 자원이 매장되어 있을 경우 당사국간 공동관리를 목적으로 수역을 설정하는 경우가 일반적이다. 이러한 공동개발수역은 특히 해양경계협정 체결과 관련해 잠정적 성격이 더욱 부각되고 있다.[88] 공동개발수역에 대해 좀 더 살펴보면, 첫째, 공동개발수역은 반드시 관할권이 중첩되는 지역에서 체결되는 것이 아니라, 관할수역 여부와 상관없이 수역의 범위를 확정할 수 있다. 둘째, 공동개발수역을 위한 협정은 최종적인 해양경계획정을 앞두고 잠정적으로 체결된다. 셋째, 일반적으로 자원개발과 같은 필요성에 따라 체결되므로 개발의 시기를 고려해 보다 장기적으로 유효하게 지속된다. 넷째, 공동개발을 통해 획득한 이득은 참여기관에 따라 공동분배를 원칙으로 한다.

한편, 공동개발수역에 비해 특별수역의 성격 및 범위는 딱히 규정된 바 없다. 이는 국가간 해양경계획정에서 사례별로 '관련 사정'이 서로 다르게 논의되는 것과 유사한 맥락이다. 즉 특별수역은 해양경계협정이 체결되지 못한 지역에서의 이해당사자간 갈등을 해결한다는 목적하에 사례별로 개별 상황을 고려해 설정될 수 있다. 대표적인 특별수역의 사례를 살펴보면 어업수역,[89] 해양평화공원(Marine Peace Park),[90]

88 Juan L. Suarez de Vivero, "Geopolitical factors of maritime policies and marine spatial planning: State, regions, and geographical planning scope", *Marine Policy* 33, 2009, pp.628~629.

89 어업수역은 어업협정 체결을 통해 설정됨이 일반적이며, 이는 유엔해양법협약 제74조 제3항에 근거해 체결된 대표적인 잠정협정이다. 한-중, 한-일 어업협정에서의 어업수역이 대표적 사례이다. 협정문을 토대로 내용을 살펴보면 한-일 어업협정은 크게 수역을 동해 중간수역과 제주도 남부수역으로 나눈다. 두 수역 모두 어업자원의 보존과 관리를 위해 자국의 국민과 어선에 대해 적절한 조치를 하도록 획정한 공동어로수역이며, 공동어로수역에서의 법 집행과 재판관할국은 기국주의이다. 한-중 어업협정의 경우 잠정조치수역(제7조), 과도수역(제8조), 현행 조업질서유지수역(제9조)으로 수역을 나누고 있다. 잠정조치수역에서의 법 집행은 기국주의로 자국의 국민과 어선에 대해서만 조치를 취할 수 있고, 타방의 국민 및 어선에 대해서는 관할권을 행사하지 못하고, 타방 어선의 불법행위에 대해 타방 체약당사국에게 통보할 수 있을 뿐이다. 과도수역은 발효 후 4년까지 유효한 수역으로 과도수역에서는 양 체약당사국들이 공동승선·정선·승선검색 등 공동감독·검사 조치를 할 수 있다. 관련 협정은 외교부 홈페이지 http://www.mofa.go.kr/trade/treatylaw/habando/index.jsp?mofat=001&menu=m_30_50_70 (2017. 9. 1. 검색) 참조.

90 이는 인접국인 요르단-이스라엘 접경수역인 아카바만(Gulf of Aquba)에 대해 환경보호, 지역발전, 평화의 목적으로 설정된 수역이다. 해양경계를 포함해 국경이 획정되지 않은 상태에서 양국의 갈등이 고조되어 오다가, 1994년 10월 26일에 체결된 요르단-이스라엘 평화협정(Jordan-Islael Peace Treaty)을 통해서 해양경계를 포함한 국경이 체결되었다. 그리고 이 협정의 이행사항 중 하나로 '아카바-아일랏 특별협약'(Agreement on Special Arrangement for Aquba and Eilat)이 체

〈표 6-5〉 해양경계 미체결 또는 분쟁수역에서의 공동개발 수역 사례

사례	배경	방식	운영방식/형식
쿠웨이트-사우디아라비아	1965년 육지경계 획정시 1922년에 설립된 육지에서의 '중립수역'(neutral zone)을 대상으로 중립수역의 영해까지 양국이 동등한 권리를 행사하기로 합의	중립수역에 대해 해양경계선을 획정하지 않고 공동권리를 행사한다고 합의함으로써 자연스럽게 공동개발수역이 됨	1922년 의정서를 토대로 각 정부는 자원개발기업에 양허(concessions) 부여
말레이시아-태국	1972년 태국만 경계획정시 'Ko Loshin' 섬의 효과에 대한 양국의 견해차로 해양경계 미획정	잠정조치로서 양국은 1979년 5,439㎢ 수역에 대해 공동개발수역 설립 합의	형식은 부분적 대륙붕 경계획정을 위한 양해각서(MOU)의 부속 양해각서의 형식으로 수역 획정
말레이시아-베트남	양국의 중첩수역에 대해 대륙붕 경계획정 체결시 말레이시아의 'Redang'섬과 베트남의 'Hon Khoai'섬에 대한 해양경계획정 효력에 대한 견해차(말레이시아는 인정, 베트남은 불인정)로 인해 해양경계 미획정	양국의 중첩수역에 공동개발수역 설정, 말레이시아 'Redang'섬에 완전한 효과를 부여한 반면 베트남 섬은 인정하지 않음. 등거리선 방식을 적용	1992년 체결된 석유탐사개발 양해각서에서 양국 대륙붕 획정이 최상의 이익이며, 잠정협정으로서 공동개발구역 설정을 명시함. 잠정협정을 기반으로 모든 비용과 이익은 양국이 공평 분배
호주-인도네시아	양국은 1972년에 아라푸라해의 나머지 수역과 포르투갈 영토인 동 티모르 연안(소위 티모르 갭)을 제외한 수역의 대륙붕 경계를 획정하였음. 1975년 인도네시아의 동 티모르 병합 후 양국은 티모르 갭 지역의 경계획정 교섭을 재개하였으나, 호주는 자연연장 원칙을 주장하는 반면 인도네시아는 이에 반대하면서 협상 결렬	1989년 협정(Treaty on the Zone of Cooperation)을 체결해 인도네시아와 호주는 티모르 갭에 협력수역을 설정하여 경계 미획정 수역의 관할권 행사 문제를 해결함. 협정은 40년간의 효력이 지속되며 협력수역에서의 대륙붕 경계획정에 관한 합의가 이루어지지 않는 한 20년씩 그 발효기간을 연장할 수 있다고 규정함	장관이사회와 공동기관(joint authority) 설립을 통해 감독·관리함. 1997년에 양국은 배타적 경제수역 협정을 체결하였지만 협력수역협정에는 영향을 미치지 않은 것으로 합의함
영국-아르헨티나	1986년 영국 정부는 포클랜드 섬에 '잠정적 보존관리수역(Interim Conservation and Management Zone)과 200해리 대륙붕을 주장했고, 1991년 아르헨티나는 이에 대해 반대. 양국은 1995년 '남서대서양 지역 해양개발활동협력 공동선언'을 발표, 특별수역으로 공동개발수역 설정에 합의했음	포클랜드섬 남서수역을 대상으로 공동선언 부속서로 특별수역 설정 명시했음. 공동선언 내용 중 어느 것도 포클랜드섬에 대한 주권 및 관할권과 관련된 영국의 입장 변화로 해석하지 않는다는 것을 명시했음	양국은 공동위원회(Joint Commission)를 설립했으며, 위원회는 제안(recommendation)의 방식으로 관련 수역에서의 탐사와 개발을 수행함
한국-일본	한국은 육지의 자연적 연장을, 일본은 등거리방식을 주장하면서 제7광구 대륙붕에 대한 해양경계획정에 대한 합의에 이르지 못함	양국은 1978년 공동개발협정을 체결하여 82,557㎢를 공동개발구역으로 설정하였음	1978~2028년 50년간 한-일이 50:50의 지분비율로 산출되는 자원 및 탐사와 개발에 소요된 비용도 양 당사국이 동등한 비율로 분담하는 것으로 합의함

출처: Kim Sun Pyo, *supra* note 87, pp.97~107. 한-일 대륙붕 공동개발협정 등 참조하여 작성.

결되어 아카바만에 홍해해양평화공원(Red Sea Marine Peace Park: RSMPP)이 지정되었다. 이는 해양경계획정 이후에 설립된 수역이지만 해양경계협정 체결 이전의 갈등 수역을 대상으로 일정한 목적하에 공동으로 관리한다는 차원에서 마련된 특별수역의 한 유형으로 볼 수 있다. 황진회 외 3인, "남북한 해양접경지역 공동 활용방안", 한국해양수산개발원, 2009, 147~149쪽.

유럽의 해안과 연안 공간관리[91] 등이다. 이 가운데 유럽의 경우는 매우 독특하다. 연안국의 관할권이 미치는 수역과 국제공역의 구분이 유럽공동체라는 정치체제의 특성과 접목되어 새로운 공간적 접근방안으로 나타났다. '유럽통합해양정책'(European integrated maritime policy)이라는 큰 목표 아래 연안국과 비연안국이라는 이분법적 구분을 없애고 지역적 관리를 기반으로 북동대서양, 지중해, 흑해에 대해서 '해양특성', '지형', '해양특성과 지형 간 결합'을 기준으로 수역을 구분하였다. 이러한 독특성은 다층화된 관리주체, 그리고 효율적 관할권 행사에서 잘 나타난다.[92] 이러한 수역들은 국가관할권이 미치는 수역, 국가와 국제기구가 함께 관할하는 수역, 국제기구가 관할하는 수역으로 나뉘어져 있다. 또한 국가관할권 이원의 수역에서도 국제기구에 관할권을 행사할 수 있는 권능을 부여함으로써 공해가 가지는 공유물로서의 성격에 변화를 가져왔다. 즉 국가관할수역 대 공해의 이분법적인 구조에서 나아가 통합관리를 위해 해역을 보다 세분화하여 관리하고 있다. 특히 EU해양전략기본지침(Directive/2008/56/EC)의 경우 동 지침 제4조에서 회원국은 지침의 의무를 이행함에 있어서 회원국의 주권과 관할권을 행사하는 수역을 발틱해, 북동대서양, 지중해, 흑해 등 유럽 인근 해역과 연계하여 통합적으로 관리될 수 있도록 하고 있으며(제4조 제1항),[93] 특정 지역에서의 특수성을 고려하도록 하고 있다(제2항).

나아가 이러한 통합해양공간관리는 유엔해양법협약과 다음과 같은 연관성을 가지고 있다. 첫째, 협약과 통합해양공간관리 모두 해양을 국가관할권과 국가관할권 이원 지역으로 크게 구분하고, 이를 다시 서로 다른 기능을 가진 해역으로 나누고, 해역에 맞는 국가의 권리를 부여하고 있다. 둘째, 협약과 IMSP 모두 실질적인 규칙 또는 규범을 포함하고 있다. 셋째, 관리적 접근방식에 의해 협약은 연안국과 국제사회의 이익의 조화, 보존과 이용, 보호와 개발 등 충돌하는 이익간 조정을 추구하고 있다.[94] 그리고 유엔해양법협약은 경계획정을 통한 국가관할수역의 확정,

91 Stuart B. Kaye, "Territorial sea baselines along ice covered coasts: International practice and limits of the law of the sea", *Ocean Development & International Law*, 2004, p.22.

92 Juan L. Suarez de Vivero, *supra* note 88, p.629.

93 Directive/2008/56/EC 제4조 제1항은 다음과 같다. "Member States shall, when implementing their obligations under this Directive, take due account of the fact that marine waters covered by their sovereignty or jurisdiction form an integral part of the following marine regions: (a) the Baltic Sea; (b) the North-east Atlantic Ocean; (c) the Mediterranean Sea; (d) the Black Sea."

94 Tuomas Kuokkanen, "Marine spatial planing in international law before MSP", in *Tansboundary Marine Spatial Planning and International Law,* Routledge, 2015, p.29.

〈표 6-6〉 북동대서양의 해양과 연안 수역의 공간 구분

수역구분	목적	수역의 넓이(㎢)	국가관할권과의 관계
FAO 어업수역	어업관리	10,502,293	국가관할권 이원 수역
ICES 수역	어업관리	249,706	국가관할권 이원 수역
IHO 지역해	수로관리	1,228,231	국가관할권 이원 수역
배타적 경제수역	관할권 행사	286,903	국가관할 수역
IMO의 PSSAs 수역	환경보호	302,644	국가관할 수역
LME 수역	생태관리	1,223,793	국가관할권 우선 적용
WFD 생태수역	생태관리	643,933	국가관할권 이원 수역
MEOW 생태수역	생태관리	1,023,495	국가관할권 우선 적용
MSFD 수역	해양정책	1,652,944	Directive 2008/56/EC 제4조
EU RACs	어업관리	1,877,304	국가관할권 이원 수역
OSPAR 수역	환경보호	2,712,996	국가관할권 이원 수역
CPMR	지역정책	19,306	CPMR

출처: Juan L. Suarez de Vivero, *supra* note 88, p.629.

참조: ICES(International Council for the Exploration of the Sea, 국제해양탐사이사회), IHO(International Hydrographic Organization, 국제수로기구), PSSA(Particularly Sensitive Sea Area, IMO 특별민감해역), LME(Large Marine Ecosystem, 광역해양생태계), WFD(Water Framework Directive, 물관리기본지침), MEOW(Marine Ecoregions of the World, 세계해양생태지역), MSFD(Marine Strategy Framework Directive, 해양전략기본지침), RAC(Regional Advisory Council, 지역 자문이사회), OSPAR(Commission for the Protection of the Marine Environment of the North-East Atlantic, 북동대서양 해양환경보호위원회), CPMR(Conference of Peripheral Maritime Regions, 변방해양지역회의).

미경계획정 지역에서의 잠정협정(어업협정) 체결 등을 통해 해양공간관리를 위한 법적 기반을 구축하고 있지만, 기후변화 등과 관련된 새로운 환경변화에 대응할 수 있는 국제적 성격의 공동대응체제인 IMSP 제도와 서로 보완하는 체제로의 의미를 가진다.[95]

3. 도입방안 고찰

해수면 상승에 따른 해양경계 변화 가능성을 고려해 우선 기존의 해양경계획정을 통해 달성된 해양경계질서 안정성을 확정하면서도 이해당사국간 발생할 수

95 Daud Hassan and Niko Soinnien, *supra* note 83, pp.73~74.

있는 국가간 갈등의 문제를 해결하기 위한 방안의 하나로써 이러한 공간적 접근방식을 도입할 수 있다고 보고, 실제로 도입시 어떻게 이러한 방식을 적용할 수 있는지에 대해서 살펴보도록 한다. 국가간 해양경계 문제에의 적용에 초첨을 맞추되 소도서국가에게 적용할 수 있는 가능성에 대해서도 함께 살펴보도록 한다.

(1) 의 의

앞서 공간적 접근방식이 가지는 성격으로 조화성, 유연성, 기능성의 3가지를 살펴보았는데, 이러한 3가지 기능을 고려해 이러한 수역의 도입 의의를 살펴보도록 한다.

첫째, 조화성의 측면에서 국가간 해양경계 동결의 경우 얻게 되는 국제해양질서의 안정성, 그리고 해양경계 변화를 수용할 경우 얻게 되는 이해당사국간 이익의 조화 모두를 고려한다. 특히 해수면 상승이 해양경계에 영향을 미침에 따라 협약당사국간, 협약당사국과 비협약당사국 간 변동 가능한(예상 가능한) 권리의 배분 문제를 조화롭게 해결하고자 한다. 이는 소도서국가의 문제에도 적용될 수 있다. 앞서 언급한 역사적 수역에 기반한 '협약에 의해 수립된 수역' 인정 방안이 소도서국가의 기존 관할수역을 그대로 보전해 준다는 의미에서 소도서국가의 이익에 중점을 두었다면, 공간적 접근방식은 소실하는 해양관할권의 일부는 소도서국가의 해양관할수역으로 보존하고, 나머지 일부 수역에 대해서는 타국의 공해에서의 권리도 고려하는 방식으로 도입한다는 의미가 있다.

둘째, 유연성이라는 측면에서 현재의 해양법체제에서의 해양경계가 선(line)으로 획정되는데 반해, 공간적 접근방식은 회랑 또는 완충수역 형식의 공간(zone)을 통해 해양경계의 외연을 확대한다. 이는 일반적인 해양경계획정의 시각에서는 예외적이다. 그러나 해수면 상승이라는 특수한 환경변화에 따른 수역의 변화가 선이 아닌 수역이라는 공간의 변화로 나타남에 주목하여 이에 대응한 방식도 공간으로 대응할 필요성이 있다는 점을 고려했다. 이러한 측면에서 제4장 제1절에서 검토한 해양경계방식의 유연성과 같은 맥락으로 볼 수 있으며, '있으면 바람직한 법' 차원에서도 유의미하다.

셋째, 기능성이라는 차원에서 볼 때, 연안국과 비연안국의 권리는 해수면 상승에 따른 해양경계 변동에 따라 기능적으로 배분될 수 있다. 현재 유엔해양법협약에 근거해 영해, EEZ, 접속수역, 대륙붕 등으로 해양경계획정과 수역내 관할권 성격이 규정되어진다. 이러한 나눔 자체는 기능적이고 공간적인 구분이다. 이러한 배분은 해양이 영원히 이러한 해역의 구분으로 고착될 것을 요구하지 않는다. 향후 국제사회와 연안국이 요구하는 새로운 해양의 기능에 따라 해양공간의 구분과 공간내 권리의 부여는 언제든지 변화할 수 있을 것이다. 해수면 상승도 마찬가지다. 해수면 상승이라는 외부 환경변화는 해양경계의 변화를 야기할 수 있는데, 이는 바로 기존의 해양관할수역, 즉 공간의 변화를 의미한다. 따라서 기존의 해양관할수역과 변화하는(또는 변화될 것으로 예상되는) 해양관할수역에서의 권리를 재조정하는 것도 공간적 접근방식이 요구하는 기능성에 부합하는 것이다.

따라서 기존 해양경계를 통해 연안국과 비연안국이 기존에 누렸던(또는 누리지 못했던) 권리와 해수면 상승 이후 누릴 수 없는(또는 새롭게 누리게 될) 권리를 고려해 공간으로 이루어진 특수수역을 새롭게 도입하고, 이에 대해 권리를 설정할 수 있을 것이다. 예를 들어, 기존 연안국의 EEZ 해역이 해수면 상승으로 인해 일부가 공해로 될 경우, 기존의 EEZ에서 공해로 된 공간을 새로운 수역으로 간주하고, 그 공간 안에서는 연안국과 비연안국이 모두 EEZ와 공해에서 누리는 권리를 조화롭게 기능적으로 배분할 수 있다.

(2) 해양경계의 '회랑' 방식과의 유사성과 차별성

우선 회랑 방식의 해양경계가 허용 가능한지에 대해선 캐나다와 프랑스 간 해양경계획정을 위한 중재재판의 반대의견을 살펴볼 필요가 있다. 중재재판 과정에서 예외적 해양경계 방식을 도입하는데 대해 반대의견이 있었다. 프랑스가 선임한 Prosper Weil 재판관은 사안에서 확인되지 않은 원칙과 규칙에 따라 재판함으로써 본 판결이 해양경계획정과 관련된 법의 발전을 위태롭게 할 수 있다고 우려했다.[96] 또한 캐나다가 선임한 Allen E. Gotlieb 재판관은 본 판결이 형평한 원칙 적용에 실패했다고 주장하였다.[97] 그러나 이러한 반대의견은 각자 본인을 선임한 국가의 이익에 비춰 판단한 면이 크고, 5명 중 3명이 회랑 방식의 해양경계 방식에 찬성했다는 점에서 논란은 있을지언정 회랑 또는 완충수역의 특수수역 방안이 국제법상 허용되지 않는 해양경계획정 방식이라고 볼 수 없다. 앞선 제4장 제1절에서 해양경계획정 방식의 유연성과 관련해 두 개의 평행한 선을 사용해 회랑(corridor) 형식으로 획정한 해양경계획정 방식에 대해 살펴보았다. 본 사안에서의 공간적 접근방식은 위 회랑 방

96 해양수산부, 『국제해양분쟁사례연구 Ⅰ: 중재재판소 판례』, 2004. 5, 235쪽.
97 위의 책, 235쪽.

식의 해양경계획정 방식과 비교해 첫째, 기존의 선으로의 해양경계방식이 아닌 회랑 형식의 공간(수역)을 통한 해양경계획정 방식을 택하고 있다는 점, 둘째, 이해당사국 간 이익의 균형을 도모하고 형평한 결과에 이르기 위해 관행적인 방식을 포기하고, 예외적 방식을 도입하고 있다는 점 등 경계획정 방식, 목적 등에 있어서 유사하다.

그러나 회랑 형식의 해양경계획정 방식으로 도출된 수역은 타국과의 해양관할수역과 구별되는 일국 전속적 관할권하에 놓이지만, 본 사안에서의 공간적 접근방식은 수역 내에서 해양경계획정 당사국과 비당사국(제3국)의 권리가 조화롭게 배분된다. 또한 수역을 관할하는 주체의 경우 본 사안에서의 공간적 접근방식은 협약당사국뿐만 아니라 특히 소도서국가를 대상으로 설정될 경우 소도서국가의 재정, 관리능력 등을 고려해서 국제기구가 관리주체가 될 수도 있다.

(3) 적용방식 및 내용

공간적 접근방식을 해수면 상승이 해양경계협정의 당사국과 비당사국 간 관계에 미치는 경우와 소도서국가의 해양관할수역 소실의 경우 두 가지 사례에 적용한다. 그리고 두 사례를 전제, 목적, 주요 법적 근거, 관리주체, 적용수역, 설정방식, 권리의 배분 등으로 나눠 살펴볼 수 있다.

전자의 경우 당사국간 체결한 해양경계가 동결되었다는 전제에서 출발한다. 기존의 선 형태의 해양경계에서 공간 형태의 특수수역으로의 외연 확대를 통해 당사국은 기존 해양경계협정을 통해 EEZ에서 누리던 권리보다 완화된 권리를, 비당사국은 공해 내에서 실제 누릴 수 있는 권리보다 완화된 권리를 누리도록 하여 EEZ에서의 연안국의 권리와 공해에서의 비연안국 권리 간 조화를 도모한다. 이를 통해 연안국과 비연안국 간 갈등의 여지를 줄이고, 해수면 상승으로 야기될 수 있는 국제질서의 불안정 가능성을 방지한다. 그러나 이러한 공간적 접근방식, 일명 갈등완충수역(buffer zone) 설정은 개별 국가의 선택사항, 즉 재량으로 허용하기보다는 협정당사국과 비당사국인 제3국간 의무사항으로 규정하는 것이 보다 실효적일 것으로 생각되며, 특히 다음 제3절에서 제안하고자 하는 해양경계이행협정 내에서의 규정으로 도입하는 것이 하나의 방안이 될 것으로 생각된다.

소도서국가의 경우도 동일한 방식이 적용될 수 있다. 그러나 추가적으로 소도서국가의 특수성을 고려해야 한다. 즉 해수면 상승으로 인한 소도서국가의 소멸 가능성, 해양관할수역 확보에도 불구하고 이를 관리·개발할 능력의 부재 등을 고려해 예외적으로 국제기구를 공간적 접근방식 도입 이후의 소도서국가의 EEZ와 대륙붕의 관리주체로 고려할 수 있다. 특히 200해리 이원으로의 대륙붕 해양경계획정의 경우 대륙붕한계위원회의 권고를 기초로 연안국이 확정한 대륙붕의 한계는 협약 제76조 제8항에 근거해 최종적이며 구속력을 가지게 된다. 해석에 있어 차이는 있겠지만, 만약 어떠한 경우에도 대륙붕이 항구적인 효과를 가지게 된다면 소도서국가가 소멸되어도 대륙붕은 여전히 소도서국가의 대륙붕으로 남을 수 있는 가능성은 남게 된다. 이 경우 관리주체는 없으나, 관할수역은 존재하는 모순적 상황이 발생하게 된다. 따라서 소멸된 소도서국가를 대신해 이를 관리할 국제기구의 역할이 필

〈표 6-7〉 해수면 상승과 공간적 접근방식의 도입

분류	사례 1(연안국 v. 비연안국)	사례 2(소도서국가)
사례의 성격	해수면 상승이 해양경계에 영향을 미침에 따라 협약당사국간, 협약당사국과 비협약당사국 간 변동 가능한(예상 가능한) 권리의 배분 문제에 대한 갈등	해수면 상승에 따른 해양관할권 소실에 따른 소도서국가의 권리와 타국 권리 간 갈등 존재
전제	당사국간 해양경계 동결	소도서국가 해양관할권 축소 또는 소멸
목적	국가간 갈등 해결, 국제질서의 안정성 유지	형평성에 기반한 소도서국가의 경제기반 확보 및 국가지위 유지
형태	회랑 형식의 특수수역	원형(도너츠형)의 특수수역
주요 법적 근거 (향후 제안)	해양경계이행협정	유엔을 포함한 국제기구 결의, 정부간 회의의 결의 또는 선언, 지역 및 다자협정
관리주체	협약당사국	소도서국가 또는 국제기구
적용 수역	해수면 상승에 따라 연안국의 해양경계 변화로 생기는(예상되는) 수역	소도서국가가 해수면 상승 이전 관할권을 행사하던 수역(영해, EEZ)
설정 방식	선(line)이 아닌 공간(zone)으로 해양경계의 외연 확대	소도서국가의 해양관할권 축소 등을 고려해서 일부에 대해 협약상 EEZ와 공해의 성격이 조화를 이룬 원형수역(공간) 지정
권리의 배분 (조화)	• 연안국: 기존 해양경계협정을 통해 누리던 권리보다 완화된 권리 • 비연안국: 공간수역내 실제 누릴 수 있는 권리보다 완화된 권리	• 소도서국가: 해수면 상승 이전 해양경계수역에서 행사하던 권리보다 완화된 권리 • 타국: 공간수역내 실제 누릴 수 있는 권리보다 완화된 권리

주: 이러한 방안은 현재 도입되었거나 도입이 논의되는 방식이 아니라 이 글에서 도입을 제안한 것으로 표의 내용은 현재 이러한 방식의 내용으로 합의된 것이 아니며, 저자가 제안한 내용임.

요하게 될 것이다. 이는 결국 협약의 관련 조항을 어떻게 해석할 것인지에 대한 합의가 향후 필요함을 의미한다. 물론 이와는 별개로 유엔총회 또는 안보리 결의를 통해 국제사회의 컨센서스를 얻을 수 있다면 소도서국가의 해양관할권 유지를 위해 공간적 접근방식을 도입하거나, 관리주체로 유엔 등 국제기구를 인정할 수 있을 것이다.

[그림 6-3] 해수면 상승과 공간적 접근방식

〈A국과 B국의 해양경계〉

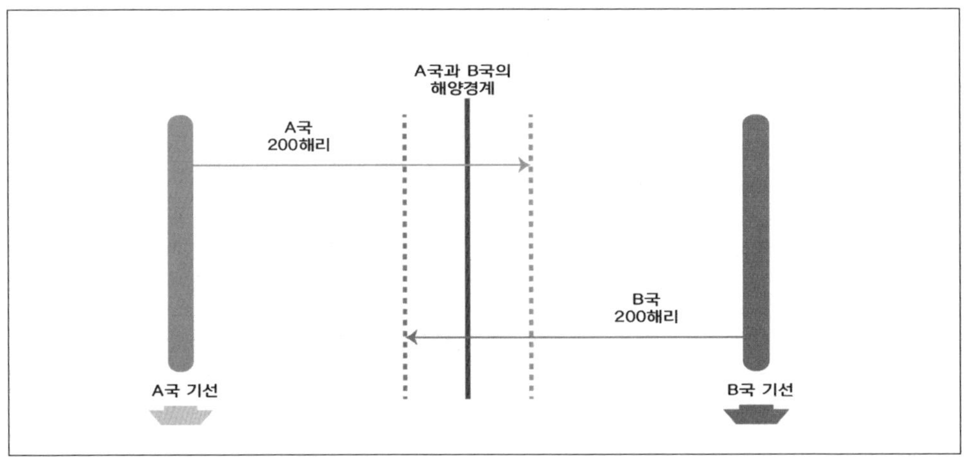

〈해수면 상승 및 공간적 접근방식 도입 이후 해양경계〉

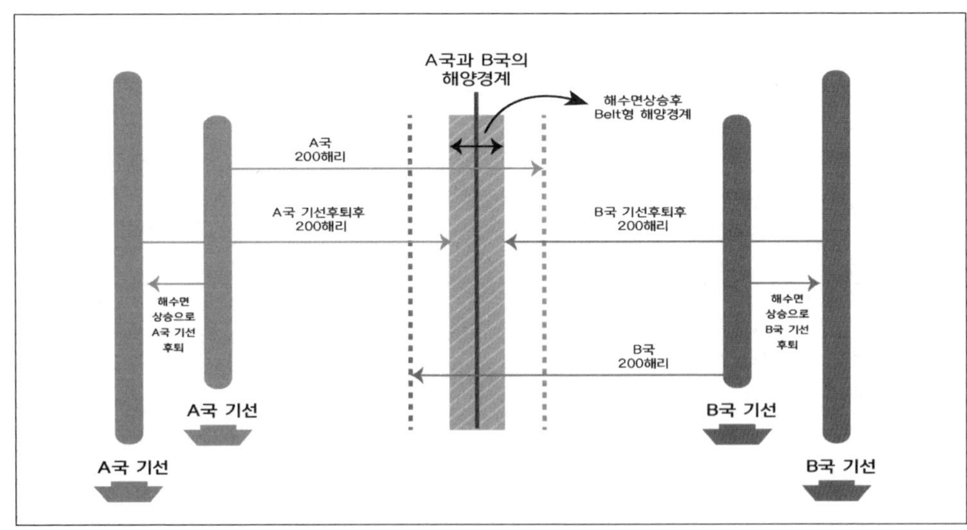

(4) 권리의 배분

공간적 접근방식 도입을 통해 설정된 회랑 또는 완충수역 방식의 해양경계의 경우, 연안국과 비연안국의 조화로운 권리간 배분을 위해 주체와 권리배분의 구체적 내용을 정하는 것이 중요하다. 이러한 내용에 대해선 협약당사국이 해양경계협정을 통해 수역에서의 권리배분 내용에 대해 규정하는 것이 원칙이다. 이는 해양경계획정시 고려해야 할 특별한 사정이 사례별로 다를 수 있기 때문이다. 그러나 이러한 권리배분에 대해 합의가 이루어지지 않는 경우는 제3자 분쟁해결기구 등 권위 있는 해석 및 권고를 통해 합의에 이를 수 있을 것이다.

그리고 이후 제3절과 제4절에서 제안하고자 하는 해수면 상승과 해양경계이행협정을 통해 설립하고자 하는 해양경계위원회의 권고 등의 형식으로 가이드라인을 제시하고, 이러한 가이드라인을 국가들의 실행에 반영될 수 있도록 하는 방안도 가능할 것이다.

〈표 6-8〉 공간적 접근방식에서의 EEZ와 공해의 권리배분 예시

<table>
<tr><th rowspan="2">주체</th><th colspan="2">유엔해양법협약상 EEZ와 공해에서의 권리</th></tr>
<tr><th>배타적 경제수역</th><th>공해</th></tr>
<tr><td>모든 국가</td><td>항행·상공의 비행의 자유, 해저전선·관선 부설의 자유, 선박·항공기·해저전선·관선의 운용 등과 같은 해양이용의 자유</td><td rowspan="2">항해의 자유, 항공비행의 자유, 해저전선과 관선 부설의 자유, 인공섬과 그 밖의 시설 건설의 자유, 어로의 자유, 과학조사의 자유</td></tr>
<tr><td>연안국</td><td>제56조: 해저의 상부수역, 해저 및 하층토의 생물이나 무생물 등 천연자원의 탐사·개발·보존 및 관리를 목적으로 하는 주권적 권리, 해수·해류 및 해풍을 이용한 에너지 생산과 같은 경제적 개발과 탐사를 위한 그 밖의 활동에 관한 주권적 권리
관할권: 인공섬, 시설 및 구조물의 설치 및 사용, 해양과학 조사, 해양환경의 보호와 보전
이 협약에 규정된 그 밖의 권리와 의무</td></tr>
<tr><th>주체</th><th colspan="2">회랑 또는 완충수역 방식의 해양경계내 권리배분</th></tr>
<tr><td>모든 국가</td><td colspan="2">* 어업쿼터 도입(입어허용기준 확대)
– 제62조 확대적용/제69조, 제70조(내륙국의 권리, 지리적 불리국의 권리) 확대적용
* 해양과학 조사의 자유: 연안국과 공동조사 원칙으로 추진
* 인공섬 및 시설 건설의 자유: 연안국의 EEZ 내 인공섬 및 시설 건설 권리와의 조화 고려
* 해적선, 해적항공기 나포의 자유(제105조), 임검권(제110조), 마약불법거래 진압(제108조)의 행사</td></tr>
</table>

4. 소 결

해양경계 미획정 지역 또는 국가간 갈등을 야기하는 수역에 대해 국가 또는 국제기구는 수역에 대한 갈등을 해결하기 위해 그러한 수역을 잠정적으로 공동관리하거나 일정한 기능을 수행할 수 있도록 관리해 왔다. 이 글에서 제시하고 있는 공간적 접근방식 또한 국가간 갈등과 이해관계를 해결하고 조정 기제의 역할을 한다는 측면에서 기존 국가실행으로 나타났던 특수수역과 공통점을 가지고 있으며, 등거리선 해양경계획정 방식의 예외로 인정된 회랑 형식의 해양경계획정 설정방식과 목적 등에 있어서 공통점을 가질 수 있다. 이러한 측면에서 제시한 공간적 접근방식은 '*lex lata*'적 시각의 연장선에 있다. 그러나 국가간 해양관할수역의 획정과 권리의 배분을 규정하는 선으로서의 해양경계에서 회랑 또는 완충수역 형식의 공간으로 확장을 고려하는 것은 기존의 특수수역과는 또 다른 새로운 성격을 가지는 것으로 '*lex ferenda*'적 특징으로 이해될 수 있다. 이러한 방식이 향후 도입되어야 한다고 보는 이유는 해수면 상승을 통해 발생하는 현재 해양경계와 미래 예상되는 해양경계 간 간극은 공간으로 나타날 것이고, 이러한 공간으로 인한 국가간 갈등 역시 공간적인 시각에서 해결해야 하기 때문이다.

나아가 이러한 공간적 접근방식은 소도서국가, 특히 수몰 위기에 처해 있는 소도서국가에 대해서도 적용될 수 있는 여지가 크다. 형평적 시각에서 일반국가보다 특별한 대우를 해주는 것이 용인된다면 예외적 상황에 대해서는 수몰과 상관없이 특수수역을 설정해 기존에 누렸던 관할수역내 경제적 기반을 지속적으로 유지해 주는 방식으로 고려될 수 있다. 한편 이 경우 관리주체로서 국제기구의 역할은 커질 것으로 예상된다. 소도서국가의 경우, 해양관할수역 확보에도 불구하고 이를 관리·개발할 능력이 부재할 수 있고, 소도서국가 수몰을 예상할 경우 소도서국가 정부를 통한 효율적 관리가 어려울 수 있다는 점에서 국제기구를 중심으로 한 국제사회의 공동관리가 필요하다는 점 등이 감안되어야 하기 때문이다. 하지만 현재의 유엔해양법협약에서의 수역(특히 EEZ와 공해)을 기능별로 구분하고 있음을 감안하면 이러한 특수수역의 도입 또한 국제사회의 합의가 전제되어야 한다. 이러한 공간적 접근방식은 현재 국제법체제에서는 인정될 가능성이 낮기 때문에 국가간 합의를 바탕으로 할 때만이 국제법의 발전 관점에서 논의가 진전될 수 있을 것으로 생각된다.

제 3 절 '해수면 상승과 해양경계이행협정(가칭)' 체결 방안

Ⅰ. 의 의

유엔해양법협약은 협약의 해석, 이행협정의 체결 등을 통해 협약의 일체성을 훼손하지 않고도 변화하는 해양환경에 적응해 왔다. 이러한 유연성은 현대에 와서 더욱 유의미하다. 왜냐하면 1982년 유엔해양법협약이 채택된 이후로 30년 이상 흘렀으며, 국제해양법 환경도 급변하고 있는데, 이에 따라 유엔해양법협약 조항들의 의미를 되새기고, 재검토하여 이러한 변화하는 환경에 대응할 필요성이 더욱 커지고 있기 때문이다.

이러한 협약내 유연성은 조문을 통해서도 확인할 수 있다. 협약은 제312조에서 협약 발효 후 10년이 지나면 일방당사국이 유엔사무총장에게 명시적으로 협약개정을 제안할 수 있도록 규정하고 있다. 다만 현재의 협약이 탄생하기까지 국가간 타협과정을 살펴본다면 절차적으로 협약 개정을 통해 변화하는 해양환경을 반영하는 것은 여간 어려운 작업이 아닐 것이다. 이러한 측면에서 협약과의 일체성을 해치지 않는 범위 내에서 이행협정(implementation agreement)을 체결하는 것이 유용한 방안이 되고 있다. 현재 협약의 이행협정으로는 1994년 심해저이행협정과 1995년 어업이행협정이 있다.[98] 이처럼 현재의 유엔해양법협약으로는 해결이 어려운 해수면 상승으로 야기되는 여러 문제들을 유엔해양법협약 체제 내에서 해결할 수 있는 유용한 방안으로 이행협정 체결을 활용할 수 있다. 유엔해양법협약이 원칙적인 내용을 규정한 법률이라면 이행협정은 협약을 구체적으로 이행하는 시행령의 성격을 지니는 것으로 볼 수 있어, 협약의 규정으로 구체화하지 못한 내용들을 이행협정에서 규정할 수 있기 때문이다.[99]

---

98 어업이행협정 원문은 'Agreement for the Implementation of the Provisions of the United Nations Convention on the Law of the Sea 10 December 1982 Relating to the Conservation and Management of Straddling Fish Stocks and Highly Migratory Fish Stocks'(고도회유성어족 및 경계왕래성 어족의 보존과 관리에 관한 1982년 유엔해양법협약 이행협정(이하 어업이행협정이라고 함), 심해저이행협정의 원문은 'Agreement relating to the implementation of Part XI of the United Nations Convention on the Law of the Sea of 10 December 1982'(유엔해양법협약 제11부의 이행협정(이하 심해저이행협정이라고 함)이다.

99 David Freestone은 기후변화는 유엔해양법협약 체결 당시에 다루지 못한 주제였지만 앞으로

따라서 이러한 이행협정은 심해저이행협정, 어업이행협정처럼 협약 내용을 보다 구체화하는 경우도 있겠지만, 유엔해양법협약에서 미처 예정하지 못했던 상황에 대응하기 위한 유용한 방안이 될 수 있다. 이는 협약의 전문에서 밝혔듯이 협약은 '해양법과 관련된 모든 문제를 상호이해와 협력의 정신'(in a spirit of mutual understanding and cooperation, all issues relating to the law of the sea)으로 해결하고자 하는 시대정신의 발현이기 때문이다. 특히 이행협정은 변화하는 해양법 환경을 협약이 보다 유연하게 받아들임으로써 협약과 현실적 관행 간의 괴리를 줄여 주는 윤활유 같은 역할을 할 수 있을 것이다. 또한 협약의 개정이 어렵지만, 이행협정을 통해 특정 내용을 변경함으로써 실질적으로 협약을 개정하는 효과도 가져올 수 있다. 이러한 점을 고려하여 가칭 '해수면 상승과 해양경계 이행협정'(Agreement for the Implementation of UNCLOS for the Sea Level and Maritime Delimitation: 해양경계이행협정) 체결을 제안하고자 한다.

Ⅱ. 유엔해양법협약과 이행협정의 관계

이행협정은 유엔해양법협약 자체에서 근거를 찾을 수 없으며, 대신 협약을 법적으로 발전시키기 위한 국가실행의 결과물로 볼 수 있다. 이행협정을 위한 협상은 1982년 협약 체결 이후로 협약체제의 핵심원칙을 발전시켜 온 여러 방식 중 하나이다. 유엔해양법협약과 이행협정의 관계를 살펴보기 위해선 우선 이행협정 조문을 검토해볼 수 있을 것이다.

심해저이행협정의 경우 제1조에서 이행협정 당사국은 협정에 따라 협약 제11부를 이행할 것을 규정하고 있다. 제2조에서는 이행협정과 협약 제11부의 규정은 단일문서로 해석·적용되며, 이 협정과 협약 제11부가 일치하지 아니하는 경우는 이 협정의 규정이 우선한다고 규정하여, 협약에 의해 창설된 법적 레짐을 변경할 의도를 가지는 것으로 해석된다.[100] 또한 심해저이행협정이 제4조에서 우선 유엔해양법협약에 구속됨을 전제로 하여, 협정당사국이 유엔해양법협약 당사국이어야 한

해결해야 할 가장 중요한 현안이며, 이행협정 체결과 체결을 위한 유엔총회의 역할이 중요하다고 보았다. David Freestone, "The Law of the Sea Convention at 30: Successes, Challenges and New Agendas", *The International Journal of Marine and Coastal Law 27*, 2012, pp.681~682.

100 James Harrison, *Making the Law of the Sea, A Study in the Development of International Law,* Cambridge studies in international and comparative law, 2011, p.91.

다고 규정하고 있음에 반하여 어업이행협정은 제37조와 제39조에서 협약당사국 여부에 상관없이 어업에 종사하는 국가의 참여를 허락하고 있다. Harrison 교수는 유엔해양법협약 개정이 어려운 상황에서 해양법 현안 문제를 해결하기 위한 방안의 하나로 당사국총회의 기능 강화를 들고 있다.[101] [102] Harrison 교수는 당사국총회의 결정은 협약을 해석하고 수정하는 효과를 가질 수 있는데, 협약의 명시적 권한과 더불어 협약의 해석을 통한 추론된 권한에 의해 가능하다고 보았다. 특히 심해저이행협정이 유엔총회에 상정되어 어떠한 국가의 반대 없이 채택되었음을 고려해 볼 때 유엔해양법협약 당사국 또는 이행협정 당사국인지의 여부와 상관없이 모든 국가가 심해저의 법적 지위를 인정하였다고 볼 수 있어 협약 또는 협정의 직접 적용을 받지 않는다 하더라도 간접적으로 이행협정은 심해저와 관련해 입법창설적 효과를 가지고 있는 것으로 보는 입장도 있다.[103]

어업이행협정 제2조는 유엔해양법협약 관련 조항의 효율적 이행을 목적으로 하고, 제4조에서 협약과 일치되어 해석한다고 규정하고 있다. 어업이행협정의 경우 유엔해양법협약을 변경할 의도를 가지고 있지 않으나, 협정에서 나타난 공해어업의 자유는 공해자원의 접근과 협약 제116~117조에서 나타난 전통적 개념과는 달리 환경적 측면과 지속 가능한 개발원칙을 강조함으로써 협약을 통한 공해어업 관련 국제법의 발전에 영향을 미치고 있다고 해석된다.[104] 어업협정 체결 이후에 채택된 어업 관련 유엔총회 결의는 어업협정이 모든 국가에 의무를 창설한다는 견해를 지지하고 있다. 총회 결의 57/143호[105]에서 모든 국가는 사전예방적 및 생태적 접근방식을 어업자원의 보전·관리·이용에 적용할 수 있다고 규정하고 있다. 총회 결의 59/25호[106]에서는 모든 국가는 사전예방적 및 생태적 접근방식을 어업자

---

101 *Ibid.*, p.84.

102 협약 제319조 제2(e)항에 근거해 유엔 사무총장은 협약에 따라 필요한 유엔해양법협약 당사국회의를 소집할 수 있다.

103 James Harrison, *supra* note 100, p.99.

104 Alan E. Boyle, "Further Development of the 1982 Law of the Sea Convention," in D. Freestone, R. Barnes and D. Ong, *The Law of the Sea—Progress and Prospects*, Oxford University Press, 2006, p.42.

105 A/RES/57/143. 문서명은 Agreement for the Implementation of the Provisions of the United Nations Convention on the Law of the Sea of 10 December 1982 relating to the Conservation and Management of Straddling Fish Stocks and Highly Migratory Fish Stocks임.

106 A/RES/59/25. 문서명은 Sustainable fisheries, including through the 1995 Agreement for the Implementation of the Provisions of the United Nations Convention on the Law of the Sea of 10

원의 보전·관리·이용에 적용할 수 있다고 규정하고 있다. 이러한 총회 결의의 내용은 고도회유성 어족 및 경계왕래성 어종의 관리 및 보전에 대한 국가실행과 법적 확신을 보여주는 사례이다.

결론적으로 협약 개정절차와는 달리 이행협정은 유엔해양법협약과의 일체성을 해치지 않는 범위 내에서 협약을 발전시키거나 수정하는 효과를 가지면서도 이후 유엔총회 결의를 통해 내용에 대한 국제사회의 컨센서스를 얻는 방법으로 유용성을 확보해 왔다고 볼 수 있다.

Ⅲ. 이행협정 사례 검토

1994년과 1995년 유엔총회를 통해 각각 심해저이행협정과 어업이행협정이 체결된 이후, 현재 국가관할권 이원 지역에서의 해양생물다양성을 위한 워킹그룹을 설립해 국가관할권 이원에서의 해양유전자원을 위한 규범화작업이 유엔총회를 통해 이루어지고 있다. 이는 새로운 이행협정의 창설로 이어질 수 있을 것으로 예상되고 있으며, 실제로 현재 '국가관할권 이원 지역에서의 해양생물다양성 보존과 지속 가능한 이용을 위한 유엔해양법협약 이행협정' 체결에 대한 논의가 활발하게 이루어지고 있다.[107]

1. 심해저이행협정 검토

심해저이행협정 체결 논의는 유엔해양법협약 제11부의 심해저에 대해서 많은 선진국들이 비준을 반대하였고, 개발도상국들은 이러한 선진국들의 참여 없이는 심해저 광구의 개발이 현실적으로 불가능하다는 인식을 가지고 있어 이 두 그룹 간 합의를 도출하기 위해 시작되었다. 1990년 첫 번째 비공식 협상회의가 시작되었으며, 1994년 7월 협정 최종초안이 제정되어 유엔총회에 제출되었다. 협정은 국가관할권 이원 지역이자 '인류의 공동유산'(common heritage of mankind) 지역인 심해저에서의 탐사, 개발 및 수익배분 등의 현실적인 문제를 해결하기 위한 선진국과

December 1982 relating to the Conservation and Management of Straddling Fish Stocks and Highly Migratory Fish Stocks, and related instruments임.

107 보다 자세한 내용은 Sharelle Hart, "Elements of a Possible Implementation Agreement to UNCLOS for the Conservation and Sustainable Use of Marine Biodiversity in Areas beyond National Jurisdiction", *IUCN Marine Series,* No. 4, 2008 참조.

개발도상국 간 타협의 산물이다. 이행협정은 전문, 10개 조항, 부속서 등으로 구성되어 있다. 부속서는 협상시 주로 논의되었던 쟁점들의 협상결과를 담고 있으며, 당사국의 비용분담 및 조직구성, 심해저기업(Enterprise), 의사결정, 재검토회의, 기술이전, 생산정책, 경제지원, 계약의 재정조건, 재정위원회 등 9개 세션으로 구성되어 있다. 주로 선진국과 개발도상국의 이견이 존재했던 기술이전, 재정지원, 이익배분 등의 쟁점을 타결하기 위해 체결된 협정으로 내용이 상당히 기술적(technical)이다. 특히 이행협정은 타협과정 속에서 유엔해양법협약에서 의무로 규정되었던 선진국의 심해저기업이나 개발도상국에 대한 기술이전 의무 적용을 배제하였고, 또한 협약당사국이 심해저기구에 대해 가지는 자금조달지원의무의 적용 또한 배제하였다. 협정 발효 전에 잠정적으로 이행협정이 적용되도록 하는 잠정적 적용제도를 두고 있는 것도 하나의 특징으로 볼 수 있다.

〈표 6-9〉 심해저이행협정 주요 내용

법적 근거	유엔총회 결의(A/RES/48/263)
목 적	국가관할권 이원 지역이자 '인류의 공동유산'(common heritage of mankind) 지역인 심해저에서의 자원관리
협약과의 관계	유엔해양법협약 제11부와 불가분의 관계이며 단일문서로 해석·적용(제2조)
구 성	전문, 10개 조항, 부속서
잠정적 적용 제도	1994. 11. 6.까지 협정이 발효되지 않는 경우, 잠정적으로 협정 채택에 동의한 국가, 협정에 서명한 국가, 잠정적용에 동의한 국가나 단체(entity), 협정에 가입한 국가에 협정이 잠정적용되며, 어떠한 경우라도 1998년 11월 16일에 잠정적용은 종료됨(제7조).
적용 대상	State(국가), Entity(단체)
이행 주체	국제심해저기구(International Seabed Authority)/산하에 총회(Assembly), 이사회(Council), 재정위원회(Financial Commission), 법률기술위원회(Legal and Technical Commission), 경제기획위원회(Economic Planning Commission)를 둠(Annex Sec. 1.4).
협약의무의 배제	• 이행협정을 통해 유엔해양법협약 부속서 4에 규정된 당사국의 심해저기구 자금조달지원조항 적용을 배제(Annex Sec. 2.3) • 협약에서 규정한 심해저기업이나 개발도상국에 대한 기술이전의무(제3부속서 제5조)가 이행협정에 의해 삭제됨(Annex Sec. 5.2)

2. 어업이행협정 검토

유엔해양법협약은 제7부(공해) 제2절(공해 생물자원의 관리 및 보존)에서 공해어업에 대한 관리체제를 규정하고 있다. 특히 제116조에서는 공해에서 모든 국가들의 자유로운 어업활동을 허용하고 있다. 그러나 이러한 자유로운 어업활동은 공해 생물자원의 보존·관리를 위한 국가간 협력을 전제로 하고 있으며, 특히 적절한 경우에는 지역어업기구를 설립할 수 있다.[108] 또한 2개국 이상 연안국의 배타적 경제수역에 걸쳐 출현하는 어종(고도회유성어족 등) 등에 대해선 관련 국가 또는 적절한 지역기구간 어족의 보존에 필요한 조치를 하도록 규정하고 있다. 또한 내륙국(제69조) 또는 지리적 불리국(제70조)의 배타적 경제수역내 어업 접근권 및 참여권을 보장하고 있다. 이처럼 공해에서의 어업활동은 모든 국가의 자유로운 어업을 보장하면서도 관리체제 도입을 통해 적절한 관리를 하도록 규정하고 있다. 그리고 1995년 어업이행협정의 체결로 공해 및 배타적 경제수역에서의 어업질서는 보다 체계화되었다.

1995년 어업이행협정은 전문, 본문 50개조 및 부속서로 구성되어 있다. 어업이행협정은 유엔해양법협약과 일치하는 방식으로 해석·적용해야 한다. 당사국들은 국가간 보존 및 관리방법의 채택, 환경보호, 과학조사 및 자료수집 등에 있어 협력할 의무를 진다. 특히 과학적 정보가 없다 하더라도 이러한 정보의 부재가 보전과 관리 소홀로 이어지지 않도록 사전예방원칙을 도입하고 있다. 그리고 국가간 보전과 관리를 위한 협정 체결이 어려울 경우 최종협정 체결 전에 잠정협정을 체결하도록 규정하고 있다.

---

108 협약 제118조: “States shall cooperate with each other in the conservation and management of living resources in the areas of the high seas. States whose nationals exploit identical living resources, or different living resources in the same area, shall enter into negotiations with a view to taking the measures necessary for the conservation of the living resources concerned. They shall, as appropriate, cooperate to establish subregional or regional fisheries organizations to this end.” 이러한 지역어업기구에는 중서부태평양다랑어협약(Western and Central Pacific Fisheries Commission: WCPFC), 남태평양해양생물보존협정(Framework Agreement for the Conservation of Living Marine Resources in the High Seas of the Southeast Pacific, 일명 갈라파고스협정), 남동대서양어업자원관리협약(South East Atlantic Fisheries Organization: SEAFO), 전미열대참치위원회(Inter-American Trofical Tuna Commission: IATTC) 등이 있음. 권현호·최수정, “공해어업질서의 변화와 국제법적 한계”, 『국제법학회논총』, 50(2), 45쪽.

〈표 6-10〉 어업이행협정의 주요 내용

법적 근거	유엔총회 결의(A/CONF.164/37)
목 적	협약 관련 조항의 효율적 이행을 통해 경계왕래성어족과 고도회유성어족을 장기적으로 보존 및 지속 가능한 이용을 확보(제2조)
적용범위	국가관할권수역과 관할권이 미치지 않는 수역(제3조)
협약과의 관계	이행협정은 협약과 일치하는 방식으로 해석·적용(제4조)
일반원칙	관련 주체간 협력의무(제5조, 제8조, 제20조), 사전예방원칙의 적용(제6조)
잠정협정의 도입	보전과 관리를 위한 당사국간 협정체결이 유예될 경우, 잠정협정을 체결하도록 규정(제7조 제5·6항)
지역수산기구의 관리 및 기능	이행협정은 지역수산기구의 기능·역할과 당사국과의 관계 등에 대해 규정함으로써 지역수산기구를 이행협정의 주요 주체로 봄(제9·10·12·14조).
과학연구	협정당사국은 정보의 수집과 과학연구에서 협력을 해야 함(제14조).
기국의 의무	자국 어선의 어업행위에 있어 공해 어업질서 보전과 관리 조치 이행의무 부과(제18조)
강제조치	공해에서 지역수산관리기구 당사국은 타 당사국 어선에 대해 보전과 관리조치에 반하는 행위를 했다는 명확한 근거(clear grounds)가 있는 경우 승선, 검색 허용(제21~22조)
항구국의 조치	어선이 정박한 항구 소재지국은 국제법에 반하지 않고, 국가간 차별하지 않는 조건하에서 어선의 보전 및 관리 조치 의무이행에 대해 조치를 취할 수 있음(제23조).
개발도상국 지원	협정은 개발도상국 지원, 개발도상국과의 협력 등을 규정(제24~26조)
분쟁해결절차	협정은 당사국간 분쟁의 평화적 해결 원칙, 협약 제287조에 근거한 분쟁해결수단, 잠정조치, 협약 제297조 제3항의 분쟁해결적용의 예외적용 등을 규정(제27~32조)

Ⅳ. '해수면 상승과 해양경계이행협정(가칭)' 체결 방안

'해수면 상승과 해양경계이행협정'(Agreement for the Implementation of UNCLOS for the Sea Level Rise and Maritime Delimitation: 해양경계이행협정)은 현재 논의가 진행되고 있거나 존재하고 있는 협정이 아니며, 이 글에서 해수면 상승에 따른 쟁점 해결 방안의 하나로 제시하고자 하는 것이다. 따라서 아래의 내용들은 앞서 살펴본 심해저이행협정, 어업이행협정의 내용을 토대로 예시적으로 제시하고 있는 내용이다.

1. 의 의

'해양경계이행협정'은 유엔해양법협약이 예상하지 못한 기후변화와 해수면 상승이라는 외부환경 변화를 고려하고 있으며, 실질적인 법적 공백을 메운다는 점에서 협약의 효율적 이행이라는 목적으로 체결된 기존의 심해저이행협정과 어업이행협정과는 그 성격이 다르다. 그리고 당사국에 구속력을 가지는 협정이라는 점, 국제관습법 형성을 위한 국가관행과 법적 확신의 증거가 될 수 있다는 점에서 규범화 방안으로서 의의가 있다.

2. 주요 내용

앞서 살펴본 이행협정은 각각 다른 목적에서 출발하였다. 심해저이행협정의 경우, 협약의 제11부의 내용에 대한 선진국과 개발도상국의 이견을 해소하기 위해, 어업이행협정은 협약 내용을 보다 효율적으로 이행하기 위하여 체결되었다. 이에 대해 해양경계이행협정의 경우 협약에서 예견하지 못한 해수면 상승에 따른 해양경계 변화 가능성에 주목하여 향후 예상되는 해양환경 변화에 대응하기 위한 '있어야 할 법'(*lex ferenda*)적 측면을 고려하고 있다.

(1) 법적 근거 및 목적

해양경계이행협정의 체결 목적은 크게 두 가지로 나눌 수 있다. 첫째, 이미 체결된 해양경계협정에서는 해수면 상승으로 인한 해양경계와 해양관할수역의 변화로 발생하는 문제 해결을 위한 규범화 내용을 규정하는 것이고, 둘째, 향후 체결될 해양경계협정을 위해선 해수면 상승을 고려한 협상준칙과 규범화 내용을 담아냄으로써 궁극적으로 국제해양법질서의 안정성과 이해당사국간 이익의 조화를 모색하는 데 있다. 이러한 목적은 결국 유엔해양법협약이 명문화하고 있는 협약의 설립목적과 일치한다.

(2) 적용범위

공간적 범위에 있어서 해양경계이행협정은 영해, 대륙붕, 배타적 경제수역 등 수역의 유형과 상관없이 해양경계협정을 통해 획정된 수역을 대상으로 한다. 이미 체결된 해양경계협정뿐만 아니라 향후 체결될 것으로 예상되는 국가간 해양경계협정의 경우도 협약이 해양경계협정 체결을 위한 지침을 제공해 준다는 측면에서 협정의 적용대상이 된다. 또한 예외적으로 소도서국가의 경우 국가간 해양경계획정이 아닌 경우라 하더라도 해양관할권 소실의 경우를 포함해 해수면 상승으로 인한 해양경계의 변화와 관련해서도 이행협정의 적용대상에 포함시킨다.

(3) 협약과의 관계

이행협정과 협약의 규정은 단일문서로 해석·적용되며, 이 협정의 적용과 해석에 있어서는 협약의 내용과 일치하도록 한다. 그리고 협약과 일치하지 아니하는 경우는 이 협정의 규정이 우선한다. 이는 심해저이행협정의 경우와 동일한 형식으로 규정하여 협약에 의해 창설된 법적 레짐을 변경할 의도를 가질 수 있도록 한다.

(4) 수역의 법적 성격

해양경계이행협정 역시 협약에서 규정하고 있는 각 해양관할수역의 법적 성질을 기본원칙으로 한다. 그러나 예외적으로 해수면 상승을 통해 기점과 해양경계가 변화하는 경우 기존의 해양경계수역과 비교하여 변화가 발생한 수역을 대상으로 법적 성격을 규정해야 할 상황에서는 동 이행협정을 통해 설립된 해양경계특별위원회를 중심으로 관련 당사국간 특수사정을 고려한 협의를 바탕으로 수역의 법적 성격을 규정할 수 있도록 한다. 나아가 수역내 법적 이익(legal interests)이 있다고 인정되는 제3국을 협의에 참여하도록 할 수 있다.

(5) 해양경계 원칙

해양경계이행협정은 새로운 해양경계협정이 체결되거나 기존 해양경계협정이 해수면 상승 등 외부환경의 변화로 개정 또는 신규 협정이 체결될 때에도 원칙적으로 협약상 기선제도(제5조~제15조)를 바탕으로 대향국간 또는 인접국간의 경계획정에 관련된 배타적 경제수역(제74조), 대륙붕의 경계획정(제83조)을 원칙으로 한다. 관련국은 공평한 해결에 이르기 위해 ICJ 규정 제38조에 규정된 국제법을 기초로 하는 합의를 바탕으로 하고, 잠정협정도 체결할 수 있다.

(6) 신규 해양경계협정 체결준칙

유엔해양법사무국(DOALOS)이 2000년에 발간한 「해양경계획정지침서」(Handbook on the Delimitation of Maritime Boundaries)에서는 해양경계협정 체결시 해수면 상승 등의 환경변화를 예견하고 있지 않는 것으로 보인다. 해양경계는 사안별로 고려해야 할 요인이 다르고, 관련 사정도 다르기 때문에 이러한 점들을 모두 고려하여 해수면 상승에 따른 해양경계준칙을 마련할 수는 없다. 다만 해수면 상승을 고려한 해양경계획정지침서를 마련하고, 이를 바탕으로 해양경계획정 변화 가능성에 대처하기 위해 국제사회 차원에서 해양경계협정을 처음 체결할 경우 또는 기존 해양협정의 개정을 추진할 경우에 고려할 수 있도록 할 수 있다. 이러한 준칙은 동 협정에서 설립하고자 하는 해양경계특별위원회를 통해 마련될 수 있으며, 해양경계획정에서 고려해야 할 여러 요인을 고려해 권고 또는 지침 형식으로 제정될 수 있다. 일례로 해수면 상승이라는 외부환경을 고려한 신규 해양경계협정 체결시 그린란드－캐나다 간 대륙붕 경계획정협정[109] 제4조 제2항[110]의 도입을 고려할 수 있다. 아래와 같은 내용으로 신규 해양경계획정협정 제정시 조문화하도록 권고하는 것도 하나의 방안이 될 수 있다.

> "만일 새로운 조사 또는 조사의 결과에 따른 해도나 지도에 근거해 해양경계선이 *해수면 상승에 관련하여* 조정될 필요가 있는 경우에는 협정당사국들은 기존의 해양경계획정에 사용된 동일한 원칙에 기반하여 조정이 이루어질 것이고, 그러한 조정이 협정의 의정서에 반영되어야 한다는 사실에 동의해야 한다"(If new surveys or resulting charts or maps should indicate that the dividing line requires adjustment *relating to sea-level rise*, the Parties agree that an adjustment will be carried out on the basis of the same principles as those used in determining the dividing line, and such adjustment

109 Agreement between the Government of the Kingdom of Denmark and the Government of Canada relating to the Delimitation of the Continental Shelf between Greenland and Canada, 1973. 12. 17. http://www.un.org/Depts/los/LEGISLATIONANDTREATIES/PDFFILES/TREATIES/DNK－CAN1973CS.PDF(2017. 9. 2. 검색).

110 제4조 제2항: "If new surveys or resulting charts or maps should indicate that the dividing line requires adjustment, the Parties agree that an adjustment will be carried out on the basis of the same principles as those used in determining the dividing line, and such adjustment shall be provided for in a Protocol to this Agreement."

shall be provided for in a Protocol to this Agreement). (이탤릭체 및 밑줄은 그린란드–캐나다 간 대륙붕 경계획정협정의 제4조 제2항에서 신규로 저자가 추가하여 강조)

(7) 해양경계특별위원회 설립 및 기능

동 이행협정의 체결에서 핵심적인 사항 중 하나는 유엔해양경계특별위원회를 설립하는 것이다. 위원회는 해수면 상승과 해양경계 문제 전반을 의제로 다루고, 특히 해양경계 관련 법적 문제에 대해 조사, 평가를 통해 당사국과 관련 제3국에 공식적인 의견을 제출할 수 있다. 또한 ITLOS를 통해 법적 문제에 대한 권고적 의견(advisory opinion)을 내릴 수 있는 권한을 부여할 수 있다. 그러나 이 경우 해양경계특별위원회가 ITLOS에 권고적 의견을 요청할 수 있다는 점은 이행협정에 반드시 명시되어야만 한다. 왜냐하면 ITLOS 규칙 제138조에서는 "협약의 목적과 관련된 국제협정에서 ITLOS에 권고적 의견을 요청할 수 있다고 특별히 규정하는 경우에 국제해양법재판소는 권고적 의견을 줄 수 있다"고 규정하고 있기 때문이다.[111] 이 조항은 유엔해양법협약 이외의 국제협정에 의해 ITLOS 관할권 성립을 인정하는 협약 제288조 제2항과 ITLOS 규정 제21조에 의해 정당화된다.[112] 또한 해양경계특별위원회는 해수면 상승과 관련해 해양경계협정의 동결, 해수면 상승에 의해 변동된 해양경계수역의 법적 성격, 특수한 수역으로서 공간적 방식의 도입 여부, 소도

---

111 협약 제138조 제1항: "The Tribunal may give an advisory opinion on a legal question if an international agreement related to the purposes of the Convention specifically provides for the submission to the Tribunal of a request for such an opinion." 실제로 유엔해양법협약은 국제해양법재판소에 직접적으로 권고적 의견을 내릴 수 있는 권한을 부여하지 않고 있다. 다만 협약 제191조에 따라 "심해저분쟁재판부는 총회나 이사회의 활동범위 안에서 발생하는 법률 문제에 대해 총회나 이사회의 요청에 따라 권고적 의견을 제시할 수 있다"고 규정하고 있다. 이는 국제해양법재판소 규칙(Rules of ITLOS) 제130조~제138조에 구체화되어 있다. 그러나 협약 제191조를 해석해 보면 ITLOS가 총회나 이사회의 활동범위 내에서 발생하는 법률 문제에 대해선 권고적 의견을 낼 수 있다고 해석 가능하고, 특히 국제협정에 명시하는 경우 ITLOS 규칙 제138조 제1항에 근거해 가능하다고 볼 수 있다.

112 정진석, "국제해양법재판소의 관할권", 『국제법학회논총』, 50(2), 285쪽.
협약 제288조 제2항: "2. A court or tribunal referred to in article 287 shall also have jurisdiction over any dispute concerning the interpretation or application of an international agreement related to the purposes of this Convention, which is submitted to it in accordance with the agreement."
ITLOS 제21조: "The jurisdiction of the Tribunal comprises all disputes and all applications submitted to it in accordance with this Convention and all matters specifically provided for in any other agreement which confers jurisdiction on the Tribunal."

서국가에 대한 특별지위 부여와 그에 따른 이행조치 등 관련 사안에 대해 지속적으로 검토하고, 유엔총회에 상정하여 국제사회의 컨센서스 도출 및 국가관행 축적으로 이어질 수 있도록 노력해야 할 책임을 부담한다.

(8) 제3국과의 관계

해양경계획정 당사국은 일반적으로 해양경계협정 체결시 제3국의 이익을 고려해야 한다. 나아가 이행협정은 제3국에 능동적인 권리를 부여할 수 있다. 즉, 제3국은 해수면 상승으로 인한 해양경계의 변화에 따라 해양경계협정을 통해 형성되었던 기존의 연안국 관할수역에 변경이 있을 경우, 변경수역 내에서 이해관계 또는 법익이 있다고 판단할 경우 해양경계특별위원회를 통해 해양경계협정 당사국과 협의할 수 있도록 요청할 수 있고, 위원회는 이러한 요청에 대해 판단할 수 있다.

(9) 소도서국가 특별조항 도입

해양경계이행협정은 해수면 상승으로 인한 피해를 직접적으로 받게 되는 소도서국가의 지위를 특별히 고려한다. 이는 타 이행협정에서 개발도상국의 특수지위를 고려하는 것과 같은 맥락으로 이해할 수 있다. 협약에서 규정하고 있는 기선제도와 해양경계획정 원칙을 고수할 경우, 소도서국가는 해수면 상승으로 인한 기점의 소멸, 특히 소도서국가의 육지 축소 등으로 일정 해양관할수역을 잃어버리게 된다. 또한 경제구조상 어업 등 해양경제에 크게 의존할 수밖에 없는 특수상황을 고려하고, 나아가 국제법주체로서의 국가소멸이라는 문제를 국제사회 차원에서 해결하기 위한 방안으로 볼 수 있다. 이러한 점들을 고려해 소도서국가의 경우 해수면 상승으로 인해 관할수역이 축소되거나 섬 국가 자체의 소멸을 염두에 두고 예외적으로 대우할 수 있는 특별조항을 둘 수 있을 것이다.

(10) 지역적 이행협정과의 관계

해양경계이행협정에서는 지역적 이행협정과의 관계를 규정할 필요가 있다. 이는 일반적인 이행협정과 별도로 소도서국가들이 밀집해 있는 태평양 또는 대서양, 분쟁 중 또는 분쟁 가능성이 높은 지역, 국제사회의 공유물적 성격이 높은 지역(남극 등 지역) 등을 고려하여 특수한 지역상황에 보다 적합한 지역적 이행협정이 체결될 가능성이 높다. 선후의 차이는 있더라도 유엔을 통해 설립되는 일반적 해양경계이행협정과 지역적 이행협정은 각각 체결될 가능성이 높으며, 서로 양립하되 유엔해양법협약과 일치하는 방식으로 해석·적용되어야 한다.

〈표 6-11〉 해양경계이행협정의 주요 내용(제안)

구 분	주요 내용
법적 근거 및 목적	유엔총회 결의, 기 체결 해양경계협정에서 해수면 상승으로 인한 해양경계와 해양관할수역의 변화로 발생하는 문제를 해결하고, 향후 체결될 해양경계협정에 해수면 상승 대응 조항을 삽입함으로써 평화롭게 안정적인 해양질서 확보
적용 범위	• 수역적 범위: 배타적 경제수역, 대륙붕, 영해 등 해양경계협정으로 확정된 수역 • 대상적 범위: 기존 해양경계협정 및 새로이 체결될 해양경계협정
협약과의 관계	이행협정은 협약과 일치하는 방식으로 해석·적용
수역의 법적 성격 규정	협약에서 규정하고 있는 각 해역의 법적 성질을 원칙으로 고려하되, 법적 이익이 있다고 생각하는 제3국과의 협의를 통해 수역의 법적 성격을 규정할 수 있음.
해양경계원칙	형평한 해결을 목적, 협약상 기선제도하에 해양경계획정 원칙이 적용됨
신규 해양경계 협정 체결준칙	권고 또는 지침의 형식으로 기 체결 해양경계협정의 개정, 특히 신규 해양경계협정 체결을 위한 준칙을 제정(예를 들어, 해수면 상승으로 인한 해양경계협정 재협상 조항 등)
해양경계특별위원회 설립·운영	• 유엔해양경계특별위원회를 설립하여 조사, 평가, 권고적 의견 등의 권능 부여 • 해수면 상승과 해양경계와 관련한 법적 쟁점 검토 및 유엔총회 상정 • 해수면 상승을 반영한 해양경계협정 준칙 마련
제3국과의 관계	제3국의 이익 존중하여 제3국에 능동적 권리 부여
섬국가 특별대우조항	'형평'과 '정의'적 측면에서 기후변화와 해수면 상승의 환경하에서 섬국가의 특별지위 고려
지역 이행 협정과의 관계	일반적인 이행협정과 별도로 분쟁 중 또는 분쟁 가능성이 높은 지역 또는 국제사회의 공유물적 성격이 높은 지역에 적용될 이행협정 체결 시 협약과 일치하는 방식으로 체결, 양립 가능
과학조사 및 정보교환	기점, 해도, 지리적 좌표, 과학적 정보 및 정보교환, 공동과학조사 등 협력 필요
분쟁해결절차	분쟁의 평화적 해결 원칙, 협약 제287조에 근거한 분쟁해결수단 적용

(11) 과학조사 및 정보교환

해수면 상승과 관련해 실제 해양경계획정을 위한 기점에 영향을 미칠 것인지, 예상되는 해수면 상승의 높이, 영향받는 해역의 변화 등은 과학적인 자료와 조사에 기반해야 한다. 이러한 과학조사는 국가간 해양경계획정을 위해 중요한 근거가 되며, 또한 협약 제16조에 근거해 유엔사무총장에게 기탁해야 할 해도의 작성을 위해 중요하다. 따라서 연안국이 독자적으로 수행한 과학조사 및 정보의 교환, 그리고 이러한 과학적 조사가 어려운 개발도상국과 소도서국가에 대해선 이를 지원·협력할 수 있는 기제를 마련하고, 관련 이해관계국간 협력을 통한 공동과학조사 등이 도입될 수 있다.

(12) 분쟁해결절차

기존 이행협정과 동일하게 해양경계협정의 해석과 적용에 관해서 분쟁의 평화적 해결을 원칙으로 한다. 협약 제287조에 근거한 분쟁해결수단이 동일하게 적용될 수 있다.

3. 소 결

해양경계이행협정은 아직 논의 이전이지만, 여기서는 해수면 상승과 관련한 쟁점 해결 방안 중 하나로 제안하였다. 해양경계이행협정은 해수면 상승으로 인한 해양경계와 해양관할수역의 변화로 발생하는 문제를 해결하고, 향후 체결될 해양경계협정에 해수면 상승 대응조항을 삽입함으로써 안정적인 해양질서를 확보하기 위한 규범화 방안으로 유엔해양법협약을 보완하는 성격을 지니며, 협약과 일치되는 방향으로 해석할 수 있다. 또한 심해저이행협정과 어업이행협정과 마찬가지로 어업협력의 의무, 평화로운 분쟁해결절차의 적용 및 지역적 이행협정과의 관계 등의 내용도 포함될 수 있다. 그러나 해양경계이행협정은 다음과 같은 내용으로 기존의 이행협정과 차별적 성격을 갖는다.

첫째, 보완적이며, 선제적인 성격을 갖는다. 기존 이행협정이 협약에서 규정하고 있는 내용을 실무적으로, 또는 효율적으로 이행하기 위한 것임에 반해, 해양경계이행협정은 앞으로 일어날 상황을 예측하고, 이를 바탕으로 유엔해양법협약만으로는 해결이 어려운 문제를 선제적으로 대응하기 위한 성격이 강하다.

둘째, 제3국가의 법적 이익을 고려한다. 기존의 해양경계협정이 대향국 또는 인접국간 체결됨을 전제로 한 당사국 중심적 협정이지만, 해양경계이행협정은 당사국 이외의 제3국의 이해관계를 특별히 고려한다. 다만 이러한 제3국의 참여는 일정한 조건하에서 해양경계특별위원회를 통해서 이루어진다. 수역의 성격 규정 또는 해양경계협정의 개정 등에 있어 해양경계특별위원회를 통해 당사국들과의 협상에 참여할 수 있을 뿐이며, 분쟁시 사법적 해결수단이 규정하고 있는 절차에 따라 소송을 해결방안의 하나로 활용할 수 있다.

셋째, 이행협정은 소도서국가에 대한 특별대우조항을 둔다. 협약상 기선에 기반한 해양경계획정 방식을 원칙으로 하되, 예외적으로 해수면 상승의 영향을 고려하여 일정한 해양관할수역을 유지할 수 있도록 방안을 모색한다. 이러한 규범화 작업은 해양경계특별위원회를 통해 제안·검토될 수 있다.

넷째, 이행협정은 효율적인 이행기구로서 해양경계특별위원회를 설립한다. 해양경계이행협정은 타 이행협정보다 국가간 협력을 필요로 하며, 이러한 국가간 협력이 보다 체계적·절차적으로 이루어지기 위해 이러한 업무를 담당하는 특별위원회를 설립한다. 해양경계특별위원회는 해양경계와 관련된 과학조사 및 평가, 제3국의 법적 이익 검토, 소도서국가의 특별지위를 고려한 협정의 이행, 해수면 상승과 해양경계 관련 법적 문제에 대한 검토, 그리고 법적 문제의 해석에 대해서 ITLOS에 권고적 의견 요청 등을 할 수 있으며, 이러한 권능의 범위는 협정을 통해 명시될 수 있다.

제4절 유엔해양법협약 개정을 통한 합의 도출 방안

Ⅰ. 의 의

유엔해양법협약 개정과 국제관습법 형성 논의는 앞서 제1절에서 제3절까지 제시한 방안 논의를 포괄적으로 연계하는 규범화 방안으로 볼 수 있다. 유엔해양법협약 개정의 경우 협약 제312조에서 개정조항을 두고 있으나, 개정내용에 대한 공감대가 협약당사국간 충분히 형성되어야 하는 것은 물론이고, 국내 헌법 개정이 매우 엄격한 조건하에 이루어지듯 협약 개정 역시 협약당사국의 1/2이 개정에 대해 동의를 해야 가능하다. 그러나 유엔해양법협약이 체결된 1982년 기준으로 35년이 지났다. 해양법을 둘러싼 국제환경도 그 기간 동안 많이 변했고, 앞으로도 그 변화는 지속될 것이다. 기후변화와 해수면 상승이라는 외부환경도 국제해양법의 긴 역사를 토대로 보면 최근의 일이고, 협약이 이러한 현상을 예견하지 못하고 있었다는 데 대해 큰 이견이 없어 보인다.[113]

이렇듯 유엔해양법협약에서 해양법 분야의 모든 부분을 담아내고, 국가의 권리와 의무를 명확하게 구분해 놓지 않고 있다 하더라도 그러한 공백으로 인해 국제해양법질서가 불안정해지지는 않을 것이다. 앞서 언급한 관련 이행협정의 체결, 그리고 해양법과 관련된 유엔총회 결의 등의 채택을 통해 변화하는 해양법환경에 능동적으로 대처하기 위한 방식이 별도의 기제로 가동되고 있기 때문이다. 또한 국가의 관행과 법적 확신이라는 요건의 충족을 통해 협약의 목적과 위배되지 않고 협약을 보충해 주는 국제관습법이 형성될 수 있기 때문이다. 특히 Alan Boyle 교수는 유엔해양법협약 개정의 어려움을 전제로 협약의 개정을 통하지 않고 협약이 지속적으로 발전할 수 있는 방안으로 협약의 진보적 해석, 유엔총회 결의 등의 연성법(soft law)을 통한 협약의 발전, 지역협정의 체결을 통한 보완, 타 다자조약과의 통합적 관계 정립 등을 들고 있다.[114]

그러나 이러한 보완적 기제의 다양성에도 불구하고, 법적 안정성, 법적 구속력

---

113 ILA, *supra* note 2, p.18.

114 Alan Boyle, "Further Development of the Law of the Sea Convention: Mechanism for Change", *The International and Comparative Law Quarterly*, Vol. 54, No. 3, 2005, pp.563~584.

등의 측면에서 유엔해양법협약의 개정은 해양법의 환경변화를 고려한 국가의 권리·의무를 성문화된 협약을 통해 재조정한다는 의미에서 최종적이며, 가장 효율적인 방안으로 볼 수 있다. 특히 유엔해양법협약의 내용이 국가관행과의 괴리가 발생할 가능성이 높아질수록 협약 개정을 통해 협약의 흠결 또는 공백을 치유하는 것이 가장 확실한 방법이 될 것이다. 이러한 측면에서 비록 협약의 개정이 아주 어려운 작업이라는 인식이 널리 공유되고 있다 하더라도 협약상 개정절차를 둔 이유를 고려한다면 협약의 개정이 불가능한 것만은 아닐 것이다. 따라서 이 절에서는 기후변화와 해수면 상승에 대한 해양경계 변화 가능성과 앞서 살펴본 개별적 규범화 방안들을 고려하여 협약이 어떠한 방향으로 개정될 필요가 있는지에 대해 살펴보기로 한다.

Ⅱ. 협약의 개정절차

협약 제312조 제1항에 따르면 발효일로부터 10년이 지난 후 유엔사무총장이 서면통보를 통해 규정에 대한 개정안을 제안하고 소집을 요청할 수 있다. 이러한 통보는 모든 당사국에 대해 회람되며 회람일로부터 12개월 이내에 당사국의 과반수가 동의하면 사무총장은 회의를 소집할 수 있다. 다만 심해저활동 관련 규정의 경우 제314조에 규정된 별도의 개정절차에 따른다.[115] 한편 제313조에서는 약식에 의한 개정절차에 대해 규정하고 있다. 이에 따르면 협약당사국은 유엔사무총장에 대한 서면통보를 통해 협약 개정안을 약식절차에 의해 채택할 수 있도록 제안할 수 있다(제1항). 사무총장이 이러한 통보를 모든 당사국에 회람하고, 이러한 통보가 회람된 후 12개월 이내에 어느 한 당사국이 개정안 또는 약식절차를 통한 개정안 채택 제안에 반대할 경우 그 개정안은 기각된 것으로 본다(제2항). 그러나 이러한 통보가 회람된 후 12개월이 경과될 때까지 어떠한 협약당사국도 개정안 또는 약식절차를 통한 채택에 반대하지 않는 경우, 그 개정안은 채택된 것으로 본다(제3조). 그리고 제316조에 근거해 개정안이 채택된 후 협약당사국의 2/3 또는 60개 당사국 중 더 많은 수의 비준서 또는 가입서가 기탁된 후 30일째 되는 날에 비준 또는 가

115 제314조 제1항에 따르면 사무총장이 서면통보를 통해 개정을 제안하고, 당사국에 회람한 후 개정안은 이사회 승인 후 총회의 승인을 받는다. 이때 이사회와 총회에 의해 승인된 개정안은 채택된 것으로 본다.

입한 국가에 대해 개정된 협약이 발효된다.

Ⅲ. 개정 쟁점 고찰

협약이 체결된 이후 협약 조항, 그리고 협약에 반영되지 못한 제도의 허용 여부 등에 대한 해석·적용에 있어서의 이견은 꾸준히 제기되어 왔다. 뿐만 아니라 과학기술의 발달을 포함해 해양을 둘러싸고 변화하는 외부환경은 협약의 개정 요구를 높여주고 있다.116 여기서는 이 글에서 다루는 주제인 기후변화와 해수면 상승의 문제와 직·간접적으로 관련 있는 쟁점에 대해서 살펴 보도록 한다. 이에 따라 기선제도, 해양경계, 인공섬, 섬 관련 조항, 특수수역의 도입 등을 중심으로 협약 개정의 방향성을 보여주기 위해 협약 개정시 논의가 가능한 내용을 여기서 제안하도록 한다. 이러한 제안을 위해 협약의 원문과 개정을 통해 도입하고자 하는 제안을 함께 표시하도록 한다. 또한 제안 조항의 경우 기존 조문의 개정 또는 신규 조문의 도입을 위해 추가된 내용은 밑줄과 이탤릭체로 강조하여 나타낸다.

1. 기선제도

(1) 쟁 점

해수면 상승이 국제법에 미치는 영향, 특히 소도서국가와 해양경계에 미치는 영향을 살펴보는데 있어 출발점은 유엔해양법협약상 기선제도이다. 협약이 채택하고 있는 통상기선(제5조), 직선기선(제7조) 모두 해수면 상승에 직접적인 영향을 받기 때문이다. 통상기선의 경우 연안국이 공인한 대축척해도에 표시된 해안의 저조선인데, 해수면 상승으로 인해 저조선이 육지 쪽으로 이동하게 된다. 직선기선의 경우 바다 쪽 외곽 기점간 연결을 통해 설정되는데, 해수면 상승으로 기점이 소멸시 기선은 변화하게 되고 일반적으로 육지 쪽으로 이동하게 된다. 이러한 기선 변화는 해양경계에 영향을 미치게 되는데, 앞서 살펴본 바와 같이 해양경계획정 불변

---

116 협약 체결시부터 학설, 국가의 관행 등에서 이견이 있었던 기선제도, 섬 조항, 역사적 수역(historic waters), 군함의 무해통항권, EEZ에서의 군사활동, 인류의 공동유산 개념 등의 문제에서 점차 과학기술, 해역관리 기제, 기후변화, WMD 규제 등의 환경적 요인으로 인해 불법어업(IUU), 극지(Arctic/Antactic), 해양보호수역(Marine Protection Area: MPA), 대량살상무기확산방지구상(Proliferation Security Initiative: PSI), 국가관할권 이원의 생물다양성 보호 등이 협약의 새로운 해석·적용 문제로 부각되고 있다.

의 입장은 유엔해양법협약 제7조 제2항, 제76조 제9항의 해석[117]에 근거하여 협약의 법적 안정성을 강조하고, 해양경계획정 변화의 입장은 '육지가 바다를 결정한다'는 명제를 바탕으로 해양경계 획정의 시작이 되는 기점과 기선의 변화는 필연적으로 해양경계의 변화로 이어진다고 본다.

한편 국제법협회 기선위원회는 보고서를 통해 "통상기선은 인공적인 구조물 설치, 매립 등으로 바다 쪽으로 더 나아갈 수 있고, 반대로 침식, 해수면 상승 등으로 육지 쪽으로 더 들어올 수 있기 때문에 기본적으로 변화하는(ambulatory) 속성을 지니고 있다. 후자의 경우 극단적인 상황에서는 기선을 통해 획정되는 해양관할수역, 육지 전체를 소실할 수도 있다. 현재 통상기선 관련 규범으로는 이러한 잠재적인 심각한 문제에 대한 적절한 해답을 제시할 수 없다"라는 의견을 제시하였다.[118] 이러한 견해는 협약상 기선제도를 통해선 해수면 상승이라는 외부 환경의 변화에 대응하기 어렵다는 인식을 보여주고 있다.

(2) 제 안

유엔해양법협약상 통상기선과 직선기선 제도는 국제판례와 국가실행의 축적에 의해 협약상의 제도에서 국제관습법적 제도로 이행되었다고 평가된다. 이는 협약상 기선제도가 협약의 비당사국의 해양경계획정에도 구속력을 가질 수 있음을 의미한다. 해수면 상승은 통상기선과 직선기선에 직접적으로 영향을 미친다. 이러한 영향력은 국가마다 상이하며, 특히 저지대 연안국과 소도서국가에 훨씬 심각한 피해를 끼칠 것으로 예상된다. 따라서 이러한 특수한 상황에 놓인 국가들을 고려하면서도 기존의 기선제도의 골격을 해치지 않는 범위 내에서 다음과 같은 개정방안을 예시로 제시할 수 있다.

> **제5조(통상기선)** 영해의 폭을 측정하기 위한 통상기선은 이 협약에 달리 규정된 경우를 제외하고는 연안국이 공인한 대축척해도에 표시된 해안의 저조선으로 한다. *다만, 해안의 저조선에 대해 국제적인 승인을 받은 경우에는 그러하지 아니하다.*[119]

---

117 협약 제7조 제2항: "삼각주가 있거나 그 밖의 자연조건으로 인하여 해안선이 매우 불안정한 곳에서는, 바다 쪽 가장 바깥 저조선을 따라 적절한 지점을 선택할 수 있으며, 그 후 저조선이 후퇴하더라도 직선기선은 이 협약에 따라 연안국에 의하여 수정될 때까지 유효하다."

118 ILA, *supra* note 2, p.12.

119 이 조항의 추가 부분은 해수면 상승에도 불구하고 소도서국가, 저지대 연안국의 기존 통상기선 효력이 지속될 수 있도록 함으로써 해양관할권 소실을 줄이도록 하는 방안을 고려한 것이다. 즉 통상기선이 해수면 상승에 의해 변화하는 속성이 있고, 협약에서는 이를 원칙으로 하

제7조(직선기선)

…

4. 직선기선은 간출지까지 또는 간출지로부터 설정할 수 없다. 다만, 영구적으로 해면 위에 있는 등대나 이와 유사한 시설이 간출지에 세워진 경우, 간출지 사이의 기선설정 또는 이 일반적으로 국제적인 승인을 받은 경우, 또는 *원래 직선기선 설정 대상인 협약 제121조상 섬 또는 암석이었으나, 이후 간출지가 된 경우에는* 그러하지 아니하다.
5. 제1항과 *제4항의* 직선기선의 방법을 적용하는 경우, 특정한 기선을 *결정하고 유지함*에 있어서 그 지역에 특유한 경제적 이익 또는 *고려해야 할 특수한 사정이 있다는* 사실과 그 중요성이 오랜 관행에 의해 명백히 증명된 경우 그 경제적 이익 또는 *특수한 사정을* 고려할 수 있다.120

제16조(해도와 지리적 좌표목록)

…

2. 연안국은 이러한 해도나 지리적 좌표목록을 적절히 공표하고, 그 사본을 유엔사무총장에게 기탁한다. *다만 연안국이 해도나 지리적 좌표목록을 영구적으로 기탁하여 기선을 동결하고자 할 경우에는 유엔사무총장은 총회에 사안을 회부하여 기탁 여부를 결정할 수 있다.*121

2. 해양경계

(1) 쟁 점

국가간 해양경계의 문제는 기본적으로 서로 마주보고 있거나 인접한 연안국간

나 소도서국가, 저지대 연안국에게는 국제적 승인을 요건으로 이에 대한 예외를 인정하기 위함이다. 국제적인 승인은 여러 형식으로 나타날 수 있는데, 유엔총회 또는 안보리 결의, 해양경계이행협정의 체결과 그 내용으로의 반영 등이 하나의 사례가 될 수 있다.

120 특정한 기선을 '결정함'에 있어서란 문구를 '결정하고 유지함'으로 바꾸고, 원 조문의 경제적 이익이 있다는 사실과 더불어 '특수한 사정'의 요인을 개정을 통해 추가함으로써 기존의 직선기선 유지의 사유로 해수면 상승이 특수한 사정으로 고려될 수 있도록 한다.

121 Hayashi Moritaka 교수는 연안국의 기선 동결과 관련해 아래와 같은 조문을 협약에 새롭게 규정하는 방안을 제시하였다. "A coastal state may declare the baselines established in accordance with the relevant provisions of UNCLOS as permanent once it has shown them on charts of an adequate scale or described them by a list of geographical coordinates, and given due publicity thereto, notwithstanding subsequent changes in geographic features of coasts or islands due to sea level rise." Hayashi Moritaka, "Islands' Sea Areas: Effects of a Rising Sea Level", *Review of Island Studies,* 2013, p.15.

합의를 통해 이루어진다. 그러나 해양경계의 획정은 필연적으로 당사국을 제외한 제3국의 권리에 영향을 미치게 된다. 현재 해수면 상승으로 인해 해양경계가 변화할 가능성이 커지고, 이는 국제해양질서의 불안정과 해양경계협정 당사국과 제3국간 이익의 재조정 문제로 이어질 가능성 또한 제기되고 있다. 해수면 상승과 국가간 해양경계 문제에 대해서 이 글에서는 당사국간 협상을 원칙으로 하되, 국제질서의 안정성을 위해 해양경계협정 당사국간에는 기존 해양경계의 동결 방안을 우선 고려하고, 해양경계협정 당사국과 비당사국 간에는 권리의 조화로운 배분 측면에서 협정 비당사국의 권리를 여러 방안을 통해 보호할 수 있도록 하는 방안을 제시하였다.

(2) 제 안

실제로 해양경계와 관련된 쟁점을 모두 고려하여 이를 개정을 통해 담아내기란 어렵다. 국가간 해양경계는 기선획정에서부터, 해양경계획정을 위한 특수한 사정의 고려부터, 획정된 수역의 성격에 이르기까지 단절됨 없이 모두 하나로 연결되어 있기 때문이다. 해양경계 문제의 경우, 협약상 대륙붕과 EEZ의 해양경계획정 원칙을 따른다는 전제하에 '해수면 상승과 해양경계이행협정'(가칭)의 체결과 유엔해양법협약의 개정 두 가지 방안이 함께 진행될 필요가 있으며, 가능한 구체적인 절차적·실체적 내용은 전자의 해양경계협정에 담기고, 협약의 개정은 최소화하는 것이 바람직하다고 본다. 원칙적으로 해양경계획정은 대향국 또는 인접국간 합의를 통해 이루어지므로, 제3국이 이러한 당사국간 해양경계협정을 위한 합의에 개입하지 않는 것이 원칙이다. 따라서 해양경계협정과 관련해 제3국의 권리보호를 위한 예외적 규정만 협약에 반영하고, 나머지의 구체적인 내용은 이행협정을 통해 반영하는 것이 바람직하다. 이를 고려해 협약의 개정과 관련해서는 이에 배타적 경제수역과 대륙붕 획정을 규정한 제74조, 제83조에서 모두 제5항으로 아래와 같은 신규조항을 둘 수 있을 것이다.[122] 아래에서는 배타적 경제수역 관련 조항인 제74조를 예시로 제시한다.

제74조(대향국간 또는 인접국간의 배타적 경제수역의 경계획정)

…

5. *해수면 상승 또는 기타 사유로 인한 대향국간 또는 인접국간 체결된 배타적 경제*

---

122 앞서 언급한 '해수면 상승에 따른 해양경계이행협정'이 체결된다는 전제하에 '해양경계특별위원회'가 설립되었음을 전제로 조항의 개정을 고려한다.

수역 경계에 변화가 생길 경우 일방당사국 또는 이해관계가 있는 제3국이 요청으로 해양경계특별위원회를 통해 새로운 배타적 해양경계획정에 대한 협상을 개시할 수 있다. 이 경우 이해관계가 있는 제3국은 해양경계특별위원회에 요청하고, 위원회가 협정당사국과의 협의를 통해 협상 참여를 결정할 수 있다.

3. 섬(island) 조항

(1) 쟁 점

이는 해수면 상승으로 인해 섬이 협약 제121조 제3항의 요건으로 충족하지 못하는 암석 또는 간출지로 될 경우가 논의의 핵심이다. 섬 조항의 협약 개정과 관련하여 Natalia Prisekina의 제안을 살펴보면 다음과 같다.[123] 첫째, 제121조 제3항에서는 영해와 EEZ의 폭을 각각 12해리, 200해리로 규정해 놓았듯이 EEZ와 대륙붕을 가질 수 있는 섬의 크기도 구체적으로 제시하자고 제안하였다. 둘째, 인간 정주가 가능한 자연적 조건과 어업시설, 등대, 주거시설 등 독립경제생활의 객관적 지표를 만들자고 제안하였다. 이 경우 명확한 기준을 제시함으로써 해석에서 오는 의견차를 좁힐 수 있다고 보았다. 그러나 이러한 요건은 현재 EEZ와 대륙붕을 가질 수 있는 섬의 요건이 되더라도, 제시된 섬의 크기 요건을 충족시키지 못해 관할수역을 갖지 못하게 되는 경우가 발생할 수도 있다는 한계가 있다. 또한 본질적으로 협약에서 섬의 크기를 어떻게 구체화할 것인지, 또한 섬의 크기, 인간거주 가능성 및 독립경제생활 지표 등은 객관적인 수치를 통해 해석의 차이는 줄일 수 있더라도 그러한 수치를 어떻게 객관화시킬 수 있을지, 섬이 가지는 고유한 성격과 정치적 상황 등의 다른 요소들을 어떻게 고려할지 등이 새로운 문제로 대두될 수 있다.

(2) 제 안

섬 조항 개정 여부의 핵심은 협약 제121조 제3항이며, 특히 소도서국가 또는 주요 소규모 섬들이 해수면 상승으로 인해 제121조 제3항을 충족하지 못할 경우를 고려하는 것이다. 따라서 이 부분은 기존의 논의처럼 인간의 거주요건, 독자적 경제활동 요건의 해석과 적용에 관련된 것이 아니므로 이를 고려해 제121조 제3항 조항의 예외조항을 다음과 같이 제안한다.

---

123 Natalia Prisekina & Roman Dremliuga, “United Nation Convention on the Law of the Sea: Inevitable Way toward Revision to Overcome South China Sea Dispute”, *Asian Social Science*, Vol. 11, No. 18, 2015, pp.275~276.

第121조(섬제도)

…

3. 인간이 거주할 수 없거나 독자적인 경제활동을 유지할 수 없는 암석은 배타적 경제수역이나 대륙붕을 가지지 아니한다. *다만, 해수면 상승 또는 관련 이유로 인해 동조 규정상 암석의 지위를 가지게 된 경우에는 그러하지 아니한다.*

4. 인공섬의 법적 지위

(1) 쟁 점

이는 해수면 상승으로 인한 일반 연안국의 기점 상실, 소도서국가의 수몰에 대응하고 해양관할수역을 지속적으로 확보하기 위한 인공섬 건설과 직접적인 관련이 있다. 앞서 제2장 제4절에서의 논의에서 보듯이 1930년 영해 관련 협약 채택을 위한 헤이그회의에서부터 1958년 영해협약이 채택되기까지 영해를 가질 수 있는 섬에 인공섬이 포함되어 있었다. 그러나 1958년 영해협약부터 1982년 유엔해양법협약 채택을 위한 논의에서는 인공섬의 법적 지위에 대한 논의는 배제되었다. 일반적으로 영해, 접속수역, 배타적 경제수역 및 대륙붕을 가질 수 있는 섬은 협약 제121조 제1항에 근거하여 '자연적으로 형성되어야' 하며, 인공섬은 이러한 요건을 충족하지 못한다. 다만 연안국은 배타적 경제수역(제60조 제1항)이나 공해(제87조)에서 인공섬을 건설할 수 있는 권리만을 부여받았다. 따라서 현재의 협약체제에서 인공섬은 해양경계를 획정하거나 관할수역을 가질 수 없다. 그러나 현재 과학기술의 발달로 인공섬의 활용도가 증가하고 있으며, 특히 소도서국가의 해수면 상승에 대응하기 위해 인공섬의 법적 지위에 대한 논의가 새롭게 전개될 수 있다. 이러한 인식에 기반하여 인공섬을 둘러싼 협약의 개정 조항에 대해 제안하고자 한다. 이러한 개정의 방향은 인공섬의 법적 지위와 관련된 세 가지의 경우, 해양경계 기점이 될 수 있는지, 해양관할수역을 가질 수 있는지, 제한된 영토로 인정될 수 있는지의 경우 가운데 전자의 두 가지 논의에 해당된다.

(2) 제 안

인공섬의 법적 지위는 현재 협약에 반영되어 있지 않은 새로운 차원의 논의이므로, 이러한 관련 조항이 바로 협약에 반영되기는 어려울 것이다. 다만 1958년 이전까지는 이러한 인공섬의 논의가 이루어져 왔으나, 인공섬 건설 남용을 통해 해양관할권을 확대하려는 시도에 대한 우려로 인해 인공섬 관련 조항이 현 협약에서 배제되었다는 점을 긍정적으로 고려할 필요가 있다. 이는 인공섬 건설 남용을 차단할 수 있는 기제 마련을 전제로 인공섬의 법적 지위에 대한 논의가 긍정적으로 이루어질 수 있음을 의미한다. 이러한 점을 고려하여 협약에 반영될 내용에 대해 살펴보면 다음과 같다.

첫째, 일반 연안국, 특히 해수면 상승에 취약한 저지대 국가의 기점이 해수면 상승으로 인해 소멸될 것이 명백하게 입증되는 경우 기점을 보호하는 인공적인 조치를 통해 해양경계획정을 위한 기점의 역할을 할 수 있도록 한다.

둘째, 인공섬 자체가 해양관할권을 가질 수 있는 경우로 소도서국가 또는 주요 도서에서 해수면 상승으로 인한 수몰 가능성을 명백하게 입증할 수 있는 경우, 인공섬 건설을 통해 일정한 해양관할수역을 유지할 수 있도록 한다. 마지막으로 소도서국가 자체 소멸의 경우, 거주민이 이주하거나 주권적 표시를 할 수 있는 지위를 국제사회의 승인을 조건으로 인공섬에 부여하고, 소도서국가의 국가지위 및 해양관할수역을 계속 유지할 수 있도록 할 수 있다. 그리고 이러한 조건은 권위 있는 해석기관에 의해 엄격하게 해석되어야 하며, 남용 방지를 위한 제도의 도입도 병행되어야 한다. 이를 통해 협약의 개정을 고려하면 가장 가능성 있는 방안은 유엔해양법협약 제8부 제121조(섬제도) 부분에 인공섬에 대한 내용을 추가로 둘 수 있을 것으로 생각된다. 단, 해수면 상승에 따른 인공섬의 새로운 법적 지위의 논의는 국제법의 발전이라는 측면과 '있어야 할 법'(*lex lata*)적 차원에서 시작될 수 있으며, 국제사회의 컨센서스와 남용 방지 기제의 확보를 전제로 인공섬에 법적 지위를 부여하는 작업이 진행되어야 할 것이다. 관련 내용을 예시적으로 제안하면 다음과 같다.

제121조(인공섬 제도)

4. *인공섬은 고정식인지, 부유식인지에 상관없이 인간이 자연적, 인공적 재료를 이용해 연안국의 관할수역 및 공해에 건설한 구조물로 바닷물로 둘러싸여 있으며, 밀물일 때에도 수면 위에 드러난 시설물을 말한다.*
5. *직선기선은 인공섬으로부터 설정할 수 없다. 다만, 영해 내에 건설된 인공섬에 대해 연안국이 해수면 상승 또는 기타 사유로 인해 직선기선을 설정하고자 하며, 일반적으로 국제적인 승인을 받은 경우에는 그러하지 아니한다.*
6. *제121조 제3항의 규정에 따라 인공섬은 영해, 접속수역, 배타적 경제수역 및 대륙붕을 가질 수 없다. 다만 다음의 사유에 해당될 경우 예외적으로 이를 허용할*

수 있다.

a. *해수면 상승 및 기타 사유로 기존의 배타적 경제수역 또는 대륙붕의 축소 또는 소멸이 예견되어 연안국이 인공섬을 건설해 기존의 배타적 경제수역 및 대륙붕을 유지하고자 할 경우, 국제적으로 승인된 경우에는 그러하지 아니하다. 이 경우에도 인공섬은 영해 내에 건설되어야 하며, EEZ와 대륙붕 모두 그 폭은 200해리를 넘을 수 없다.*

b. *본토 주민들의 거주지의 목적으로 건설된 인공섬은 국제적인 승인을 조건으로 영해, 접속수역, 배타적 경제수역, 대륙붕을 가질 수 있다.*

7. *이 조항에 규정된 경우를 제외하고는 인공섬과 관련되어 협약상 조항이 적용되며, 조항간 해석과 적용의 문제에 있어 이 조항의 규정이 우선 적용된다.*

5. '협약에 의해 수립된 수역'의 도입

(1) 쟁 점

이는 유엔해양법협약에 근거해 해양경계 및 해양관할수역을 획정하는 일반적 관행의 예외로 인정하는 것이며, 제6장 제2절의 제안, 즉 소도서국가가 축소된 해역에 가졌던 관할권을 그대로 유지하기 위한 근거로 논의되었던 방안을 유엔해양법협약 조문으로 명문화하는 데 목적을 둔다.

협약은 제10조(historic bays), 제15조(historic title), 제298조(historic bays and titles)와 관련해 그 개념을 역사적 수역이라는 개념을 협약 내로 편입시켰지만, 정확한 개념과 법적 성격에 대해서는 특별히 규정하고 있지 않다. 다만 제15조를 통해 대향국간 또는 인접국간의 영해 경계획정에 있어서 중간선을 채택하도록 하고 있으나, 예외적으로 '역사적 권원'이나 그 밖의 특별한 사정에 의해 다른 방법으로 양국 영해의 경계를 획정할 필요가 있는 경우에는 적용하지 아니한다고 규정함으로써 역사적 권원의 이유로 유엔해양법협약 규정 적용의 예외를 인정하고 있다.

국가관행으로는 남중국해에서 중국, 베트남 등 국가가 관련 수역 및 도서에 대해 역사적 권리를 주장하면서 협약에 따라 해양경계를 획정하려는 인근국가와 분쟁을 벌이고 있다. 특히 중국은 남중국해에서 해양관할수역의 근거가 되는 '9단선'(nine-dash line)의 근거를 역사적 권원에 두고 있으며, 중국이 '9단선'을 선포하고 남중국해에 대한 권리를 주장하고 있다.[124] 이러한 중국의 주장은 최근 남중국해

124 '9단선'에 대한 자세한 내용은 정갑용, "중국이 주장하는 남중국해 '9단선'의 합법성 검토",

중재재판에서 부정되었다. 즉 유엔해양법협약에 반하는 역사적 수역의 주장은 협약이 발효된 이후에는 역사적 수역이 인정되기 힘들다. 다만 남중국해 중재재판에서는 일반국제법인 역사적 수역에 대한 단일제도를 규정하기보다는 구체적 사례에 맞는 특정의 레짐을 수립해 왔다고 밝히면서 역사적 수역 제도와 특수성에 대해서는 인정했다.[125] 따라서 유엔해양법협약 범위를 초과하는 역사적 권리나 관할권에 대해선 유엔해양법협약이 이를 대체하기 때문에 연안국 또는 소도서국가가 협약 발효 이전의 해역을 역사적 수역이라고 주장하기는 어려우나, 구체적 사례에 따라 역사적 수역과 유사한 특정의 레짐의 존재 가능성과 특수성에 대해선 인정을 받고 있다. 따라서 소도서국가가 특히 협약을 근거로 관할권을 행사해 오던 수역에 대해서 해수면 상승을 이유로 소멸하는 특수한 상황을 고려해 역사적 수역과 유사한 개념을 도입하는 것이 허용되지 않는다고 볼 수 없기 때문에 방안의 도입 가능성에 대해 긍정적으로 논의할 수 있고, 또한 예외적으로 협약 내로의 도입 여부가 검토될 수 있을 것으로 생각된다.

(2) 제 안

남중국해 중재사건에서 밝혔듯이 유엔해양법협약에서 규정하고 있는 범위를 초과하여 행사하고 있는 역사적 권리에 대해서 유엔해양법협약이 대체하고 있다고 보여지므로, 협약 발효 이전의 전통적 역사적 수역의 개념이나 내용을 협약으로 규정하거나 역사적 수역이라는 용어 자체를 협약에 담아내기는 어려워 보인다. 따라서 역사적 수역의 요건의 도입을 통해 새로운 개념의 도입으로 제안했던 '협약에 의해 설립된 수역'의 개념을 도입하여 소도서국가가 누렸던 기존의 해양관할수역과 저지대 연안국, 특히 소도서국가가 섬을 통해 확보했던 해양관할권을 예외적으로 지속할 수 있도록 하는 방안을 제안한다. 아래에서는 연안국이 섬을 통해 확보했던 해양관할권의 유지와 관련해 아래와 같이 섬제도 조항을 추가적으로 보완하는 형태로 반영하는 것을 예시로 제시한다.[126]

『독도연구』, 16, 2014.

125 *The South China Sea Arbitration,* PCA, 2016. 7. 12, p.96, para. 225.

126 실제로 '협약에 의해 설립된 수역'의 개념은 소도서국가의 기존 해양관할권을 유지하도록 하는 방안으로 더 큰 의의를 가진다. 그러나 이러한 소도서국가는 협약상 섬제도가 적용되는 섬이 아니라, 그 자체로 하나의 국가이므로 여기서의 예시에는 적용되지 않는다. 다만 소도서국가의 경우를 고려한다면 협약에서 '협약에 의해 설립된 수역'을 규정한 별도의 조문을 신규로 삽입하는 방안이 제시될 수 있을 것이다. 그렇다 하더라도 여기서 제시하는 제121조 섬

제121조(섬제도)[127]

…

2. 제3항에 규정된 경우를 제외하고는 섬의 영해, 접속수역, 배타적 경제수역 및 대륙붕은 다른 영토에 적용 가능한 이 협약의 규정에 따라 결정한다. *다만, 연안국이 해수면 상승 또는 기타 사유로 동조 제1항 규정상의 섬이 소멸되었거나 소멸될 것이 명백한 경우에 섬 주변에 설정하여 권리를 행사했던 수역에 대해 '협약에 의해 설립된 수역'(waters established by Convention)임을 근거로 기존 수역과 권리를 지속적으로 유지하고자 할 경우, 국제승인을 조건으로 이를 인정할 수 있다.*

Ⅳ. 소 결

협약의 개정방향과 관련해서는 두 가지 차원에서 살펴보았다. 하나는 기존 협약 조항의 해석·적용에 있어서 해수면 상승으로 발생할 수 있는 쟁점을 고려하여 조문의 명확화를 추진하는 것이고, 둘째는 기존 협약에는 포함되어 있지 않지만 앞으로 예상되는 쟁점들을 협약의 체제 내로 수용하는 것이다. 이러한 기준에서 볼 때 기선제도, 해양경계, 섬의 해석은 전자의 입장에서, 인공섬, '합의에 의해 설립된 수역'의 개념은 후자에 해당한다고 볼 수 있다. 그러나 국가간 견해 차이로 인한 협약 개정에 대한 어려움, 협약 개정절차가 다른 방안들(이행협정의 체결 포함)보다 복잡한 점 등이 개정을 어렵게 할 수 있다. 그리고 무엇보다도 협약 개정시 개정을 해야 할 조항 및 쟁점들을 선별해 내고, 이를 개정조항 초안에 반영하는 데 드는 시간과 노력들을 고려하고, 각 쟁점별로 이해관계가 다른 국가들을 대상으로 일괄타결(package deal)을 진행할 경우 등을 고려한다면 개정의 합의에 이른다는 것은 매우 어렵다는 것을 짐작할 수 있다.

그럼에도 불구하고 협약의 개정방안을 모색하는 이유는 우선 협약당사국이 유엔 회원국의 대부분을 차지하고 있어 법적 구속력 측면에서 가장 효력이 크기 때문이다. 그러나 이보다 더 중요한 이유는 해수면 상승과 해양경계의 문제에 대해 포괄적인 논의를 바탕으로 한 협약당사국간 컨센서스 도출을 이끌어 낼 수 있기

제도의 개정조문과 소도서국가를 고려해 제시될 수 있는 신규조문에 반영될 수 있는 '협약에 의해 설립된 수역'의 성격은 동일하다고 볼 수 있다.

127 여러 조항에 동일한 내용이 단서조항으로 들어갈 수 있으며, 여기서는 소도서국가만을 고려해 협약 제121조의 섬제도를 하나의 예시로 제시하고 있다.

때문이다. 협약 제312조 제2항[128]에서 밝혔듯이 개정을 위한 회의는 컨센서스에 의한 합의에 이르기까지 모든 노력을 다해야 하며, 컨센서스를 위한 모든 노력을 다할 때까지 표결하지 아니한다고 규정하고 있다. 이렇듯 협약 개정이 최종적인 목표라고 보면 목표에 이르기까지 필연적으로 협약당사국의 공감대 및 컨센서스를 이끌어 내야 하므로, 해수면 상승이 국제법, 특히 소도서국가와 해양경계 이슈에 미치는 전반적인 법적 쟁점과 해결방안의 도입 여부에 대해 공론화하는 계기가 될 수 있다.

---

128 협약 제312조 제2항: "The decision-making procedure applicable at the amendment conference shall be the same as that applicable at the Third United Nations Conference on the Law of the Sea unless otherwise decided by the conference. The conference should make every effort to reach agreement on any amendments by way of **consensus** and there should be no voting on them until all efforts at consensus have been exhausted."

제5절 지역관습법 중심의 국제관습법 형성 방안

Ⅰ. 제안의 의의

기후변화와 해수면 상승이라는 주제를 다루면서 국제관습법 창설을 위한 규범화 방안 논의는 다음의 이유로 중요한 의의를 지닌다.

첫째, 이 글에서 다루고 있는 주제, 즉 기후변화와 해수면 상승이 국제법에 미치는 영향은 현재보다는 시간의 경과를 거쳐 더욱 확실히 나타나고, 시간이 지날수록 이에 대응하기 위한 국가실행의 축적이 늘어날 것이기 때문이다.

둘째, 기후변화와 해수면 상승은 영향을 받지 않는 분야가 거의 없을 정도로 전지구적 현상이므로, 이러한 문제에 공동대응하고 이를 규범화하기 위한 국가들의 공동노력과 컨센서스를 이끌어 내기가 용이하다. 이는 국가실행의 축적과 함께 그러한 국가실행이 법적으로 유의미한 국가들의 행위를 제한하거나 창출하는 의무관계를 형성시키는 '법적 확신'(*opinio juris*) 측면에서 유의미하다.

셋째, 기후변화와 해수면 상승이 지속적인 효과를 나타낸다는 사실을 전제로 지금 현재를 규율하는 성문화된 법률보다 유연한 법제도의 도입이 필요하다. 법은 시대적 현상을 반영하고, 시대에 따라 변화한다. 시대를 반영하는 법·사회적 현상을 제도로 규정하면서 제도화로 발전하는 것이 일반적이다. 이러한 측면에서 성문화된 국제법규보다 국제관습법이 이러한 시대적 변화에 더욱 유연하다. 굳이 성문화를 거치지 않고도 신 국제관습법이 구 국제관습법의 효력에 우선하기 때문에 성문화의 효과 또한 얻을 수도 있다. Soons 교수 역시 해수면 상승이 서서히 오랜 기간에 걸쳐 일어나고, 이러한 결과 역시 서서히 나타나기 때문에 국제관습법 형성이 중요하다고 보았다.[129]

넷째, 기후변화와 해수면 상승에 대한 영향이 보편적이지만, 영향의 강도는 지

129 Soons 교수는 연안국이 해수면 상승으로 인한 기선의 변화에도 불구하고, 미래 어느 시점에서 효력을 발휘하게 될 일반적 원칙에 근거해 영해 또는 EEZ를 지속적으로 확보할 수 있을 것이라고 주장하면서 신국제관습법의 창출을 지지했다. A.H.A Soons, "The Effects of a Rising Sea Level on Maritime Limits and Boundaries", *Netherlands International Law Review*, Vol. 37, 1990, p.225.

역에 따라 다르게 나타날 것이다. 영향 및 피해 정도에 따른 공감대가 형성되지 않는 한 당사국간 합의를 바탕으로 하는 보편적 조약의 수립은 어렵다. 조약의 미성립에 따른 법적 공백을 메우기에 국제관습법 성립이 보다 유리하다. 실제로 Dixon 교수는 관습은 일반원칙(general principles)의 발전 측면에서 보다 적합하며, 조약 또는 협정을 통해 보편적인 수락(universal acceptance)을 얻지 못하는 경우, 법적 공백을 메우기에 유용하다고 보았다.[130]

유엔해양법협약은 기점과 기선에 의해 해양경계가 획정됨을 규정하고 있다. 협약의 해석에 따르면 기점과 기선이 변하면 해양경계도 변화해야 한다. 앞서 지속적으로 밝힌 바와 같이, 해양경계의 동결을 통한 안정화를 추진하는 것은 해양질서의 안정성을 확보한다는 측면에서는 긍정적이나, 협약이 기선의 변화로 인해 해양경계와 해양관할수역의 변화를 규정화하고 있다는 측면에서 협약에 반할 여지가 크다. 협약이 해수면 상승이라는 상황을 예견하고 있지 못하고 있다 하더라도 협약의 적용은 일차적으로 협약 조문을 근거로 하므로 협약 개정을 통해 이를 보완하거나, 아니면 협약과 동일한 효력을 지닌 국제관습법으로 협약을 보완할 수 있다. 결국 협약의 개정과 국제관습법 창설 모두 궁극적으로 지향하는 규범화 방안이라는 점, 협약의 개정이 협약당사국간 컨센서스 도출을 전제로 이루어져야 한다고 규정되어 있는 점 등을 고려해 보면 협약의 개정과 국제관습법 창설은 선후의 문제없이 함께 모색할 수 있는 방안으로 생각된다. 따라서 서로를 보완하는 측면에서 국제관습법 창설 논의에 대해 살펴보도록 한다.

Ⅱ. 국제관습법 성립요건 검토

국제사법재판소 규정 제38조 제1항(b)에 따르면 국제관습법은 "법으로 인정되는 일반관행의 증거"(as evidence of a general practice accepted as a law)로 정의된다. 동 조항의 해석에 따라 국제관습법의 형성을 위한 요건은 '국가실행'의 존재와 '법적 확신'으로 나눌 수 있다. 이러한 요건은 국제판례에서 지속적으로 확인되고 있다.[131] 이러한 요건에 대한 이론적 검토는 학자의 견해와 특히 2016년 5월

---

130 Martin Dixon, *Textbook on International Law*, 6th ed., Oxford University Press, 2007, p.30.

131 "As a matter of positive law, it is based on the work done in this field by international legal bodies, on State practice and on the influence attributed to the Geneva Convention

에 ILC에 의해 채택된 '국제관습법의 결정'(Identification of customary international law) 초안의 내용을 함께 살펴본다.

1. '국가실행' 요건 검토와 규범화 방안

(1) 일반론

일반적으로 국가실행에는 실제 국가행위, 외교서한, 정책성명, 판결, 국내법령, 조약, 국제문서의 수락, 국제기구의 행위 등이 포함된다.[132] 그러나 실제로 무엇이 국가실행을 구성하는지에 대해선 학설 또는 판례의 입장이 다르게 나타나고 있다. 이를 엄격하게 해석하는 입장에서는 국가실행이 단순한 의사표시에 머물지 않고 그것을 확보하기 위한 국가행동의 구체적인 발현이라고 보고 있다.[133] 반면 국가의 어떠한 행위도 그 정도의 차이만 있을 뿐 국가실행으로 인정되는 것으로 폭넓게 보기도 한다.[134] 그리고 관련된 국가실행이 모순되고 불일치를 보이는 등 현행 국제법 내용이 불확정적일 경우에는 국제회의에서의 선언이나 제안 등과 같이 원래는 입법론에 불과한 실행이라 하더라도 앞으로의 국제관습법의 결정화에 미치는 영향이라는 측면에서 일반관행의 증거가 될 수 있다고 하는 견해도 있다.[135] 그리고 전통적 이론으로서 국가실행은 국가들의 실제 활동뿐만 아니라 국제법에 대한 견해와 태도를 추론할 수 있는 국가의 모든 행위와 성명을 포함하는 것으로 이해되어야 하며, 국제사법재판소도 이를 뒷받침하는 일련의 판결을 내리고 있다.[136]

---

itself,—the claim being that these various factors have cumulatively evidenced or been creative of the *opinio juris sive necessitatis,* requisite for the formation of new rules of customary international law." *North Sea Continental Case, Germany v. Denmark, Netherlands,* ICJ, 1969. 2, para. 37. "It is of course axiomatic that the material of customary international law is to be looked for primarily in the actual practice and opinio juris of States, even though multilateral conventions may have an important role to play in recording and defining rules deriving from custom…", *Case concerning the continental shelf, Libian Arab Jamahiriya v. Malta,* ICJ 1985, para. 26.

132 山本草二, 『新版 國際法』, 1999, 86쪽.

133 어업관할권 사건에서는 직선기선을 통해 어업수역을 일방적으로 확장한 칙령에 대해 국가실행의 증거성을 부인하고 있다. 山本草二, 위의 책, 86쪽.

134 Martin Dixon, *supra* note 130, p.31.

135 山本草二, 앞의 책, 86쪽. 어업관할권 사건(1974)에서의 공동개별의견(Fisheries Jurisdiction, 1974. 7. 25, Joint Separate Opinion of Judges Forster, Bengzon, Jiménez de Aréchaga, Nagendra Singh and Ruda, p.40)에서도 이와 같은 주장을 뒷받침해 주고 있다.

136 정경수, "국제관습법의 기본토대로서 국가실행 개념의 재인식", 『국제법학회논총』, 49(3), 108쪽.

국가실행으로 인정받기 위해선 그러한 행위들이 "지속적이고(constant), 일치되어야(uniform) 하며, 일반적(general)이어야" 한다. 이러한 요건은 국제판례를 통해 뒷받침되고 있다.[137] 지속성의 경우, 얼마나 지속적이어야 하는지는 사안에 따라 다양하게 요구되며,[138] 이러한 요건의 인정 여부가 사안에서 쟁점으로 제기될 때 요건의 인정 여부는 국제법원이 개개 사안의 구체적 관계에 비춰 행하게 된다.[139] 그러나 일반성과 관련해서는 얼마나 많은 국가의 관행이 필요한지에 대해서 합의되지는 않았다. 다만 '국가의 관행에 있어서 일반적으로 채택된' 것으로 보고 있으며, 모든 국가가 일반적 관행에 동참해야 하는 것은 아니라고 판례에서 밝히고 있을 뿐이다.[140] 그리고 국제관습법과 관련해서 지역관습법, 나아가 양자 간에도 관습법이 형성될 수 있다. *Asylum* 사건(1950)에서 ICJ는 ICJ 규정 제38조의 국제관습법 조항이 일반관습법뿐만 아니라, 지역관습법(local custom)도 포함한 개념이며, 이는 협정이 양자협정과 다자협정 모두를 포괄하고 있는 것과 같은 맥락이라고 보았다.[141] '인도통행령 사건'에서도 통행권이 지역관습법에 근거한다는 포르투갈의 주장과 양국 간에는 지역관습법이 성립될 수 없다는 인도의 주장의 대립 속에서 ICJ는 양자 간 지역관습법이 성립될 수 있다고 보았다.[142] 다만 지역적 관행과 법적 확신에 대한 입증책임은 지역관습법의 존재를 주장하는 국가에 있다.[143] ILC는 이를

---

137 대표적인 국제판례로는 PCIJ의 *Lotus* 사건(1927), ICJ의 어업관할권 사건(1951), 북해대륙붕 사건(1969), 니카라과 사건(1986) 등을 들 수 있다.

138 Martin Dixon, *supra* note 130, p.31.

139 山本草二, 앞의 책, 87쪽.

140 Martin Dixon, *supra* note 130, p.32.

141 *Ibid.,* pp.33~34.

142 "With regard to Portugal's claim of a right of passage as formulated by it on the basis of local custom, it is objected on behalf of India that no local custom could be established between only two States. It is difficult to see why the number of States between which a local custom may be established on the basis of long practice must necessarily be larger than two. The Court sees no reason why long continued practice between two States accepted by them as regulating their relations should not form the basis of mutual rights and obligations between the two States." *Case Concerning Right of Passage over Indian Territory,* Merits, ICJ, 1960, p.37.

143 "The Court has confirmed the qualification made by the Colombian Ambassador in a manner which is both clear and emphatic. It has, in fact, declared: 'the Court considers that the Government of Peru has not proved that the acts of which the refugee was accused before January 3rd 1949, constitute common crimes". *Request for Interpretation of the Judgement of Nov. 20th in the Asylum Case,* ICJ, p.397.

'특정(Particular) 국제관습법'으로 칭하면서 지역적(regional)이든, 국지적(local)이든 간에 국제관습법이 제한된 수의 국가들 사이에서만 적용될 수 있다고 보았다. 그리고 국제관습법의 존재와 내용을 결정하기 위해 법으로 받아들여지는 관련 국가간 일반적 관행이 있는지를 확인할 필요가 있다고 규정하고 있다.144

한편 ILC에서 채택된 '국제관습법의 결정'(Identification of customary international law) 초안에 따르면 국가실행은 '행정·입법·사법 또는 기타 기능을 행사하는 국가의 행위'로 구성된다.145 국가실행의 형식은 다양한 범위로 나타나며 물리적(physical) 또는 구두(verbal) 행위 모두를 포함한다. 그리고 국가실행은 외교행위 또는 서신, 국제기구 또는 정부간 회의에서 채택된 결의에 따른 행위, 조약에 근거한 행위, 집행·입법·행정행위 및 국내법원의 결정 등을 포함한다.146 국가실행의 평가에 있어서는 특정 국가의 모든 가능한 실행을 종합적으로 평가해야 하며, 특정 국가의 실행이 다양하다면 그러한 실행에는 무게를 덜 둘 수 있다.147 그리고 관련 실행은 일반적(general)이어야 하는데 이는 일관적이며(consistent), 충분히 광범위하고(widespread), 대표적(representative)이어야 함을 의미한다. 특히 관행이 일반적이라면 특정한 기간은 요구되지 않는다.148 따라서 국가실행이 일반적이라고 판단되면 속성관습법(instant custom)의 성립도 가능한 것으로 해석할 수 있을 것이다.

(2) 사안에서의 국가실행 규범화 방안과 내용

국가실행은 국제관습법 요건 가운데 객관적이며 실체적인 요건에 해당한다. 일반적으로 일관된 관행이 지속적으로 이루어져야 객관적 요건을 만족하게 된다. 해수면 상승으로 인한 해양경계의 변화는 지속적으로 일어날 것으로 예상되며, 이에 따라 국가실행이 지속적으로 형성되어 국제관습법을 형성하기 위한 요건으로 축적될 가능성이 높다. 이러한 국가실행은 다음 두 가지 방향에서 진행될 것으로 예상된다.

첫째, 국가실행은 국가 및 국제기구, 대양별 소도서국가연합 등 국가적·지역적·국제사회 차원에서 여러 국제법주체들에 의해 다차원적으로 이루어질 가능성

144 UNGA, "Identification of customary international law", *A/CN.4/L.872*, 2016. 5. 30, draft conclusion 16.

145 *Ibid.,* draft conclusion 5.

146 *Ibid.,* draft conclusion 6.

147 *Ibid.,* draft conclusion 7.

148 *Ibid.*, draft conclusion 8.

이 높다. 이는 국가들의 실제 활동뿐 아니라 국제법에 관한 견해와 태도를 추론할 수 있는 국가의 모든 행위와 성명을 포함하는 것으로 그 범위가 확대되고 있는 최근의 국제관습법 동향과 맥을 같이하고 있다.[149]

둘째, 관련 국가실행은 일반국제관습법보다 지역관습법 형성에 보다 기여할 가능성이 높다. 국제관습법 형성에 있어 구속을 받는 국가의 수는 중요하지 않다. 국제관습법은 양자 간에도 형성될 수 있기 때문이다. 기후변화의 영향은 전 지구적이긴 하지만, 기후변화로 인한 해수면 상승의 영향은 국가마다 상이하며, 저지대 연안국 또는 도서국가에 더욱 많은 영향을 미친다. 이러한 측면에서 기후변화에 대응하기 위한 국가의 관행은 일반국제법의 형성으로, 해양경계의 안정화를 비롯한 기후변화에 따른 해수면 상승에 대응하기 위한 국가의 관행은 지역관습법의 형성으로 나타날 가능성이 높다. 물론 지역관습법의 형성에 있어 관련 국가뿐만 아니라 국제사회 전체의 지지가 법적 확신을 입증하는데 도움이 될 수 있다. 특히 남태평양 등 지역대양별로 소도서국가의 연합체 다수가 운영되고 있다. 이들 지역 국가기구는 지속적인 관행 축적을 통해 지역관습법 형성에 기여할 수 있을 것으로 생각된다.

그렇다면 해수면 상승과 관련해 국제관습법 형성에 기여할 수 있는 국가실행에는 어떠한 것이 있을 수 있을까? 첫째, 일반 국가 차원에서의 국가실행을 예상해보면 우선 기선 또는 경계를 동결하는 법안을 제정하거나 기존의 해양경계 관련 법안을 동일한 내용으로 개정하는 관행을 고려해 볼 수 있다. 이러한 국가의 실행이 국제관습법으로 인정될 만큼 축적된 경우, 기선과 해양경계를 동결시킴으로써 해수면 상승으로 인한 협약상 기선과 해양경계 변화 가능성이 미치는 영향을 최소화할 수 있다. 즉 신법인 국제관습법으로 구법인 협약의 내용을 변경시키는 효과를 가지게 될 것이다.

둘째, 소도서국가와 저지대 연안국의 차원에서 다양한 국가실행이 고려될 수 있다. 소도서국가 및 해수면 상승에 취약한 연안국을 중심으로 해양경계기점의 보호 또는 연안의 소실을 막기 위한 목적으로 인공섬 및 시설물을 설치하는 관행, 국내법으로 해양경계 외측한계를 안정화하고, 국경내 주민들의 이주를 보호하고 지원하기 위한 방안을 담은 입법 제정, 협약을 통해 지속적으로 권리를 행사해 오던 해양관할수역을 해수면 상승 이후에도 지속적으로 인정받기 위한 특수수역으로 인정하는 내용을 담은 입법 제정, 이러한 특수수역을 인정하는 근거로서의 해도의 발

149 정경수, 앞의 논문, 108쪽.

〈표 6-12〉 남태평양 소도서국가의 국가연합체 현황

도서국	회원국 여부						
	SPC	SPF	FFA	SPREP	SOPAC	USP	AOSIS
Australia	○	○	○	×	○	×	×
Cook Islands	○	○	○	○	○	○	○
Fiji	○	○	○	○	○	○	○
Micronesia	○	○	○	○	○	×	○
French Polynesia(프)	○	×	×	○	○	×	×
New Caledonia(프)	○	×	×	○	○	×	×
Wallis and Futuna(프)	○	×	×	○	×	×	×
Kiribati	○	○	○	○	○	○	○
Marshall Islands	○	○	○	○	○	○	○
Nauru	○	○	○	○	○	○	○
New Zealand	○	○	○	○	○	×	×
Tokelau(뉴질랜드령)	○	○	○	○	×	○	×
Niue	○	○	○	○	○	○	○
Palau	○	○	○	○	×	×	○
Papua New Guinea	○	○	○	○	○	×	○
Samoa	○	○	○	○	○	○	○
Solomon Islands	○	○	○	○	○	○	○
Tonga	○	○	○	○	○	○	○
Tuvalu	○	○	○	○	○	○	○
Vanuatu	○	○	○	○	○	○	○
Pitcairn Islands(영)	○	×	×	○	×	×	×
American Samoa(미)	○	×	×	○	○	×	×
Guam(미)	○	×	×	○	○	×	×
Northern Marianas(미)	○	×	×	○	×	×	×

출처: Martin Tsamenti and Lara Manarangi−Trott, "Roles of Regional Organizations in Meeting LOS Convention Challenges; The Western and Central Pacific Experience", in Elferink Alex G. Oude & Rothwell, Donald R., *Oceans Management in the 21st Century: Institutional Frameworks and Responses, A series of Studies on the International, Legal, Institutional and Policy Aspects of Ocean Development,* Martinus Nijhoff Publishers, 2004, p.191 및 AOSIS 홈페이지 (http://aosis.org/about/members/) 참조.

참고: 남태평양연합(South Pacific Community), 남태평양포럼(South Pacific Forum), 남태평양어업회의기구(Forum Fisheries Agency), 남태평양지역환경사업(South Pacific Regional Environment Program), 남태평양지구과학위원회(South Pacific Applied Geosciences Commission), 남태평양대학(University of the South Pacific), 소도서국가연합(Alliance of Small Island States).

간, 이러한 특수수역에 대해 지속적인 관할권을 가지고 있음에 대한 대외적 선언행위, 소도서국가와 관련 수역에 이해관계를 갖고 있는 국가간 그러한 특수수역을 상호 인정하는 협정의 체결 등이 국가실행으로 나타날 수 있다. 특히 법률의 규정을 통해 일정 수역을 역사적 수역을 포함한 특수수역으로 선언한 국내법 사례는 이러한 측면에서 중요하다.[150] 1977년 케냐는 영해법(Territorial Waters Act of 16 May 1972)을 개정하면서 Ugawana Bay에 대해 역사적 만으로 인정되어 왔으며, 이러한 케냐의 주장은 연안지역 거주민의 중요한 이익을 보호하고, (권한행사의) 관행이 항상 존재해 왔음을 확인하기 위한 것이라고 밝히고 있다. 또한 호주는 1994년에 '해양법률개정법안 1994'(Maritime Legislation Amendment Act 1994) 제8조에서 개간행위를 통해 일정 수역을 역사적 만과 역사적 수역으로 인정하고 있다.[151] 이처럼 역사적 수역을 도입하고 있는 국내법 사례와 같이 특수수역을 주장하기 위한 요건과 관련하여 실효적인 주권의 행사의 증거로서 각 국가의 국내입법이 중요한 역할을 할 수 있다. Obregon 교수는 소도서국가를 중심으로 역사적 수역을 규범화하는 국내입법의 제정, 소도서국가간 지역협정들의 체결 등이 국제관습법 형성과 관련해 향후 중요한 실행으로 대두될 수 있다고 보았다.[152]

셋째, 양자 및 다자국 차원에서는 해수면 상승에 대응해 기존 해양경계를 동결하는 협약당사국간 관행, 신규 해양경계협정 체결시 해양경계 안정화 조항을 명문화하는 관행, 해양경계협정에 기반한 해양경계 변화시 제3국의 이해관계를 고려해 협의하고, 관할수역의 변화구역을 특수수역으로 인정해 관리하는 관행 등을 고려해 볼 수 있다. 특히 국가간 해양경계협정을 새롭게 체결하는 경우, 해수면 상승을 고려하더라도 해양경계협정을 영구적으로 동결시킨다는 규정을 넣을 수 있을 것이고, 또한 해양경계획정 동결이 미칠 수 있는 제3국의 이익을 고려하여 제3국과의 협의 규정을 넣을 수도 있을 것이다. 또한 제3국의 이익을 고려해 해양경계 주변의 일정 수역을 회랑 또는 완충수역 형식으로 도입하는 것을 고려해 볼 수 있을 것이다.

150 Edgardo Sobenes Obregon, *supra* note 44, p.28.

151 법률 원문은 http://www.un.org/depts/los/LEGISLATIONANDTREATIES/PDFFILES/aus_1994_sea_act.pdf(2016. 11. 25. 검색). 제8조 원문은 다음과 같다; "Where the Governor-General is satisfied: (a) That a bay is an historic bay, he may, by Proclamation, declare that bay to be an historic bay and shall, by the same or another Proclamation, define the seaward limits of that bay; or (b) That waters are historic waters, he may, by Proclamation, declare those waters to be historic waters and shall, by the same or another Proclamation, define the limits of those waters."

152 Edgardo Sobenes Obregon, *supra* note 44, pp.24~25.

넷째, 국제사회 측면에서는 해양경계 안정화를 지지하는 유엔총회 결의의 제정, 해양경계협정 안정화를 명문화하는 지역협정 체결 또는 유엔해양법협약 이행협정의 체결 등을 예상할 수 있다. 특히 소도서국가가 현재 유엔총회를 통해 지속적으로 기후변화와 해수면 상승에 대해 국제사회의 공감대를 이끌어 내기 위해 노력하고 있는데, 유엔총회에서 소도서국가를 중심으로 한 연안국의 입장표명과 결의의 채택은 관련 국제관습법 형성의 중요한 국가실행이 될 수 있다. 물론 법적 구속력이 없는 유엔총회의 결의 채택이 바로 법적 구속력을 가진 국제관습법으로 인정받을 순 없다.[153] 그럼에도 불구하고 법적 구속력이 없다는 점이 유엔총회 결의를 통해 구속력 있는 국제관습법을 창설할 수 없음을 의미하는 것은 아니다. 왜냐하면 유엔총회 결의에 참여한 국가의 일반성과 그들 국가의 의사를 바탕으로 한 지지가 법적 확신의 증거로 충분히 의미가 있으며, 이러한 유엔총회의 결의가 동일한 목적으로 지속적으로 채택된다면 이는 국가실행으로 인정받을 수 있는 가장 확실한 방안 중 하나가 될 수 있기 때문이다.

2. 규범화를 위한 법적 확신과 유엔총회 결의

(1) 일반론

국가실행의 존재만으로 국제관습법이 형성될 수는 없고 그러한 관행이 국가들로 하여금 구속력을 가진다는 인식 또한 요구된다. 이러한 인식이 국제관습법을 형성하는 주관적 요인으로서 법적 확신에 해당한다. 이러한 법적 확신은 주관적인 요소라 이를 어떻게 입증하느냐가 핵심적인 쟁점이 되어 왔다. 북해대륙붕 사건은 이러한 쟁점을 잘 보여 주고 있다. 사건 본안판결에서 ICJ는 국가의 관행이 빈번하고(frequency), 습관적인(habitual) 행위라 하더라도 그 자체로 충분하지 않으며, 법적 의무를 부여한다는 인식이 없으면 예양(courtesy)이나 전통(tradition)에 해당할 뿐이라고 보아 법적 확신이 국가실행과 별개의 중요성을 갖는 요건으로 보고 있다.[154]

153 정경수, "현대 국제관습법의 형성과정에서 나타난 변화와 안정성－국제기구의 결의에 기초한 국제관습법의 형성문제를 중심으로", 『국제법학회논총』, 47(3), 187쪽.

154 "The States concerned must therefore feel that they are conforming to what amounts to a legal obligation. The frequency, or even habitual character of the acts is not in itself enough. There are many international acts, e.g., in the field of ceremonial and protocol, which are performed almost invariably, but which are motivated only by considerations of courtesy, convenience or tradition, and not by any sense of legal duty." *North Sea Continental Case, Germany vs Denmark, Netherlands,* ICJ, 1969, para. 77.

이러한 관점은 속성관습법을 인정하는 학자들의 주장과 맥락을 같이 한다. 속성관습법을 인정하는 학자들은 국제관습법의 형성에 있어 국가실행의 중요성과 시간적 요소의 관련성을 부인하고, 관습의 창설적 요소로서 구속력이 없는 결의와 선언에서 표시된 법적 확신에만 의존하고 있다.[155] 나아가 국가실행이 관습의 속성상, 법적 확신보다 선차적이라는 점, 국제관습의 형성을 뒷받침하는 객관적 요소일 뿐만 아니라 주관적 요소를 보여주는 징표의 역할을 담당하고 있다는 점 등을 고려해 국가실행은 국제관습의 형성요소 측면에서 볼 때 그 개념과 역할이 법적 확신보다 넓다고 볼 수 있다.[156] 반면 북해대륙붕 사건에서 불일치 의견을 낸 판사들은 반복적인 국가실행으로부터 법적 확신을 추론하지 않으면 법적 확신을 입증하기는 힘들다고 보아 국가실행으로부터 법적 확신을 추론할 수 있다고 보았다.[157] 특히 니카라과 사건에서는 어떠한 규칙이 존재한다는 국가의 법적 확신은 관행에 의해 확정될 수 있다고 보아 법적 확신의 존재 여부는 국가실행에 의존함을 명시하였다.[158] 이에 따르면 이른바 속성관습법은 관습의 두 가지 구성요소인 국가실행과 법적 확신 가운데 하나를 결여하고 있다는 점에서 인정될 수 없다.[159]

ILC 초안에 따르면 '법으로 받아들여지는 일반관행'은 법적 권리·의무와 관련해 수행되어져야만 하며, 사용(usage) 또는 습관(habit)과는 구별되어야 한다.[160] 법적 확신의 증거는 광범위한 형식을 취하는데, 국가를 대표한 공공성명, 공식적 출판물, 정부의 법적 견해, 외교서한, 국내법원의 판결,[161] 조약 조항,[162] 국제기구 또는

---

155 김대순, 『국제법론(11판)』, 2006, 48쪽.

156 정경수, 앞의 주 136)의 논문, 90~91쪽.

157 Martin Dixon, *supra* note 130, p.35. 북해대륙붕 사건에서 반대의견을 낸 판사는 Tanaka, Morelli, Lachs, Sorensen 등이다.

158 "The Court must satisfy itself that the existence of the rule in the *opinio juris* of States is confirmed by practice.", *Case Concerning Military and Paramilitary Activities in and Against Nicaragua,* Merits, ICJ, 1986, para. 184.

159 김대순, 앞의 책, 49쪽.

160 UNGA, *supra* note 144, draft conclusion 8.

161 ILC 초안에서는 국제관습법의 존재와 내용과 관련된 국제재판소, 특히 ICJ의 판결은 그러한 국제관습법의 결정을 위한 보조적 수단으로 보고 있으나, 국내법원의 경우 적절한 경우(as appropriate), 보조적 수단으로 간주할 수 있다고 국제재판의 결정보다 제한적으로 규정하고 있다. *Ibid.,* draft conclusion 13.

162 ILC 초안에서는 첫째, 조약이 체결될 때 존재하는 국제관습법을 성문화한 경우, 둘째, 조약체결 이전에 성립되기 시작하였던 국제관습법을 결정화한 경우, 법으로 받아들여지는 일반관행을 낳아 새로운 국제관습법을 창설하는 경우 등 3가지에 해당하는 조약은 국제관습법을 반영하

정부간 회의에서 채택된 결의[163]에 따른 행위 등을 포함한다.[164] 또한 만약 국가들이 국가실행에 대응할 위치에 있었고, 일정한 대응을 요구하는 상황이었음에도 불구하고 시간을 두고 그러한 국가실행에 대응하지 않았다면 법적 확신으로 볼 수 있다.[165]

(2) 유엔총회 결의를 중심으로 한 법적 확신의 확산

기후변화와 해수면 상승에 따른 문제로부터 국제질서를 안정화시키는 문제는 '있는 법'적 측면보다 '있으면 바람직한 법'적 측면이 강하다는 면에서 법적 확신의 요소는 국제관습법 형성에 있어 매우 중요하다. 이는 법적 확신이 현재 국가의 관행으로 표출될 수 있는 법규범의 존재를 드러내는 역할뿐만 아니라, 현재 존재하는 법규의 공백을 메우거나 앞으로 도입되기를 희망하는 법규범에 대한 기대를 표출하기 때문이다. 이러한 맥락에서 법적 확신을 이미 법으로 존재하기보다는 법으로 존재할 필요가 있는 규범에 대한 국가의 믿음의 발현으로 재정의하는 시도도 있다.[166]

따라서 법적 확신을 표출하고, 또한 법적 확신을 확인 또는 입증할 수 있는 중요한 도구로서 유엔총회의 결의가 중요하다. 일례로 소도서국가들은 기후변화의 부정적 영향에 대응하고 국제사회의 관심을 촉구하기 위해 1990년 '소도서국가연합'(AOSIS)[167]을 설립하여 교토의정서 초안 작성과정들을 포함해 기후온난화와 해수면 상승 문제와 관련된 국제논의에 적극 참여하고 있다.[168] 특히 유엔총회에서의 활동이 두드러지게 나타나고 있으며, 이들의 발언권 역시 커지고 있다. 2009년에는 소도서국가들의 주도로 유엔총회 결의가 회원국의 컨센서스에 의해 채택되기도 했다.[169] 이처럼 소도서국가 및 연안국은 유엔총회를 적극 이용해 비구속적 규

는 조약으로 인정하고 있다. *Ibid.*, draft conclusion 11.1.

163 *Ibid.*, draft conclusion 12.

164 ILC 초안에서는 국제기구 또는 정부간 회의에서 채택된 결의 그 자체로 국제관습법을 창설하지는 않고, 국제관습법의 존재와 내용을 입증할 증거를 제공하거나 국제관습법의 발전에 기여하도록 규정하고 있다. *Ibid.,* draft conclusion 13.

165 *Ibid.,* draft conclusion 10.3.

166 Brian D. Lepard, "The Necessity of *Opinio Juris* in the Formation of Customary International law", *Disscussion Paper of University of Nebraska College of Law,* 2014, p.11.

167 AOSIS는 전 세계의 42개 회원국과 옵서버 국가로 구성되어 있으며, 이 가운데 37개국이 유엔회원국으로 개발도상국의 28%, 유엔 총 회원국의 20% 정도를 차지하는 큰 규모의 연합체이다. 한국해양수산개발원(KMI), "소도서국가(SIDS)와의 해양협력 방안 연구", 2010. 12, 51쪽.

168 KMI, 위의 글, 140쪽.

169 "Clmate change and its possible security implications", UNGA Res.63/281, 2009. 6. 3. 한편 섬나라 국가들은 1989년 '지구온난화와 해수면 상승에 대한 말레 선언'(Male Declaration on Global Warming and Sea Level Rise)을 통해 해수면 상승에 대한 국제사회의 관심과 지원을 촉

범이나 합의를 도출해 내는 권위적 체제로 활용할 수 있다. 유엔총회의 결의는 안보리 결의와는 달리 원칙적으로 구속력이 없다는 단점이 있으나, 국가들의 논의와 합의를 상대적으로 쉽게 이끌어 낼 수 있다는 장점이 있다. 나아가 유엔총회 결의는 그 자체로 국제법의 점진적 발달에 기여할 수 있는 법적 함의를 내포하면서 국가들의 동의를 통해 점차 구속력 있는 협정으로 나갈 수 있는 기반을 확보할 수 있다. 또한 유엔총회 결의는 국가들의 일반의지(general will)의 표시로 국제관습법의 법적 확신(*opinio juris*)의 증거로 활용될 수 있다. 특히 회원국의 만장일치로 채택된 유엔총회 결의의 경우 결의 자체의 구속력보다는 금반언(estoppel), 신의성실의 원칙(good faith) 등의 국제법 일반원칙의 구속력이 적용된다는 견해도 있다.[170] 그렇다면 현재 기후변화와 해수면 상승과 관련해 유엔총회의 결의를 중심으로 한 유엔기구의 결의는 어떠한 내용을 담고 있는가? 이를 살펴보면 현재 유엔기구가 관련 이슈에 가지고 있는 법적 확신에 대해 추론해 볼 수 있을 것이다.

첫째, 유엔인권이사회의 결의이다. 2007년 소도서국가회의에서 '글로벌 기후변화의 인간 차원에 대한 말레선언'(Male Declaration on the Human Dimention of Global Climate Change)으로 기후변화와 인권의 문제가 최초로 문서화되었다.[171] 말레선언 서문에서는 기후변화가 인권의 향유와 관련해 명확하고 직접적인 함의를 가지고 있다고 밝히고 있다.[172] 이후 기후변화가 인권에 미칠 수 있는 영향에 대한 논의는 유엔인권이사회(UN Human Rights Council: UNHRC) 및 유엔인권고등판무관실(Office of the United Nations High Commissioner for Human Rights: OHCHR) 등 주요 인권기구들을 중심으로 이루어지고 있다. 2008년 3월, '인권과 기후변화'를 주제로 UNHRC는 기후변화가 인류와 국제사회, 특히 인권에 미칠 부정적 영향에 대해 처음으로 주목하기 시작하였으며, 이를 바탕으로 여러 결의를 내놓았다. 결국 이러한 국제사회의

구하기 시작했으며, 20년 후인 2009년에 소도서국가연합(AOSIS)은 '기후변화 선언'(Declaration on Climate Change 2009)을 통해 지속 가능한 도서 개발과 기후변화로부터 섬의 생존을 최우선 과제로 제시한 바 있다.

170 Jenny Grote Stoutenburg, *supra* note 45, pp.307~310.

171 Marc Limon, *supra* note 7, p.442.

172 Male' Declaration on the Human Dimension of Global Climate Change, 2007. 11. 관련 서문은 다음과 같다; "Concerned that climate change has clear and immediate implications for the full enjoyment of human rights including inter alia the right to life, the right to take part in cultural life, the right to use and enjoy property, the right to an adequate standard of living, the right to food, and the right to the highest attainable standard of physical and mental health."

노력은 기후변화라는 외부환경의 변화가 사람, 특히 기후변화에 취약한 지역에 거주하고 있는 사람들의 인권보호를 위해 국가나 국제사회가 기후변화에 대한 대응 및 적응을 위한 적극적 조치를 하도록 촉구하는 것으로 요약할 수 있다.

둘째, 유엔총회의 결의이다. 매년 채택되는 유엔해양법협약 관련 유엔총회 결의[173]에서 기후변화가 처음 언급된 것은 2004년 11월에 채택된 유엔총회 결의(A/RES/59/24)이다. 여기서 해양과학조사 관련 기후변화가 환경에 미치는 영향에 대해 국제사회의 공조와 협력을 촉구하고 있다.[174] 유엔해양법협약 관련 유엔총회 결의에서 기후변화가 해양환경과 해양자원, 북극해, 해빙 등 해양과 해양법 전반에

〈표 6-13〉 인권과 기후변화에 대한 UNHRC의 결의

일 시	문서명	주요 내용
2008. 3. 28	A/HRC/RES/7/23	기후변화와 인권의 관계에 대해 인권고등판무관에게 본격적인 연구 요청
2009. 3. 25	A/HRC/RES/10/4	기후변화의 영향은 직·간접적으로 인권에 영향을 미침을 인정
2011. 10. 17	A/HRC/RES/18/22	UNFCCC와 인권과 기후변화에 대한 정보교환 및 국내·외 정책 지원
2014. 7. 15	A/HRC/RES/26/27	개발권(right to development)을 포함한 인권에 미치는 기후변화의 부정적 영향을 해결할 국제적 협력 강화 필요성 제시
2015. 7. 22	A/HRC/RES/29/15	기후변화가 건강권(right to health)에 미칠 영향을 포함한 부정적 영향을 해결하는 것이 시급한 중요성을 갖는다는 것을 강조

출처: UNHRC의 관련 결의를 저자가 정리.

173 매년 유엔총회는 'Oceans and the law of the sea'란 제목으로 유엔해양법협약 당사국회의 결과를 포함한 유엔사무총장 보고서를 포함한 결의를 채택한다.

174 A/res/59/24, para. 82. "*Notes* the potential for gas hydrates as one source for energy development, as well as the possible associated risks, including those in the context of climate change, and encourages States and, if appropriate, the Authority and the international scientific community to continue to cooperate in deepening the understanding of the issues and in investigating the feasibility, methodology, safety and environmental impacts of the extraction of gas hydrates from the seabed, their distribution and their use;"

미치는 영향에 대한 인식이 본격적으로 반영된 것은 2007년부터이다.[175] 또한 해수면 상승(sea-level rise)과 관련해서는 해수면 관련 위험(sea-level-related hazards)이라는 용어로 2009년 12월에 채택된 유엔총회 결의(A/RES/64/71)에서 해양과학조사 분야에서 처음 언급되었으며, 해수면 상승이 연안과 도서국가에 미치는 영향에 대해서는 2012년에 채택된 유엔총회 결의(A/RES/67/78)에서 처음으로 언급되었다.

유엔총회 결의를 중심으로 법적 확신을 추론하면 현재의 유엔총회 결의는 기후변화가 국제사회에 미치는 영향에 대한 원칙적이며 선언적 인식을 중심으로 이루어지고 있다. 특히 유엔총회 결의에서 드러난 사실만을 고려해 보면, 국제법과 관련하여 아직 기후변화와 해수면 상승의 영향에 대해서는 국제사회의 주목을 크게 받지 않고 있는 것으로 보인다. 기후변화 용어가 2004년 총회 결의(A/RES/59/24)에서, 해수면 상승의 용어는 2009년 총회 결의(A/RES/64/71)에서 처음으로 도입되었고, 이 경우도 주로 과학적이며, 환경적 측면에서의 영향과 관련해 도입된 것이다. 그리고 이 글에서 논의하는 소도서국가 및 해양경계와 관련한 국제법 쟁점과 대응방안과 관련해서는 유엔총회 결의에서 찾아보기 어렵다. 다만 2009년 채택된 총회 결의(A/RES/63/281)에서 처음으로 기후변화와 해수면 상승이 국제사회의 안보에 영향을 미치고 있다는 인식을 보여 주고 있으며, 2012년 총회 결의(A/RES/66/288와 A/RES/67/78)에서는 기후변화에 취약한 소도서국가를 위한 국제사회의 대응을 촉구하고 있으며, 해수면 상승이 연안과 소도서국가에 미치는 영향에 대해 언급하고 있다. 그러나 시간이 지남에 따라 기후변화와 해수면 상승에 대한 인식, 이러한 외부적 환경이 국제안보와 국제법에 미치는 인식으로 확산되고 있음으로 고려해 볼 때, 이러한 인식의 강화와 더불어 앞으로 새로이 해수면 상승이 소도서국가와 해양경계에 미치는 영향에 대한 인식이 확산될 것으로 기대할 수 있다.

Ⅲ. 향후 과제

국제관습법 창설은 협약과 같은 구속력을 지닌다는 의미에서 실효적이다. 해수면 상승으로 인해 야기되는 여러 문제들에 대해 국제사회의 안정성과 이해당사자들 간 이익의 조화 등 두 가지 목적을 모두 달성하기 위해 점차 확산될 것으로

175 유엔총회 결의 A/RES/62/215, 2007.

〈표 6-14〉 2000년 이후 기후변화와 해수면 상승, 소도서국가 관련 주요 유엔총회 결의

<table>
<tr><th>채택(배포)일</th><th>문서번호</th><th>주요 내용</th></tr>
<tr><td>1988. 12</td><td>Res.43/53</td><td rowspan="14">인간활동으로 야기된 기후변화와 해수면 상승이 현재와 미래세대에 위협이 될 수 있음(Protection of global climate for present and future generations of mankind)</td></tr>
<tr><td>1995. 12</td><td>Res.50/115</td></tr>
<tr><td>1996. 12</td><td>Res.51/184</td></tr>
<tr><td>1997. 12</td><td>Res.52/199</td></tr>
<tr><td>1999. 12</td><td>Res.54/222</td></tr>
<tr><td>2000. 12</td><td>Res.55/443</td></tr>
<tr><td>2001. 12</td><td>Res.56/199</td></tr>
<tr><td>2002. 12</td><td>Res.57/257</td></tr>
<tr><td>2003. 12</td><td>Res.58/243</td></tr>
<tr><td>2004. 12</td><td>Res.59/234</td></tr>
<tr><td>2005. 12</td><td>Res.60/197</td></tr>
<tr><td>2006. 12</td><td>Res.61/201</td></tr>
<tr><td>2009. 12</td><td>Res.64/72</td></tr>
<tr><td>2014. 12</td><td>Res.69/220</td></tr>
<tr><td>2007. 12</td><td>Res.62/215</td><td rowspan="9">기후변화와 해수면 상승이 해양질서와 해양법에 미치는 영향 및 국제사회의 대응
* 기후변화(climate change)는 A/RES/59/24(2004. 11)에서 처음 언급됨
* 해수면 상승(sea-level rise)과 관련해서는 해수면 관련 위험(sea-level-related hazards)이라는 용어로 A/RES/64/71(2009. 12)에서, 해수면 상승이 연안과 소도서국가에 미치는 영향에 대해서는 A/RES/67/78(2012. 12)에서 처음으로 언급됨</td></tr>
<tr><td>2008. 12</td><td>Res.63/111</td></tr>
<tr><td>2009. 12</td><td>Res.64/71</td></tr>
<tr><td>2010. 12</td><td>Res.65/37</td></tr>
<tr><td>2011. 12</td><td>Res.66/231</td></tr>
<tr><td>2012. 12</td><td>Res.67/78</td></tr>
<tr><td>2013. 12</td><td>Res.68/70</td></tr>
<tr><td>2014. 12</td><td>Res.69/245</td></tr>
<tr><td>2015. 12</td><td>Res.70/235</td></tr>
<tr><td>2000. 6</td><td>Res.S−22/2</td><td>소도서국가의 지속적 개발을 위한 실천 프로그램의 미래 이행을 위한 과정과 이니셔티브</td></tr>
<tr><td>2003. 2</td><td>Res.57/258</td><td>세계기후변화회의, 제3차 정부간 기후변화패널 보고서</td></tr>
<tr><td>2004. 12</td><td>Res.59/229</td><td>소도서국가의 지속 가능한 개발을 위한 실천 프로그램 이행</td></tr>
<tr><td>2007. 12</td><td>Res.62/86</td><td>UNFCCC협약 이행 촉구</td></tr>
<tr><td>2008. 12</td><td>Res.63/213</td><td>소도서국가의 지속 가능한 개발을 위한 실천 프로그램 이행을 위한 모리셔스 선언의 이행</td></tr>
<tr><td>2009. 6</td><td>Res.63/281</td><td>기후변화와 해수면 상승이 국제사회의 안보에 영향
소도서국가의 지속 가능한 개발을 위한 실천 프로그램 이행을 위한 모리셔스 선언의 이행</td></tr>
<tr><td>2012. 7</td><td>Res.66/288</td><td>기후변화(paras. 190~192), 소도서국가(paras. 178~180) 특별 언급
UNFCCC에 따른 기후변화 대응조치 촉구
기후변화에 취약한 소도서국가를 위한 국제사회 대응 촉구</td></tr>
</table>

출처: 유엔총회 홈페이지 http://research.un.org/en/docs/ga(2016. 11. 27. 검색). 관련 결의 저자 정리.

기대되는 국가실행은 앞서 살펴본 바와 같이 다양한 방식으로 제시될 수 있고, 지속적으로 이루어진다면 국제관습법 형성을 위한 국가실행의 축적으로 인정될 수 있을 것이다. 그리고 일반적으로 이러한 국가실행의 축적을 통해 국가들의 법적 확신을 추론할 수 있을 것이다.

그러나 기후변화와 해수면 상승이라는 미래상황은 예견 가능한 일이지만, 아직 국가실행이 축적되어 있지 않는 상황에서 개별 국가의 실행의 축적보다는 유엔총회를 포함한 국제기구의 결의 등이 보다 중요해질 가능성이 높다. 이러한 국제기구의 결의는 국제사회 공동의 법적 확신을 보여주는 국가실행의 증거로서 가치를 가지고 있기 때문이다.[176] 즉 앞서 언급한 바와 같이 총회 결의는 법원칙의 선언이든 개별 문제를 해결하기 위한 방안의 제시든 간에 국제관습법 형성에 있어 결의에 참여하는 국가들의 법적 확신을 명확히 보여주는 언어적 행위일 뿐만 아니라 그 자체로 국가실행의 일부를 구성할 수 있다.[177]

그리고 이러한 국제기구의 결의 또는 선언은 유엔총회뿐만 아니라 지역 차원의 기구를 통해서도 가능하다. 유엔총회가 '해수면 상승에 의한 해양경계와 국제질서의 안정성'에 대한 일반적·원칙적 선언을 담아내기 쉬운 반면, 태평양·인도양·북극해 등 지역해 중심으로 채택된 지역기구들의 결의는 유엔총회에서의 목표를 재확인하고, 나아가 지역해의 특수상황을 고려한 구체적 방안까지 담을 수 있는 장점이 있다. 특히 일반 국제관습법으로의 형성이 국가간 합의를 이루지 못해 어렵게 될 경우에도 소도서국가와 연안국들은 해수면 상승에 따른 해양경계의 변화에 대응하는 관행을 형성함으로써 유엔해양법협약과 충돌함이 없이 지역 차원의 새로운 국제관습법 창설을 시도할 수 있기 때문이다. ILC도 특정한 국제관습법의 한 종류로 제한된 수의 국가들 간 지역관습법이 가능하다고 보고 있다. 이처럼 국제관습법의 성립은 유엔해양법협약의 개정 또는 새로운 협정의 체결 없이 해수면 상승이 해양경계를 포함해 국제해양질서에 야기하는 여러 문제를 해결하기 위한 방안으로 유용하며, 국제해양법의 발전이라는 측면에서 진보적이며 긍정적이다.

그럼에도 불구하고 이론적·실행적인 측면에서 고려해야 할 문제점이 있다. 이론적으로 볼 때 일반 국제관습법은 관련 국제관습법 형성에 지속적으로 반대한 국가(persistent objector)에는 적용되지 않는다. ILC 초안의 경우, 국가가 국제관습법의

---

176 정경수, 앞의 주 153)의 논문, 171쪽.

177 위의 논문.

형성과정에서부터 반대할 경우, 그러한 반대가 지속되는 동안에는 관련 국가에 대항하지 못한다고 규정하고 있다. 그리고 반대의 경우 명확하게 의사를 표명해야 하고, 그러한 의사가 타국에 인지되어야 하며, 반대가 지속적으로 이루어져야 한다고 규정하고 있다.[178] 특히 해양경계의 변화 가능성을 염두에 두고 국가간 이해관계가 나눠지는 경우, 이들 국가간 의견의 대립은 국제관습법의 형성요건인 '일반적' 국가실행 및 이러한 국가실행으로부터 추론되는 법적 확신으로의 진행을 어렵게 해서 국제관습법 형성이라는 목적 달성을 어렵게 할 수 있다.

다만 이러한 문제점에 대해선 앞서 강조한 '지역관습법'으로부터 출발해 일반관습법으로 확대하는 접근방식이 하나의 방안으로 생각된다. 지역적 특수성에 대한 공통의 인식, 상대적으로 적은 국가의 수, 지역적으로 형성된 국가간 협의체의 존재 등을 고려해 봤을 때 일반관습법보다는 지역관습법이 성립이 용이하다. 그리고 일반국제법에 지속적으로 반대한 국가가 있는 경우, 그 국가가 속해 있는 지역 이외 지역을 중심으로 지역관습법이 형성될 수 있고, 점차 다른 지역으로 확대되면서 결국 지속적인 반대국가들을 포함한 일반 국제관습법으로의 확대로까지 이어질 수 있다. 이론적으로 볼 때 지속적인 반대국가가 국제관습법 형성과정에 영향을 미칠 수 있고, 심지어 성립된 국제관습법의 적용에서 벗어날 수 있지만, 현실적으로는 새롭게 성립된 국제관습에 지속적으로 반대하기는 쉽지 않다. 일례로 영국은 3해리에서 12해리로의 영해의 폭을 확대시키는 데 지속적으로 반대해 왔다. 그렇지만 결국 1987년 영해법(Territorial Sea Act) 제정을 통해 이를 받아들인 바 있다.[179] 다만 지역관습법 창설을 고집할 경우 규범간 충돌을 야기할 가능성이 있다. 예를 들어, 특수수역을 획정해 기존의 EEZ를 지속적으로 확보하려는 관행 또는 해양경계를 동결하는 관행 등이 관련 지역기구들의 결의를 통해 인정되고 추후 국가실행으로 이어질 경우, 이는 기선제도를 포함한 유엔해양법협약의 조항에 반할 여지가 있고, 나아가 협약과 지역관습법의 충돌 문제로 이어질 수 있다. 이론적으로 접근할 때 협약과 국제관습법의 충돌 문제는 신법, 특별법 우선의 원칙이 적용되지만, 여러 가지 사안을 가정할 수 있다는 점에서 사례별로 조화롭게 해결할 수 있도록 방향을 설정할 필요가 있다.

마지막으로 실행으로 볼 때 유엔총회는 현재 법적 확신의 증거로서 인정되기

178 UNGA, *supra* note 144, draft conclusion 15.

179 Martin Dixon, *supra* note 130, p.33.

에 충분한 내용을 담은 결의를 내놓지 못하고 있다는 점이 또 하나의 숙제이다. 특히 기후변화와 해수면 상승이 국제사회와 소도서국가에 미치는 영향에 대해서는 최근에 와서야 국제사회의 인식이 총회 결의에 반영되고 있는 것으로 보인다. 이는 기후변화가 환경적·과학적 측면에서 논의가 활발히 이루어지고 있지만, 특히 해수면 상승이 국제법에 미치는 영향과 대응방안에 관련해서는 본격적인 공론이 이루어지고 있는 것 같지는 않다. 그러나 앞으로는 이 글에서 지속적으로 밝히고 있듯이 '있는 법' 차원에서의 논의를 넘어 '있으면 바람직한 법'적 차원에서의 논의가 유엔총회를 중심으로 보다 활발히 진행될 것으로 기대된다. 이에 따라 국제관습법의 형성을 위한 국가들의 실행도 점차 축적될 것이고, 이러한 지속적인 과정을 거쳐 기후변화와 해수면 상승이 소도서국가와 해양경계에 미치는 영향과 이에 대한 대응방안이 국제관습법의 형성을 통해 마련될 수 있는 여지는 더욱 커질 것이다.

맺음말

기후변화는 현재진행형이다. 기후변화에 대응하기 위해 공조와 협력을 이끌어 내기 위한 국제사회의 노력도 현재진행형이다. 그러나 기후변화가 어느 분야에서 얼마만큼의 파급효과를 가지고 올지에 대해선 불확실성이 여전히 높다. 기후변화가 해양에 미치는 효과도 마찬가지다.[1] 그리고 기후변화가 해양에 미치는 여러 영향 중 이 글에서는 해수면 상승이 국제법, 특히 소도서국가와 해양경계에 미치는 국제법 쟁점에 주목하였다. 해수면 상승은 필연적으로 기점으로서의 섬을 포함해 해양경계의 기준이 되는 기선에 영향을 미치게 되고, 해양경계의 변화로 이어지게 된다. 이 경우 국가간 해양관할수역과 공해의 이원적 영역으로 구성되는 현재의 해양법체제에 영향을 미칠 수 있다. 특히 소도서국가의 경우 해수면 상승으로 인한 수몰 가능성에 대한 위기감이 확산되고 있으며, 주민의 이주를 포함한 보호가 국제적 관심사로 대두되고 있다.

그러나 이러한 국가실행의 확산에도 불구하고 현재의 해양법체제의 근간인 유엔해양법협약은 해수면 상승을 예견하지 못하고 있으며, 특히 현재의 국제해양질

1 국제보호협회(Conservation International: CI)는 기후변화가 해양에 미치는 효과를 해수온도 상승, 북극의 해빙, 해수면 상승, 해류(currents)의 변화, 해양산성화 등으로 나누고 있으며(CI, *Five Effects of Climate Change on the Ocean*, 2011), Consultative Group on Biological Diversity (CGBD)은 기후변화가 해양의 대기시스템, 해수온도 상승, 해양생태계 불균형 및 해양생물다양성의 감소, 해수면 상승, 어군의 감소 등에 영향을 미치는 것으로 보았다. CGBD, *Climate Change and Oceans*, 2004.

서 안정성이 국가간 해양경계에 기반하고 있음을 고려할 때 해수면 상승에 따른 해양경계 변화시 국제해양질서 안정성에 영향을 줄 것은 자명한 사실이다. 따라서 이 글은 유엔해양법협약 체제가 예견하지 못한 해수면 상승이라는 환경의 변화가 특히 소도서국가와 해양경계의 문제에 어떠한 법적 쟁점을 야기할 수 있는지, 그리고 그러한 쟁점분석을 통해 나타난 문제점을 해결하기 위해서 어떠한 방안을 마련할 수 있는지에 초점을 맞추었다.

우선 이 글을 통해 논지를 전개하면서 계속 유지하려고 했던 관점은 크게 두 가지이다. 첫째, 형평의 관점이다. 해수면 상승은 현재뿐만 아니라, 미래에도 진행되는 현상이라는 점에서 세대간 문제라는 점을 염두에 두었다. 또한 기후변화와 해수면 상승이 영향을 주는 주체 가운데 특히 소도서국가에 주목하였다. 이는 기후변화에 가장 적게 영향을 미친 국가임에도 불구하고, 해수면 상승 등을 통해 가장 직접적인 영향을 받고, 가장 심각하게 피해를 보고 있기 때문이다. 따라서 해수면 상승이 진행될수록 커질 수 있는 비정의적 상황을 바로잡고 이들 국가의 생존과 해양관할권의 지속적 유지에서부터 소도서국가 주민의 보호에 이르기까지 국제법 틀 내에서 다룰 수 있는 쟁점들을 다루고자 했다. 또한 '형평'의 관점에서 해양경계를 통해 구분되어지는 권리의 배분, 즉 연안국과 비연안국, 해양경계 당사국과 비당사국 간 이익의 균형을 모색하고자 했다. 특히 해수면 상승에 따라 국가간 해양경계가 변할 수 있음을 보여 줌으로써 해양경계를 통해 획정된 국가간 이익의 재분배가 필요하며, 이러한 재분배를 위한 해결방안의 제시도 이익의 균형이라는 측면에서 고려하였다.

둘째, '있는 법'(*lex lata*)과 '있으면 바람직한 법'(*lex ferenda*) 시각에서의 균형적인 관점을 유지하고자 했다. 각 쟁점의 이론과 현 상황을 분석하기 위해서 '있는 법' 차원에서 유엔해양법협약, 국가간 해양경계협정, 조약법에 관한 비엔나협약 등을 중심으로 한 조약체계, 국제관습법, 국제판례 및 주요 국내판례, 학자들의 견해들을 살펴보았다. 그리고 이러한 이론과 현 상황의 분석을 통해 드러난 문제점에 대해선 '있으면 바람직한 법' 차원에서 해결방안을 제시하고자 하였다. 예를 들어, 협약의 경우 '있는 법'의 시각에서 기선제도, 해양경계, 섬제도 등의 방안에 대해 검토했으며, '있으면 바람직한 법'의 시각에서는 인공섬, 특수수역, 해양경계의 동결 등의 방안에 대해 검토하였다.

이러한 관점을 견지하면서 기후변화와 해수면 상승이 국제법에 미치는 영향, 특히 소도서국가와 해양경계에 미치는 영향에 대해서 다음의 쟁점들을 중심으로 살펴보았다.

첫째, 해수면 상승이 해양경계에 영향을 준다는 점은 소도서국가 및 연안국 모두에 공통적인 사항이다. 그러나 소도서국가의 경우 해수면 상승으로 인해 국가 자체가 소멸하는 특수한 상황에 놓여 있다. 이에 해수면 상승이 해양경계에 미치는 영향을 논의하기 이전에 예외적이며 특수한 상황에 놓인 소도서국가와 관련된 쟁점을 다루었다. 이러한 논의를 위한 전제로 우선 국제법상 형평의 개념을 도입하면서 소도서국가의 대우를 위한 형평의 개념과 내용에 대해 살펴보았다. 그리고 소도서국가와 관련된 국제법 쟁점으로 전통적 국가 개념의 변화 가능성, 소도서국가 소멸에 따른 주민의 보호와 해양관할권의 지속적 유지 가능성 문제, 소도서국가의 주권과 해양관할권 유지를 위한 방안으로서 인공섬 건설 허용 가능성 문제 등을 검토하였다. 특히 소도서국가 주민들의 보호는 법의 불충분성의 관점에서 난민협약 및 인권협약 등 기존 협약이 있음에도 불구하고, 이들 협약상 보호대상을 규정하는 개념으로는 실효적 보호가 어렵기 때문에 새로운 개념 정립과 보호방안이 필요하다는 논지를 전개했다. 또한 소도서국가의 국가지위 및 '협약에 의해 수립된 수역' 개념의 도입을 통한 해양관할권 유지, 인공섬 건설 허용 가능성에 대한 대응방안은 현체제에서 인정되지 않는 범주 내에 속하지만 '앞으로 있어야 할 법' 차원에서 논의될 수 있다는 점에서 법의 부재의 관점에서 다뤘다.

둘째, 해수면 상승으로 인해 해양경계가 변화하는지에 대한 일반적 상황과 빙토지역에서의 특수한 상황을 다뤘다. 우선 해수면 상승이 해양경계를 획정하기 위한 기선제도, 즉 통상기선과 직선기선에 영향을 주어 결국 해양경계에 변화를 주기 때문에 유엔해양법협약상 기선제도에 대해 우선 살펴보았다. 해수면 상승이 해양경계 획정에 어떠한 영향을 주는지에 대해 섬, 암석, 간출지 등으로 나눠 살펴보았다. 그리고 기후변화로 새롭게 등장하는 섬의 법적 지위에 대해 살펴보았다. 최근 학자들을 중심으로 논의되고 있는 해수면 상승에 따른 해양경계 안정화에 대한 논쟁에 대하여는 해양경계의 안정성, 연안국과 비연안국의 이익간 균형, 해양경계획정의 목적, 비용 문제 등으로 나눠 살펴보았다. 특히 이러한 논쟁은 해수면 상승이 기점과 기선에 영향을 미칠 수 있다는 점에는 동의하나 반드시 해양경계가 변화해야 하는지에 대한 시각에 대한 차이라고 보고, 이러한 논쟁은 해수면 상승에 대한 물리적·사실적 접근이라기보다 다분히 가치관과 정책적 고려에 기반한 것으로 보았다.

셋째, 해수면 상승이 국가간 해양경계획정, 즉 해양경계협정에 미치는 영향, 특히 해양경계협정 당사국간 고려할 수 있는 쟁점에 주목했다. 우선 국가간 해양경계획정 방식에 대해서 국가의 실행과 국제판례를 분석한 결과 해양경계획정 방식은 형평한 결과 달성을 통해 유연하게 적용되어 왔음을 확인하였다. 그리고 이러한 해양경계획정의 유연성은 해수면 상승으로 인한 국가간 해양경계획정의 문제에서도 적용될 수 있음을 살펴보았다. 등거리선 방식을 포함한 기존의 해양경계 방식을 우선 고려하되, 해수면 상승으로 인한 기선의 변화에 대한 예측에 근거해 선(line)으로서의 해양경계가 아닌 회랑(corridor) 또는 완충수역(buffer zone) 형식의 공간으로서의 특수수역 도입 가능성을 강조했다. 또한 해수면 상승은 필연적으로 국가간 해양경계획정의 출발점이 되는 기선에 영향을 미칠 수 있는데, 통상기선의 경우 '연안선', 직선기선의 경우 '섬 또는 특별한 지형물의 존재' 등이 해수면 상승과 관련해 해양경계획정에 있어서 관련 사정으로 인정될 수 있다고 보았다. 그리고 해수면 상승이 사정변경의 원칙이 적용되는 사유로 원칙적으로 원용 가능함에도 불구하고, 사정변경의 예외에 해당하는 경계협정에 해양경계협정이 포함된다고 보아, 사정변경의 원칙 예외로 당사국은 해수면 상승을 해양경계협정 종료사유로 원용할 수 없다고 보았다. 그러나 이러한 결과가 해양경계협정의 안정성에는 기여하지만 관련 해양경계협정 비당사국과의 권리와의 조화적 측면에서는 추가적 논의가 필요하다고 보았다. 즉 해수면 상승에 따라 해양경계가 변화할 경우 당사자뿐만 아니라 제3국의 권리에까지 영향을 줄 수 있음에도 불구하고, 협정의 안정성이라는 목적하에서 해양경계를 동결시킴으로써 변화된 상황하에서 누릴 수 있는 제3국의 권리가 고려되지 않을 수 있는 상황에 주목했다.

넷째, 위의 논의와 연결해 해수면 상승하에 해양경계협정을 둘러싼 협정당사국과 비당사국 간 발생할 수 있는 쟁점에 대해 살펴보았다. 유엔에서 발간한 「해양경계획정지침서」 서문에서는 "해양경계획정이 당사국의 국가관할권에 직접적인 영향을 줄 뿐만 아니라 어업, 해양생물자원, 해양 비생물자원 등의 개발, 항행의 자유 등을 향유하는 국가들의 권리와 이익에도 영향을 미친다"고 명확히 밝히고 있다.

따라서 해수면 상승이라는 변화를 고려해 해양경계협정 당사국과 비당사국 간 권리의 문제는 침해받았다고 주장하는 권리가 무엇이며, 어떠한 법적 근거를 통해 이를 인정할 수 있는지, 그리고 권리구제를 위해 어떠한 사법적 해결방안이 가능한지에 대해 살펴보았다. 해양경계협정 비당사국은 해수면 상승에 따라 새롭게 형성될 공해 또는 심해저에서 누릴 권리가 해양경계협정의 동결로 인해 침해받았음을 주장할 수 있으며, 이러한 권리는 유엔해양법협약과 국제관습법에 그 법적 근거를 둘 수 있다고 보았다. 특히 해수면 상승과 더불어 첫째, 해수면 상승이 해양경계협정에 미치는 영향에 대한 법해석 자문 역할, 둘째, 당사국간 갈등 중재 역할, 셋째, 소송을 통한 분쟁해결 등에 있어서 분쟁해결기구의 역할이 확대될 것으로 보았다.

마지막으로 제6장에서는 해수면 상승이 소도서국가와 해양경계획정에 미치는 영향에 대한 국제법적 쟁점 분석을 통해 나타난 문제점을 해결하기 위한 대응방안에 대해 살펴보았다. 이러한 대응방안은 특히 '국제질서 유지를 위한 법적 안정성', 국가간 '이익의 조화로운 균형', '갈등 및 분쟁시의 '형평한 해결'이라는 국제법의 주요 기능을 고려해 살펴보았다.

첫째, 해수면 상승과 소도서국가 소멸 가능성을 염두에 두고 주민의 보호방안에 대해 우선 소도서국가 주민들의 이주를 어떠한 개념으로 유형화시킬 수 있는지? 그리고 국가가 소멸시 누가 보호할 수 있으며, 그 방안은 무엇인지에 대해 살펴보았다. 구체적으로는 소도서국가는 효율적 보호를 위한 국내법 제정, 타 국가와의 이주민보호협정 체결 등을, 국제사회에서는 소도서국가 이주민 보호를 위한 개념을 정립하고, 보호를 위한 협약을 제정할 수 있다고 보았다. 또한 소도서국가의 주권상실의 문제와 관련해서 망명정부 또는 위임협정 체결에 따른 보호국가의 선정 등이 방안으로 제시될 수 있으며, 소도서국가를 대상으로 한 국제기금 또는 ODA 지원 확대가 필요하다고 보았다. 해양관할수역 상실과 관련해서는 기선 또는 해양경계를 동결하는 국내법을 제정하고 주권적 표시로서의 인공섬을 건설하는 방안을 제시했다. 국제사회에서는 이러한 소도서국가의 노력을 묵인 또는 인정하거나 국제기구의 관할로 두는 방안을 고려할 수 있으며, 이러한 소도서국가와 국제사회 차원에서 행하는 노력들은 국가실행의 축적으로 국제관습법 형성에 기여할 수 있을 것으로 보았다.

둘째, 해수면 상승이 해양경계와 해양관할권에 미치는 영향에 주목해서 이를 해결하기 위한 방안으로 특수수역 방식을 도입하는 방안을 제안하였다. 이는 해수면 상승이라는 특수한 환경변화에 따른 수역의 변화가 선이 아닌 그 자체로 수역이라는 공간의 변화로 나타남에 주목하여 이에 대응한 방식도 공간으로 대응할 수 있다는 점에 착안하였다. 이러한 방식의 도입은 두 가지 방안으로 나눠 살펴보았다. 하나는 '역사적 수역' 이론 적용 가능성 모색을 통해 '협약에 의해 수립된 수역' 개념 도입을 통해 소도서국가의 해양관할권 등 소멸 수역을 유지하는 것이며, 다른 하나는 연안국과 비연안국 간 이익의 균형을 달성하기 위해 '회랑' 또는 '완충수역' 방식의 특수수역을 도입하는 것이다. 전자인 '협약에 의해 수립된 수역'의 경우, 남중국해 중재재판에서 밝힌 바와 같이 역사적 수역은 단일의 제도로 규정되는 것이 아닌 각각의 구체적 사례에 맞는 특정한 레짐으로 성립될 수 있다는 점을 염두에 두고,[2] 해수면 상승과 소도서국가라는 특수한 상황에 맞는 특정한 레짐이 성립 가능하다는 인식을 기반으로 하였다. 또한 역사적 수역이론이 협약 발효 이후에는 논의의 실익이 없음을 보여준 남중국해 중재재판을 고려했다. 특히 소도서국가의 생존에 필요한 경제적 권리를 해양관할수역 확보를 통해 보장해 준다는 정의적 형평 측면에서 국제사회의 컨센서스 도출 가능성은 상대적으로 높다고 보았다. 후자인 '회랑' 또는 '완충수역'은 공간적 접근방안으로 조화성의 측면에서 국가간 해양경계의 동결의 경우 얻게 되는 국제해양질서의 안정성, 그리고 해양경계 변화를 수용할 경우 얻게 되는 이해당사국간 이익의 조화를 함께 고려했다. 유연성이라는 측면에서 현재의 해양법체제에서의 해양경계가 선(line)으로 획정되는데 반해 공간적 접근방식은 띠 형식의 공간(zone)을 통해 해양경계의 외연을 확대했다. 기능성 측면에서 공간으로 확대된 해양경계 내 연안국과 비연안국의 권리를 조화롭게 배분했다. 특히 소도서국가에도 이러한 방식을 도입할 수 있다고 보면서도 확보된 해양관할수역에서의 관리·개발능력의 부재 등을 고려해 국제기구의 역할이 커질 것이라고 보았다.

셋째, 유엔해양법협약의 이행협정의 하나로서 '해수면 상승과 해양경계이행협정' 체결방안을 제시했다. 이러한 이행협정의 체결은 유엔해양법협약과의 일체성을 해치지 않는 범위 내에서 협약을 발전시키거나 수정하는 효과를 가지면서도 이후 유엔총회 결의를 통해 내용에 대한 국제사회의 컨센서스를 얻는 방법으로 유용하

2 *The South China Sea Arbitration*, PCA, 2016. 7. 12, p.117, para. 225.

다고 보았다. 이행협정은 해수면 상승으로 인한 해양경계와 해양관할수역의 변화로 발생하는 문제를 해결하는 것을 주요 목적으로 하여 소도서국가 특별대우조항, 제3국과의 관계 규정, 해양경계특별위원회 설립·운영, 해양경계협정 체결준칙, 지역적 이행협정과의 관계 등을 이행협정 내에 도입하는 것을 제안했다. 이러한 해수면 상승과 해양경계 이행협정은 향후 일어날 해수면 상승을 고려해 선제적인 성격을 지닌다는 점, 해양경계협정에서 제3국의 법익을 존중한다는 점, 소도서국가에 대해 특별대우조항을 둔다는 점, 해양경계특별위원회를 둔다는 점이 이전 이행협정과 차별성을 띠는 것으로 볼 수 있다. 특히 해양경계협정의 도입을 통해 설립을 제안한 해양경계특별위원회는 해수면 상승과 해양경계 문제 전반에 대해 의제를 삼고, 특히 해양경계 관련 법적 문제에 대해 조사, 평가를 통해 당사국과 관련 제3국에 공식적인 의견을 제출할 수 있으며, 국제해양법재판소(ITLOS)를 통해 법적 문제에 대한 권고적 의견을 내릴 수 있는 권한을 행사할 수 있을 것으로 보았다.

넷째, 유엔해양법협약 개정 논의를 통한 국제사회 컨센서스 도출방안에 대해 살펴보았다. 협약의 개정이 국제사회 컨센서스 도출에 중요한 이유는 협약 제312조 규정을 전제로 해양경계 문제에 대한 포괄적 논의를 바탕으로 협약당사국간 컨센서스 도출이 용이하기 때문이라고 보았다. 협약 제312조 제2항은 개정을 위한 회의는 컨센서스에 의한 합의에 이르기까지 모든 노력을 다해야 하며, 컨센서스를 위한 모든 노력을 다할 때까지 표결하지 아니한다고 규정하고 있는데, 협약 개정 논의는 기후변화와 해양경계 이슈의 전반적인 법적 쟁점과 규범화 방안이 공론의 장으로 나오는 계기가 될 수 있다. 이를 전제로 기존 협약 조항에서의 흠결을 보완하는 방안, 기존 협약에는 포함되어 있지 않지만 앞으로 예상되는 쟁점들을 협약의 체제 내로 수용하는 방안 등 두 가지로 살펴보았다. 이러한 기준에서 기선제도, 해양경계, 섬의 해석 등의 쟁점은 전자의 입장에서, 인공섬·특수수역의 쟁점은 후자의 측면에서 다뤘다. 그리고 이러한 쟁점들은 협약의 개정 가능한 내용을 중심으로 살펴보았으며, 쟁점별로 협약 개정의 방향성을 보여주기 위한 개정 방안을 예시적으로 제시하였다.

다섯째, 지역관습법을 중심으로 한 국제관습법 형성 가능성 및 방안에 대해 살펴보았다. 해수면 상승에 따른 국제관습법 형성 방안은 해수면 상승이 시간의 경과에 따라 그 영향이 크게 나타나므로 국가실행의 축적에 용이하다는 점, 전지구적 현상으로 법적 확신을 도출하기에 유리하다는 점, 영향이 지속적으로 나타난다는 점에서 성문화된 경성법보다는 유연한 국제관습법이 더 중요할 수 있다고 보았다. 특히 영향의 강도가 지역에 따라 다르게 나타날 수 있어 지역관습법을 용인하고 있는 국제관습법이 법적 공백을 메우기에 용이하다고 보았다. 국가실행은 앞서 제시된 방안들이 모두 국가실행으로 인정될 수 있는데, 우선 일반 국가 차원에서 기선 또는 경계를 동결하는 법안의 제정 또는 개정, 소도서국가의 해양경계기점의 보호 또는 연안의 소실을 막기 위한 인공섬 및 시설물의 설치, 소도서국가 주민들의 이주를 보호하고 지원하기 위한 입법의 제정, 해양관할권을 지속적으로 유지하기 위한 특수수역을 인정하는 내용의 입법 제정, 특수수역을 확인하는 해도의 발간, 특수수역 인정을 지속적으로 확인하는 선언 행위, 특수수역을 상호 인정하는 협정의 체결 등을 들 수 있다. 또한, 양자 및 다자 차원에서는 해양경계협정 내 해양경계를 동결 또는 안정화하는 조항의 명문화, 해양경계협정 내 제3국의 이해관계를 고려하는 조문의 명문화 등을 들 수 있다. 마지막으로 국제사회 측면에서는 해양경계 안정화를 지지하는 유엔총회 결의의 제정, 해양경계협정 안정화를 명문화하는 지역협정 체결, 유엔해양법협약 이행협정의 체결 등이 국가관행으로 인정될 수 있다.

그리고 법적 확신의 증거로서는 유엔총회 결의가 중요하다고 보았다. 그러나 유엔총회는 법적 확신의 증거로서 인정되기에 충분한 내용을 담은 결의를 내놓고 있지 못하고 있다. 기후변화가 환경적·과학적 측면에서 논의가 활발히 이루어지고 있지만, 해수면 상승이 국제법에 미치는 영향과 대응방안에 관련해서는 아직 유엔총회 결의가 아직 국제관습법 형성을 위한 실행이나 법적 확신 차원에서의 제 역할을 발휘하지 못하고 있다고 보았다. 그럼에도 불구하고 향후 '있는 법' 차원에서의 논의를 넘어 '있으면 바람직한 법'적 차원에서의 논의가 유엔총회를 중심으로 보다 활발히 진행될 것으로 기대하였다. 이에 따라 국제관습법 형성을 위한 국가들의 실행도 점차 축적될 것이고, 이러한 지속적인 과정을 거쳐 기후변화와 해수면 상승이 소도서국가와 해양경계에 미치는 영향과 이에 대한 대응방안이 국제관습법의 형성을 통해 마련될 수 있을 것으로 보았다.

제6장에서 제시한 이러한 해결방안들은 현재 도입되고 있는 방안에 대한 분석보다는 앞으로 도입할 필요가 있는 방안을 제시하고 있다는 측면이 강하고, 법이론

분석보다는 법정책적 제안에 가깝다. 그렇지만 법과 정책은 바늘과 실과 같은 것으로 정책적 제안이 법적 의미를 가지지 않는 것은 아닐 것이다. 그리고 이러한 방안들은 현 시점에서의 의미보다 앞으로 있어야 할 법적 측면, 국제법의 발달이라는 측면에서 더 큰 의미를 가질 것으로 생각된다. 한편 이러한 방안은 단독적으로 해수면 상승에 따른 법적 쟁점들을 해결하기보다는 상호 복합적으로 추진됨으로써 최종적으로 국가실행의 축적과 국제사회의 컨센서스로 이어지는 징검다리 역할을 할 경우 더욱 의미가 있을 것이다. 특히 각 방안들이 가지고 있는 내재적 문제점들을 서로의 방안들로 보완하면서 최종적으로 국제법의 향후 나아갈 방향을 제시해 줄 수 있을 것으로 생각한다.

유엔해양법협약이 제정된 지 30년이 훨씬 지났다. 이 기간 동안 이행협정의 체결, 유엔총회 결의 채택 등 내부조정 기제와 협약을 바탕으로 한 국제관습법 형성 등을 통해 협약의 불완전성을 능동적으로 보완해 왔으며, 법의 흠결 또는 결여로 인해 국제해양법질서가 불안정해지는 것을 차단해 왔다. 이런 가운데 협약은 기후변화와 해수면 상승이라는 예상하지 못한 외부환경에 맞서 새로운 도전을 맞이하고 있다. 문제는 기후변화와 인식하지 못할 정도로 점진적으로 이루어지고 있는 해수면 상승이 지금의 문제라기보다 미래의 문제라고 인식되는 순간 해수면 상승이 가져올 포괄적이며 강도 높은 영향과 피해에 적절히 대응하기 어렵다는 점이다. 이러한 측면에서 지금부터라도 유엔해양법협약의 개정 논의를 포함해 다차원적이고 다양한 규범화 방안에 대한 논의를 진행하는 것은 결코 시기상조의 작업이라고만 볼 수 없다. 특히 해수면 상승의 문제로 야기되는 해양법의 문제는 환경, 인권, 난민, 국제법주체 등 타 국제법 분야와 깊은 관련성을 띠고 진행될 가능성이 높아 서로 다른 기반을 가지고 있는 관련 국제법의 발전에도 영향을 미칠 가능성이 높다. 따라서 현재 국제법학자들 차원에서 진행되고 있는 기후변화와 해수면 상승에 대한 논의들은 점차 국제사회 차원으로 확대되고, 논의의 범위 또한 현재의 법 차원에 국한되지 않고 향후 국제법의 발전과정을 고려해 진행될 필요가 있다.

부 록

[부록 1] 1958년 영해와 접속수역에 관한 협약 및 1982년 유엔해양법협약상 직선기선 조항의 비교

[부록 2] 해양경계협정 사례

[부록 1] 1958년 영해와 접속수역에 관한 협약 및 1982년 유엔해양법협약상 직선기선 조항의 비교

	1958년 영해와 접속수역에 관한 협약	1982년 유엔해양법협약
영해의 폭	없 음	제3조: 모든 국가는 이 협약에 따라 결정된 기선으로부터 12해리를 넘지 아니하는 범위에서 영해의 폭을 설정할 권리를 가진다.
통상기선 (normal baseline)	제3조: 영해의 폭을 측정하기 위한 통상기선은 이 조문들(articles)에 달리 규정된 경우를 제외하고는 연안국이 공인한 대축척해도에 표시된 해안의 저조선으로 한다.	제5조: 영해의 폭을 측정하기 위한 통상기선은 이 협약(convention)에 달리 규정된 경우를 제외하고는 연안국이 공인한 대축척해도에 표시된 해안의 저조선으로 한다.
암 초 (reefs)	없 음	제6조: 환초상에 위치한 섬 또는 가장자리에 암초를 가진 섬의 경우, 영해의 폭을 측정하기 위한 기선(이하 '영해기선'이라 함)은 연안국이 공인한 해도상에 적절한 기호로 표시된 암초의 바다 쪽 저조선으로 한다.
직선기선 (straight baselines)	제4조 제1항: 해안선이 깊게 굴곡이 지거나 잘려 들어간 지역, 또는 해안을 따라 아주 가까이 섬이 흩어져 있는 지역에서는 영해기선을 설정함에 있어서 적절한 지점을 연결하는 직선기선의 방법이 사용될 수 있다.	제7조 제1항: 좌동
	없 음	제2항: 삼각주가 있거나 그 밖의 자연조건으로 인하여 해안선이 매우 불안정한 곳에서는, 바다 쪽 가장 바깥 저조선을 따라 적절한 지점을 선택할 수 있으며, 그 후 저조선이 후퇴하더라도 직선기선은 이 협약에 따라 연안국에 의하여 수정될 때까지 유효하다.
	제2항: 직선기선은 해안의 일반적 방향으로부터 현저히 벗어나게 설정할 수 없으며, 직선기선 안에 있는 해역은 내수제도에 의하여 규율될 수 있을 만큼 육지와 충분히 밀접하게 관련되어야 한다.	제3항: 좌동
	제3항: 직선기선은 간출지까지 또는 간출지로부터 설정할 수 없다. 다만, 영구적으로 해면위에 있는 등대나 이와 유사한 시설이 간출지에 세워진 경우에는 그러하지 아니하다.	제4항: 직선기선은 간출지까지 또는 간출지로부터 설정할 수 없다. 다만, 영구적으로 해면위에 있는 등대나 이와 유사한 시설이 간출지에 세워진 경우 또는 간출지 사이의 기선설정이 일반적으로 국제적인 승인을 받은 경우에는 그러하지 아니하다.

	1958년 영해와 접속수역에 관한 협약	1982년 유엔해양법협약
	제4항: 제1항의 직선기선의 방법을 적용하는 경우, 특정한 기선을 결정함에 있어서 그 지역에 특유한 경제적 이익이 있다는 사실과 그 중요성이 오랜 관행에 의하여 명백히 증명된 경우 그 경제적 이익을 고려할 수 있다.	제5항: 좌동
	제5항: 어떠한 국가도 다른 국가의 영해를 공해로부터 격리시키는 방식으로 직선기선 제도를 적용할 수 없다.	제6항: 어떠한 국가도 다른 국가의 영해를 공해나 배타적 경제수역으로부터 격리시키는 방식으로 직선기선제도를 적용할 수 없다
	제6항: 연안국은 명백하게 해도상에 직선기선을 표시해야 하고, 이를 적절하게 공표해야 한다.	<직선기선 관련 조문에는 없으나, 1982년 협약 제16조에 관련 내용을 포함하고 있음>
영해의 외부한계 (outer limit)	제6조: 영해의 외부한계는 기선상의 가장 가까운 점으로부터 영해의 폭과 같은 거리에 있는 모든 점을 연결한 선으로 한다.	제4조: 좌동
만	제7조(Juridical bays) ① 이 조는 그 해안이 한 국가에 속하는 만에 한하여 적용한다. ② 이 협약에서 만이라 함은 그 들어간 정도가 입구의 폭에 비하여 현저하여 육지로 둘러싸인 수역을 형성하고, 해안의 단순한 굴곡 이상인 뚜렷한 만입을 말한다. 그러나 만입 면적이 만입의 입구를 가로질러 연결한 선을 지름으로 하는 반원의 넓이에 미치지 못하는 경우, 그러한 만입은 만으로 보지 아니한다. ③ 측량의 목적상 만입면적이라 함은 만입해안의 저조선과 만입의 자연적 입구의 양쪽 저조지점을 연결하는 선 사이에 위치한 수역의 넓이를 말한다. 섬이 있어서 만이 둘 이상의 입구를 가지는 경우에는 각각의 입구를 가로질러 연결하는 선의 길이의 합계와 같은 길이인 선상에 반원을 그려야 한다. 만입의 안에 있는 섬은 만입수역의 일부로 본다. ④ 만의 자연적 입구 양쪽의 저조지점간의 거리가 24해리를 넘지 아니하는 경우, 폐쇄선을 두 저조지점 간에 그을 수 있으며, 이 안에 포함된 수역은 내수로 본다. ⑤ 만의 자연적 입구 양쪽의 저조지점 간의 거리가 24해리를 넘는 경우, 24해리의 직선으로서 가	제10조(Bays) 1958년 협약상 '이 조항들'(these articles)이 '이 협약'(this convention)으로 바뀐 것을 제외하고는 좌동

	1958년 영해와 접속수역에 관한 협약	1982년 유엔해양법협약
	능한 한 최대의 수역을 둘러싸는 방식으로 만안에 24해리의 직선기선을 그어야 한다. ⑥ 전항의 규정들은 이른바 "역사적" 만에 대하여 또는 제7조에 규정된 직선기선제도가 적용되는 경우에는 적용하지 아니한다.	
항 구	제8조(Harborworks): 영해의 경계를 획정함에 있어서, 항만체계의 불가분의 일부를 구성하는 가장 바깥의 영구적인 항만시설은 해안의 일부를 구성하는 것으로 본다.	제11조(Ports): 영해의 경계를 획정함에 있어서, 항만체계의 불가분의 일부를 구성하는 가장 바깥의 영구적인 항만시설은 해안의 일부를 구성하는 것으로 본다. 근해시설과 인공섬은 영구적인 항만시설로 보지 아니한다.
정박지 (Roadsteads)	제9조: 선박이 화물을 싣고, 내리고, 닻을 내리기 위하여 통상적으로 사용되는 정박지는 전부 또는 일부가 영해의 바깥한계 밖에 있는 경우에도 영해에 포함된다. 연안국은 그러한 정박지를 명확하게 해도에 표시해야 하고 이를 해양경계와 함께 적절하게 공표해야 한다.	제11조: 선박이 화물을 싣고, 내리고, 닻을 내리기 위하여 통상적으로 사용되는 정박지는 전부 또는 일부가 영해의 바깥한계 밖에 있는 경우에도 영해에 포함된다. (이하는 협약 제16조에서 관련 내용을 담고 있음)
섬	제10조(Islands) ① 섬이라 함은 바닷물로 둘러싸여 있으며, 밀물일 때에도 수면 위에 있는, 자연적으로 형성된 육지지역을 말한다. ② 섬의 영해는 이 조항들에 따라 측정된다.	제121조(Regime of islands): ① 섬이라 함은 바닷물로 둘러싸여 있으며, 밀물일 때에도 수면위에 있는, 자연적으로 형성된 육지지역을 말한다. ② 제3항에 규정된 경우를 제외하고는 섬의 영해, 접속수역, 배타적 경제수역 및 대륙붕은 다른 영토에 적용 가능한 이 협약의 규정에 따라 결정한다. ③ 인간이 거주할 수 없거나 독자적인 경제활동을 유지할 수 없는 암석은 배타적 경제수역이나 대륙붕을 가지지 아니한다.
간출지 (low−tide elevations)	제11조 ① 간출지는 썰물일 때에는 물로 둘러싸여 물위에 노출되나 밀물일 때에는 물에 잠기는 자연적으로 형성된 육지지역을 말한다. 간출지의 전부 또는 일부가 본토나 섬으로부터 영해의 폭을 넘지 아니하는 거리에 위치하는 경우, 그 간출지의 저조선을 영해기선으로 사용할 수 있다. ② 간출지 전부가 본토나 섬으로부터 영해의 폭을 넘는 거리에 위치하는 경우, 그 간출지는 자체의 영해를 가지지 아니한다.	제13조: 좌동

	1958년 영해와 접속수역에 관한 협약	1982년 유엔해양법협약
해양경계	제12조(Lateral boundaries) ① 두 국가의 해안이 서로 마주보고 있거나 인접하고 있는 경우, 양국간 달리 합의하지 않는 한 양국의 각각의 영해기선상의 가장 가까운 점으로부터 같은 거리에 있는 모든 점을 연결한 중간선 밖으로 영해를 확장할 수 없다. 그러나 위의 규정은 역사적 권원이나 그 밖의 특별한 사정에 의하여 이와 다른 방법으로 양국의 영해의 경계를 획정할 필요가 있는 경우에는 적용해서는 안된다(shall not apply). ② 서로 마주보고 있거나 인접하고 있는 두 국가의 영해 경계선은 대축척 해도에 표시되어야 하며 공식적으로 연안국간에 승인되어야 한다.	제15조(Delimitation of the territorial sea between States with opposite or asjacent coasts): 두 국가의 해안이 서로 마주보고 있거나 인접하고 있는 경우, 양국간 달리 합의하지 않는 한 양국의 각각의 영해기선상의 가장 가까운 점으로부터 같은 거리에 있는 모든 점을 연결한 중간선 밖으로 영해를 확장할 수 없다. 그러나 위의 규정은 역사적 권원이나 그 밖의 특별한 사정에 의하여 이와 다른 방법으로 양국의 영해의 경계를 획정할 필요가 있는 경우에는 적용하지 아니한다(does not apply). * 1958년 협약 제12조 제2항은 1982년 협약 제16조에 관련 내용으로 규정됨.
강	제13조(Rivers): 강이 직접 바다로 유입하는 경우, 기선은 양쪽 강둑의 저조선상의 지점을 하구를 가로 질러 연결한 직선으로 한다.	제9조(Mouth of rivers): 좌동
기선 결정 방법의 혼합	관련 규정 없음	제14조: 연안국은 서로 다른 조건에 적합하도록 앞의 각 조에 규정된 방법을 교대로 사용하여 기선을 결정할 수 있다.
해도와 지리적 좌표 목록	관련 규정 없음	제16조 ① 제7조, 제9조 및 제10조에 따라 결정되는 영해기선 또는 그로부터 도출된 한계, 그리고 제12조 및 제15조에 따라 그어진 경계선은 그 위치를 확인하기에 적합한 축척의 해도에 표시되어야 한다. 또는 측지자료를 명기한 각 지점의 지리적 좌표목록으로 이를 대체할 수 있다. ② 연안국은 이러한 해도나 지리적 좌표목록을 적절히 공표하고, 그 사본을 국제연합 사무총장에게 기탁한다.

주: 양 협약에서 차이가 나는 부분은 저자가 밑줄로 강조함.
출처: 유엔(협약 원본) http://www.un.org/Depts/los/index.htm, 외교부(영한번역) www.mofa.go.kr(2016. 11. 7. 검색).

[부록 2] 해양경계협정 사례

관련 국가		협정 체결 일자 (년/월/일)	협정 이름(영문)
미주(47개 사례)			
과테말라	멕시코	1882/9/27	Treaty on the delimitation of the border between Mexico and Guatemala
영국	베네수엘라	1942/2/26	Treaty between the United Kingdom and Venezuela relating to the Submarine Areas of the Gulf of Paria (트리니다드토바고가 조약 승계)
영국	미국	1947/10/23	Exchange of notes constituting an agreement between the United States of America and the United Kingdom of Great Britain and Northern Ireland relating to the delimitation of the area within territorial waters adjacent to the leased naval base at Argentia, Newfoundland (캐나다가 조약 승계)
칠레	페루	1952/8/18	Declaration on the maritime zone (3자조약)
에콰도르	페루		
칠레	페루	1954/12/4	Agreement on the Special Maritime Boundary Zone (3자조약)
에콰도르	페루		
캐나다	프랑스	1972/3/27	Agreement between the Government of Canada and the Government of the French Republic on Their Mutual Fishing Relations (캐나다와 프랑스 생피에르 멩끼에르 섬 간 해양경계협정)
브라질	우루과이	1972/7/21	Exchange of notes constituting an Agreement between the Government of Brazil and the Government of Uruguay on the definitive demarcation of the sea outlet of the River Chui and the lateral maritime border
아르헨티나	우루과이	1973/11/19	Treaty between Uruguay and Argentina concerning the Rio de la Plata and the Corresponding Maritime Boundary
캐나다	덴마크	1973/12/17	Agreement between the Government of the Kingdom of Denmark and the Government of Canada relating to the Delimitation of the Continental Shelf between Greenland and Canada
콜롬비아	에콰도르	1975/8/23	Agreement concerning delimitation of marine and submarine areas and maritime co-operation between the Republics of Colombia and Ecuador
쿠바	멕시코	1976/7/26	Exchange of notes constituting an agreement on the delimitation of the exclusive economic zone of Mexico in the sector adjacent to Cuban maritime areas
콜롬비아	파나마	1976/11/20	Treaty on the Delimitation of Marine and Submarine Areas and Related Matters between the Republic of Panama and the Republic of Colombia

관련 국가		협정 체결 일자 (년/월/일)	협정 이름(영문)
콜롬비아	코스타리카	1977/3/17	Treaty on Delimitation of Marine and Submarine Areas and Maritime Cooperation between the Republic of Colombia and the Republic of Costa Rica
쿠바	아이티	1977/10/27	Agreement between the Republic of Haiti and the Republic of Cuba Regarding the Delimitation of Maritime Boundaries between the Two States
쿠바	미국	1977/12/16	Maritime Boundary Agreement Between the United States of America and the Republic of Cuba
콜롬비아	도미니카 공화국	1978/1/13	Agreement on Delimitation of Marine and Submarine Areas and Maritime Cooperation between the Republic of Colombia and the Dominican Republic
콜롬비아	아이티	1978/2/17	Agreement on Delimitation of the Maritime Boundaries between the Republic of Colombia and the Republic of Haiti
아르헨티나	칠레	1978/2/20	Act of Puerto Montt
미국	베네수엘라	1978/3/28	Maritime boundary Treaty between the United States of America and the Republic of Venezuela (미국의 버진아일랜드와 베네수엘라 간 해양경계)
네덜란드	베네수엘라	1978/3/31	Boundary Delimitation Treaty between the Republic of Venezuela and the Kingdom of the Netherlands
아르헨티나	칠레	1978/5/2	Exchange of notes between Argentina and Chile constituting an agreement relating to the Final Act approving the proposals of the First Joint Commission established by the Act of Puerto Montt (with Final Act of the First Joint Commission dated on 6 April 1978)
멕시코	미국	1978/5/4	Treaty on Maritime Boundaries between the United Mexican States and the United States of America (Caribbean Sea and Pacific Ocean)
도미니카 공화국	베네수엘라	1979/3/3	Treaty on the Delimitation of Marine and Submarine Areas between the Republic of Venezuela and the Dominican Republic
캐나다	미국	1979/3/29	Special Agreement between the Government of Canada and the Government of the United States of America to Submit to a Chamber of the International Court of Justice the Delimitation of the Maritime Boundary in the Gulf of Maine Area
코스타리카	파나마	1980/2/2	Treaty Concerning Delimitation of Marine Areas and Maritime Cooperation between the Republic of Costa Rica and the Republic of Panama
프랑스	베네수엘라	1980/7/17	Delimitation Treaty between the Government of the French Republic and the Government of the Republic of Venezuela

관련 국가		협정 체결 일자 (년/월/일)	협정 이름(영문)
브라질	프랑스	1981/1/30	Maritime Delimitation Treaty between the Federative Republic of Brazil and the French Republic
프랑스	세인트 루시아	1981/3/4	Agreement on Delimitation between the Government of the French Republic and the Government of Saint Lucia
콜롬비아	코스타리카	1984/4/6	Treaty on the Delimitation of Marine and Submarine Areas and Maritime Cooperation between the Republic of Colombia and the Republic of Costa Rica, additional to the Treaty signed at San José on 17 March 1977
아르헨티나	칠레	1984/11/29	Treaty of Peace and Friendship between Chile and Argentina (with annexes and maps)
코스타리카	에콰도르	1985/3/12	Agreement between the Government of Costa Rica and the Government of Ecuador Relating to the Delimitation of the Maritime Areas between Costa Rica and Ecuador
콜롬비아	온두라스	1986/8/2	Maritime Delimitation Treaty between Colombia and Honduras
도미니카	프랑스	1987/9/7	Agreement on Maritime Delimitation between the Government of French Republic and the Government of Dominica
아르헨티나	우루과이	1988/6/18	Exchange of notes constituting an agreement between the Argentine Republic and the Eastern Republic of Uruguay entrusting the Rio de la Plata Administrative Commission with the delimitation of the boundary between Martin Garcia and Timoteo Domínguez Islands
트리니다드 토바고	베네수엘라	1990/4/18	Treaty between the Republic of Trinidad and Tobago and the Republic of Venezuela on the delimitation of marine and submarine areas
러시아	미국	1990/6/1	Agreement between the United States of America and the Union of Soviet Socialist Republics on the maritime boundary
영국	미국	1993/11/5	1. Treaty between the Government of the United Kingdom of Great Britain and Northern Ireland and the Government of the United States of America on the Delimitation in the Caribbean of a Maritime Boundary between the US Virgin Islands and Anguilla 2. Agreement between the Government of the United Kingdom of Great Britain and Northern Ireland and the Government of the United States of America on the Delimitation in the Caribbean of a Maritime Boundary between Puerto Rico/US Virgin Islands and the British Virgin Islands

관련 국가		협정 체결 일자 (년/월/일)	협정 이름(영문)
콜롬비아	자메이카	1993/11/12	Maritime delimitation treaty between Jamaica and the Republic of Colombia
쿠바	자메이카	1994/2/18	Agreement between the Government of the Jamaica and the Government of the Republic of Cuba on the delimitation of the maritime boundary between the two States
프랑스	영국	1996/6/27	1. Agreement on maritime delimitation between the Government of the French Republic and the Government of the United Kingdom of Great Britain and Northern Ireland concerning Saint Martin and Saint Barthelemy, on one hand, and Anguilla on the other 2. Agreement on maritime delimitation between the Government of the French Republic and the Government of the United Kingdom of Great Britain and Northern Ireland concerning Guadeloupe and Montserrat
도미티카 공화국	영국	1996/8/2	Agreement between the Government of the United Kingdom of Great Britain and Northern Ireland and the Government of the Dominican Republic concerning the delimitation of the Maritime Boundary between the Dominican Republic and the Turks and Caicos Islands
멕시코	미국	2000/6/9	Treaty between the Government of the United States of America and the Government of the United Mexican States on the Delimitation of the Continental Shelf in the Western Gulf of Mexico beyond 200 Nautical Miles
온두라스	영국	2001/12/4	Treaty between the Government of the Republic of Honduras and the Government of the United Kingdom of Great Britain and Northern Ireland con-cerning the delimitation of the maritime areas between the Cayman Islands and the Republic of Honduras
온두라스	멕시코	2005/4/18	Maritime Delimitation Treaty between the Government of the United Mexican States and the Government of the Republic of Honduras
바베이도스	프랑스	2009/10/15	Barbados/France Maritime Boundary Delimitation Treaty
그레나다	트리니다드 토바고	2010/4/21	Treaty between the Republic of Trinidad and Tobago and Grenada on the de-limitation of marine and submarine areas (with map)
바하마	쿠바	2011/10/3	Agreement between the Commonwealth of the Bahamas and the Republic of Cuba for the delimiting line between their maritime zones (with schedule and map)
아시아(54개 사례)			
일본	러시아	1855/2/7	Treaty of Shimoda

관련 국가		협정 체결 일자 (년/월/일)	협정 이름(영문)
Jonor Sultanate	영국	1927/10/19	Straits Settlement and Johore Territorial Waters Agreement of 1927 (말레이시아와 싱가포르가 조약 승계국)
바레인	사우디 아라비아	1958/2/22	Bahrain-Saudi Arabia boundary agreement
카타르	사우디 아라비아	1965/12/4	Agreement on the delimitation of the offshore and land boundaries between the Kingdom of Saudi Arabia and Qatar
아부다비	두바이	1968/2/18	Offshore boundary agreement between Abu Dhabi and Dubai (현재 UAE의 내수 해양경계)
이란	사우디 아라비아	1968/10/24	Agreement concerning the sovereignty over the islands of Al-'Arabiyah and Farsi and the delimitation of the boundary line separating submarine areas between the Kingdom of Saudi Arabia and Iran (with exchanges of letters, map and English translation)
아부다비	카타르	1969/3/30	Agreement on settlement of maritime boundary lines and sovereign rights over islands between Qatar and Abu Dhabi (UAE가 조약 승계국)
이란	카타르	1969/9/20	Agreement concerning the boundary line dividing the continental shelf between Iran and Qatar
인도네시아	말레이시아	1969/10/27	Agreement between the Government of Malaysia and the Government of Indonesia on the delimitation of the continental shelves between the two countries
인도네시아	말레이시아	1970/3/17	Treaty between the Republic of Indonesia and Malaysia Relating to the delimitation of the Territorial Seas of the Two Countries in the Strait of Malacca
바레인	이란	1971/6/17	Agreement concerning Delimitation of the Continental Shelf between Iran and Bahrain
인도네시아	태국	1971/12/17	Agreement between the Government of the Kingdom of Thailand and the Government of the Republic of Indonesia relating to the Delimitation of a Continental Shelf Boundary between the two Countries in the Northern Part of the Straits of Malacca and in the Andaman Sea
인도네시아	태국	1971/12/21	Agreement between the Government of the Republic of Indonesia, The Government of Malaysia and the Government of the Kingdom of Thailand Relating to the Delimitation of the Continental Shelf Boundaries in the Northern Part of the Strait of Malacca (3자조약)
인도네시아	말레이시아		
말레이시아	태국		
인도네시아	싱가포르	1973/5/25	Agreement Stipulating the Territorial Sea Boundary Lines between Indonesia and the Republic of Singapore in the Strait of Singapore

관련 국가		협정 체결 일자 (년/월/일)	협정 이름(영문)
일본	한국	1974/1/30	Agreement between Japan and the Republic of Korea concerning the Establishment of Boundary in the Northern Part of the Continental Shelf adjacent to the two Countries(공동개발협정)
인도	스리랑카	1974/7/10	Agreement between Sri Lanka and India on the boundary in historic waters between the two countries and related matters (with map)
이란	오만	1974/7/25	Agreement concerning Delimitation of the Continental Shelf between Iran and Oman
사우디 아라비아	UAE	1974/8/21	Agreement on the delimitation of boundaries
두바이	이란	1974/8/31	Offshore Boundary Agreement between Iran and Dubai (UAE가 조약 승계국)
인도네시아	태국	1975/12/11	Agreement between the Government of the Kingdom of Thailand and the Government of the Republic of Indonesia relating to the delimitation of the sea–bed boundary between the two countries in the Andaman Sea (with charts)
인도	스리랑카	1976/3/23	Agreement between Sri Lanka and India on the Maritime Boundary between the two Countries in the Gulf of Mannar and the Bay of Bengal and Related Matters
인도	몰디브	1976/7/23	Agreement between Sri Lanka, India and Maldives concerning the determination of the trijunction point between the three countries in the Gulf of Mannar (3자조약)
인도	스리랑카	1976/7/24	
몰디브	스리랑카	1976/7/31	
인도	스리랑카	1976/11/22	Supplementary Agreement between Sri Lanka and India on the extension of the maritime boundary between the two countries in the Gulf of Mannar from position 13 m to the trijunction point between Sri Lanka, India and Maldives (point T)
인도	몰디브	1976/12/28	Agreement between India and Maldives on Maritime Boundary in The Arabian Sea and Related Matters
인도	인도네시아	1977/1/14	Agreement between the Government of the Republic of India and the Government of the Republic of Indonesia on the Extension of the 1974 Continental Shelf Boundary between the two Countries in the Andaman Sea and the Indian Ocean
인도	태국	1978/6/22	Agreement between the Government of the Kingdom of Thailand and the Government of the Republic of India on the Delimitation of Seabed Boundary between the two Countries in the Andaman Sea

관련 국가		협정 체결 일자 (년/월/일)	협정 이름(영문)
구소련	터키	1978/6/23	Agreement between the Government of the Republic of Turkey and the Government of the Union of Soviet Socialist Republics concerning the Delimitation of the Continental Shelf Between the Republic of Turkey and the Union of Soviet Socialist Republics in the Black Sea (그루지아, 러시아, 우크라이나가 조약 승계국)
말레이시아	태국	1979/10/24	1. Treaty between the Kingdom of Thailand and Malaysia relating to the Delimitation of the Territorial Seas of the two Countries 2. Memorandum of Understanding between the Kingdom of Thailand and Malaysia on the Delimitation of the Continental Shelf Boundary between the two Countries in the Gulf of Thailand
버마	태국	1980/7/25	Agreement between the Government of the Kingdom of Thailand and the Government of the Socialist Republic of the Union of Burma on the Delimitation of the Maritime Boundary between the two Countries in the Andaman Sea
인도네시아	파퓨아 뉴기니	1980/12/13	Agreement between the Government of Indonesia and the Government of Papua New Guinea Concerning the Maritime Boundary between the Republic of Indonesia and Papua New Guinea and Cooperation on related Matters
북한	소련	1985/4/17	Agreement between the Union of the Soviet Socialist Republics and on the Delimitation of the Soviet–Korean National Border (러시아가 조약 승계국)
북한	소련	1986/1/22	Agreement between the Union of Soviet Socialist Republics and the Democratic People's Republic of Korea on the Delimitation of the Economic Zone and the Continental Shelf (러시아가 조약 승계국)
버마	인도	1986/12/23	Agreement between the Socialist Republic of the Union of Burma and the Republic of India on the Delimitation of the Maritime Boundary in the Andaman Sea, in the Coco Channel and in the Bay of Bengal
소련	미국	1990/6/1	Agreement between the United States of America and the Union of Soviet Socialist Republics on the maritime boundary
북한	소련	1990/9/3	Agreement between the Government of the Union of Soviet Socialist Republics and the Government of the Democratic People's Republic of Korea concerning the Regime of the Soviet-Korean State Frontier (러시아가 조약 승계국)
오만	예멘	1992/10/1	International boundary agreement between the Sultanate of Oman and the Republic of Yemen

관련 국가		협정 체결 일자 (년/월/일)	협정 이름(영문)
인도	태국	1993/10/27	Agreement between the Government of the Union of Myanmar, the Government of the Republic of India and the Government of the Kingdom of Thailand on the determination of the trijunction point between the three countries in the Andaman Sea (3자조약)
버마	태국		
버마	인도		
말레이시아	싱가포르	1995/4/26	Agreement between the Government of Malaysia and the Government of the Republic of Singapore to Delimit Precisely the Territorial Waters Boundary in Accordance with the Straits Settlements and Johore Territorial Waters Agreement 1927
이스라엘	요르단	1996/1/18	Maritime Boundary Agreement between the Government of the State of Israel and the Government of the Hashemite Kingdom of Jordan
태국	베트남	1997/8/9	Agreement between the Government of the Kingdom of Thailand and the Government of the Socialist Republic of Viet Nam on the delimitation of the maritime boundary between the two countries in the Gulf of Thailand
오만	파키스탄	2000/6/12	Muscat Agreement on the Delimitation of the Maritime Boundary between the Sultanate of Oman and the Islamic Republic of Pakistan
사우디 아라비아	예멘	2000/6/12	International Border Treaty between the Republic of Yemen and the Kingdom of Saudi Arabia
쿠웨이트	사우디 아라비아	2000/7/2	Agreement between the Kingdom of Saudi Arabia and the State of Kuwait con-cerning the submerged area adjacent to the divided zone
중국	베트남	2000/12/25	Agreement between the People's Republic of China and the Socialist Republic of Viet Nam on the delimitation of the territorial seas, the exclusive economic zones and continental shelves in Beibu Bay/Bac Bo Gulf
아제르 바이잔	카자흐스탄	2001/11/29	Boundary agreement between the Republic of Azerbaijan and the Republic of Kazakhstan
아제르 바이잔	러시아	2002/9/23	Seabed Boundary Agreement between the Republic of Azerbaijan and the Russian Federation
아제르 바이잔	카자흐스탄	2003/5/14	Seabed Boundary Tripoint Agreement between the Republic of Azerbaijan, the Republic of Kazakhstan, and the Russian Federation (카스피해의 해양경계를 포함한 3자조약)
아제르 바이잔	러시아		
카자흐스탄	러시아		

관련 국가		협정 체결 일자 (년/월/일)	협정 이름(영문)
인도네시아	베트남	2003/6/26	Agreement between the Government of the Socialist Republic of Vietnam and the Government of the Republic of Indonesia concerning the delimitation of the continental shelf boundary
오만	예멘	2003/12/14	Agreement on the delimitation of the maritime boundary between the Sultanate of Oman and the Republic of Yemen (with map)
요르단	사우디 아라비아	2007/12/16	Agreement on the delimitation of the maritime boundaries in the Gulf of Aqaba between the Kingdom of Saudi Arabia and the Hashemite Kingdom of Jordan (with map)
인도네시아	싱가포르	2009/3/10	Treaty between the Republic of Indonesia and the Republic of Singapore relating to the delimitation of the territorial seas of the two countries in the western part of the Strait of Singapore (with annexes)
이스라엘	사이프러스 (키프로스)	2010/12/17	Agreement between the Government of the State of Israel and the Government of the Republic of Cyprus on the delimitation of the exclusive economic zone (with annexes)
유럽(85개 사례)			
이탈리아	터키	1932/1/4	Convention between Italy and Turkey, 1932
덴마크	스웨덴	1932/1/30	Declaration between Sweden and Denmark concerning the boundaries of the Sund
노르웨이	소련	1957/11/29	Descriptive Protocol relating to the sea frontier between Norway and the Union of Soviet Socialist Republics in the Varangerfjord, demarcated in 1957 (러시아가 조약승계국)
사이프러스	그리스, 터키, 영국	1960/8/16	Treaty between the United Kingdom of Great Britain and Northern Ireland, the Kingdom of Greece, the Republic of Turkey and the Republic of Cyprus concerning the Establishment of the Republic of Cyprus
프랑스	모나코	1963/5/18	Exchange of letters on settlement of problems concerning the delimitation of Monegasque territorial waters constituting an agreement relating to article 4 of the Treaty of 17 July 1918 establishing the relations of France with the Principality of Monaco
노르웨이	영국	1965/3/10	Agreement between the Government of the United Kingdom of Great Britain and Northern Ireland and the Government of the Kingdom of Norway relating to the delimitation of the continental shelf between the two countries

관련 국가		협정 체결 일자 (년/월/일)	협정 이름(영문)
핀란드	소련	1965/5/20	Agreement between the Government of the Republic of Finland and the Government of the Union of Soviet Socialist Republics concerning the boundaries of sea areas and of the continental shelf in the Gulf of Finland (러시아가 조약 승계국)
덴마크	서독	1965/6/9	1. Agreement between the Kingdom of Denmark and the Federal Republic of Germany concerning the delimitation, in the coastal regions, of the continental shelf of the North Sea 2. Protocol to the Agreement between the Kingdom of Denmark and the Federal Republic of Germany concerning the delimitation, in the coastal regions, of the continental shelf of the North Sea
덴마크	노르웨이	1965/12/8	Agreement between Denmark and Norway relating to the delimitation of the continental shelf
덴마크	영국	1966/3/3	Agreement between the Government of the United Kingdom of Great Britain and Northern Ireland and the Government of the Kingdom of Denmark relating to the delimitation of the continental shelf between the two countries
덴마크	네덜란드	1966/3/31	Agreement between the Government of the Kingdom of the Netherlands and the Government of the Kingdom of Denmark concerning the delimitation of the continental shelf under the North Sea between the two countries
노르웨이	스웨덴	1967/4/5	Agreement concerning the delimitation of the fishery areas of Norway and Sweden in the North−Eastern Skagerrak
핀란드	소련	1967/5/5	Agreement between the Government of the Republic of Finland and the Government of the Union of Soviet Socialist Republics concerning the boundary of the continental shelf between Finland and the Soviet Union in the north−eastern part of the Baltic Sea (러시아가 조약 승계국)
이탈리아	유고 슬라비아	1968/1/8	Agreement between Italy and Yugoslavia concerning the Delimitation of the Continental Shelf between the two Countries in the Adriatic Sea (크로아티아, 몬테네그로, 슬로베니아가 조약 승계국)
노르웨이	스웨덴	1968/7/24	Agreement between Sweden and Norway concerning the delimitation of the continental shelf
동독	폴란드	1968/10/29	Treaty between the Polish People's Republic and the German Democratic Republic concerning the delimitation of the continental shelf in the Baltic Sea (독일이 조약 승계국)

관련 국가		협정 체결 일자 (년/월/일)	협정 이름(영문)
폴란드	소련	1969/8/28	Treaty between the Polish People's Republic and the Union of Soviet Socialist Republics concerning the boundary of the continental shelf in the Gulf of Gdansk and the south-eastern part of the Baltic Sea (러시아가 조약 승계국)
덴마크	서독	1970/10/22	Exchange of notes constituting an agreement concerning the delimitation of the borderline between Denmark and the Federal Republic of Germany in the Flensborg Fiord area
서독	네덜란드	1971/1/28	Treaty between the Kingdom of the Netherlands and the Federal Republic of Germany concerning the Delimitation of the Continental Shelf under the North Sea
덴마크	서독	1971/1/28	Treaty between the Kingdom of Denmark and the Federal Republic of Germany concerning the delimitation of the continental shelf under the North Sea (with annexes and exchange of letters)
이탈리아	튀니지	1971/8/20	Agreement between the Government of the Republic of Tunisia and the Government of the Italian Republic concerning the Delimitation of the Continental Shelf between the two Countries
서독	영국	1971/11/25	Agreement between the United Kingdom of Great Britain and Northern Ireland and the Federal Republic of Germany relating to the Delimitation of the Continental Shelf under the North Sea between the two Countries
네덜란드	영국	1971/11/25	Protocol between the Government of the Kingdom of the Netherlands and the Government of the United Kingdom of Great Britain and Northern Ireland amending the Agreement of 6 October 1965 relating to the delimitation of the continental shelf under the North Sea between the two countries
덴마크	영국	1971/11/25	Agreement between the Government of the Kingdom of Denmark and the Government of the United Kingdom of Great Britain and Northern Ireland relating to the delimitation of the continental shelf between the two countries
핀란드	스웨덴	1972/9/29	Agreement between Sweden and Finland concerning the delimitation of the continental shelf in the Gulf of Bothnia, the Bothnian Sea, the Aland Sea and the northernmost part of the Baltic Sea
소련	터키	1973/4/17	Protocol between the Government of the Union of Soviet Socialist Republics and the Government of the Republic of Turkey concerning the Establishment of the Maritime Boundary between Soviet and Turkish Territorial Waters in the Black Sea (그루지아, 러시아, 우크라이나가 조약 승계국)

관련 국가		협정 체결 일자 (년/월/일)	협정 이름(영문)
프랑스	스페인	1974/1/29	Convention between the Government of the French Republic and the Government of the Spanish State on the Delimitation of the Continental Shelves of the two States in the Bay of Biscay (Golfe de Gascogne/Golfo de Vizcaya)
이탈리아	스페인	1974/2/19	Convention between Spain and Italy on the Delimitation of the Continental Shelf between the two States
서독	네덜란드	1975/9/29	Exchange of notes constituting an agreement concerning delimitation of the frontier at the Molenbeek (Mühlenbach) and the Rammelbeek (Rammelbach) between the Netherlands and the Federal Republic of Germany
포르투갈	스페인	1976/2/12	1. Agreement between Portugal and Spain on the Delimitation of the Territorial Sea and Contiguous Zone 2. Agreement between Portugal and Spain on the Continental Shelf
그리스	이탈리아	1977/5/24	Agreement between the Hellenic Republic and the Italian Republic on the Delimitation of the Respective Continental Shelf Areas of the two States
동독	스웨덴	1978/6/22	Treaty between the German Democratic Republic and the Kingdom of Sweden on the Delimitation of the Continental Shelf (with Protocol) (독일이 조약 승계국)
소련	터키	1978/6/23	Agreement between the Government of the Republic of Turkey and the Government of the Union of Soviet Socialist Republics concerning the Delimitation of the Continental Shelf Between the Republic of Turkey and the Union of Soviet Socialist Republics in the Black Sea (그루지아, 러시아, 우크라이나가 조약승계국)
노르웨이	영국	1978/12/22	Protocol supplementary to the Agreement of 10 March 1965 between the Government of the United Kingdom of Great Britain and Northern Ireland and the Government of the Kingdom of Norway relating to the delimitation of the continental shelf between the two countries
덴마크	노르웨이	1979/6/15	Agreement between the Government of the Kingdom of Denmark and the Government of the Kingdom of Norway concerning the Delimitation of the Continental Shelf in the Area between the Faroe Islands and Norway and concerning the Boundary between the Fishery Zone near the Faroe Islands and the Norwegian Economic Zone (덴마크의 Faroe제도와 노르웨이간 해양경계)
덴마크	스웨덴	1979/6/25	Exchange of notes constituting an agreement between Denmark and Sweden concerning the delimitation of the territorial waters between Denmark and Sweden

관련 국가		협정 체결 일자 (년/월/일)	협정 이름(영문)
핀란드	소련	1980/2/25	Agreement between the Government of the Republic of Finland and the Government of the Union of Soviet Socialist Republics regarding the delimitation of the areas of Finnish and Soviet jurisdiction in the field of fishing in the Gulf of Finland and the North-eastern Part of the Baltic Sea (러시아가 조약승계국)
아이슬란드	노르웨이	1980/5/28	Agreement between Norway and Iceland concerning Fishery and Continental Shelf Questions (아이슬란드와 노르웨이 Jan Mayen 간 해양경계)
프랑스	영국	1982/6/24	Agreement between the Government of the French Republic and the Government of the United Kingdom of Great Britain and Northern Ireland relating to the Delimitation of the Continental Shelf in the Area East of 30 Minutes West of the Greenwich Meridian
프랑스	모나코	1984/2/16	Convention on Maritime Delimitation between the Government of His Most Serene Highness the Prince of Monaco and the Government of the French Republic
덴마크	스웨덴	1984/11/9	Agreement concerning the delimitation of the continental shelf and fishing zones
프랑스	스페인	1985/1/31	Exchange of letters constituting an agreement amending Annex V of the Convention of 28 December 1858 supplementary to the Treaty on delimitation of 2 December 1856 delimiting the frontier from the mouth of the Bidassoa to the point where the department of Basses-Pyrénées adjoins Aragon and Navarre
핀란드	소련	1985/2/5	Agreement between the Government of the Republic of Finland and the Government of the Union of Soviet Socialist Republics regarding the delimitation of the economic zone, the fishing zone and the continental shelf in the gulf of Finland and in the North-Eastern part of the Baltic Sea (러시아가 조약 승계국)
몰타	리비아	1986/11/10	Agreement between the Great Socialist People's Libyan Arab Jamahariya and the Republic of Malta implementing Article III of the Special Agreement and the Judgment of the International Court of Justice
프랑스	이탈리아	1986/11/28	Agreement between the Government of the French Republic and the Government of the Italian Republic on the Delimitation of the Maritime Boundaries in the Area of the Strait of Bonifacio
소련	터키	1986/12/23	Exchange of notes constituting an agreement on the delimitation of the USSR and Turkey economic zone in the Black Sea (그루지아, 러시아, 우크라이나가 조약 승계국)

관련 국가		협정 체결 일자 (년/월/일)	협정 이름(영문)
프랑스	스페인	1987/9/22	Exchange of letters constituting an agreement between France and Spain amending Annex V of the Convention of 28 December 1858 supplementary to the Treaty on delimitation of 2 December 1856 delimiting the frontier from the mouth of the Bidassoa to the point where the department of Basses-Pyrénées adjoins Aragon and Navarre
소련	스웨덴	1988/1/13	Agreement on principles for the delimitation of the sea areas in the Baltic Sea between the Kingdom of Sweden and the Union of Soviet Socialist Republics (러시아가 조약 승계국)
소련	스웨덴	1988/4/18	Agreement between the Government of the Kingdom of Sweden and the Government of the Union of Soviet Socialist Republics concerning the delimitation of the continental shelf and of the Swedish fishing zone and the Soviet economic zone in the Baltic Sea (러시아가 조약 승계국)
덴마크	동독	1988/9/14	Treaty between the German Democratic Republic and the Kingdom of Denmark on the Delimitation of the Continental Shelf and the Fishery Zones (독일이 조약 승계국)
아일랜드	영국	1988/11/07	1. Agreement between the Government of the United Kingdom of Great Britain and Northern Ireland and the Government of the Republic of Ireland concerning the delimitation of areas of the continental shelf between the two countries 2. Protocol supplementary to the agreement between the Government of Ireland and the Government of the United Kingdom concerning the delimitation of areas of the continental shelf between the two countries
폴란드	스웨덴	1989/2/10	Agreement concerning the Delimitation of the Continental Shelf and Fishing Zones between the Kingdom of Sweden and the Polish People's Republic
동독	폴란드	1989/5/22	Treaty between the German Democratic Republic and the Polish People's Republic on the Delimitation of the Sea Areas in the Oder Bay (독일이 조약승계국)
폴란드	소련	1989/6/30	Agreement between the Government of the Kingdom of Sweden, the Government of the Polish People's Republic and the Government of the USSR concerning the Common Delimitation Point of their Maritime Boundaries in the Baltic Sea (3자조약, 에스토니아, 라트비아, 리투아니아, 러시아가 조약승계국)
폴란드	스웨덴		
소련	스웨덴		
벨기에	프랑스	1990/10/8	1. Agreement between the Government of the French Republic and the Government of the Kingdom of Belgium on the delimitation of the territorial sea 2. Agreement between the Government of the French Republic and the Government of the Kingdom of Belgium on the delimitation of the continental shelf

관련 국가		협정 체결 일자 (년/월/일)	협정 이름(영문)
독일	폴란드	1990/11/14	Treaty between the Federal Republic of Germany and the Republic of Poland on the confirmation of the frontier between them
벨기에	영국	1991/11/14	Agreement between the Government of the United Kingdom of Great Britain and Northern Ireland and the Government of the Kingdom of Belgium relating to the delimitation of the continental shelf between the two countries
프랑스	영국	1991/7/23	Agreement between the Government of the French Republic and the Government of the United Kingdom of Great Britain and Northern Ireland relating to the completion of the delimitation of the continental shelf in the southern North Sea
노르웨이	러시아	1992/3/8	Joint Protocol on Working Program for the development of contacts and cooperation between the Russian Federation and Norway
알바니아	이탈리아	1992/12/18	Agreement between Albania and Italy for the determination of the continental shelf of each of the two countries
핀란드	스웨덴	1994/6/2	Agreement between the Republic of Finland and the Kingdom of Sweden on the Delimitation of the Boundary between the Continental Shelf and Fishery Zone of Finland and the Economic Zone of Sweden in the Aland Sea and the Northern Baltic Sea
보스니아 헤르체 고비나	크로아티아	1995/12/14	Treaty on the State Border between the Republic of Croatia and Bosnia and Herzegovina
덴마크	노르웨이	1995/12/18	Agreement between the Kingdom of Denmark and the Kingdom of Norway concerning the Delimitation of the Continental Shelf in the Area between Jan Mayen and Greenland and concerning the Boundary between the Fishery Zones in the Area
에스토니아	라트비아	1996/7/12	1. Agreement between the Republic of Estonia and the Republic of Latvia on the Maritime Delimitation in the Gulf of Riga, the Strait of Irbe and the Baltic Sea 2. Protocol to the Agreement between the Republic of Estonia and the Republic of Latvia on the Maritime Delimitation in the Gulf of Riga, the Strait of Irbe and the Baltic Sea, 12 July 1996, between the Prime Minister of the Republic of Estonia and the Minister President of the Republic of Latvia
에스토니아	핀란드	1996/10/18	Agreement between the Republic of Finland and the Republic of Estonia on the Boundary of the Maritime Zones in the Gulf of Finland and on the Northern Baltic Sea

관련 국가		협정 체결 일자 (년/월/일)	협정 이름(영문)
벨기에	네덜란드	1996/12/18	1. Treaty between the Kingdom of the Netherlands and the Kingdom of Belgium on the Delimitation of the Continental Shelf 2. Treaty between the Kingdom of the Netherlands and the Kingdom of Belgium on the Delimitation of the Territorial Sea
에스토니아	라트비아	1997/4/30	Agreement between the Government of the Republic of Estonia, the Government of the Republic of Latvia and the Government of the Kingdom of Sweden on the Common Maritime Boundary Point in the Baltic Sea (3자조약)
에스토니아	스웨덴		
라트비아	스웨덴		
그루지아	터키	1997/7/14	Protocol between the Government of the Republic of Turkey and the Government of Georgia on the Confirmation of the Maritime Boundaries between them in the Black Sea
리투아니아	러시아	1997/10/24	Treaty between the Republic of Lithuania and the Russian Federation on the Delimitation of the Exclusive Economic Zone and the Continental Shelf in the Baltic Sea
덴마크	아이슬란드	1997/11/11	Agreement between the Government of the Kingdom of Denmark along with the Local Government of Greenland on the one hand, and the Government of the Republic of Iceland on the other hand on the Delimitation of the Continental Shelf and the Fishery Zone in the Area between Greenland and Iceland
아이슬란드	노르웨이	1997/11/11	Additional Protocol to the Agreement of 28 May 1980 between Norway and Iceland concerning Fishery and Continental Shelf Questions and the Agreement derived therefrom of 22 October 1981 on the Continental Shelf between Jan Mayen and Iceland
불가리아	터키	1997/10/4	Agreement between the Republic of Turkey and the Republic of Bulgaria on determination of the boundary in the mouth area of the Mutludere/Rezovska river and delimitation of the maritime areas between the two states in the Black Sea
에스토니아	스웨덴	1998/11/02	Agreement between the Government of the Republic of Estonia and the Government of the Kingdom of Sweden on the Delimitation of the Maritime Zones in the Baltic Sea
덴마크	영국	1999/5/18	Agreement between the Government of the Kingdom of Denmark together with the Home Government of the Faroe Islands, on the one hand, and the Government of the United Kingdom of Great Britain and Northern Ireland, on the other hand, relating to Maritime Delimitation in the Area between the Faroe Islands and the United Kingdom

관련 국가		협정 체결 일자 (년/월/일)	협정 이름(영문)
보스니아 헤르체고비나	크로아티아	1999/6/30	Treaty on the State Border between the Republic of Croatia and Bosnia and Herzegovina
라트비아	리투아니아	1999/7/9	Agreement between the Republic of Latvia and the Republic of Lithuania on the Delimitation of the Territorial Sea, Exclusive Economic Zone and Continental Shelf in the Baltic Sea
프랑스	영국	2000/7/4	Agreement between the United Kingdom of Great Britain and Northern Ireland and the French Republic concerning the establishment of a maritime boundary between France and Jersey
에스토니아	핀란드	2001/1/16	Agreement between the Government of the Republic of Finland, the Government of the Republic of Estonia and the Government of the Kingdom of Sweden on the common maritime boundary point in the Baltic Sea (3자조약)
에스토니아	스웨덴		
핀란드	스웨덴		
아일랜드	영국	2001/10/18	Exchange of Notes between the Government of Ireland and the Government of the United Kingdom of Great Britain and Northern Ireland constituting an agreement pursuant to Article 83 paragraph 3 of the United Nations Convention on the Law of the Sea 1982 on the provisional delimitation of an area of the continental shelf
사이프러스	이집트	2003/2/17	Agreement between the Republic of Cyprus and the Arab Republic of Egypt on the Delimitation of the Exclusive Economic Zone
루마니아	우크라이나	2003/6/17	Treaty between Romania and Ukraine on the Romanian-Ukrainian State Border Regime, Collaboration, and Mutual Assistance on Border Matters
덴마크	노르웨이	2006/2/20	Agreement between the Government of the Kingdom of Norway on the one hand, and the Government of the Kingdom of Denmark together with the Home Rule Government of Greenland on the other hand, concerning the delimitation of the continental shelf and the fisheries zones in the area between Greenland and Svalbard
노르웨이	러시아	2007/7/11	Agreement between the Russian Federation and the Kingdom of Norway on the maritime delimitation in the Varangerfjord area (with map)
노르웨이	러시아	2010/9/15	Agreement between the Government of the Kingdom of Norway on the one hand, and the Government of the Republic of Russia on the other hand, concerning the delimitation of the continental shelf and the fisheries zones in the Barents Sea.[3]

관련 국가		협정 체결 일자 (년/월/일)	협정 이름(영문)
사이프러스	이스라엘	2010/12/17	Agreement between the Government of the State of Israel and the Government of the Republic of Cyprus on the delimitation of the exclusive economic zone (with annexes)
아프리카(29개 사례)			
알제리	튀니지	2002/2/11	Agreement on Provisional Arrangements for the Delimitation of the Maritime Boundaries between the Republic of Tunisia and the People's Democratic Republic of Algeria
앙골라	나미비아	2002/6/4	Accord on the delimitation of the maritime border between Angola and Namibia
베넹	나이지리아	2005/8	Maritime Boundary Agreement
카메룬	나이지리아	1975/06/01	Maroua Declaration (나이지리아는 이 선언이 정부에 의해 비준되지 않았다는 이유로 ICJ 소송을 통해 무효를 주장했으나, ICJ는 2002년에 이 선언은 양국의 정식 서명을 통해 효력을 발휘했다고 판시했음)
카메룬	나이지리아	2008/3/14	Agreement between the Republic of Cameroon and the Federal Republic of Nigeria on the delimitation of their maritime border (with maps)
카보베르데	모리타니아	2004/4/23	Treaty on the Delimitation of the Maritime Frontier between the Islamic Republic of Mauritania and the Republic of Cape Verde
카보베르데	세네갈	1993/2/17	Treaty on the delimitation of the maritime frontier between the Republic of Cape Verde and the Republic of Senegal
이집트	사이프러스	2003/2/17	Agreement between the Republic of Cyprus and the Arab Republic of Egypt on the Delimitation of the Exclusive Economic Zone
적도 기니	가봉	1974/9/12	Convention demarcating the land and maritime frontiers of Equatorial Guinea and Gabon
	나이지리아	2000/9/23	Treaty between the Federal Republic of Nigeria and the Republic of Equatorial Guinea concerning their maritime boundary
	상투메프린시페	1999/6/26	Treaty Regarding the Delimitation of the Maritime Boundary between the Republic of Equatorial Guinea and the Democratic Republic of São Tomé and Príncipe
프랑스	마다가스카르	2005/4/14	Agreement between the Government of the French Republic and the Government of the Republic of Madagascar concerning the delimitation of maritime spaces located between the Reunion Island and Madagascar

관련 국가		협정 체결 일자 (년/월/일)	협정 이름(영문)
프랑스	모리셔스	1980/4/2	Convention between the Government of the French Republic and the Government of Mauritius on the delimitation of the French and Mauritian economic zones between the islands of Reunion and Mauritius
프랑스	포르투갈	1960/4/26	Exchange of Notes between France and Portugal regarding the maritime boundary between Senegal and Portuguese Guinea(세네갈과 기니바사우가 이 협정을 승계했음)
프랑스	세이셀	2001/2/19	Agreement between the Government of the French Republic and the Government of the Republic of Seychelles concerning Delimitation of the Maritime Boundary of the Exclusive Economic Zone and the Continental Shelf of France and of Seychelles(Glorioso Islands과 세이셀 간 해양경계협정)
가봉	상투메프린시페	2001/4/26	Agreement on the Delimitation of the Maritime Border between the Gabonese Republic and the Democratic Republic of São Tomé and Príncipe
잠비아	세네갈	1975/6/4	Treaty fixing the maritime boundaries between the Republic of the Gambia and the Republic of Senegal
기니-비사우	세네갈	1993/10/13	Management and Cooperation Agreement between the Government of the Republic of Senegal and the Government of the Republic of Guinea-Bissau
케냐	탄자니아	1975/12/17	Exchange of Notes between the United Republic of Tanzania and Kenya concerning the Delimitation of the Territorial Waters Boundary between the two States, 17 December 1975 - 9 July 1976
케냐	탄자니아	2009/6/23	Agreement between the United Republic of Tanzania and the Republic of Kenya on the delimitation of the maritime boundary of the exclusive economic zone and the continental shelf
리비아	몰타	1986/11/10	Agreement between the Great Socialist People's Libyan Arab Jamahariya and the Republic of Malta implementing Article III of the Special Agreement and the Judgment of the International Court of Justice
리비아	튀니지	1988/8/8	Agreement between the Libyan Arab Socialist People's Jamahariya and the Republic of Tunisia to Implement the Judgment of the International Court of Justice in the Tunisia/Libya Continental Shelf Case
모리타니아	모로코	1976/04/14	Convention concerning the State frontier line established between the Islamic Republic of Mauritania and the Kingdom of Morocco

관련 국가		협정 체결 일자 (년/월/일)	협정 이름(영문)
모리셔스	세이셀	2008/7/29	Agreement between the Government of the Republic of Mauritius and the Government of the Republic of Seychelles on the Delimitation of the Exclusive Economic Zone between the Two States
모잠비크	탄자니아	1988/12/28	Agreement between the Government of the United Republic of Tanzania and the Government of the People's Republic of Mozambique regarding the Tanzania / Mozambique Boundary
나미비아	남아프리카 공화국	1994/2/28	Treaty between the Government of the Republic of Namibia and the Government of the Republic of South Africa with respect to Walvis Bay and the off−shore Islands
나이지리아	상투메프린시페	2001/2/21	Treaty between the Federal Republic of Nigeria and the Democratic Republic of São Tomé and Príncipe on the Joint Development of Petroleum and other Resources, in respect of Areas of the Exclusive Economic Zone of the Two States
세이셀	탄자니아	2002/1/23	Agreement between the Government of the United Republic of Tanzania and the Government of the Republic of Seychelles on the Delimitation of the Maritime Boundary of the Exclusive Economic Zone and Continental Shelf
튀니지	이탈리아	1971/8/20	Agreement between the Government of the Republic of Tunisia and the Government of the Italian Republic concerning the Delimitation of the Continental Shelf between the two Countries
오세아니아(22개 사례)			
호주	파푸아 뉴기니	1978/12/18	Treaty between Australia and the Independent State of Papua New Guinea concerning sovereignty and maritime boundaries in the area between the two countries, including the area known as Torres Strait, and related matters
프랑스	통가	1980/1/11	Convention between the Government of the French Republic and the Government of the Kingdom of Tonga on the delimitation of economic zones
쿡 제도	미국	1980/6/11	Treaty between the United States of America and the Cook Islands on friendship and delimitation of the maritime boundary between the United States of America and the Cook Islands
뉴질랜드	미국	1980/12/2	Treaty Between the United States of America and New Zealand on the Delimitation of the Maritime Boundary Between Tokelau and the United States of America

관련 국가		협정 체결 일자 (년/월/일)	협정 이름(영문)
파푸아 뉴기니	인도네시아	1980/12/13	Agreement between the Government of Indonesia and the Government of Papua New Guinea Concerning the Maritime Boundary between the Republic of Indonesia and Papua New Guinea and Cooperation on related Matters
호주	프랑스	1982/1/4	Agreement on Marine Delimitation between the Government of Australia and the Government of the French Republic
피지	프랑스	1983/1/19	Agreement between the Government of the Republic of France and the Government of Fiji relating to the Delimitation of their Economic Zone
프랑스	영국	1983/10/25	Convention on Maritime Boundaries between the Government of the French Republic and the Government of the United Kingdom of Great Britain and Northern Ireland
프랑스	투발루	1985/8/6	Exchange of notes between the Ministry of Foreign Affairs of the Government of Tuvalu and the French Embassy in Suva constituting an Agreement concerning provisional maritime delimitation between the two countries
호주	솔로몬제도	1988/9/13	Agreement between the Government of Australia and the Government of Solomon Islands establishing certain sea and seabed boundaries
파푸아 뉴기니	솔로몬제도	1989/1/25	Treaty between the Independent State of Papua New Guinea and Solomon Islands Concerning Sovereignty, Maritime and Seabed Boundaries between the Two Countries, and Cooperation on Related Matters
호주	인도네시아	1989/12/11	Treaty between Australia and the Republic of Indonesia on the zone of cooperation in an area between the Indonesian province of East Timor and Northern Australia
쿡제도	프랑스	1990/8/3	Agreement on Maritime Delimitation between the Government of the Cook Islands and the Government of the French Republic
프랑스	솔로몬제도	1990/11/12	Agreement on maritime delimitation between the Government of the French Republic and the Government of the Solomon Islands
호주	인도네시아	1997/3/14	Treaty between the Government of Australia and the Government of the Republic of Indonesia establishing an exclusive economic zone boundary and certain seabed boundaries
Niue	미국	1997/5/13	Treaty between the Government of the United States of America and the Government of Niue on the delimitation of a maritime boundary
호주	동티모르	2002/5/20	Timor Sea Treaty between the Government of East Timor and the Government of Australia

관련 국가		협정 체결 일자 (년/월/일)	협정 이름(영문)
프랑스	크리바티	2002/12/18	Agreement between the Government of the French Republic and the Government of the Republic of Kiribati concerning the Delimitation of a Boundary Line between the Exclusive Economic Zone around French Polynesia and the Exclusive Economic Zone of the Republic of Kiribati
프랑스	뉴질랜드	2003/6/30	Agreement between the Government of the French Republic and the Government of New Zealand concerning the delimitation of the maritime boundaries between Wallis and Futuna and Tokelau (with map)
호주	뉴질랜드	2004/7/25	Treaty between the Government of Australia and the Government of New Zealand establishing certain Exclusive Economic Zone and Continental Shelf Boundaries
미크로네시아	팔라우	2006	Treaty between the Federated States of Micronesia and the Republic of Palau concerning Maritime Boundaries and Cooperation on Related matters
마샬제도	미크로네시아	2006/7/5	Treaty between the Federated States of Micronesia and the Republic of the Marshall Islands concerning Maritime Boundaries and Cooperation on Related matters

출처: 유엔(Division for Ocean Affairs and the Law of the Sea) 홈페이지.

참고문헌

논문(국내)

권현호·최수정, "공해어업질서의 변화와 국제법적 한계", 『국제법학회논총』, 50(2), 2005.

김경신, "북극해에서 새롭게 발견된 섬, 새로운 논란거리로 등장", 『독도·해양영토브리핑』, 제6호, 2008.

김경신·이주하, "일본의 도서관리 정책과 우리나라에 미치는 영향", 『월간 해양수산』, 통권 제288호, KMI, 2008.

김석현, "국제재판에 있어서의 형평", 『국제법평론』, 통권 제10호, 1998.

김영석, "국제법상 '법의 일반원칙'에 대한 고찰", 『법학논집』, 제12권 제2호, 이화여자대학교, 2008.

김기순, "북극해의 분쟁과 해양경계획정에 관한 연구", 『국제법학회논총』, 제54권 제3호.

김용환, "國際法上 事情變更原則에 關한 研究", 연세대학교 대학원 박사학위 논문.

김현정, 『유엔해양법협약 제121조 3항 해석에 관한 소고: 필리핀－중국 남중국해 중재판정의 의의를 중심으로, 『法學論叢』, 제40권 제3호, 2016.

남궁술, "형평에 대하여: 그 역사적 조명과 아리스토텔레스적 정리", 『법철학연구』, 제8권 제2호, 2005.

박명섭·한낙현, 『섬의 이해, 해양시대의 보고: 섬』, 한국해양수산개발원, 2016.

박배근, "국제법상 국가의 동일성과 계속성", 『저스티스』, 통권 제90호, 2006.

박영길, "해수면 상승과 해양 관할권 범위의 문제", 『법학연구』 통권 제37집, 2012.

서원상, "국제환경법상 형평의 적용과 이행", 『경성법학』, 제18권 제1호, 2009.

소병천, "기후변화 대응 국제논의의 쟁점 및 국제법적 함의", 『서울국제법연구』, 16(2), 2009.

신창훈, "배타적 경제수역(EEZ)에서의 수로측량과 해양과학조사의 법적 의의에 대한 재조명", 『서울국제법연구』, 12(2).

양해림, "기후변화와 책임의 윤리, 제1차 기후변화 윤리포럼 발표자료", 2009.

유형석, "국가승인 이론의 재검토", 『법학연구』, 제33호, 2009.

유희진, "국제환경법상 형평원칙과 기후변화체제의 협상", 『국제법평론』, 통권 제38호, 2013.

윤성혜, "국제환경법상 "공동의 그러나 차별적 책임(CBRD) 원칙의 형평성 문제에 대한 소고", 『과학기술법연구』, 2013.

이기범, "국제법상 '형평(equity)' 개념에 대한 '실증주의적' 고찰", 『국제법학회논총』, 제

59권 제1호, 2014.
이용희, “국제해양법상 인공섬, 시설 및 구조물 제도의 쟁점과 우리나라의 입법태도에 관한 고찰: 배타적 경제수역 및 대륙붕을 중심으로”, 『Ocean and Polar Research』, 제36권 제4호.
이창위, “배타적 경제수역에서의 군사적 활동에 대한 해양강대국과 연안국의 대립”, 『국제법학회논총』, 59(1).
임예준, “국가실패'에 따른 법적 공백에 관한 고찰”, 『국제법학회논총』, 59(4), 2014.
정갑용, “중국이 주장하는 남중국해 ‘9단선’의 합법성 검토”, 『독도연구』, 16, 2014.
______, 남극대륙붕의 관할권주장에 관한 법적 문제, 『영산법률논총』 8권 2호, 2011.
정경수, “국제관습법의 기본토대로서 국가실행 개념의 재인식”, 『국제법학회논총』, 49(3).
______, “현대 국제관습법의 형성과정에서 나타난 변화와 안정성－국제기구의 결의에 기초한 국제관습법의 형성문제를 중심으로”, 『국제법학회논총』, 47(3).
정진석, “국제해양법재판소의 관할권”, 『국제법학회논총』, 50(2), 2005.
최지현, “국제사법재판소 규정 제62조 소송참가의 현재와 미래”, 『국제법학회논총』, 제58권 제3호, 2013. 9.

단행본(국내)

김대순, 『국제법론』, 제11판, 2006.
박기갑, 『대국제법개론』, 1997.
이석용, 『유엔해양법협약 해설서Ⅰ』, (사)해양법포럼, 2009.
장학봉 외, 『소도서국가(SIDS)와의 해양협력 방안 연구』, 2010. 12.
해양수산부, 『국제해양분쟁사례연구 Ⅰ: 중재재판소 판례』, 2004. 5.
황진회 외, 『남북한 해양접경지역 공동 활용방안』, 한국해양수산개발원, 2009.

논문(해외)

Anderson David, “A Summary of a meeting of the International Law Disscussion Group at Chatham House”, 2006. 2. 14.
______, “Methods of resolving maritime boundary dispute”, *International Law Discussion Group at Chatham House*, 2006. 2.
Attenhofer Jonas, “Baselines and Base Points: How the Case Law Withstands Rising Sea Levels and Melting Ice”, *LOA Reports, Vol. 1, ASIL*, 2010.
Beckman Robert C. & Scofield Clive H., “Defining EEZ Claims from Islands: A potential South China Sea Change”, *The International Journal of Marine and Coastal Law* 29, 2014.
Black Richard, “Envoronmental refugees: myth or reality?”, *Working Paper No. 34,* University of Sussex, 2001.

Boano Camillo외 2인, "Environmentally displaced people. Understanding the linkages between environmental change, livelihoods and forced migration", Refugee Studies Centre, Oxford Department of International Development, 2008.

Boyle Alan, "Further Development of the Law of the Sea Convention: Mechanism for Change", *The International and Comparative Law Quarterly*, Vol. 54, No. 3, 2005.

______, "Further Development of the 1982 Law of the Sea Convention": in D. Freestone, R. Barnes and D. Ong, *The Law of the Sea－Progress and Prospects*, Oxford University Press, 2006.

Caron David D., "When Law Makes Climate Change Worse: Rethinking the Law of Baselines in light of a Rising Sea Level", *Ecology Law Quarterly* 621, 1990.

______, "Climate Change, Sea Level Rise and Coming Uncertainty in Oceanic Boundaries: A proposal to Avoid Conflict", *Maritime Boundary Disputr, Settlement Processws and The Law of The Sea*, Martinus Nijhoff Publishers, 2009.

Chattopadhyay S.K., "Equity in International Law: Its Growth and Development", *GA. J. INT'L & COMP. L.*, Vol. 5.

Churchill R.R., "Claims to Maritime Zones in the Arctic－Law of the Sea Normality or Polar Peculiarity?", in *The Law of the Sea and Polar Maritime Delimitation and Jurisdiction*, Martinus Nijhoff Publishers, 2001.

Colson David, "The Legal Regime of Maritime Boundary Agreement", *International Matitime Boundaries*, 1996.

Colson David A. and Smith Robert W., "International Maritime Boundaries", Vol. 5, *ASIL*, Martinus Nijhoff Publishers, 2005.

Crawford James, "Islands as Sovereign Nations, *The International and Comparative Law Quarterly*", Vol. 38, No. 2, 1989.

Joyner Christopher C., "The Status of Ice in International Law", in Alex G. Oude Elferink and Donald R. Rothwell, *The Law of the Sea and Polar Maritime Delimitation and Jurisdiction*, Kluwer Law International, 2001.

Encontre Pierre, SIDS as a category: adopting criteria would enhance credibility, *UN Conference on Trade and Development*, 2004.

Fitzmaurice M.. "Third Parties and the Law of Treaties", *Max Plank Yearbook of United Nations Law*, Vol. 6., 2002.

Francioni Fancesco, "Equity in International Law", *Oxford Public International Law*, 2013.

Franckx Erik, "Pacta Tertiis and The Agreement for the Implementation of the Provisions of the United Nations Convention on the Law of the Sea of 10 December 1982

Relating to the Conservation & Management of Straddling Fish Stocks & Highly Migratory Fish Stocks", *FAO Legal Paper*, 2000. 8.

Freestone David 외 2인, "International Law and Sea Level Rise: The New ILA Committee", *ILSA Journal of International Law*, 2015. 3.

Freestone David, "The Law of the Sea Convention at 30: Successes, Challenges and New Agendas", *The International Journal of Marine and Coastal Law* 27, 2012.

Gagain Michael, "Climate Change, Sea Level Rise, and Artificial Islands: Saving the Maldives's Statehood and Maritime Claims Through the 'Constitution of the Oceans", *Colo. J. Int'l Envtl.L & Pol'y*, Vol. 23.

Garvrilov V.V., "The LOSC and the Delimitation of the Contiental Shelf in the Arctic Ocean", *The International Journal of Marine and Coastal Law* 31, 2016.

Goldie L.F.E., "Historic Bays in International Law—An Impressive Overview", *Syracuse Journal of International Law*, 1984.

______, "Equity and the International Management of Transboundary Resources", *Natural Resources Journal,* Vol. 25, 1985.

Gourgourinis Anastasios, "Delineating the Normative of Equity in International Law", *International Community Law Review*, Vol. 11, 2009.

Hein Philippe, "Small island developing States: origin of the category and definition issues", *UN Conference on Trade and Development*, 2004.

Harrison James, "Evolution of the law of the sea developments in law-making in the wake of the 1982 Law of the Sea Convention", University of Edinburgh, 2007.

Hart Sharelle, "Elements of a Possible Implementation Agreement to UNCLOS for the Conservation and Sustainable Use of Marine Biodiversity in Areas beyond National Jurisdiction", *IUCN Marine Series No. 4*, 2008.

Hassan Daud and Soinnien Niko, "United Nations Convention on the Law of the Sea as a framework for marine spatial planning", in *Tansboundary Marine Spatial Planning and International Law*, Routledge, 2015.

Hassan Daud and Haque Emdadul, "Marine Spatial Planning in the Bay of Bengal sub—region in South Asia", in *Tansboundary Marine Spatial Planning and International Law*, Routledge, 2015.

Hayashi Moritaka, "Military and intelligence gathering activities in the EEZ: definition of key terms", *Marine Policy* 29, 2005.

Honein, S.E., "The International law relating to offshore Installations and artificial Islands", *An Industry Report*, Lloyd's of London Press LTD, London, 1991.

Houghton Katherine J. 외 3인, "Maritime boundaries in a rising sea", *Nature Geoscience*,

Vol. 3, 2010. 12.

Hunter Tina, "Equity for the earth－The role of Intergenerational Equity and Customary law", *The national Legal Eagle*, Vol. 17, Issue 1, Article 6, 2011.

Janis M.W., "The Ambiguity of Equity in International Law", *Brooklin Journal of International Law*, Vol. 9, 1983.

Kaye Stuart B., "Territorial sea baselines along ice covered coasts: International practice and limits of the law of the sea", *Ocean Development & International Law*, 2004.

Kelley Jermy, "Climate Change and small island States: A Drift in a Raising Sea of Legal Uncertainty", *Sustainable Development Law & Policy*, Vol. 11, Issue 2, 2011.

Kostakos Georgios 외 2인, "Climate Security and Justice for Small Island Developing States: An Agenda for Action", *The Hague Institute for Global Justice, Policy Brief* 9, 2014.

Kraler Albert 외 2인, "'Climate Change'－Legal and policy responses to environmentally induced migration", *Directorate General for Internal Policies, European Parliament*, 2011.

Kuokkanen Tuomas, "Marine spatial planing in international law before MSP", in *Tansboundary Marine Spatial Planning and International Law*, Routledge, 2015.

Lagoni R., "Oil and Gas Deposits Across National Frontiers", *AJIL* 73, 1979.

Lavalle Roberto, "The Right of States over Low－tide Elevations: A legal Analysis", *The International Journal of Marine and Coastal Law* 29, 2014.

Lee Luke T., "Law of the Sea Convention and Third States", ASIL, Vol. 77, No. 3, 1983.

Lepard, Brian D., "The Necessity of Opinio Juris in the Formation of Customary International law", *Disscussion Paper of University of Nebraska College of Law*, 2014.

Leva Charles Di & Sachiko, "Maritime Rights of Coastal States and Climate Change: Should States Adapt to Submerged Boundaries?", *Law & Development Working Paper* No. 5, World Bank, 2007. 8.

Limon Marc, "Human Rights and Climate Change: Constructing a case for Political Action", *Harvard Environmental Law Review*, Vol. 33.

Lisztwan Julia, "Stability of Maritime Boundary Agreements", *The Yale Journal of International Law*, Vol. 37－1, 2012.

Lowe Vaughan, "The Role of Equity in International Law", *Australian Year Book of International Law*, Vol. 12, No. 54, 1989.

Lusthaus Jonathan, "Shifting Sands: Sea Level Rise, Maritime Boundaries and Inter-state Conflict", *Politics*, 2010.

McAdam Jane, "Disappearing States, Statelessness and rhe Boundaries of International Law", *UNSW Law Research Paper No. 2010−2*, 2010.

Meltz Robert, "Climate Change and Existing Law: A Survey of Legal Issues Past, Present and Future", CRS, 2013.

Moritaka Hayashi, "Islands' Sea Areas: Effects of a Rising Sea Level", *Review of Island Studies*, 2013.

Muehlendahl Paul vol, "Tiny Land Features in Recent Maritime Delimitation Case Law", *The International Journal of Marine and Coastal Law* 31, 2016.

Myers Norman & Kent Jennifer, "Environmental exodus: an emergent crisis in the global arena". Washington, DC: The Climate Institute, 1995.

Nagasaka Naohiko, "Visualising historic trends in global maritime boundary delimitations since the 1940s", *Marine Policy* 71, 2016.

Nandan S.N., "An Introduction to the 1982 United Nations Convention on the Law of the Sea", D. Vidas and W. Ostreng, *Ordes for the oceans at the turn of the century*, 1999.

Obregon Edgardo Sobenes, "Historic Waters Regime: A Potential Legal Solution to Sea Level Rise", *International Journal of Maritime Affairs and Fisheries*, Vol. 7, Issue 1, 2015.

Paskal Cleo, "How climate change is pushing the boundaries of security and foreign policy", EEDP Chatham House, 2007. 6.

Powers, Ann, "Sea-level Rise and its Impact on Vulnerable States;Four Examples", Coastal Land Loss in the Gulf Coast and Beyond; A Symposium, Vol. 73. 2012.

Prescott Victor, "Contributions of the United Nations to solving boundary and territorial disputes, 1945~1995", *Political Geography*, Vol. 15, No. 3/4.

Prisekina Natalia & Dremliuga Roman, "United Nation Convention on the Law of the Sea: Inevitable Way toward Revision to Overcome South China Sea Dispute", *Asian Social Science*, Vol. 11, No. 18, 2015.

Puthucherril Tony George, "Rising Seas, Receeding Coastlines, and Vanishing Maritime Estates and Territories: Possible Solutions and Reassessing the Role of International Law", *International Community Law Review* 16, 2014.

Queffelec Betty and Maes Frank, "Transboundary maritime spatial planning across the French−Belgian maritime borders: past and future cooperation", in *Tansboundary Marine Spatial Planning and International Law*, Routledge, 2015.

Rabionet Iván Cáceres 외 2인, "Indicators for Evaluating the Impact of Artificial Islands on the Barcelona Coast", *Coastal Management*, 2008.

Rayfuse R., "Wither Tuvalu? International Law and Disappearing States", *University of New South Wales Faculty of Law Research Series No. 9*, The Berkeley Electronic Press, Berkeley, 2009.

______, "Sea Level Rise and Maritime Zone: Preserving the Maritime Entitlements of 'Disappearing' States", in *Threatened Island Nations: Legal Implications of Rising Seas and a Changing Climate*, Cambridge University Press, 2013.

Reed, M.W., "Shore and Sea Boundaries: the development of international maritime boundary principles through United States practice", Vol. 3, US Government Printing Office, 2000.

Reilly Benjamin, "State functioning and state failure in the South Pacific", *Australian Journal of International Affairs*, Vol. 58, No. 4, 2004.

Rothwell Donald R., "Antarctic Baselines: Flexing the Law for Ice-Covered Coastlines", in *The law of the sea and polar maritime delimitation and jurisdiction*, Kluwer Law International, 2001.

Sara De Vido 외 3인, "The Northeast Asian 'Provisional' Maritime Regime(s) : A focus on Fisheries Agreements as 'Provisional' Arrangments of a Practical Nature", *Cordso di Laurea magistrate in Relazioni Internazionali Comparate*, 2014.

Schofield Clive Howard, "The Trouble with Islands", University of British Columbia, 2009. 8.

______, "Against a rising tide: ambulatory baseline and shifting maritime limits in the face of sea level rise", *Proceedings of International Symposium on Islands and Oceans*, 2009. 1.

______, "Departures from the Coast:Trends in the Application of Territorial Sea Baseline under the Law of the Sea Convention", *International Journal of Marine and Coastal Law* 27, 2012.

Schofield Clive & Freestone David, "Options to protect coastlines and secure maritime jurisdictional claims in the face of global sea level rise", in M.B. Gerrard and G.E. Wannier, *Threatened Island Nations Legal Implications of Rising Seas and a Changing Climate*, 2013.

Shabtai Rosenne, "Essays on International Law and Practice", Martinus Nijhoff Publishers, 2007.

Shearer Ivan, "Oceans Management Challenges for the Law of the Sea in the First DEcade of the 21st Century", in Elferink Alex G. Oude & Rothwell, Donald R., *Oceans Management in the 21st Century: Institutional Frameworks and Responses, A series of Studies on the International, Legal, Institutional and Policy Aspects of*

Ocean Development, Martinus Nijhoff Publishers, 2004.

Soininen Niko and Hassan Daud, "Marine spatial planning as an instrument of sustainable ocean governance", in *Tansboundary Marine Spatial Planning and International Law*, Routledge, 2015.

Solomon Michael Klein and Warner Koko, "Protection of persons Displaced as a result of Climate Change", in *Threatened Island Nations: Legal Implications of Rising Seas and a Changing Climate*, Cambridge University Press, 2013.

Soons, A.H.A., "Artificial Islands and Installations in Internatioanal law", *Occasional paper no 22, Law of the Sea Institute*, University of Rhodes Island, 1973.

______, "The Effects of a Rising Sea Level on Maritime Limits and Boundaries", *Netherlands International Law Review*, Vol. 37, 1990.

Stoutenburg Jenny Grote, "Implementing a New Regime of Stable Maritime Zones to Ensure the (Economic) Survival of Small Island States Threatened by Sea-Level Rise", *The International Journal of Marine and Coastal Law* 26, 2011.

______, "When Do States Disappear?: Thresholds of effective Statehood and the Continued Recognition of 'Deterritorializes' Island States", in *Threatened Island Nations: Legal Implications of Rising Seas and a Changing Climate*, Cambridge University Press, 2013.

Symmons Clive R., "Historic Waters in the Law of the Sea－A Modern Re－Appraisal", *Publications on Ocean Development*, Vol. 61, Martinus Nijhoff Publishers, 2008.

Tsaltas Grigoris 외 2인, "Artificial islands and structures as a means of safeguarding state sovereignty against sea level rise: a law of the sea perspective", Proceeding of 6th ABLOS Conference "Contentious Issues in UNCLOS－Surely Not?", 2010.

Tsamenti Martin and Manarangi－Trott Lara, "Roles of Regional Organizations in Meeting LOS Convention Challenges; The Western and Central Pacific Experience", in Elferink Alex G. Oude & Rothwell, Donald R., *Oceans Management in the 21st Century: Institutional Frameworks and Responses, A series of Studies on the International, Legal, Institutional and Policy Aspects of Ocean Development*, Martinus Nijhoff Publishers, 2004.

Tullio Scovazzi, "The baseline of the Territorial sea; The practice of arctic state", *The Law of the Sea and Polar Maritime Delimitation and Jurisdiction*, Martinus Nijhoff Publishers, 2001.

Vicuna Francisco Orrego, "Individuals and Non-State Entities before International Courts and Tribunals", *Max Plank Yearbook of United Nations Law*, Vol. 5, 2001.

Vidas Davor and Ostreng Willy, "Order for the Oceans at the Turn of the Century", The

Fridtj of Nansen Institute, Kluwer Law International, 1999.

Vigni Patrizia, "Antarctic Maritime Claims: Frozen Sovereignty and the Law of the Sea", *The law of the sea and polar maritime delimitation and jurisdiction*, Martinus Nijhoff Publishers, 2001.

Vorn Dick Wilson, "Thanks Climate Change: Sea-Level Rise Could end South China Sea Spat", *The Diplomat*, 2012. 11. 8.

Wei David 외 2인, "Receding maritime zones, uninhabitable states and climate exile: How international law must adapt to climate change", *Foundation for International Environmental Law and Development*, 2011.

Weiss Edith Brown, "Climate Change, Intergenerational Equity, And International Law", *Vermont Journal of Environmental Law*, Vol. 9, 2008.

Wolfrum Ruediger, "The Role of International Dispute Settlement Institutions in the Delimitation of the Outer Continental Shelf", *Maritime Delimitation*, Martinus Nijhoff Publishers, 2006.

Yamamoto & Esteban Miguel, "Vanishing Island States and Sovereignty", *Ocean and Coastal Management*, 2010.

Zou Keyuan, "The Impact of Artificial Islands on Territorial Disputes Over The Sparatly Islands", Home Conferences & Seminars Second International Workshop, 2011.

단행본(해외)

山本草二,『新版 國際法』, 1999.

Brownlie Ian, *Principle of Public International Law*, 7th ed., Oxford University Press, 2008,

Churchill R.R. and Lowe A.V., *The Law of the Sea*, 3rd, Manchester University Press, 1999.

Craven Matthew, *The Declonization of International Law: State Succession and the Law of Treaties*, Oxford University Press, 2007.

Crawford James, *The Creation of States in International Law*, 2nd ed., Oxford University Press, 2006.

Dixon Martin, *Textbook on International Law*, 6th ed. Oxford University Press, 2007.

Elferink Alex G. Oude & Rothwell, Donald R., *The Law of the Sea and Polar Maritime Delimitation and Jurisdiction*, Martinus Nijhoff Publishers, 2001.

______, *Oceans Management in the 21st Century: Institutional Frameworks and Responses, A series of Studies on the International, Legal, Institutional and Policy Aspects of Ocean Development*, Martinus Nijhoff Publishers, 2004.

Frank Thomas M., *Fairness in International Law and Institutions*, Oxford University

Press, 1995.
Gerrad Michael B. & Wannier Gregory E., *Threatened Island Nations: Legal Implications of Rising Seas and a Changing Climate*, Cambridge University Press, 2013.
Goodwin-Gill Guy S. & McAdam Jane, *The Refugee in International Law*, Oxford University Press, 2007.
Harrison James, *Making the Law of the Sea, A Study in the Development of International Law*, Cambridge Studies in International and Comparative Law, 2011.
Jenks C.W., *The Common Law of Mankind*, Stevens, 1958.
Kim, Sun Pyo, *Maritime Delimitation and Interim Arrangments in North East Asia*, Martinus Nijhoff Publishers, 2004.
Prescott Victor and Schofield Clive, *The Maritime Political Boundaries of the World*, 2nd edition, Martinus Nijhoff Publishers, 2005.
Reiseman W.M. and Westerman G.S., *Straight Baseline in International Maritime Boundary Delimitation*, St. Martin's Press, 1992.
Roach J. Ashley and Smith Robert W., *Excessive Maritime Claims*, 2012.
Shaw Malcolm N., I*nternational law, Fifth edition, Cambridge University Press, 2003.*
UN, *Handbook on the Delimitation of Maritime Boundaries*, 2000.
Vidas Davor and Ostreng Willy, *Order for the Oceans at the Turn of the Century*, Kluwer Law International, 1999.
Watts, Arthur, *The International Law Commission 1949~1998*, Vol. Ⅱ, Oxford University Press, 1999.

참고 판례

PCIJ 판례

Case of the Free Zones of Upper Savoy and the District of Gex, Series A./B, PCIJ Judgement, 1932.
Case of the S.S 'Wimbledon', Series A01, PCIJ Judgement, 1923.
Certain Ferman Interests in Polish Upper Silesia, Series A07, PCIJ, 1926.
Chorzow Factory Case, Series A17, PCIJ, 1928.
Custom Regime between Germany and Austria, Series A/B41, PCIJ, 1931.
Denunciation of the Treaty of 2 Novemebr 1865 between China and Belgium, Series A18, PCIJ Order, 1929.
Nationality Decrees in Tunis and Morocco, Series C/02. PCIJ, 1923.

ICJ 판례

Agean Sea Continental Shelf Case, Greece vs Turkey, ICJ, 1978.

Application of the Convention on the Prevention and Punishment of the Crime of Genocide, Preliminary Objections, Judgment, ICJ. 1996.

Case concerning Delimitation of the Maritime Boundary in the Gulf of Maine Area, Canada vs. United States of America, ICJ Judgement, 1984.

Case concerning Land Reclamation by Singapore in and around the Straits of Johor (Malaysia v. Singapore), Order, ICJ, 2003.

Case concerning the Continental Shelf, Tunisia vs. Libyan Arab Jamahiriya, ICJ, 1982.

Case concerning the continental shelf, Libian Arab Jamahiriya v. Malta, ICJ 1985.

Case concerning Maritime Delimitation and Territorial Questions, Qatar and Bahrain, ICJ, 2001.

Case concerning Maritime Delimitation in the Area Between Grenland and Jan Mayen, Denmark vs. Norway, ICJ, 1993.

Case concerning Territorial and Maritime Dispute between Nicaragua and Honduras in the Carribean Sea, Nicaragua v. Honduras, ICJ Judgement, 2007.

Case concerning The Gabcikovo–Nagymaros Project, Hungary v. Slovakia, ICJ Judgement, 1997.

Case concerning the Land and Maritime Boundary between Cameroon and Nigeria, Cameroon vs Nigeria, ICJ Judgement, 2002.

Case concerning the Delimitation of the Continental Shelf Between the United Kingdom of Great Britain and Northern Ireland and the French Republic.

Case concerning The Temple of Preah Vihear, Cambodia v. Thailand, ICJ Judgement, 1962.

Case concerning United States Diplomatic and Consular Staff in Tehran, U.S.A v. Iran, ICJ pleadings. 1979.

East Timor (Portugal v. Australia), Judgment, ICJ, 1995.

Fisheries Case, United Kindom V. Norway, ICJ, 1951.

Fisheries Jurisdiction Case, United Kingdom of Great Britain and Northern Ireland v. Iceland, ICJ Judgement of Jurisdiction of the Court, 1973.

Land, Island and Maritime Frontier Dispute, El Salvador v. Honduras, ICJ Judgement, 1992.

Legality of the Threat or Use of Nuclear Weapons, Advisory Opinion, ICJ. 1996.

Maritime Delimitation in the Black Sea, Romania v. Ukraine, ICJ, 2009.

Maritime Delimitation in the Carribean Sea and the Pacific Ocean, Costa Rica v.

Nicaragua, Orders of Appointment of Experts, ICJ, 2016.

Maritime Delimitation in the Indian Ocean, Somalia v. Kenya, Preliminary Objection, ICJ, 2016.

North Sea Continental Case, Germany vs Denmark, Netherlands, ICJ, 1969. 2.

Reparation for Injuries Suffered in the Service of the United Nations, ICJ Advisory Opinion, 1949.

South West Africa Cases, ICJ Judgement of Plreliminary Objections, 1962.

Territorial and Maritime Dispute Between Nicaragua and Honduras in the Caribbean Sea, ICJ Judgement, 2007.

Territorial and Maritime Dispute, Nicaragua v. Colombia, ICJ Judgement, 2012.

The Corfu Channel Case, ICJ Judgement, 1949.

Question of the Delimitation of the Continental Shelf between Nicaragua and Colombia beyond 200 nautical miles from the Nicaraguan Coast, Nicaragua v. Colombia, Preliminary Objection, ICJ, 2016.

ITLOS 판례

Dispute Concerning Delimitation of the Maritime Boundary Between Bangladesh and Myanmar in the Bay of Bengal, Bangladesh v. Myanmar, ITLOS Judgement, 2012.

Dispute Concerning Delimitation of the Maritime Boundary Between Ghana and Côte d'Ivoire in the Atlantic Ocean, Ghana v. Côte d'Ivoire, Order of extention of the time－limit, ITLOS, 2016.

The Volga Case (Russia Federation v. Austrailia), ITLOS, 2002.

중재재판

Arbitral Tribunal Constitute Pursuant to Article 287, and In Accordance with Annex Ⅶ, of the UNCLOS, Guyana v. Suriname, Award of the Arbitral Tribunal, 2007.

Arbitration between Barbados and the Republic of Trinidad and Tobago, relating to the delimitation of the exclusive economic zone and the continental shelf between them, Decision of 11 April 2006.

Award of the arbitral Tribunal in the Second Stage of the Proceedings (Maritime Delimitation), Eritrea and Yemen, 1999.

Delimitation of the Continental Shelf, United Kingdom v. France, Arbitration, 1977.

Delimitation of the Maritime Areas Between Canada and France, Court of Arbitration, 1992.

Eritrea－Yemen Arbitration, Award of Arbitral Tribunal, 2nd stage of the proceed－ings(Maritime Delimitation), 1999.

Island of Palmas Case, Netherlands v. USA. Arbitral Awards, UN Reports of International Arbitral Awards, Vol. Ⅱ, 1928.

Maritime Boundary Delimitation Arbitration, Guinea v. Guinea－Bissau, Arbitral Award, 1985.

The South China Sea Arbitration, PCA, 2016.

지역 및 국내판례

A. Racke Gmb H & Co. v Hauptzollamt Mainz. Case C－162/96, ECJ Judgement, 1998.

Gulf of Fonseca Case, El Salvador v Nicaragua, Judgement of Central American Court of Justice, 1917.

해양경계협정

Agreement concerning the boundary line dividing the continental shelf between Iran and Qatar, 1969. 9. 20.

Agreement between Portugal and Spain on the Delimitation of the Territorial Sea and Contiguous Zone, Agreement between Portugal and Spain on the Continental Shelf, 1976. 2.

Agreement between Sri Lanka, India and Maldives concerning the determination of the trijunction point between the three countries in the Gulf of Mannar, 1976.

Agreement between the Government of the United Kingdom of Great Britain and Northern Ireland and the Government of the Republic of Ireland concerning the delimitation of areas of the continental shelf between the two countries, 1988. 11.

Agreement concerning the boundary line dividing the continental shelf between Iran and Qatar, 1969. 9.

Agreement for the Implementation of the Provisions of the United Nations Convention on the Law of the Sea of 10 December 1982 relating to the Conservation and Management of Straddling Fish Stocks and Highly Migratory Fish Stocks.

Agreement on principles for the delimitation of the sea areas in the Baltic Sea between the Kingdom of Sweden and the Union of Soviet Socialist Republics, 1988.

Agreement on Provisional Arrangements for the Delimitation of the Maritime Boundaries between the Republic of Tunisia and the People's Democratic Republic of Algeria.

Continental Shelf Boundary: Italy－Tunisia, 1971.

Convention on Maritime Delimitation between the Government of His Most Serene Highness the Prince of Monaco and the Government of the French Republic, 1984. 2.

Court of Arbitration for the Delimitation of Maritime Areas between Canada and France:

Decision in case Concerning Delimitation of Maritime Areas
Maritime Boundary: Cuba–United States, 1977.
Maritime Delimitation Treaty between Colombia and Honduras, 1986.
Treaty between the Government of the Republic of Honduras and the Government of the United Kingdom of Great Britain and Northern Ireland concerning the delimitation of the maritime areas between the Cayman Islands and the Republic of Honduras
Treaty fixing the maritime boundaries between the Republic of the Gambia and the Republic of Senegal, 1975. 8.

국제문서

국제협약

African Union Convention for the Protection and Assistance of Internally Displaced Persons in Africa(Kampala Convention) 국내실향민 보호와 지원을 위한 아프리카 협약
Agreement for the Implementation of the Provisions of the United Nations Convention on the Law of the Sea 10 December 1982 Relating to the Conservation and Management of Straddling Fish Stocks and Highly Migratory Fish Stocks 어업이행협정
Agreement relating to the implementation of Part XI of the United Nations Convention on the Law of the Sea of 10 December 심해저이행협정
Antarctic Treaty 남극조약
Cancun Framework Convention on Climate Change 칸쿤 기후변화 적응골격협약
Convention on Biological Diversity 생물다양성 협약
Convention on the Continental Shelf 대륙붕협약
Convention Relating to the Status of Refugees 난민지위협약
Draft articles on Responsibility of States for Internationally Wrongful Acts 국가책임협약 초안
Convention on Rights and Duties of States 국가의 권리와 의무에 관한 협약
Convention on the Law of the Non-Navigational Uses of International Watercourses 국제수로 비항행 사용에 관한 협약
United Nationas Conventions on the Law of the Sea 유엔해양법협약
United Nations Framework Convention on Climate Change 기후변화골격협약
Vienna Convention on the Law of Treaties 조약법에 대한 비엔나협약

국제선언 및 결의

Cartagena Declaration on Refugees 난민에 대한 카르타헤나 선언
Male Declaration on the Human Dimension of Global Climate Change, 2007. 11
Rio Declaration on Environment and Development 환경과 개발에 관한 리우선언
UN Declaration on the Human Environment 유엔인간환경선언(스톡홀름 선언)
United Nations Conference on Environment & Development, Agenda 21 유엔환경개발 리우선언 아젠다21

국제기구 규정 및 규칙

Charter of the United Nations 유엔헌장
Rules of International Court of Justice 국제사법재판소 절차규칙
Rules of the International Tribunal for the Law of the Sea (Annex VI of the United Nations Convention on the Law of the Sea 국제해양법재판소 절차규칙
Statute of the International Court of Justice 국제사법재판소 규정
Statute of the International Tribunal for the Law of the Sea(Annex VI of the United Nations Convention on the Law of the Sea) 국제해양법재판소 규정

유엔 결의 및 보고서

UNGA Res.2869, Question of American Samoa, Bahamas, Bermuda, Brithish Virgin Islands, Brunei, Cayman Islands, Cocos (Keeling) Islands, Gilbert and Ellice Islands, Guam, Montserrat, New Hebrides, Pitcairn, st.Helena, Seychelles, Solomon Islands, Turks and Caicos Islands and the United States Virgin Islands, 1971.
UN DOALOS, Digest of International Cases on the Law of the Sea, 2006.
UN, 'Historic Bays: Memorandum by the Secretariat of the United Nations', A/CONF.13/1, 1958.
UN Conference on the Law of Treaties, First Session, A/CONF.39/C.1/SR.63, 1968.
UN Doc. A/RES/63/281, Climate change and its possible security implications, 2009.
UN Doc. A/CN.4/143, Juridical Regime of Historic waters including historic bays—Study prepared by the Secretariat, 1962.
UN Doc. A/HRC/RES/26/27, Human rights and climate change, 2014.
UN Doc. E/CN.4/1998/53/Add.2, Economic and Social Council, 1998.
UNHRC, Report of the Office of the United Nations High Commissioner for Human Rights on the relationship between climate change and human rights, 2009. 1. 15., A/HRC/RES/10/61.
UN－OHRLLS, Small Island Developing States in Number, Climate Change Edition 2015.
UNOCHR, UN Guiding Principles on Internal Displacement, 2004.

UN FCCC/CP/2010/7/Add.1, Report of the Conference of the Parties on its sixteenth session, held in Cancun from 29 November to 10 December 2010. Addendum. Part two: Action taken by the Conference of the Parties at its sixteenth session.

UN FCCC/CP/2015/L.9/Rev.1, Adoption of the Paris Agreement. Proposal by the President.

UNGA, A/60/L.1 2005, 2005 World Summit Outcome.

UNGA, 'Protection of and assistance to internatioally displaced person, A/RES/62/153, 2008.

UNOHCHR, Resolution 6/32, Mandate of the Representative of the Secretary-General on the human rights of internally displaced persons, 2007.

국제기구 문서(결의, 보고서)

Directive/2008/56/EC, establishing a framework for community action in the field of marine environmental policy.

EPA, 'the Potential Effects of Global Climate Change on the United States-Report to Congress', 1989.

Fitzmaurice G. G., "Second Report on the Law of the Treaties", *A/CN.4/107*, 1957.

IHO, Resolutions of the IHO-Repertory of Resolutions, TWLWG4/4/10A.

ILC, Summary record of the 260th Meeting, 1954, Vol. 1.

___, 'Juridical regime of historical waters, including historic bays', A/CN.4/143, 1962.

___, Draft Articles on the Law of Treaties with commentaries, *Yearbook of the International Law Commission*. Vol. Ⅱ, 1966.

___, Draft Articles on Responsibility of States for Internationally Wrongful Acts, with commentaries, *Yearbook of ILC*, Vol. Ⅱ(2), 2001.

IPCC, 'Working Group Ⅰ Contribution to the IPCC Fifth Assessment Report Climste Change 2013: The Physical Science Basis Summary for Policymaker.', 2013.

Maldives Submission under Resolution HRC 7/23, Submission of the Maldives to the Office of the High Commissioner for Human Rights, 2008.

Waldock Sir Humprey, "Second report on the law of treaties", A/CN.4/156 and Add.1-3, 1963.

UNGA Res. 2869.

UN DOALOS, Digest of International Cases on the Law of the Sea, 2006.

UN, 'Historic Bays: Memorandum by the Secretariat of the United Nations', A/CONF.13/1, 1958.

UN Conference on the Law of Treaties, First Session, A/CONF.39/C.1/SR.63, 1968.

UN Doc. A/RES/63/281

UN Doc. A/CN.4/143

UN Doc. A/HRC/RES/26/27

UN Doc. E/CN.4/1998/53/Add.2

UNHRC, Report of the Office of the United Nations High Commissioner for Human Rights on the relationship between climate change and human rights, 2009. 1. 15, A/HRC/RES/10/61

UN－OHRLLS, Small Island Developing States in Number, *Climate Change Edition* 2015.

UNOCHR, UN Guiding Principles on Internal Displacement, 2004.

UN FCCC/CP/2010/7/Add.1

UN FCCC/CP/2015/L.9/Rev.1

UNGA, A/60/L.1 2005.

UNOHCHR, Resolution 6/32

국제기구 문서(결의, 보고서)

Directive/2008/56/EC

EPA, 'the Potential Effects of Global Climate Change on the United States－Report to Congress', 1989.

Fitzmaurice G. G., "Second Report on the Law of the Treaties", *A/CN.4/107,* 1957.

IHO, Resolutions of the IHO－Repertory of Resolutions, TWLWG4/4/10A

ILC, Summary record of the 260th Meeting, Vol. 1, 1954.

___, 'Juridical regime of historical waters, including historic bays', A/CN.4/143, 1962.

___, Draft Articles on the Law of Treaties with commentaries, *Yearbook of the International Law Commission.* Vol. Ⅱ, 1966.

___, Draft Articles on Responsibility of States for Internationally Wrongful Acts, with commentaries, *Yearbook of ILC,* Vol. Ⅱ(2), 2001.

IPCC, 'Working Group Ⅰ Contribution to the IPCC Fifth Assessment Report Climste Change 2013:The Physical Science Basis Summary for Policymaker.', 2013.

Maldives Submission under Resolution HRC 7/23.

Waldock Sir Humprey, "Second report on the law of treaties", A/CN.4/156 and Add.1－3, 1963.

기타 보고서 및 문서

OPRF, Proposal for Rio＋20, appendix Ⅰ, For the Better Conservation and Management of Islands and Their surrounding Ocean Areas, 2005.

Chatham House, A summary of a meeting of the International Law Discussion Group at Chatham House on 14th February, 2006.

Hyogo Framework for Action 2005~2015: Building the Resilience of Nations and Communities to Disasters, 2005.

IDMC, Global Estimates 2015: People displaced by disaster, 2015.

ILA, "Baseline Under the International La of the Sea", 2012.

___, Washington Conference, "Baseline Under the International Law of the Sea", 2014.

___, International Law and Sea Level Rise, Interim Report in Johannesburg Conference, 2016. 6.

Government Office for Science(영국과학청), Migration and global environmental change: future challenges and opportunities, 2011.

University of Limouges, Draft Convention on the International Status of Environmentally-Displaced Person, third Ver. 2013. 5.

UN Principles on Housing and Property Restitution for Refugees and Displaced Persons.

인터넷 자료

데일리안, "해수면 상승 위기, 2100년 부산 해수욕장 사라진다", 2015. 9. 20. 기사, http://www.dailian.co.kr/news/view/528409/?sc=naver(2017. 7. 20. 검색).

서울파이낸스신문, "태평양 일본 영해에 새로운 섬 생겨…일 정부 화색", 2013. 11. 22. 기사, http://www.seoulfn.com/news/articleView.html?idxno=180233(2015. 11. 25. 검색).

소도서국가 홈페이지, http://aosis.org/about/

위키피디아 백과사전, https://ko.wikipedia.org/wiki/%EB%82%A8%EA%B7%B9

______, https://en.wikipedia.org/wiki/Amery_Ice_Shelf,

유엔대륙붕한계위원회 홈페이지, http://www.un.org/depts/los/clcs_new/commission_submissions.htm

유엔국제이주기구 홈페이지, http://www.iom.int/key-migration-terms#Migrant

유엔인권고등판무관실 홈페이지, http://www.ohchr.org/EN/Issues/IDPersons/Pages/Issues.aspx

해양수산부, "우리나라 해수면 지난 40년간 약 10cm 상승", 보도자료, 2015. 12. 16, http://www.mof.go.kr/article/view.do?articleKey=10316&boardKey=10(2017. 8. 10. 검색)

MBC, "수몰 위기 몰디브의 처절한 수중회의", 2009. 10. 19. http://imnews.imbc.com/replay/2009/nwdesk/article/2471727_18873.html(2017. 8. 7. 검색)

뉴질랜드 정부, "New Zealand's immigration relationship with Tuvalu", http://www.mfat.govt.nz(2017. 9. 7. 검색)

ABC News, "Indonesia's rent-an-island answer to climate change", 2009. 6. 3, http://www.abc.net.au/news/2009-06-03/indonesias-rent-an-island-answer-to-climate-change/1702492?pfmredir=sm(2017. 8. 26 검색)

Artificial Islands of the World Report. http://www.ead.ae/

In re Duchy of Sealand Case, Federal Republic of Germany, Administrative Court of Cologne, 1978, www.uniset.ca/naty/80ILR683.htm

Reuters, "New Zealand Court Denies Pacific Man's Bid to Be Climate Change Refugee," (2017. 8. 25. 검색)

The Age National, "First climate refugees start move to new island home", 2009. 7. 29, http://www.theage.com.au(2017. 8. 26. 검색)

UNHCR News, "Climate change could become the biggest driver of displacement: UNHCR chief", 2009. 12. 16. http://www.unhcr.org

Treehugger, "To Escape Rising Seas, Maldives President May Move His Entire Island Nation to Australia", 2012. 1. 6, http://www.treehugger.com(2017. 7. 26. 검색)

Wikipedia,. https://en.wikipedia.org/wiki/List_of_Antarctic_and_subantarctic_islands

두산백과사전, http://terms.naver.com/entry.nhn?docId=1106670&cid=40942&categoryId=33140 (2017. 8. 24. 검색)

뉴사이언스트, "On front line of of climate change as maldives fights rising seas", 2017. 3. 20(2017. 7. 20. 검색)

뉴욕타임즈, "Resettling the First American 'Climate Refugees", 2015. 5. 2. http://www.nytimes.com/2016/05/03/us/resettling-the-first-american-climate-refu-gees.html?_r=0(2017. 8. 28. 검색)

조선일보, http://news.chosun.com/site/data/html_dir/2017/03/15/2017031500224.html(2017. 8. 25. 검색)

The Guardian, https://www.theguardian.com/environment/2009/nov/03/global-warming-climate-refugees(2017. 7. 21. 검색)

__________, https://www.theguardian.com/environment/blog/2011/sep/08/artificial-island-pacific-sea-levels(2017. 8. 11. 검색)

구글 자료, https://en.wikipedia.org/wiki/List_of_maritime_boundary_treaties(2017. 9. 1. 검색)

찾아보기

[국 문]

[영 문]

[A]

[B]

[C]

[D]

[E]

[F]

저자 약력

김민수(金珉秀)

고려대학교 정치외교학과
고려대학교 대학원 법학과(법학 석사·박사, 국제법)
미국 워싱턴대학교(UW) 방문학자(2010)
중국 상하이 해사대학교 방문학자(2013)
現 한국해양수산개발원(KMI) 극지연구센터 센터장

<저서 외>
『해양정책 미래』(공저, 블루&노트, 2010)
"해양 GNP 시대 실현을 위한 해양 신국부 창출 전략"(공저, KMI, 연구보고서) 외 다수
"해적피해 방지대책 제도화 방안 연구"(공저, 해양수산부, 용역보고서) 외 다수

저자협의 인지생략

해수면 상승과 국제법

2018년 1월 5일 초판 인쇄
2018년 1월 10일 초판1쇄 발행

저 자 **김민수**
발행인 **조병철**
발행처 **三宇社**
경기도 고양시 일산동구 장백로 20,
102－426(백석동, 백석역동문굿모닝힐)
전화: (02)718－8553(대) Fax: (02) 718－8554
등록: 1994. 9. 23(제396－2001－000025호)

정가 26,000원

ISBN 978-89-91083-78-3

ISBN 978-89-91083-28-8(세트)